Strategien der regionalen Stabilisierung

D1700529

Herausgegeben vom Institut für
Regionalentwicklung und Strukturplanung

Hans Joachim Kujath
(Hg.)

# Strategien der regionalen Stabilisierung

Wirtschaftliche und politische Antworten
auf die Internationalisierung des Raumes

Die Deutsche Bibliothek - CIP-Einheitsaufnahme

**Strategien der regionalen Stabilisierung** : wirtschaftliche und
politische Antworten auf die Internationalisierung des Raumes / [hrsg.
vom Institut für Regionalentwicklung und Strukturplanung]. Hans
Joachim Kujath ... (Hg.). - Berlin : Ed. Sigma, 1998
    ISBN 3-89404-454-3

Umschlagfoto: Henning Schossig, Berlin.

Druck: Rosch-Buch, Scheßlitz                                    Printed in Germany

# Inhalt

## "regional governance" - Formen und Strategien

# Vorwort

Ein Begriff hat Konjunktur: *Die Region*. Sie wird als zukunftsweisende neue Raum-konfiguration wirtschaftlicher und politischer Aktivitäten mit jeweils besonderen Eigenarten - Traditionen, Qualifikationspotentialen und Institutionen - gehandelt. Sie soll die durch fortschreitende Globalisierungstendenzen ausgelösten wirtschaft-lichen und sozialen "Entankerungsprozesse" und Schwächen des Nationalstaates und einer noch nicht fest gefügten neuen suprastaatlichen Ordnung und Identität auffangen.

In der Vergangenheit reduzierten sich Regionen auf "statistische Räume" und "Standorte". Sie galten als "zweckgebundene Raumabstraktionen", die den Rahmen für die staatliche Ausgleichs- und Wachstumspolitik sowie für eine strukturierende räumliche Planung (Regionalplanung) abgaben. Dieses Bild von Region als Handlungsobjekt und die sich daran festmachende Politik und Planung genügen heute offensichtlich nicht mehr. Selbstverantwortung und Selbstorganisation der regionalen Akteure werden zunehmend gefordert. Hieraus entsteht eine neue Lage, in der sich die Region möglicherweise als eigenständiges ökonomisches Gebilde und als neues sozio-politisches Gebäude mit einem relativ eigenständigen politi-schen Handlungssystem profilieren wird.

Mit der Veröffentlichung werden aus verschiedenen Blickwinkeln der Bedeu-tungszuwachs der Region als wirtschaftlicher, sozialer und politischer Handlungs-raum und neuer "Akteur" beleuchtet sowie damit verbundene Chancen und Risiken herausgearbeitet.

Im einleitenden Beitrag von *Kujath* wird ein Bezugsrahmen entwickelt, der die Möglichkeiten des Entstehens regionaler Ökonomien im Verhältnis zur Globalisie-rung der wirtschaftlichen Beziehungen erörtert, neue Governance-Strukturen auf regionaler und subnationaler Ebene hierauf bezieht und Schlußfolgerungen für in-stitutionelle Regelungen sowie für Koordinationsmechanismen in einem Mehr-ebenensystem supranationaler, nationaler und subnationaler Art zieht.

Im ersten Teil **Regionale Ökonomien - Organisation und Perspektiven** wird den Erfolgen und Schwierigkeiten einer regionalwirtschaftlichen Stabilisierung nachgegangen, insbesondere den Möglichkeiten einer Entfaltung wirtschaftlichen Eigenlebens von Regionen und strukturpolitischen Strategien in peripheren Regio-nen. *Rehfeld* entwickelt in seinem Beitrag strategische Alternativen unternehmeri-schen Handelns als Reaktion auf die Globalisierung und erörtert die Möglichkeiten einer strukturpolitischen Strategie der Förderung regionaler Produktionscluster bzw.

regionaler Spezialisierungen im Rahmen der globalen Arbeitsteilung. Dem Verhältnis von Globalisierung und Regionalisierung geht auch *Läpple* in seinem Beitrag nach. Anknüpfend am Globalisierungsdiskurs um die Begriffe "Entgrenzung" und "Entbettung", kommt er zu einer Neubewertung der Teilökonomien in Großstadtregionen. Er entwickelt Ansatzpunkte für eine Strategie der regionalwirtschaftlichen Stabilisierung, in der nicht nur die regionale Einbettung weltmarktabhängiger Technologiecluster, sondern auch die Stabilisierung der Stadtteil- und Quartierswirtschaft als Puffer gegen die Turbulenzen der globalen Wirtschaft hervorgehoben werden. Aus dem Blickwinkel der sich wandelnden industriellen Produktionsorganisation und sich verändernder Transaktionsbedingungen kommt *Kujath* zu einer Typologie in den globalen Zusammenhang unterschiedlich eingebundener regionaler Ordnungen und zu unterschiedlichen Entwicklungsoptionen für "periphere Regionen". Ähnlich wie Rehfeld und Läpple plädiert er für aus den regionalen Bedingungen abgeleitete Entwicklungsstrategien. Hieran anknüpfend, untersucht *Dybe* wirtschaftliche Restrukturierungsprobleme von Großstadtregionen, die, anders als in den regionalen Wachstumstheorien thematisiert, nicht zu den Knoten des Weltmarktes gehören (Stadtregionen in Ostdeutschland und Osteuropa, altindustrialisierte Stadtregionen in Westeuropa). Erörtert werden die Chancen, durch externe Impulse in Verbindung mit interner wirtschaftlicher Netzwerkbildung in das Geflecht der internationalen Arbeitsteilung zurückzufinden, ohne dabei die "stabilisierende" wirtschaftliche Binnenvernetzung zu vernachlässigen.

Während die vier ersten Beiträge realwirtschaftliche Beziehungen im Spannungsfeld von Globalisierung und Regionalisierung betrachten, widmen sich die folgenden Beiträge Einzelaspekten regionalwirtschaftlicher Restrukturierung. *Arndt* behandelt die Folgen der sich globalisierenden Geld- und Kapitalmärkte für die Regionen. Er weist insbesondere auf die Gefahren einer Exklusion wirtschaftsschwacher Regionen aus den Kreditmärkten durch Kreditrationierung und hohe Kreditkosten hin und fordert für die Regionen eine Bankenstruktur (neuartige Finanzintermediäre), die in der Lage ist, die regionalen Diskurse der wirtschaftlichen Umstrukturierung mitzutragen. Im Beitrag von *Flämig und Hesse* wird der Zusammenhang zwischen räumlicher Arbeitsteilung und Güterverkehr behandelt. Anhand empirischer Untersuchungen wird ein Bedeutungszuwachs großräumiger Transportbeziehungen ebenso wie innerregionaler Interaktion aufgezeigt. Aus den empirischen Befunden sowie aus transport- und transaktionskostentheoretischen Überlegungen folgern sie, daß eine Stabilisierung von Regionen eine Neubewertung des Verhältnisses von Raumerschließung und Raumentwicklung erfordert und in bezug auf den Verkehr ein vertieftes Verständnis über die Determinanten ökonomischer Organisation entwickelt werden muß.

Der zweite Teil **"regional governance" - Formen und Strategien** versteht sich komplementär zur sozio-ökonomischen Sichtweise des ersten Teils. Er widmet sich der politischen Rolle der Regionen, den Kompetenzverschiebungen zugunsten der regionalen Ebene sowie den Inhalten, Handlungsformen und Institutionen einer "neuen" regionalen Politik. Er wird mit einem Beitrag von *Scott* eingeleitet, in dem neue, auf die wirtschaftliche Entwicklung bezogene strukturpolitische Ansätze in der Regional- und Stadtpolitik der USA dargestellt und mit europäischen Erfahrungen konfrontiert werden. Während sich in den USA aus der Tradition ausgeprägter lokaler Autonomie und der Idee des "Unternehmens Stadt" neue strukturpolitische Elemente einer Kooperation zwischen den staatlichen Ebenen und den Kommunen in der Stadt- und Regionalentwicklung herausbilden, lassen sich innerhalb der Europäischen Union aus stärker etatistischen und korporatistischen Traditionen heraus ebenfalls Tendenzen zu einem kooperativen "Multi-level-governance"-Modell beobachten. Unter Bedingungen der globalen Integration gewinnen in beiden Makroregionen strategische Regionalpolitiken der Förderung regionaler Wettbewerbsfähigkeit, z.b. in "Experimenten" einer Politik zugunsten regionalwirtschaftlicher Cluster, zunehmend an Gewicht.

*Voelzkow* analysiert in seinem Beitrag für die Bundesrepublik Deutschland spezifische neue Formen strukturpolitischer Steuerung durch regionale Akteursnetzwerke in den Bundesländern Nordrhein-Westfalen und Brandenburg. "Inszenierter Korporatismus" ist danach eine neue Form der Einbindung organisierter regionaler Interessen in die staatliche Politik, die der regionalen Ebene mehr Handlungsfähigkeit verschafft. Im Zuge der Regionalisierung von Politik gerät auch die traditionelle bundesdeutsche Raumplanung/Regionalplanung unter Veränderungsdruck. Sie hatte bisher relativ wenig mit dem handlungsorientierten Ansatz der Regionalentwicklung zu tun und wirkte als Ordnungsplanung eher restringierend. Mit dem Regionalmanagement wird von *Fürst* ein aus dem unternehmerischen Handeln kommendes strategisches Konzept in den politisch-administrativen Raum eingeführt, das sich im Gegensatz zum traditionellen "Plan" auf die Lösung von "Kernproblemen der Region" konzentriert. *Hoffmann und Nuissl* problematisieren in ihrem Beitrag das auch von Fürst angeschnittene Thema der regionalen Kontextbedingungen, die sie durch das Spektrum der regionalen Akteure zu identifizieren versuchen. Regionale Netze entwickeln sich ihnen zufolge hochgradig innerhalb informeller Strukturen (innerhalb des Sozialsystems, das durch Netze geformt wird) außerhalb des formellen Institutionensystems. In ihrer Falluntersuchung einer Region Ostdeutschlands stellen sie allerdings fest, daß derartige Beziehungen hier noch relativ schwach ausgeprägt sind und den Akteuren bisher eine die Region als "Raum" integrierende Sicht fehlt.

Im abschließenden Beitrag geht *Keim* der Frage nach, wie eine Region sich organisieren soll, wenn sie - wie im Falle von Berlin und Brandenburg - nicht oder nur sehr begrenzt in der Lage ist, sich formelle politische und administrative Strukturen zu geben. Ausgehend von einer Erörterung zur Entwicklung erfolgreicher Kooperationsstrategien, plädiert er für eine variable Geometrie kooperativen politischen Handelns, die mit praktischen Ergebnissen und als Verfahren der Vertrauensbildung ein erster Schritt in Richtung dauerhafter Institutionalisierung der Region sein könnte.

Die Beiträge in diesem Band richten sich an Wissenschaftler und Studenten der Fachdisziplinen Volkswirtschaft, Soziologie, Geographie, Politologie, Stadt- und Regionalplanung und nicht zuletzt an Praktiker z.b. der regionalen Strukturpolitik und Raumplanung, die politische Antworten auf die Fragen der neueren Regionalentwicklung suchen.

Mein Dank gilt allen, die am Entstehen dieses Bandes mitgewirkt haben, besonders Rita Berge, Petra Koch und Petra Kurzweg für die technische Gestaltung des Manuskriptes sowie Rainer Bohn für die beharrliche Verlagsbetreuung.

Hans Joachim Kujath

# Zur Einführung

Hans Joachim Kujath

# Regionen im globalen Kontext

## 1 Region als "Subjekt" oder "Objekt" wirtschaftlicher und politischer Entwicklung?

Während des letzten Jahrzehnts hat ein Paradigmenwechsel in den theoretischen Interpretationen der Regionalentwicklung und daran anknüpfend auch in den regionalpolitischen Strategien stattgefunden. Dieser Wandel vollzog sich parallel zur Globalisierungsdebatte, die sich vor allem um eine Klärung der Auswirkungen der weltweiten Vernetzung ökonomischer Aktivitäten auf die nationalen Volkswirtschaften, die Nationalstaaten und deren Politiken bemüht (vgl. z.b. Ohmae 1990; Brock 1997; Krätke 1997). Zwischen beiden Entwicklungen werden Wechselwirkungen, häufig sogar Komplementaritäten gesehen. Ortsgebundene regionale Besonderheiten werden danach für Unternehmen zu einem wichtigen Kriterium in ihren Strategien, sich auf den von Handels- und Wettbewerbsbeschränkungen befreiten Märkten behaupten zu können (vgl. z.b. Amin, Thrift 1994 und 1995). Bezogen auf die Wettbewerbsfähigkeit von Branchen oder bestimmten funktionalen Wirtschaftsgruppierungen (Clustern) wird hervorgehoben, daß in einer sich globalisierenden Wirtschaft die klassischen Produktionsfaktoren ubiquitär verfügbar werden und aus diesem Grund die regionalen Besonderheiten als Standortvorteile für die Unternehmen eine wachsende Bedeutung erlangen. Ein offener, globaler Wettbewerb mache den heimatlichen Stützpunkt paradoxerweise wichtiger, nicht bedeutungsloser (Porter 1993, S. 182; Lash, Urry 1992). Die Aufmerksamkeit der Regionalforschung hat sich vor diesem Hintergrund in einer Reihe von Untersuchungen dem Entstehen regionaler Konzentrationen innovativer ökonomischer Aktivitäten gewidmet und versucht, die Grundlagen einer eigenständigen regionalen Leistungsfähigkeit zu entschlüsseln (vgl. Camagni 1991; Übersicht bei Hansen 1992; Heidenreich 1997).

Dieser neue, auf *endogene Standortvorteile* zielende und die örtlichen Eigenschaften betonende Zugang zur Regionalentwicklung grenzt sich von der traditionellen, noch verbreiteten regionalwissenschaftlichen Sicht ab, die Regionen vor allem als statistische Räume und neutrale Standorte definiert. Nach Boustedt bildet die "Region" lediglich ein begriffliches Hilfsmittel für verallgemeinernde räumliche

Beschreibungsformen, nicht aber für eine Erklärung räumlicher Phänomene (Boustedt 1975, S. 85). Auch im jüngsten Handwörterbuch der Raumordnung wird die Region noch als eine zweckgebundene Raumabstraktion definiert, deren Abgrenzung je nach den zugrundeliegenden Erkenntnis- oder Handlungszwecken sowie relativ zu bestimmenden Adressaten zu beantworten ist (Akademie für Raumforschung und Landesplanung 1995, S. 806). In den neueren regionalwissenschaftlichen Ansätzen wird die Region hingegen als ein sozialer Interaktionszusammenhang interpretiert, den die unterschiedlichen ökonomischen, sozialen und politischen Akteure und Organisationen innerhalb eines "physischen" geographischen Raumes bilden. Regionen erscheinen danach als von den wirtschaftlichen, sozialen und politischen Akteuren selbst organisierte Systeme von Beziehungen mit ganz besonderen Charaktereigenschaften, z.b. intraregionalen Kooperationsformen, wirtschaftshistorischen und kulturellen Traditionen, spezifischen Qualifikationsrepertoires (Läpple 1994). Aus dieser Sicht rücken Fragen ins Zentrum, wie sich die regionalen Systeme *eigenständig* nach innen organisieren und sich nach außen in das weltweite Netz von Finanz-, Güter- und Wissensströmen als mögliche Knoten des Austauschs einbinden.

Die unterschiedlichen Sichtweisen prägen auch das Aufgabenverständnis des staatlichen Handelns. Unstrittig ist, daß der Prozeß der wirtschaftlichen Globalisierung eingebettet ist in einen politisch-institutionellen Wandel, durch den eine Erosion der bisherigen Formen nationalstaatlicher Sozial- und Wohlfahrtspolitiken ausgelöst wird. Davon werden auch die traditionellen Politiken des Ausgleichs räumlicher Disparitäten und der regionalen Wachstumsförderung grundlegend tangiert, die, von einem geschlossenen nationalen Territorium ausgehend, ihre erwarteten Wirkungen immer weniger entfalten. Für die traditionelle Regionalpolitik, die als "Top-down"-Ansatz Wachstumszielen durch Mobilisierung von Produktionsfaktoren und Ausgleichszielen durch öffentliche Transferleistungen verpflichtet ist, beinhaltet diese Entwicklung den Verlust an Einfluß- und Handlungsmöglichkeiten. Deregulierung bietet sich unter diesem Blickwinkel als eine sich zwangsläufig aufdrängende strategische Antwort an.

Zweifellos besteht die Gefahr, daß unter Bedingungen schwindenden staatlichen Handlungspotentials die Entwicklung vieler Regionen sich destabilisiert und die Disparitäten zwischen den Regionen, gemessen am Einkommen und wirtschaftlichem Wachstum, zunehmen. Aber Regionen sind in der alternativen Sicht nicht willenlose Objekte staatlichen Handelns, sondern bilden mehr oder weniger handlungsfähige Akteursgeflechte, die gerade wegen des Versagens der staatlichen Regionalpolitik neue Spielräume gewinnen, um den Prozeß der Globalisierung intern zu verarbeiten und eigenständige regionale Entwicklungsstrategien zu entfalten. In dieser Interpretation haben Regionen zahlreiche bisher nicht vorhandene Entwick-

14

lungsoptionen, da sie als ein genuiner Bestandteil der globalen Veränderungen ein eigenes Akteursgeflecht mit eigenständigen Handlungsmöglichkeiten auf der *Mesoebene zwischen Staat und Kommune* darstellen.[1] Nicht nur die erfolgreichen Regionen, die sich um den Erhalt ihres Wettbewerbsvorteils bemühen müssen, erscheinen in einem neuen Licht, sondern auch die sogenannten Problemregionen oder wirtschaftlich schwachen Regionen, denen sich verschiedene Entwicklungsoptionen öffnen, ihre periphere Lage durch eigene Anstrengungen zu überwinden. Ob daraus ein neuer Typus gebietsbezogenen politischen Handelns entsteht, ob also auf regionaler Ebene sich verselbständigende politische Interaktionsformen entstehen und sich gleichzeitig ein neuer Typus nationalstaatlicher Politik herausbildet, eine besondere Form der *Re-Regulierung*, die die Regionen dabei unterstützt, "Wettbewerbsfähigkeit" im Sinne der Entfaltung eigener Stärken zu gewinnen und soziale Disparitäten abzufedern, ist noch ungewiß.

Die folgenden Überlegungen entwickeln einen konzeptionellen Rahmen, in den sich die Einzelbeiträge dieses Bandes zu den Problemen regionalwirtschaftlicher Eigenentwicklungen einerseits und Politiken regionaler Selbstorganisation andererseits einordnen. Sie bewegen sich im Rahmen der neueren regionalwissenschaftlichen Diskussion, der auch die einzelnen Beiträge dieses Bandes in unterschiedlicher Art und Weise verpflichtet sind. Dabei geht es vor allem um folgende Fragen:

- Welches sind die Gründe für die regionale Verortung wirtschaftlichen Handelns in einer sich gleichzeitig tendenziell enträumlichenden globalen Ökonomie?
- Welches sind die Elemente des Entstehens wirtschaftlich erfolgreicher Regionen?
- Wie kann die erfolgreiche Entwicklung einer Region in einer sich rasch verändernden globalen Ökonomie aufrechterhalten werden?
- Welche Schlußfolgerungen sind daraus für die wirtschaftlich rückständigen Regionen zu ziehen?
- Welche neuen institutionellen Lösungsformen und welche Politiken tragen und begleiten einen erfolgreichen regionalwirtschaftlichen Prozeß?
- Welches sind die Handlungsstrategien, die zu einer dauerhaften regionalen Stabilisierung in einem sich rasch verändernden globalen Kontext beitragen können?

---

1   Es wird hier nicht den Bildern transnationaler Makroregionen gefolgt, wie sie z.B. in den Berichten der Europäischen Kommission mit der sog. "Blauen Banane" oder dem "European sunbelt" entworfen werden. Derartige transnationale Großräume setzen sich in dem hier vorgestellten Ansatz aus einem Mosaik relativ selbständiger, aber miteinander vernetzter Regionen zusammen.

- Kündigt sich mit der Reorganisation der Wirtschaft und der politischen Institutionen in der jetzigen historischen Periode des Übergangs ein neuer Typus räumlicher Organisation von Politik und Wirtschaft, komplementär zur Internationalisierung, an?

## 2 Enträumlichung der Wirtschaft im globalen Netz?

Bedeutsam für die sich wandelnde Stellung der Regionen sind zweifellos die mit dem Begriff Globalisierung umschriebenen Formen einer "neuen", sich dynamisierenden Arbeitsteilung im Weltmaßstab, die das "alte" System internationaler Arbeitsteilung zwischen nationalen Volkswirtschaften tendenziell ablöst. Diese Veränderungen machen sich unter anderem fest an einer nationale Grenzen sprengenden Ausdehnung von Finanzströmen, der Herausbildung transnationaler Unternehmen, deren weltweite Investitionen regionale und nationale Märkte zu weltumspannenden zusammenführen, und nicht zuletzt an der Auflösung einer vergleichsweise stabilen räumlichen Arbeitsteilung zugunsten einer dynamischen Weltwirtschaft. Der Örtlichkeit bzw. der Region ebenso wie dem nationalen Territorium scheint, im Widerspruch zu den behaupteten neueren Tendenzen einer Regionalisierung, zunächst einmal eine schwindende Bedeutung zuzukommen. Verwiesen wird darauf, daß räumliche Distanzen immer schneller und billiger überbrückt werden können, so daß die physischen Standortbindungen sich lockern und auch die arbeitsteiligen Beziehungen räumlich extrem ausgeweitet werden können.

Die Fortschritte in der Transport- und vor allem der Kommunikationstechnologie erweitern in der Tat die räumlichen Spielräume wirtschaftlichen Agierens und haben erst den Aufbau weltumspannender Produktionsnetze im Rahmen transnationaler Konzerne, aber auch analoger Strukturen zwischen kleineren selbständigen Unternehmen ermöglicht. Hinzu kommt, daß die industrielle Massenproduktion "zu einer konventionellen Fähigkeit geworden (ist), die an immer mehr Orten dieser Welt praktiziert werden kann". (Brock 1997, S. 15) Standorte werden austauschbar, weil die Produkte an immer mehr Plätzen "technisch vervielfältigt" werden können. Angesichts dieser schwächer werdenden Bindung an die lokale Infrastruktur wird es auch immer schwieriger, Unternehmen an nationale Sozialstandards oder Steuerregeln zu binden. Vom neuen Idealbild eines global operierenden Unternehmens ausgehend, orientieren sich die Unternehmensentscheidungen zunehmend weltweit. Im globalen Maßstab wird nach den billigsten oder am besten qualifizierten Arbeitskräften, den geeignetsten Zulieferern, den fortgeschrittensten Technologien, den günstigsten Standorten, den vorteilhaftesten Absatzmöglichkeiten gesucht. Nach Junne (1996, S. 516) sicherten die neuen Kommunikationsmedien zudem eine große Transparenz der internationalen Märkte und erleichtern damit die Suche nach internationalen Geschäftspartnern. Diese Transparenz trage zur Mobilität des internationalen Kapitals und zum "outsourcing" von Aktivitäten bei, weil sich nun die Kostenvorteile alternativer Standorte klarer einschätzen ließen (Vgl. Soete 1997, S. 28f.). Massiv unterstützt wird diese neue Form von Globalisierung der realen Wirtschaft durch die Internationalisierung der Finanzströme, wodurch die Beziehungen zwischen Kreditoren, Debitoren, Sparern und Investoren grundlegend umgewälzt werden (vgl. Amin, Thrift 1994; Arndt in diesem Band).

Eine zentrale, damit verbundene Argumentationslinie sieht in den unternehmerischen Reorganisationsbemühungen eine Haupttriebkraft zur Globalisierung der wirtschaftlichen Beziehungen und zur tendenziellen Entwertung regionaler Standortvorteile. Unter dem Begriff "strategisches Netz" (vgl. Sydow 1996) werden ökonomische Restrukturierungsprozesse beschrieben, die eine Produktionsstruktur hervorbringen, in der hochqualifizierte Beschäftigte in flexiblen Fertigungsstrukturen Produkte für sich immer weiter ausdifferenzierende Märkte erstellen. Dieses Modell der Innovationsökonomie realisiert sich durch Ausgründungen und Neugründung und schafft ein ganzes System von Betrieben aus den Produktions- und Dienstleistungsbereichen, die um Kernbetriebe als global agierende Systemintegratoren gruppiert sind. Durch zwischenbetriebliche Zusammenarbeit mit dem eigentlichen "Stammbetrieb" entsteht bei erfolgreicher Arbeit des Integrators ein auf unsicheren Märkten flexibel reagierendes, weitverzweigtes Netz arbeitsteilig miteinander verbundener Spezialbetriebe.

In Szenarien werden für diese Form der Zusammenarbeit bereits globale Netzwerke entworfen, in denen der Systemintegrator eine weltweit tätige Wertschöpfungsstruktur steuert: Kreative Arbeiten wie Erfinden und Entwickeln, Konstruieren und Fertigen von technologischen Herzstücken sowie Pilotserien, Logistik, Financial Engineering und globales Marketing verbleiben danach im Kernunternehmen oder in seiner unmittelbaren Nachbarschaft, der Rest der ausführenden arbeitsintensiven Tätigkeiten wird zwar von hier aus gesteuert, jedoch tendenziell in Schwellen- und Entwicklungsländer verlagert. Während früher Steuerung, Produktion und Beschäftigung an einen *Ort* gebunden und räumlich eng miteinander verknüpft waren, lösen sich im Globalisierungsszenario diese Zusammenhänge in einem weltweit gespannten Netz von häufig formal unabhängigen, aber zentral kontrollierten und gesteuerten Betrieben auf (Weber 1995, S. 86).

Lokale und regionale Fühlungs- und Verbundvorteile verlieren in diesem Produktionsmodell an Bedeutung. Die extrem sinkenden Transaktionskosten durch elektronische Kommunikation erlauben es im Gegenteil sogar, gewachsene örtliche oder innerbetriebliche Wertschöpfungsketten aufzubrechen und den Produktionsprozeß über die ganze Welt zu streuen, um die jeweiligen Vorteile bestmöglich nutzen zu können. In diesem Fall sind die Unternehmen nur noch lose an die Rahmenbedingungen einer Region gebunden, und die Region selbst verliert ihre Eigenständigkeit, die sie aus ihren spezifischen, historisch gewachsenen Potentialen gewinnt. Sie definiert sich vielmehr aus den (wechselnden) Standortentscheidungen global agierender Unternehmen und ist in dieser Rolle gezwungen, sich den Bedürfnissen der globalen Akteure anzupassen und damit die regionsspezifischen Besonderheiten einzuebnen (vgl. Döhl, Sauer 1995).

## 3 Rückkehr der Ökonomie in die Region

Auf der einen Seite erzwingt die Globalisierung, d.h. die beobachtbare Zunahme der weltweiten Mobilität des Kapitals und der Unternehmen, Angleichungsprozesse zwischen den Regionen und macht Regionen tendenziell zu austauschbaren Spielbällen globaler Unternehmensstrategien. Doch sind die Effekte der Globalisierung facettenreich. So lassen sich gleichzeitig, im Widerspruch zur Nivellierungstendenz, auch Tendenzen einer Aufwertung der Regionen innerhalb des Netzes globaler wirtschaftlicher Aktivitäten ausmachen. Offensichtlich sind mit der Globalisierung auch Optionen für das Entstehen neuer regionalisierter Spezialisierungen des Wirtschaftens, für einen Bedeutungsgewinn von Standortorten, gleichsam als Knoten innerhalb des sich globalisierenden Kontextes von Beziehungen verbunden. Sie resultieren daraus, daß Unternehmen und Betriebe ihre Standortentscheidungen nicht allein an kurzfristig orientierten Preis- und Kostenunterschieden in verschiedenen Regionen ausrichten, sondern spezifische Vorteile in einer Region wie z.B. den Zugang zu den regionsspezifischen Forschungs- und Technologiepotentialen, zu den Qualifikationsrepertoires, zu "Testmärkten" usw. suchen, die mit einer strategischen Entscheidung zum langfristigen Verbleib in einer Region verbunden sein können. Aus regionalwirtschaftlicher Sicht wird damit eine Territoriumsbildung angesprochen, die aus der Bereitschaft vieler Unternehmen entsteht, aus welchen Gründen im einzelnen auch immer, sich an einen Ort zu binden und auf einen Teil ihrer Bewegungsfreiheit zu verzichten, die eine sich globalisierende Ökonomie zu bieten scheint. Man kann diesen Vorgang als eine *Reterritorialisierung* von Unternehmensstrategien bezeichnen.

Die dynamischen Veränderungen der internationalen Arbeitsteilung vermitteln ein unübersichtliches Bild über die neueren Tendenzen der Reterritorialisierung wirtschaftlicher Aktivitäten. Soviel ist aber erkennbar: Neue Produktionsschwerpunkte in großbetrieblicher Massenproduktion und im Bereich der Grundstoffindustrien entstehen in der Regel nur noch dort, wo z.B. geringe Umweltauflagen bestehen, Rohstoffe und Energie gut verfügbar und Arbeitskosten niedrig sind, in den regionalen Peripherien, den Schwellenländern und Ländern der Systemtransformation. In den alten hochindustrialisierten Ländern zeichnet sich demgegenüber eine wirtschaftliche Spezialisierung ab, die geprägt ist vom Rückzug der Grundstoffindustrien und standardisierten Güterproduktion zugunsten von Dienstleistungen, dienstleistungs- und wissensintensiver Produktion.

Ein neuer Typus regionaler Spezialisierung ist demnach das wichtigste Charakteristikum der ökonomischen Regionsbildung in einer neue Dimensionen annehmenden internationalen wirtschaftlichen Arbeitsteilung. Innerhalb dieses Spezialisierungsmusters läßt sich in den alten Industrieländern eine regionale Bindung von dienstleistungs- und wissensintensiven Produktionsclustern beobachten, die trotz hoher Lohnkosten und mithin standorttheoretisch relativ ungünstiger Produktionskostenstrukturen eine Reihe ganz spezifischer Ursachen hat, die sich nur noch am Rande mit der Verfügbarkeit natürlicher Ressourcen, den Arbeits- oder Transportkosten erklären läßt. Sie verweist vielmehr auf von der Wirtschaft selbst produzierte *Ressourcen*, die in den regionalen Produktions- und Dienstleistungssystemen entstehen. Ohne an dieser Stelle schon die spezifischen Erscheinungsformen regionaler Spezialisierung und die damit verbundenen neuartigen regionalen Polarisierungsmuster vertiefend behandeln zu können, lassen sich einige dieser selbst produzierten Ressourcen ausmachen, die eine wachsende regionale Bindungsbereitschaft der wirtschaftlichen Akteure erklären können:

a) *Spezialisierungs- und Kooperationsmöglichkeiten:* Ein wesentlicher Grund für die regionale Bindung dienstleistungsintensiver und wissensbasierter Produktionen liegt offenbar im Spezialisierungsmuster selbst. Je mehr sich Unternehmen spezialisieren, um so weniger können sie alle benötigten Leistungen selbst erbringen und um so stärker sind sie auf die Versorgung durch externe Dienste angewiesen. Berufsausbildung, Forschung und Entwicklung, Planung, Bereitstellung von Software, Design und Prüfung können von einer Firma nicht mehr selbst erledigt werden. Je mehr die spezialisierten Unternehmen zu wissensbasierten Unternehmen werden, um so mehr ziehen sie Nutzen aus den wissenschaftlichen und organisatorischen Diensten, die ein Standort - genauer eine Region - bietet. Die wissensbasierte Wirtschaft gilt daher als eine vernetzte Wirtschaft, die durch eine Vielfalt möglicher Kombinationen zwischen spezialisierten Unternehmen gekennzeichnet ist. In wissensabhängigen Produktionsbeziehungen werden das besondere in einer Region vorhandene Wissen, regionale Technologien und regional bedeutsame Branchen in unverwechselbarer Weise zur wissens- und dienstleistungsintensiven "Veredelung" von Produkten miteinander verbunden. Regionen mit einem großen Bestand potentieller Kooperationspartner übernehmen eine wichtige Stabilisierungsfunktion. Sie mindern die Transaktionskosten durch ein dichteres Netz von Informationskanälen, ermöglichen den Aufbau spezifischer, nicht routinemäßiger Zusammenarbeit, basierend auf Vertrauen und Reziprozität, eine Zusammenarbeit mit einem offenen Informationsaustausch und direkten Kontakten in regionalen Netzen.

b) *Innovations- und Wissensausbreitung:* Unternehmen konzentrieren sich in solchen Netzen auf ihre technischen Kernbereiche, um auf dem eigenen Spezialfeld innovative Spitzenleistungen, d.h. Verfahrens- und Produktinnovationen, erbringen zu können. Gründe für die Spezialisierung und die Vergabe von Aufträgen nach außen liegen zum einen in der Kostenersparnis, zum anderen vor allem aber darin, durch Spezialisierung die eigenen innovativen Potentiale optimal zu entfalten und zugleich die aus der Spezialisierung resultierenden Innovationspotentiale der anderen Anbieter für sich nutzbar zu machen. Neben produktiven Leistungen werden vor allem Dienstleistungen externalisiert und über Liefer- und Kooperationsbeziehungen wieder einbezogen. Produktionsprozesse, die besonders anfällig für zyklische Schwankungen sind, bevorzugen externe Dienstleistungen, weil damit auch Schwankungen in der Nutzung eigener Ressourcen so gering wie möglich gehalten werden (Flexibilität). Unregelmäßig nachgefragte Dienstleistungen werden ebenfalls vorrangig auf externe Anbieter ausgelagert. Dies gilt für Unternehmensberatung und unternehmerische Planung auch deshalb, weil man von unternehmensfremden Beratern eher eine unbeeinflußte Sichtweise erwartet (vgl. Koschatzky, Hemer, Gundrum 1996, S. 11). Die Innovationspotentiale sind um so größer, je vielfältiger das Angebot ergänzender und komplementärer Funktionen im regionalen Umfeld ist. Innovationen resultieren in diesem Zusammenhang aus der räumlichen Nähe von Akteuren und den Wechselwirkungen innovationsrelevanter Dienstleistungen wie Ausbildung, Informationsbeschaffung, Beratung.

c) *Flexible Reaktion auf unsicheren Märkten:* Für einen Verbleib innerhalb eines regionalen Produktions- und Dienstleistungsverbundes spricht auch die von der Dynamik der Weltwirtschaft ausgelöste Unsicherheit für jeden wirtschaftlichen Akteur, richtig auf die Marktveränderungen zu reagieren. Der schnelle Wechsel von Produkten, der Produktmoden und angewandten Technologien sowie die Verkürzung der Produktlebenszyklen zwingen die Unternehmen zu flexibler Reaktion bei Produktinnovationen und neuen Dienstleistungsangeboten. Damit erhöht sich der Bedarf an raschem Austausch von Wissen auf möglichst direktem Wege. Räumliche Nähe zu Partnern, kommunikative und personelle Netzwerke, die sich zu Interessengemeinschaften verdichten können, werden folglich zu wichtigen Standortkriterien. Derartige räumlich gebundene personelle Beziehungen reduzieren Unsicherheit durch Kontaktintensität und Überschaubarkeit. Nicht nur kleinere Unternehmen, sondern auch international tätige Großunternehmen suchen mit ihren Kernbereichen ein passendes regionales Umfeld mit unternehmensbezogenen Dienstleistungen, Zulieferern und direktem Zugang zu regionalem Wissen. Unternehmensnetzwerke oder -cluster dieses Typs zeichnen sich durch sektorale Spezialisierungen auf relativ wenige Produktgruppen aus. Sie sind zugleich aber funktional breit differenziert, d.h. alle für die rasche Entwicklung, Produktion und Vermarktung notwendigen Funktionen sind vor Ort vorhanden - neben Zulieferbetrieben spezialisierte Softwareentwicklung, Forschungs- und Entwicklungsaktivitäten, Marketing, Design usw. (Rehfeld 1994).

d) *Erleichterte Produktdiversifizierung:* Piore und Sabel haben als erste auf einen weiteren Aspekt neuartiger wirtschaftlicher Regionsbildung hingewiesen. Sie machen darauf aufmerksam, daß unter Bedingungen sich verschärfender internationaler Konkurrenz, zunehmender Kundenorientierung und hoher Innovationsdynamik Effzienzgewinne nicht mehr von den "economies of scale" allein zu erwarten sind, weil zum Zeitpunkt der Markteinführung eines Produktes möglicherweise schon ein konkurrierendes vorbereitet wird oder dem Erstanbieter vom Konkurrenten ein modifiziertes, möglicherweise in Technologie und Design verbessertes Produkt entgegengestellt wird. Zur Risikominderung wird auf Marktunsicherheiten und schnelle Produktwechsel mit einer Erhöhung der Bandbreite der Produktion reagiert. Je mehr die Diversifizierung der Produktion voranschreitet, desto geringer werden die Kosten für jeden weiteren Diversifizierungsschritt und desto flexibler kann auf die Kundenwünsche reagiert werden (Piore, Sabel 1989, S. 286). Derartige Diversifizierungsschritte bedürfen anderer Organisationsformen als der eines hierarchisch organisierten Großbetriebes, der nach dem Modell der "economies of scale" arbeitet. Hierzu zählen die Dezentralisierung von Entscheidungskompetenzen und die Integration von Marketing, Finanzierung, Entwurf, Konstruktion und Fertigung, gleichgültig ob innerhalb eines Unternehmens oder zwischen externen Einheiten. Sabel bezeichnet diese Form des auf umfassender und kontinuierlicher Gegenseitigkeit basierenden Systems, von dem solche Effizienzgewinne abhängen, als *"kooperatives Fertigen",* dessen Kommunikationsintensität eine räumliche Nähe möglichst vieler Aktivitäten nahelegt. Im Wettbewerb wird ein jeder versuchen, in neue Produktionslinien zu diversifizieren, um für sich neue Märkte zu öffnen, oder wenigstens die Abhängigkeit von alten, unsicher gewordenen zu verringern. Die Kooperationspartner schließlich werden ebenfalls ermutigt zu diversifizieren, unter anderem weil man sich davon Kenntnis erhofft von dem, was der Zulieferer durch die Zusammenarbeit mit anderen Partnern lernt. Der gesamte Prozeß nimmt unter günstigen Bedingungen, d.h. Bedingungen eines auf diese Weise sich organisierenden Erfahrungsaustausches, die Form eines *"kollektiven"* regionalen Lernprozesses an. Gewinnt die Diversifizierung an Breite, ergeben sich auch vielfältige Alternativen zu kooperieren. Das Risiko, nicht ersetzbare Partner zu verlieren, wird insgesamt geringer, vor allem wenn das regionale Netzwerk eine hinreichende Ausdehnung besitzt.

e) *Selbstverstärkende Wirkung von Verbundvorteilen:* Ein stabiles regionales Unternehmensnetzwerk wirkt selbstverstärkend. Die wechselseitige Abhängigkeit der Betriebe und Unternehmen voneinander und von dem in einer Region möglicherweise einmaligen Wissensangebot kann derart groß sein, daß ein Standortwechsel mit erheblichen Transaktionskosten neuer Art konfrontiert wäre, nämlich mit der Notwendigkeit, am neuen Standort sich die am alten Standort vorhandene Wissens-, Informations- und Sublieferantenbasis völlig neu aufbauen zu müssen. Selbst Betriebe oder Abteilungen eines Betriebes, die unter starkem internationalen Kostendruck stehen und an sich einen anderen Standort präferieren, verzichten wegen der Transaktionskosten (Reorganisationskosten, Unsicherheit) oft darauf und suchen innerregionale Lösungen der Arbeits- und Produktionsorganisation. Sie tragen dadurch zugleich zur Festigung eines spezifischen regionalen Profils bei. Colletis und Pecqueur erklären die örtlichen Bindungen mit "Beziehungs"-Renditen in einem strukturierten Ensemble von Einrichtungen und Akteuren, das von großen Unternehmen selbst mitbegründet sein kann, indem diese ergänzende Unternehmen (Vorlieferanten und Zulieferer), Finanzinstitute, Forschungszentren, Ausbildungszentren und andere unternehmensbezogene Dienste angezogen haben. Häufig ist die Beziehungsstabilität aber auch das Ergebnis spezifischer regionaler Politiken (z.B. durch Bereitstellung von Ausbildungs- und Forschungseinrichtungen) und historischer Entwicklungsprozesse (Colletis, Pecqueur 1994, S. 12). Erwähnenswert ist, daß es oft die ortsansässigen Unternehmen selbst sind, die als Reaktion auf die internationale Konkurrenz ihr heimisches Umfeld mit dem Ziel, ihren Standort zu stabilisieren, zu restrukturieren versuchen.

f) *Spezialisiertes Arbeitskräftepotential:* Die unternehmerischen Beziehungsgeflechte einer Region wirken auch auf die Ausbildung und die spezifischen Qualifikationen des Arbeitskräftepotentials zurück. Während Kapital relativ mobil ist, läßt sich das Arbeitskräftepotential nicht beliebig von einem Ort zum anderen schieben (Seßhaftigkeit des Menschen). Deshalb geraten Unternehmen in wissensbasierten Wirtschaftszweigen mit einem besonders großen Bedarf an "skill"-intensiven Qualifikationen zunehmend in die Abhängigkeit von den besonderen "stillschweigenden" Fähigkeiten der in einer Region lebenden Arbeitskräfte. Diese müssen in der Lage sein, den speziellen Anforderungen zu genügen und eigenverantwortlich innerhalb relativ selbständiger Teams und Profit-Centers zu arbeiten, d.h. das Gegenteil einer tayloristischen Arbeitsorganisation zu praktizieren. Hierauf weist vor allem Sabel hin, der in einem abgewandelten und den veränderten Bedingungen angepaßten deutschen Facharbeitermodell durchaus Elemente dieses Prinzips erkennt, ein Hindernis zu seiner Verwirklichung allerdings in der starren fachlichen Qualifizierung sieht (Sabel 1996, S. 26). Voraussetzung hierfür ist, daß in den Regionen entsprechende Grundkompetenzen in einzelnen Technik-, Wissens- und Dienstleistungsfeldern vorhanden sind, die sich zu Produktions- und Dienstleistungssystemen verbinden lassen. Derartige Kompetenzen bieten nur wenige Wirtschaftsregionen (vgl. Koschatzky, Hemer, Gundrum 1996, S. 9).

Zwischenergebnis: Es existiert ein ganzes Bündel von ökonomischen Einflußgrößen, die in den hochentwickelten Industriegesellschaften die geographische Ballung von funktional aufeinander bezogenen wirtschaftlichen Aktivitäten (Clusterbildung) vor allem in dienstleistungs- und wissensintensiven Wirtschaftsbereichen fördern. Allerdings sind regionale Firmencluster nicht das Ergebnis eines Selbstläufers. Ob diese entstehen und damit zur Stabilisierung der Region beitragen können, ist abhängig von mehren Faktoren:

• von wirtschaftlichen Bindegliedern zwischen regionalen Clustern und den internationalen Märkten, weil die Clusterbildung ansonsten zu einer "lock-in" Situation führt und die Innovationsfähigkeit verloren gehen könnte,

• von Unternehmenstypen und -traditionen, die ihre Stärken entweder aus einem regionalen Verbund (vor allem kleine und mittlere Unternehmen) ziehen oder ihre Kooperationspartner im internationalen Umfeld suchen (vor allem transnational organisierte Unternehmen),

• von den (historisch gewachsenen) wirtschaftlichen Ausgangsbedingungen, d.h. der räumlichen Zusammensetzung und Dichte von Produktions- und Dienstleistungsunternehmen, die Clusterbildungen entlang einer Produktionskette ermöglichen,

• von der Existenz eines stützenden Umfeldes von Forschungs- und Bildungseinrichtungen; von organisatorischen und institutionellen Arrangements, die Kommunikation, Informationsaustausch und Kooperation unterstützen,

• von der Existenz einer "regionalen Ordnung", die den Zusammenhalt des regionalen Wirtschaftsverbundes durch gemeinsam geteilte Bedeutungs-, Verhaltens- und Entscheidungsmuster erst ermöglicht und zugleich Transaktionswiderstände innerhalb des Beziehungsnetzes abbaut (vgl. Heidenreich 1997, S. 503).

# 4    Regionen als sich verselbständigender politischer Handlungsraum

Für die politisch-administrative Sphäre sind diese Veränderungen nicht folgenlos. Bis in die jüngste Zeit hinein war der Nationalstaat unangefochten Garant einer erfolgreich funktionierenden nationalen Volkswirtschaft, der die wirtschaftlichen Rahmenbedingungen, beginnend mit der Währungspolitik über die Infrastruktur- und Sozialpolitik bis hin zur Regionalpolitik, sicherte und damit auch Voraussetzungen für eine an den Nationalstaat gebundene internationale Arbeitsteilung schuf. (vgl. Brock 1997, S. 13f.) Nunmehr deutet sich eine doppelt gegenläufige Entwicklung an: eine Machtverschiebung zum einen supranational zu internationalen Regimen, zum anderen abwärts zu regionalen und lokalen Handlungsebenen.

Allerdings würde man es sich zu einfach machen, einen unmittelbaren Zusammenhang zwischen Tendenzen einer regionalen Einbindung der Wirtschaft und einer Dezentralisierung von Politik anzunehmen. Eine enge Verknüpfung beider in Analogie zum Entstehen von nationalen Volkswirtschaften und Nationalstaaten und in Analogie zur politischen Privilegierung des nationalen Standortes ist beispielsweise schon deshalb unmöglich, weil Wirtschaftsregionen genuin Bestandteil eines globalen Kontextes sind und ein den Nationalstaaten entsprechendes politisches Machtmonopol auf regionaler Ebene schon aus diesem Grunde kaum entstehen kann. Regionen besitzen kein Gesetzgebungsmonopol, keine eigene Währung und nur sehr begrenzt Möglichkeiten, eine eigene Außenpolitik zu betreiben. Es verwundert deshalb kaum, daß sich das politische Dezentralisierungsbemühen keineswegs automatisch mit den Wirtschaftsinteressen deckt, die - so zeigen europäische Untersuchungen - in einigen Staaten mit ausgeprägten zentralstaatlichen Traditionen der Dezentralisierung von Regierungsmacht skeptisch oder gar ablehnend gegenüberstehen (vgl. Lange 1996, S. 116).

Zusammenhänge zwischen wirtschaftlicher und politischer Regionalisierung dürften sich eher über die Verluste nationalstaatlicher Eingriffsmöglichkeiten unter Bedingungen weltweit wirksamer Standortkonkurrenz, der Deregulierung der Finanz- und Kapitalmärkte und der parallelen Entwicklung supranationaler Institutionen herstellen. Betrachten wir den europäischen Kontext, so ist auffallend, daß das Entstehen der Europäischen Union sich in einem engen Wechselverhältnis zwischen Markterweiterung und dem Aufbau einer supranationalen politisch-administrativen Ebene vollzieht. Durch die Beseitigung von Zollbarrieren werden auf der einen Seite Handelshemmnisse zum Schutz nationaler Märkte abgebaut. Auf der anderen Seite entwickelt sich ein ganzes Bündel nationale Kompetenz überlagernder Aktivitäten, die von der supranationalen Ebene ausgehen: Ansätze einer gemeinsamen Handelspolitik nach außen, einer supranationalen Wettbewerbspolitik, Agrar- und Industriepolitik nach innen, erste Schritte zur Angleichung der nationalen Sozialpolitiken und Steuersysteme, der Umweltpolitik und nicht zuletzt der Regionalpolitik. Für die nationalen Politiken ist bedeutsam, daß dadurch nicht nur die nationalen Barrieren des Güteraustauschs und der Faktormobilität (Kapital und Arbeitskräfte) abgebaut werden, sondern zugleich eine schleichende Entmachtung der Nationalstaaten eingeleitet worden ist, die sich in der Einengung staatlicher Steuerungskapazitäten zeigt.

Als Konsequenz der Erosion des traditionellen staatlichen Regulationsinstrumentariums und zunehmender europa- und weltweiter Standortkonkurrenz entsteht allerdings kein Vakuum staatlichen Handelns. Es deutet sich vielmehr eine Verschiebung von territorialen Entwicklungszuständigkeiten an. Treuner entwickelt z.B. ein dreistufiges System von territorialen Handlungsebenen für die EU, deren Basis reale, funktionierende, europaweit bedeutende Regionen mit bedeutsamen städtischen Zentren, mit mindestens vier bis sechs Millionen Einwohnern und entsprechenden Wirtschaftsstrukturen sein sollten (Treuner 1995, S. 181). Darunter sind neben den großen Metropolregionen (Paris, London) auch kleinere Regionen wie Zentral-Belgien mit Brüssel, der Großraum Kopenhagen, der Großraum München oder Frankfurt a.M. zu verstehen. Diese Regionen sollten im Rahmen der europäischen und nationalen Prioritäten erweiterte institutionelle Zuständigkeiten erhalten und selbständig "alle notwendigen Detailangaben enthaltenden konkreten Entwicklungsprogramme erarbeiten ..." können (ebd. 182). Im Kern wird mit diesem Modell territorialer Organisation von Politik eine Mehrebenenstruktur als Merkmal einer neuen Staatlichkeit in Europa umschrieben, ein "multi-level-governance-model", in dem ein Mit- und Nebeneinander von Politikprozessen auf verschiedenen Regierungsebenen - der EU-Ebene, der Ebene der Mitgliedsstaaten und der subnationalen Ebene (Regionen) - bestimmend sind (Heinelt 1996, S. 17).

Für die Struktur der Regionalpolitik hat dieser Wandel weitreichende Konsequenzen. Innerhalb des Systems starker Nationalstaaten konnten regionale Angelegenheiten als Bestandteil nationaler Politiken der Privilegierung des nationalen Standortes angesehen werden, wozu unter anderem auch die Wirtschafts-, Sozial- und Bildungspolitik gehörten. Die bundesdeutsche regionale Strukturpolitik und regionale Raumordnungspolitik sind Beispiele dieses Politiktyps, wenn auch bereits gebrochen durch die föderale Struktur. Im europäischen Mehrebenenmodell tritt an die Stelle staatlicher Hierarchie ein der Vielfalt der Ebenen entsprechendes Modell der Entscheidungskoordination. Es ist auf regionaler Ebene charakterisiert erstens durch demokratische Entscheidungen in gebietskörperschaftlichen Gremien, zweitens durch Abstimmungsprozeduren mit den beiden übergeordneten Politikebenen (vertikal) sowie drittens auch durch Verhandlungen zwischen den öffentlichen und privaten Akteuren und Institutionen der regionalen Ebene (horizontal). Gerade in der horizontalen Verkoppelung öffentlicher und privater Akteure und

25

Institutionen deuten sich grundlegend verändernde Aufgabenstellungen und neue, sich auf Policy-Netzwerke stützende Formen der Regionalpolitik an. Sie findet dabei in den eingangs beschriebenen Formen funktionaler regionaler Kooperations- und Interaktionszusammenhänge erfolgreicher Wirtschaftsregionen bisher kaum beachtete Ansatzpunkte für eine neue *proaktive* Standortpolitik. Auf regionaler Ebene verschiebt sich der politische Fokus zwangsläufig weg von einer vertikalen Umverteilung von Ressourcen hin zu der Notwendigkeit, die endogenen Potentiale nutzbar zu machen und zu diesem Zweck die regionalen Akteure zu verantwortungsbewußtem Selbstmanagement zu bewegen (vgl. Hoffmann, Nuissl in diesem Band). Dieser Wandel raumbezogenen politischen Handelns beinhaltet auch eine grundlegende politische Umbewertung des Regionsbegriffs. War er in der traditionellen Regionalpolitik ein Synonym für Entwicklungsrückstände, die im nationalen Interesse überwunden werden sollen, gilt die Region nun als eine Voraussetzung für Innovationsfähigkeit, Modernisierung und wirtschaftlichen Erfolg auf den Weltmärkten (Keating 1997, S. 93).

## 5 Regionalpolitik als Förderung von Wettbewerbs- und Innovationsfähigkeit

Eine *proaktive, wettbewerbsorientierte, operationelle Standortpolitik* wird unter den sich verändernden politischen Rahmenbedingungen zum wichtigsten Feld staatlicher Eingriffsmöglichkeiten (vgl. Cooke 1996). Sie ist zugleich auch Ausdruck des Bemühens, staatliche Souveränität und Handlungsmöglichkeiten auf diesem Umweg wiederzuerlangen (Altvater 1994). Sie setzt auf Differenzierung und weniger auf solidarischen Ausgleich innerhalb des nationalen Territoriums, orientiert sich weniger auf die nationalen Volkswirtschaften und mehr auf die Förderung regionaler Begabungen. War staatliche Standortpolitik in der Vergangenheit vorwiegend auf den Schutz und die Privilegierung der nationalen Märkte gerichtet, werden in der proaktiven Standortpolitik die Wirtschaftsregionen zum Bezugsraum einer auf den internationalen Wettbewerb gerichteten Politik. Regionalpolitik erhält dadurch eine gewichtigere eigenverantwortliche Rolle als in der Vergangenheit und muß zur Ausfüllung dieser neuen Rolle auf der regionalen Ebene Kompetenz und Ressourcen an sich ziehen.

Die operationelle Standortpolitik wird mit den Mitteln einer Attraktivitätssteigerung von Standortmerkmalen ausgetragen und bezieht sich dabei auf das Qualifikationspotential, Forschungspotential, Infrastrukturangebot sowie die Entwicklung von Strategien zur Förderung "endogener Potentiale". In Abgrenzung zur traditionellen staatlichen Politik des Ausgleichs und undifferenzierter Förderung wirtschaftlichen Wachstums rückt nunmehr die *regionale Produktionsbasis* in den Mittelpunkt des Interesses. Hoben die traditionellen Raumordnungs- und Struktur-politiken die Schwächen einer Region, die es zu überwinden gilt, hervor, betonen die aus den Regionen selbst abgeleiteten Ansätze deren Stärken, Talente und Be-sonderheiten, die es als "produktives Kreativitätspotential" für regionale Beschäf-tigungszuwächse und Einkommenssteigerungen zu nutzen gilt.[2] Regionalpolitik dieses neuen Typs findet ihre praktischen Ansatzpunkte in jenen regionalen Wirt-schaftsbereichen, die ein Potential für eine regionale Netzwerkbildung in Wirt-schaftsclustern darstellen, wobei die unterschiedlichen Spezialisierungen und Rol-len der Regionen an eine aus den Regionen heraus entwickelte Regionalpolitik auch jeweils spezifische Anforderungen stellen.

In der wissenschaftlichen Debatte hat die Suche nach einer erfolgversprechen-den Strategie der regionalen Umstrukturierung und Stabilisierung den Blick vor allem auf das Themenfeld "regionale Innovationsfähigkeit" gelenkt (vgl. Europäische Kommission 1995, S. 23f.). Existierende innovative Regionen bilden in diesen Überlegungen Erfahrungshintergründe, die man auch für die weniger entwickelten Regionen nutzbar machen möchte. Die erfolgreichen Kernregionen sind gleichsam Beispiele für "best practices", deren Kenntnis Lern- und Anpassungsprozesse in den strukturschwachen Regionen anregen könnten. Wie bereits erläutert, stellen sich die erfolgreichen Regionen als Zonen wirtschaftlicher Spezialisierung und funktiona-ler Differenzierung dar, in denen ein eng geflochtenes Unternehmensnetzwerk exi-stiert und darüber hinaus ein intensiver Interaktionszusammenhang mit öffentlichen und halböffentlichen Einrichtungen. Die Wettbewerbsfähigkeit dieser Regionen, d.h. die Fähigkeit der ansässigen Firmen, die in der Region vorhandenen produktiven Potentiale in einen Wettbewerbsvorteil umzumünzen, ist gebunden an eine Vielzahl von einzelnen Firmen allein nicht unmittelbar produzierbarer Ressourcen. Neben den bekannten harten und weichen Standortfaktoren (technische Infrastrukturaus-stattung, Kulturausstattung, Lebensumfeld, Bildungsstand der Erwerbsbevölkerung) sind dies vor allem die Organisationsformen der Zusammenarbeit der Unterneh-

---

2  Die traditionelle regionale Strukturpolitik definierte regionale Wettbewerbsfähigkeit in er-ster Linie über die Faktorkosten, vor allem Lohn- und Gehaltskosten. Durch finanzielle Unterstützung von Kostensenkungsstrategien sollte die regionale Wettbewerbsfähigkeit, d.h. die Außenhandelsleistungsfähigkeit gefördert werden. Die Praxis hat jedoch gezeigt, daß das Konzept der reinen kostenorientierten Wettbewerbsfähigkeit nicht zu einer dauerhaften regionalen Wettbewerbsfähigkeit, sondern zu einem ruinösen Konkurrenzkampf um billige Arbeitskräfte, Gewerbeflächen und Ausstattungen mit technischer Infrastruktur beiträgt und einen Subventionswettlauf auslöst.

men untereinander und mit Einrichtungen der Berufsausbildung, Forschung und Entwicklung, Politik und Planung, Marktinformation usw.

Freilich sind Unternehmen, insbesondere in jenen Regionen, die unter starkem Anpassungsdruck stehen und deren produktive Potentiale brach liegen, selten spontan in der Lage, diese Ressourcen durch Koordination ihrer privatwirtschaftlichen Einzelinteressen oder durch Zusammenarbeit mit Forschungs- und Bildungseinrichtungen im Alleingang zu entwickeln und zu nutzen. Sie bedürfen der politischen Rückkoppelung und Unterstützung, der Einbettung in ein vielfältiges soziales und politisches Umfeld, das einen derartigen Kurs stützen kann. Wie Erfahrungen aus westeuropäischen Regionen und den USA zeigen, spielt eine clusterorientierte regionale Entwicklungspolitik in Prozessen der Neu- und Weiterentwicklung regionaler Produktionssysteme einen besonders wichtigen Part (vgl. z.B. Cooke 1996, S. 68; Colletis 1996, S. 218; Jacobs 1997, S. 24f.; vgl. auch Scott in diesem Band). Ohne derartige politische Einbettung wäre die Realisierung der eingangs dargestellten Optionen für das Entstehen und die Weiterentwicklung regional spezialisierter Wirtschaftscluster weniger und das Szenario einer Destabilisierung der regionalen Wirtschaft, mit weitreichenden negativen Konsequenzen für die regionale Beschäftigungs- und Einkommensentwicklung, eher wahrscheinlich.

Ziel der innovationsorientierten Politik ist nicht primär die Umsetzung zentralstaatlich festgelegter Technologieprogramme oder der Ausgleich von regionalen Standortnachteilen durch den Aufbau von Bildungs-, Forschungs- Verkehrsinfrastrukturen und durch finanzielle Investitionsförderung. Die Konzeption ist vielmehr marktorientiert, konzentriert sich auf die in den Regionen vorhandenen Faktoren und zielt auf eine Differenzierung und Spezialisierung der regionalen Angebote mit Blick auf eine potentielle internationale Nachfrage. Im Unterschied auch zur Politik einer allgemeinen Orientierung auf deren "endogene Potentiale", wie sie in den 80er Jahren diskutiert wurde, zielt die regionale Innovationspolitik vor allem auf eine Intensivierung des Wissensaustauschs in möglichen wirtschaftlichen Clustern und auf eine konstruktive Zusammenarbeit verschiedener Akteure in den betreffenden Clustern.

Sie schließt eine Strategie der regionsinternen Umbildung und Erweiterung von Produktionsnetzen zwischen den regionalen Hauptakteuren ein. Da jedes Land oder jede Region ein eigenes Spezialisierungsmuster aufweist, fördert eine cluster-orientierte Politik in der Regel einen Wettbewerb, der nicht auf Imitation und Kostensenkung beruht, sondern, ausgehend von den vorhandenen regionalen Stärken, auf Differenzierung und Spezialisierung. Innovationsstrategien sind also wesentlich an die Ausgangsbedingungen in den jeweiligen Regionen gebunden.

Grob unterschieden zwischen Kern und Peripherie, müßte sich der regionalen Innovationspolitik in den Kernregionen mit bereits funktionierenden Clustern die Aufgabe stellen, Prozesse der Verfahrens- und Produktdiversifizierung zu unterstüt-

28

zen und die Präsenz der regionalen Unternehmenscluster auf den internationalen Märkten zu stärken. Beispiele für eine derartige Diversifizierungspolitik finden sich derzeit in Baden-Württemberg, in Nordrhein-Westfalen oder in Rhône-Alpes in Frankreich. An diesen Beispielen wird auch deutlich, daß eine innovationsorientierte Regionalpolitik weniger eindeutig in der Zielsetzung und Mittelwahl sein kann, wie dies die traditionelle Technologiepolitik und regionale Wachstumspolitik versprachen.

Gerade in der Technologiepolitik, mit der ein regionaler Strukturwandel stimuliert werden sollte, machte man die Erfahrung, daß in den verschiedenen Regionen kaum vorhersagbar ist, welche Technologien und welche Sektoren in Zukunft erfolgsträchtig sein können. Mit der Technologiepolitik waren des weiteren "Herden- und Mitläufereffekte" verbunden, weil jeder Staat und jede Region versuchte, sich auf den vermeintlich fortschrittlichsten Technologiefeldern zu profilieren, und alle die gleichen Technologien in den Mittelpunkt ihrer politischen Bemühungen stellten. Die Hoffnung, eine Region durch eine lineare Förderung von Spitzentechnologie an die Spitze des interregionalen Wettbewerbs zu katapultieren, hat sich im allgemeinen als Illusion herausgestellt und nur zu Überinvestitionen in bestimmten Branchen geführt (Brahms 1995). Die Diskussion und erste Praxiserfahrungen z.B. in Nordrhein-Westfalen (Kilper, Fürst 1995; Voelzkow in diesem Band) und in Baden-Württemberg (Braczyk, Krauss 1997) zeigen, daß Innovationspolitik heute in hohem Maße aus Moderation, Stimulanz und Vermittlungsleistungen besteht, mit der die wichtigsten Kompetenzträger eines in der Region potentiell vorhandenen Clusters zur Zusammenarbeit angeregt werden. Eine derartig organisierte Politik der Beratung und Stützung zielt darauf, Arrangements zur Kooperation sowie zum Ressourcentausch zu unterstützen, die der Integration von Produktions-, Finanz- und Innovationsströmen dienen.

Schwieriger ist es, innovative Cluster in zurückgebliebenen Regionen anzuregen. Französische Erfahrungen aus den 60er Jahren, mit staatlichen Maßnahmen gegen den wirtschaftlichen Niedergang von Regionen vorzugehen, belegen ebenso wie das Experiment des Aufbaus einer modernen Wirtschaftsstruktur in Ostdeutschland, daß die Zusammenführung von Betrieben, Forschungs- und Entwicklungseinrichtungen in räumlicher Nähe nicht automatisch Zusammenarbeit, Synergien und betriebliche Innovationen fördert. Die Schwierigkeiten liegen teilweise darin, daß nicht klar ist, welche wirtschaftlichen Sektoren in der Region einen Wachstumssektor bilden können, teilweise liegen sie aber auch darin, daß die Duplizierung der Forschungs- infrastruktur und der Produktion in Konkurrenz zu den historisch gewachsenen Wirtschaftsregionen dem Neuling kaum eine Wettbewerbschance läßt.

Regionalpolitik in den strukturschwachen Regionen ist also herausgefordert, zu helfen, daß sich aus keimförmig vorhandenen Unternehmens- und Betriebsstrukturen einige tragfähige branchenspezifische Cluster herausschälen und entwickeln, die in der Lage sind, eine überregionale und internationale Nachfrage zu bedienen. Hierbei handelt es sich in vielen Regionen weniger um Hochtechnologie-Industrien. Deren Identifizierung dürfte aus der Region heraus (bottom up) besonders schwierig sein, weil in diesen Regionen krisenverursachende Branchen und Cluster die innovativen Ansätze überlagern, z.b. extern kontrollierte Betriebsstrukturen oder kartellierte, vertikal organisierte Produktionsstrukturen. Hier bilden sich oft defensive neuerungsfeindliche Allianzen aus alten Unternehmen, Gewerkschaften und Gebietskörperschaften (Grabher 1988; Läpple 1994). Somit bleibt das Problem, Innovationen in einem meist nichtinnovativen Milieu zu organisieren. Auch ist kaum zu erwarten, daß die neue Regionalpolitik mehr als eine partielle Stütze in der Entwicklung regionaler Cluster übernehmen kann. Schon gar nicht kann sie festlegen, welche Cluster besonders zukunftsträchtig sind. Aber das Eingehen auf die regionalen ökonomischen Bedingungen, Qualifikations- und Forschungspotentiale sowie institutionellen Gegebenheiten kann verhindern, daß Regionalpolitik in den strukturschwachen Regionen ähnlich erfolglos wirkt wie die traditionellen Ansätze exogener Politik der Förderung regionaler Wachstumspole oder auch der linearen Technologiepolitik (vgl. Enright 1996, S. 209f.).

## 6    Neue regionale Institutionen und Organisationen

In regionalwissenschaftlichen Untersuchungen wird die Stärkung politischer Kompetenz auf der regionalen Ebene oder zumindest die Übertragung wirtschaftspolitischer Kompetenzen an die Regionen als eine wichtige Rahmenbedingung für erfolgreiche ökonomische Entwicklungen erklärt und umgekehrt ökonomische Rückständigkeit mit staatlichem Zentralismus in Verbindung gebracht (vgl. Cooke 1996, S. 59; vgl. auch die Hinweise bei Voelzkow in diesem Band). Räumliche Entwicklungsdisparitäten werden in diesen Untersuchungen nicht allein aus der unterschiedlichen ökonomischen Ausgangslage erklärt, sondern auch mit unterschiedlichen Governance Arrangements und weiter gefaßt mit unterschiedlichen Formen sozialer Organisation des Wirtschaftens in Verbindung gebracht. Es ist also mit einer gewissen Sicherheit anzunehmen, daß regionalisierte institutionelle Formen der politischen Entscheidungsvorbereitung und -umsetzung eine wichtige Voraussetzung zum Gelingen der innovationsorientierten Regionalpolitik sind.[3]

---

3    Die Wirkungsweise der institutionellen Arrangements auf die regionale Wettbewerbs- und Innovationsfähigkeit ist jedoch noch nicht hinreichend erforscht.

Das Spektrum institutioneller Arrangements von Regionalpolitik kann reichen von eigenständigen politisch-administrativen Instanzen mit eigenen Ressourcen und Machtmitteln, die sich auf regionaler Ebene etablieren, bis hin zu losen Netzwerken korporativer Akteure, wobei - wie auf zentralstaatlicher Ebene - aus dem Zusammenspiel von staatlichen Instanzen und gesellschaftlichen Organisationen besondere regionale Handlungsfähigkeit oder auch Handlungsblockaden entstehen können (Héritier 1993).

Der traditionelle Weg der Institutionenbildung auf regionaler Ebene folgt dem hierarchisch-majoritären Politikmodus (top down), der politische Entscheidungen durch Wahlen legitimiert und für ihre Durchsetzung Rechtssetzung und administrative Steuerungskompetenz nutzt. Dieser Typus einer Regionalisierung politischer Steuerungsinstanzen setzt sich in zahlreichen westeuropäischen Ländern zunehmend durch, z.b. in Großbritannien jüngst durch Volksabstimmungen in Schottland und Wales. Derartige "regionalstaatliche" Entwicklungen haben zwar oft kulturhistorische und politische Hintergründe, sie bilden aber auch ein funktionales Komplement zur regionalökonomischen Entwicklung und reagieren auf den Verlust zentralstaatlicher Einflußmöglichkeiten (vgl. Bradbury, Mawson 1997, S. 16). Wo gewählte Regionalregierungen existieren, wird die regionale Entwicklung stärker politisiert und können vielfältige regionale Ansprüche und Probleme auch in den politischen Handlungsraum eindringen und dort verarbeitet werden. Dies betrifft die Definition von regionsspezifischen Themen, die Mobilisierung von Ressourcen, die Vermittlung gesellschaftlicher Interessen und die Implementation politischer Strategien. Nach Keating besteht im Falle einer regionalen Institutionalisierung politischen Handelns eine größere Chance, neben der Wirtschaftsförderung auch Verteilungsfragen, Umweltinteressen und kulturelle Anliegen in den Kontext regionsbezogener Entwicklungspolitik einzubeziehen. (Keating 1997, S. 99; vgl. auch Keim in diesem Band).

Verglichen mit den stärker zentralstaatlich aufgebauten europäischen Nachbarstaaten, besitzt Deutschland mit seiner förderalen Struktur vergleichsweise günstige institutionelle Voraussetzungen für die Entfaltung einer subnationalen regionalen Politik. So sind die Länder an der Legislative beteiligt, verfügen über ein eigenes Budget, sind in ihrem Handeln durch Wahlen legitimiert und in der Lage, für die von ihnen vertretenen Regionen selbst politisch zu entscheiden.

Dieser traditionelle Weg regionalisierter politischer Entscheidungsfindung und Politikimplementation unterscheidet sich allerdings strukturell kaum von den zentralstaatlichen majoritären und hierarchischen Routinen und stößt dabei auf ähnliche Handlungsprobleme. Probleme ergeben sich bereits aus der gebietskörperschaftlichen Bindung. Ist z.B. eine Region durch Grenzziehung in unterschiedliche Verwaltungseinheiten aufgeteilt, besteht die Gefahr einer mittelaufwendigen und im Ergebnis unnützen Konkurrenz zwischen den Gebietskörperschaften. Die verschiedenen regionalen Einheiten versuchen nicht selten, auf der einen Seite Kosten zu exportieren und auf der anderen Seite mobiles Kapital für sich zu gewinnen (vgl. Keating 1997, S. 99). Die sich daraus ergebenden Blockaden politischen Handelns lassen sich im Rahmen dieses Politiktyps nicht lösen, es sei denn durch die übergeordnete zentralstaatliche Ebene oder komplizierte Formen des Aushandelns zwischen den Gebietskörperschaften. Auch im entgegengesetzten Fall einer zu weit gezogenen gebietskörperschaftlichen Region drohen suboptimale Lösungen, weil die spezifischen regionalwirtschaftlichen und gesellschaftlichen Interessen sich von der Gebietskörperschaft nur begrenzt repräsentiert sehen.

Hinzu kommt, daß Regionen durch die globale Einbindung und die Dynamik des regionalen Geflechts von wirtschaftlichen Liefer- und Leistungsbeziehungen sich kaum mehr eindeutig als unveränderbare territoriale Handlungsräume definieren lassen. Anstelle der *festen Geometrie* der traditionellen Politik wird eine der *variablen Geometrie* gefordert. Aufgrund der beschriebenen breit gefächerten Dimensionen, die eine innovationsorientierte Regionalpolitik im Spannungsfeld von Globalisierung und Regionalisierung ansprechen müßte, schwinden für die traditionell strukturierte regionale Politik auch die Chancen, mit den ihr zur Verfügung stehenden Mitteln restriktiver Steuerung, aktiver Kapitalmobilisierung, Bildungs- und Technologiepolitik allein eine regionale Innovations- und Wettbewerbspolitik zu gestalten (Braczyk, Krauss 1997, S. 247). Generell gilt für die regionalstaatliche Ebene wie für den Zentralstaat der von den Politik- und Verwaltungswissenschaften beschriebene Befund, daß sich der Staat in der Bewältigung der immer komplexer werdenden Aufgaben der wirtschaftlichen Restrukturierung in einer sich globalisierenden Ökonomie als überfordert erweist (Steuerungskrise des modernen Staates) und ein Ausweg aus diesem Dilemma durch Verzicht auf "etatistische Alleingänge" gesucht wird.

Ergänzend zur traditionellen Form der politischen Institutionalisierung sind im Rahmen "endogener" Konzepte auf regionaler Ebene Formen politischen Agierens zu beobachten, die, ähnlich den Lösungen auf zentralstaatlicher Ebene, die organisierten Interessen an der Formulierung und Ausführung von politischen Entscheidungen zu beteiligen suchen. Derartige Arrangements sind territorial flexibel und auf die Bewältigung regionaler Probleme wie die Durchsetzung einer wettbewerbsfähigen Regionsstruktur orientiert. Sie sind nicht Teil des traditionellen administrativen Institutionengerüstes, sondern bilden eine wandelbare Organisationsform auf kooperativer Basis. Sie beziehen einerseits die dezentralen Körperschaften (Kommunen und Kreise), andererseits gesellschaftliche Organisationen (Kammern, Verbände, Gewerkschaften, Unternehmen usw.) ein und bilden ein korporatives Verhandlungs- und Handlungssystem. Obwohl derartige interorganisatorische Arrangements keine politisch administrativen Einheiten vergleichbare Instanz darstellen können, sind sie dennoch handlungsfähig, wenn auch nicht im Sinne eines engen Ziel-Mittel-Schemas. Die zwischen organisierten Akteuren mögliche Form von Steuerungsleistung kann als kontextuale Steuerung umschrieben werden, die darauf verzichtet, Einzelheiten zu regeln. "Statt dessen schafft sie generalisierte Motivationen dafür, die eigendynamischen und eigensinnigen Operationen eines Systems in eine bestimmte Richtung (Qualität, Perspektive, Vision) zu lenken." (Bullmann, Heinze 1997, S. 326) Sie überläßt aber die praktische Umsetzung den einzelnen Akteuren selbst.

## 7  Ausblick

Zeiten des Umbruchs sind Zeiten der Unsicherheit. So haben sich in der jüngsten Vergangenheit die Globalisierungsprozesse im ökonomischen Raum derart beschleunigt, daß sich die Frage stellt, ob und wenn ja, inwieweit die Region als politischer und ökonomischer Handlungsraum eine wirtschaftlich und sozial stabilisierende Funktion in diesem Prozeß übernehmen kann. Zweifellos wird sich dies für die wirtschaftlich dynamischen Regionen, in denen sich starke Innovationsnetzwerke herausgebildet haben, bestätigen lassen. Nutznießer sind in Europa vor allem die hoch entwickelten metropolitanen Dienstleistungsregionen, aber auch industriell spezialisierte Regionen. Regionalisierung und Globalisierung bedingen sich in diesen Kernräumen gegenseitig positiv. Regionen dieses Typs gibt es aber selbst in den hochindustrialisierten Ländern nur in geringer Zahl. Es scheint sogar, daß in der sich verschärfenden internationalen Konkurrenz die existierenden metropolitanen Regionen und einige neo-industrialisierte Regionen mit einem dichten Besatz an spezifischen Dienstleistungseinrichtungen und Qualifikationspotentialen begünstigt werden, während weite Bereiche des Raumes von der neuen internationalen Wirtschaftsdynamik ausgeschlossen werden oder nur über weitgespannte Zulieferketten partiell eingebunden sind.

Die neue innovations- und netzwerkorientierte, endogene Potentiale mobilisierende Regionalpolitik wird sich folglich daran messen lassen müssen, ob es ihr gelingt, die Wettbewerbsvorteile der dynamischen Regionen langfristig zu sichern, vor allem aber auch, den unterentwickelten Regionen eine wirtschaftliche Perspektive zu weisen. Weil den Regionen (altindustrialisierten und ländlich peripheren Regionen) oft eine territoriale Organisationsform mit spezifischen Vorteilen für bestimmte Branchen fehlt, geraten sie leicht in eine hoffnungslose Preis- und Kostenkonkurrenz zu den Schwellenländern und zugleich in eine hoffnungslose Innovationskonkurrenz zu den wirtschaftlich dynamischen Regionen. Ist es möglich, in solchen Regionen Innovationsnetzwerke anzuregen, in denen offensichtlich die Voraussetzungen für deren Entwicklung bisher fehlen?

Es ist wenig wahrscheinlich, daß dies von den Regionen, gestützt auf ihre endogenen Potentiale, allein geleistet werden kann (Heinelt 1996, S. 306). Diese Regionen benötigen also mehr denn je auch "exogene Entwicklungsimpulse", neben staatlichen Finanztransfers auch Stimuli, die zu einem regionalen "networking" anregen. Die manchmal verbreiteten Ideen einer neuen territorialpolitischen Ordnung mit regionalpolitischer Autonomie und regionalwirtschaftlicher Eigenentwicklung stoßen in der harten Welt des internationalen Wettbewerbs offensichtlich an Grenzen. Der Zentralstaat zwischen den Regionen und den supranationalen Instanzen bleibt in Zukunft sicher eine wichtige Stütze der Regionalentwicklung.

# Literatur

Akademie für Raumforschung und Landesplanung (Hg.) (1995): Handwörterbuch der Raumordnung. Hannover

Altvater, E. (1994): Operationsfeld Weltmarkt oder: Die Transformation des souveränen Nationalstaats in den internationalen Wettbewerbsstaat. In: Prokla 24 (97), S. 517-547

Amin, A.; Thrift, N. (1994): Neo-Marshallian nodes in global networks. In: Krumbein, W. (Hg.): Ökonomische und politische Netzwerke in der Region. Münster, S. 115-140

Amin, A.; Thrift, N. (1995): Globalisation, institutional "thickness" and the local economy. In: Healey, P; Cameron, S.; Davoudi, S.; Graham, S.; Madani-Pour, A. (Hg.): Managing cities. The new urban context. Chichester, S. 91-108

Baumer, D.; Rehfeld, D. (1996): Chemische Industrie im Bergischen Land. Abschlußbericht im Auftrag des Regionalbüros Bergisches Städtedreieck. Gelsenkirchen

Boustedt, O. (1975): Grundriß der empirischen Regionalforschung, Teil 1: Raumstrukturen. Hannover

Braczyk, H.-J.; Krauss, G. (1997): Neue Herausforderungen an Innovationspolitik: Konsequenzen der regionalen Transformation in Baden-Württemberg. In: Bullmann, U.; Heinze, R. G. (Hg.): Regionale Modernisierungspolitik. Nationale und internationale Perspektiven. Opladen, S. 219-250

Bradbury, J.; Mawson, J. (1997): Devolution: it's England's turn. In: New Statesman 19, S. 16-18

Brahms, R. (1995): National targeting policies, high technology industry and excessive competion. In: Strategic Management Journal 16

Brock, D. (1997): Wirtschaft und Staat im Zeitalter der Globalisierung. Von nationalen Volkswirtschaften zur globalisierten Weltwirtschaft. In: Aus Politik und Zeitgeschichte 33/34, S. 12-19

Bullmann, U.; Heinze, R. G. (Hg.) (1997): Regionale Modernisierungspolitik. Nationale und internationale Perspektiven. Opladen

Camagni, R. (Hg.) (1991): Innovation networks: spatial perspectives. London, New York

Colletis, G. (1996): Von der Allokation zur Produktion von Ressourcen - Die zentrale Rolle regionaler Innovationsnetzwerke. In: Lehner, F.; Schmidt-Bleek, F.; Kilper, H. (Hg.): Regiovision. Neue Strategien für alte Industrieregionen. München, S. 213-219

Colletis, G.; Pecqueur, B. (1994): Die französische Diskussion der Industriedistrikte - Über die Bildung von "Territorien" im Postfordismus. In: Krumbein, W. (Hg.): Ökonomische und politische Netzwerke in der Region. Hamburg, S. 5-22

Cooke, P. (1996): Policy-Netzwerke, Innovationsnetzwerke und Regionalpolitik. In: Heinelt, H. (Hg.): Politiknetzwerke und europäische Strukturförderung. Opladen, S. 58-74

Döhl, V.; Sauer, D. (1995): Neue Unternehmensstrategien und regionale Entwicklung. In: IfS Frankfurt /M.; INIFES Stadtbergen; ISF München; SOFI Göttingen (Hg.): Jahrbuch Sozialwissenschaftliche Technikberichterstattung '95, Schwerpunkt: Technik und Region. Berlin, S. 103-157

Enright, M. J. (1996): Regional cluster and economic development: A research agenda. In: Staber, U. H.; Schaefer, N. V.; Sharma, B. (Hg.): Business networks. Prospects for regional development. Berlin, New York, S. 190-213

Europäische Kommission (1995): Grünbuch zur Innovation (Vorentwurf)

Grabher, G. (1988): De-Industrialisierung oder Neo-Industrialisierung? Innovationsprozesse und Innovationspolitik in traditionellen Industrieregionen. Berlin

Hansen, N. (1992): Competition, trust and reciprocity in the development of innovative regional milieux. In: Papers In Regional Science: The Journal of the RSAI 71 (2), S. 95-105

Heidenreich, M. (1997): Wirtschaftsregionen im weltweiten Wettbewerb. In: Kölner Zeitschrift für Soziologie und Sozialpsychologie 49 (3), S. 500-527

Heinelt, H. (Hg.) (1996): Politiknetzwerke und europäische Strukturförderung. Ein Vergleich zwischen EU-Mitgliedsstaaten. Opladen

Héritier, A. (Hg.) (1993): Policy-Analyse. Kritik und Neuorientierung. Opladen (Politische Vierteljahresschrift, Sonderheft 24)

Jacobs, D. (1997): Wissensintensive Innovation: Das Potential des Cluster Ansatzes. In: The IPTS Report 16, S. 24-31

Junne, G. (1996): Integration unter den Bedingungen von Globalisierung und Lokalisierung. In: Jachtenfels, M.; Kohler-Koch, B. (Hg.): Europäische Integration. Opladen, S. 513-530

Keating, M. (1997): Zur Politischen Ökonomie des Regionalismus. In: Bullmann, U.; Heinze, R. G.: Regionale Modernisierungspolitik. Nationale und internationale Perspektiven. Opladen, S. 77-108

Kilper H.; Fürst, D. (1995): The innovative power of regional policy networks. A comparison of two approaches to political modernization in North Rhine-Westphalia. In: European Planning Studies 2, S. 287-304

Koschatzky, K.; Hemer, J.; Gundrum, U. (1996): Verflechtungsbeziehungen von Produktions- und Dienstleistungsunternehmen in der Region Rhein/Main, Studie im Auftrag des Umlandverbandes Frankfurt. Frankfurt/M., Karlsruhe

Krätke, M. (1997): Globalisierung und Standortkonkurrenz. In: Leviathan. Zeitschrift für Sozialwissenschaft 2, S. 202-232

Lange, N. (1996): Wirtschaft zwischen Regionalismus und europäischer Integration. In: WeltTrends 11, S. 106-123

Läpple, D. (1994): Zwischen Gestern und Übermorgen. Das Ruhrgebiet - eine Industrieregion im Umbruch. In: Kreibich, R.; Schmid, A. S.; Siebel, W.; Sieverts, T.; Zlonicky, P. (Hg.): Bauplatz Zukunft. Dispute über die Zukunft von Industrieregionen. Essen, S. 37-51

Lash, S.; Urry, J. (1992): Economies of signs and space: After organized capitalism. London

Ohmae, K. (1990): The borderless world. New York

Piore, M. J.; Sabel, C. F. (1989): Das Ende der Massenproduktion. Frankfurt/M.

Porter, M. E. (1993): Nationale Wettbewerbsvorteile. Erfolgreich konkurrieren auf dem Weltmarkt. Wien

Rehfeld, D. (1994): Produktionscluster und räumliche Entwicklung, Beispiele und Konsequenzen. In: Krumbein, W. (Hg.): Ökonomische und politische Netzwerke in der Region. Münster, S. 187-205

Sabel, C. F. (1996): Regionale Basis globaler Wettbewerbsfähigkeit. In: Lehner, F.; Schmidt-Bleek, F.; Kilper, H. (Hg.): Regiovision. Neue Strategien für alte Industrieregionen. München, S. 21-33

Soete, L. (1997): Auswirkungen der Globalisierung auf die wirtschaftliche Integration in Europa. In: The IPTS Report 15, S. 7-14

Sydow, J. (1996): Flexible specialization in regional networks. In: Staber, U. H.; Schaefer, N. V.; Sharma, B. (Hg.): Business networks. Prospects for regional development. Berlin, New York, S. 24-40

Treuner, P. (1995): Institutionelle und instrumentale Aspekte einer neuen regional ausgerichteten Entwicklungsstrategie für Europa. In: Akademie für Raumforschung und Landesplanung (Hg.): Towards a new European space. Hannover, S. 178-186

Weber, H. (1995): Entwicklungstrends bei Produkten und Unternehmen der Hochtechnologie. In: Industrie- und Handelskammer zu Berlin (Hg.): Entwicklungsstrategien für Industriestandorte in der Region Berlin. Berlin, S. 79-88

# Regionale Ökonomien - Organisation und Perspektiven

Dieter Rehfeld

# Unternehmensstrategien zwischen Regionalisierung und Globalisierung

## 1 Ausgangspunkte

### 1.1 Strategische Alternativen bei der Suche nach neuen Orientierungen

Es ist mittlerweile zum Gemeinplatz geworden, daß wir uns in einer Zeit anhaltender, tiefgreifender ökonomischer und gesellschaftlicher Umstrukturierungen befinden. Allerdings bestehen hinsichtlich der Frage, wo der Weg ökonomischer und gesellschaftlicher Veränderungen hingehen wird, welche Strukturen eine künftige Gesellschaft aufweisen wird, noch immer erhebliche Unsicherheiten.

Diese Unsicherheiten werden nicht allein daran deutlich, daß eine Vielzahl von Entwürfen zum Verständnis einer künftigen Gesellschaftsstruktur nebeneinander stehen. Die Unklarheit beginnt bereits bei der Frage, was wir analytisch momentan leisten können. Sollen wir uns damit bescheiden, zunächst das Ende der bisher dominierenden Strukturen, etwa das "Ende der Massenproduktion" (Piore, Sabel 1985) zu konstatieren, allenfalls noch darauf verweisen, daß etwas Neues entsteht, die konkrete Ausprägung dieser neuen Strukturen aber in vieler Hinsicht noch offen halten und diese Offenheit mit Beschränkungen auf ein "Danach", etwa im Konzept des "Postfordismus" (vgl. z.B. Benko, Dunford 1991), bewußt einbeziehen?

Oder können wir bereits sagen, daß wir uns konsequent auf dem Weg in eine "Informationsgesellschaft" (Castells 1995) oder vielleicht doch in die bereits seit langem prognostizierte "postindustrielle Gesellschaft" befinden? Weit verbreitet ist in diesem Kontext die Annahme, daß, wie immer diese künftige Gesellschaft auch aussehen wird, es sich um eine Gesellschaft auf der Basis einer Globalisierung ökonomischer Beziehungen handeln wird.

Allerdings bestehen auch hier Unsicherheiten. Was ist denn nun neu an der Globalisierung? Was ist im Kontext der Globalisierung anders als im Rahmen der bisherigen Internationalisierung wirtschaftlicher Beziehungen? Junne (1996, S. 516) definiert z.B. "Globalisierung heißt, daß bei allen wichtigen Unternehmensentscheidungen zunehmend weltweit gesucht wird nach:
- den billigsten oder am besten qualifizierten Arbeitskräften ...,
- den geeignetsten Zulieferern,

- den fortgeschrittensten Technologien,
- den günstigsten Standorten,
- den vorteilhaftesten Absatzmöglichkeiten.

Die neuen Kommunikationsmedien erlauben eine viel höhere Transparenz der internationalen Märkte und erleichtern damit die Suche nach internationalen Geschäftspartnern."

Bei genauerem Hinsehen handelt es sich aber auch hier eher um eine konsequente Ausweitung und Fortschreibung von Konzepten der "Neuen Internationalen Arbeitsteilung" (Fröbel, Heinrichs, Kreye 1977 und 1986), die von dem Idealbild eines global operierenden Unternehmens ausgehen, das je nach Bedarf Standorte bzw. Wirtschaftsräume selektiv nutzt und einbindet, bei geänderten Rahmenbedingungen auch wieder fallen läßt. Wirtschaftsräume werden von außen selektiv in Wert gesetzt oder auch nicht, sie bleiben in diesem Verständnis passiv, Resonanzboden externer Einflüsse, haben selbst kaum interne Handlungs- oder Gestaltungsmöglichkeiten, eine implizite Annahme, die Läpple (siehe auch dessen Beitrag in diesem Band) vor dem Hintergrund der Ergebnisse der neueren regionalökonomischen Diskussion zu Recht kritisiert.

In diesem Beitrag soll die Annahme, daß im Kontext der momentanen Umstrukturierungen strategische Alternativen und damit eine Offenheit hinsichtlich der künftigen wirtschaftlichen Strukturen besteht, ernst genommen werden. Das Verhältnis von Regionalisierung und Globalisierung soll also weniger von einer vorgegebenen analytischen Perspektive aus thematisiert werden, sondern von einem praktischen Ausgangspunkt, als Frage nach den zur Verfügung stehenden Alternativen der Unternehmen einerseits und als Frage nach den damit verbundenen Herausforderungen an die Wirtschaftsförderung vor Ort bzw. an die regionale Strukturpolitik andererseits.

Die Frage nach den neuen Aufgaben für die regionale Strukturpolitik stellt sich im Rahmen der Suche nach neuen Konzepten der Wirtschaftspolitik in unterschiedlichsten Formen im Rahmen von Projekten, die unter anderem im Institut Arbeit und Technik mit dem Ziel einer Neuorientierung der Praxis regionaler Strukturpolitik durchgeführt werden bzw. durchgeführt worden sind:

- Kann lokale und regionale Wirtschaftspolitik vor Ort ein Unternehmen unterstützen, das im Rahmen seiner Positionierung in der Produktionskette vor der auch in der Unternehmensleitung kontrovers diskutierten Alternative steht, entweder seine Beziehungen zu den im regionalen Umfeld vorhandenen Zulieferern neu zu organisieren, oder muß in Kauf genommen werden, daß in einem beträchtlichen Umfang bisher aus der Region bezogene Zulieferungen nun zum Beispiel aus Osteuropa bezogen werden?

- Was kann ein international agierendes Unternehmen, etwa der chemischen Industrie, motivieren, sich an einem regionalen Kooperationsprojekt zu beteiligen, das auf die Organisation eines regionalen Abfallkonzeptes für diese Branche und auf eine regionale Zusammenarbeit bei der Nutzung produktionsorientierter Dienstleistungen abzielt?
- Wie läßt sich eine Vorstellung über eine künftige Spezialisierung einer Stadt bzw. einer Region auf Basis der vorhandenen und potentiellen Stärken im Kontext einer internationalen bzw. globalen Arbeitsteilung als Leitbild für wirtschaftspolitische Akteure erarbeiten und entwickeln?

Im Mittelpunkt der folgenden Überlegungen steht die These, daß momentan nicht nur strategische Alternativen der Unternehmen vorhanden sind, sondern daß damit auch Chancen für eine neue, aufgewertete Rolle für einzelne Regionen in einer globalisierten Wirtschaft verbunden sind. Gleichzeitig lassen die bisherigen Erfahrungen allerdings auch befürchten, daß die Wirtschaftspolitik vor Ort und die regionale Strukturpolitik bzw. die hierfür zuständigen Akteure in der Regel nicht über die Ressourcen und Orientierungen verfügen, um die hiermit verbundenen Potentiale durch die Anwendung zielgerichteter wirtschaftspolitischer Strategien zu nutzen.

Um diese Argumentation verständlich zu machen, soll zunächst ein kurzer Blick auf die momentan dominierenden Leitbilder und Strategien der regionalen Strukturpolitik geworfen werden (1.2), um daran anschließend drei der momentan in der Diskussion um Internationalisierung bzw. Globalisierung zu findenden Argumentationslinien vorzustellen und die damit verbundenen Herausforderungen an die regionale Strukturpolitik herauszuarbeiten (2). Auf dieser Grundlage sollen abschließend einige Hinweise zum Verhältnis von Regionalisierung und Globalisierung und den hiermit verbundenen Möglichkeiten und Problemen der Wirtschaftsförderung vor Ort zusammengefaßt werden (3).

*1.2 Leitbilder und Praxis regionaler Strukturpolitik*

Während in der gängigen Diskussion um die Globalisierung der wirtschaftlichen Strukturen die Rolle der Regionen als eigenständig wirkende Kraft bzw. die Handlungsmöglichkeiten der Wirtschaftspolitik vor Ort stark unterschätzt werden, können wir in der regionalpolitischen Strategiediskussion der vergangenen Jahre eine genau umgekehrte Entwicklung beobachten: Die Diskussion um die Nutzung endogener Potentiale, die Orientierung an einer großen Bedeutung von Klein- und Mittelunternehmen für Innovationen und Beschäftigung, die Strategien zur Intensivierung eines lokalen oder regionalen Technologietransfers, die Bündelung dieser Elemente, bezogen auf die Organisation diversifizierter und wettbewerbsfähiger regionaler

Produktions- und Innovationszusammenhänge, implizieren die Hoffnung, in den Regionen dauerhaft stabile und global wettbewerbsfähige Wirtschaftsstrukturen aufzubauen.

Die mit dieser Orientierung verbundene Überschätzung regionaler Handlungsmöglichkeiten beruht in erster Linie auf vier Mißverständnissen und Fehleinschätzungen:

Erstens: Kleine und mittlere Unternehmen (KMU) sind in der Regel nicht auf sich allein gestellt oder in Kooperation mit anderen KMU global aktiv, sondern im Rahmen von Netzwerken, die von internationalen bzw. globalen Unternehmen organisiert werden. Nicht die Frage nach der Überlegenheit von Unternehmen verschiedener Größe, sondern die Frage nach einer Arbeitsteilung zwischen spezialisierten KMU und Großunternehmen, die sich im übrigen auch zunehmend dezentral organisieren, im Rahmen global agierender Netze ist aus wirtschaftspolitischer Perspektive entscheidend (vgl. Gordon 1995).

Zweitens: Regionale Potentiale können nicht allein von der Angebotsseite her betrachtet werden, wie etwa in den Konzepten über flexible Spezialisierung (vgl. Hirst, Zeitlin 1990), also von den vorhandenen Produktions-, Qualifikations- und Technologiekapazitäten. Im Mittelpunkt hat immer auch die Frage zu stehen, für welche überregionale Nachfrage bzw. Märkte diese Potentiale nutzbar gemacht werden können. Regionale Nachfrage kann sinnvoll als Impulse gebende Leitnachfrage für neue Produktionscluster sein, muß sich dann aber immer auch auf internationalen Märkten durchsetzen (vgl. Porter 1991).

Drittens: Porter (1991) weist darauf hin, daß eine breit diversifizierte, möglichst alle Branchen abdeckende Wirtschaftsstruktur selbst im nationalen Rahmen eine unrealistische und auch nicht effektive Zielsetzung ist, damit erst recht nicht auf regionaler Ebene. Eine regionale Strukturpolitik, die auf die Vernetzung der regionalen Aktivitäten vor Ort abzielt, damit sich selbst verstärkende Wachstumseffekte erreichen will, muß, bei allen damit verbundenen Risiken, auf eine Spezialisierung (bei gleichzeitiger funktionaler, aber nicht sektoraler Differenzierung (vgl. Kilper, Rehfeld 1991)) im Rahmen weniger Produktionscluster abzielen (vgl. Rehfeld 1994a).

Viertens: Regionale Netzwerke als Basis globaler Wettbewerbsfähigkeit dürfen nicht mit Kooperationen verwechselt werden. Die Verflechtungen im Rahmen von Netzwerken sind in erster Linie informell organisiert (vgl. Camagni 1991; Porter 1991). Kooperationen, oft das Ziel wirtschaftspolitischer Initiativen vor Ort, sind nur in sorgfältig auszuwählenden Handlungsfeldern sinnvoll, andernfalls besteht die Gefahr, zwischenbetriebliche Aktivitäten in einem zu engen, Potentiale vergebenden wirtschaftlichen Funktionsraum zu organisieren.

Aus diesen Überlegungen ergibt sich bereits, daß eine regionale Strukturpolitik, will sie die gegebenen Handlungsmöglichkeiten ausschöpfen, je nach regionalen

Voraussetzungen, also je nach wirschaftlichen Spezialisierungen und je nach strategischen Alternativen der in der Region ansässigen Unternehmen sehr unterschiedlich aussehen kann. Im folgenden werden zunächst drei mit der Internationalisierung bzw. Globalisierung verbundene Entwicklungslinien dargestellt und die darauf bezogenen Herausforderungen an die regionale Strukturpolitik erörtert.

## 2 Bausteine zum Verständnis von Globalisierungsstrategien

*2.1 Anpassung an einen wachsenden internationalen Konkurrenzdruck oder:*
*Die Bedeutung einer "intelligenten" Infrastruktur*

Eine erste Argumentationslinie geht davon aus, daß Unternehmen einem veränderten Marktdruck ausgesetzt sind (vgl. zum folgenden Kilper, Latniak, Rehfeld, Simonis 1994, S. 78ff.). Dieser Marktdruck resultiert aus einer zunehmenden internationalen Konkurrenz bei gleichzeitig veränderten Marktanforderungen. Gerade ein zunehmend differenziertes Konsumentenverhalten erfordert nicht mehr wie früher die Fähigkeit, eine möglichst große Zahl gleichförmiger Produkte herzustellen (economies of scale), sondern die Fähigkeit, die bestehenden betrieblichen Produktionssysteme möglichst schnell und effektiv neu zu ordnen, um so mit minimalem Kostenaufwand eine Vielzahl unterschiedlicher Produkte bzw. Produktvarianten auf den Markt zu bringen (economies of scope). Voraussetzung hierfür sind zunehmend flexible innerbetriebliche Produktionssysteme.

Die Unternehmen sehen sich bei der hierfür notwendigen Reorganisation ihrer Produktionssysteme mit neuen Formen des Einsatzes von Produktionstechnologien konfrontiert. Notwendig wird ein integriertes betriebliches Innovationsmanagement, das darauf angewiesen ist, Produktions- und Arbeitsorganisation in Verbindung mit den vorhandenen bzw. notwendigen Qualifikationen neu zu organisieren und in diesem Rahmen die Technologie zu gestalten.

Betriebliche Innovationen erfordern demnach spezifische, auf den jeweiligen Betrieb zugeschnittene Lösungen. Die Diffusion neuer Technologien ist immer weniger als linearer Verbreitungs- und Anwendungsprozeß zu verstehen, sondern immer mehr als betriebsspezifischer Innovationsprozeß, dessen Praxis von einer Vielzahl neuer Schwierigkeiten und Widerstände geprägt ist: Betriebliche Routinen und Machtstrukturen werden in Frage gestellt, die Erfahrungen anderer Betriebe geben nur wenige Hinweise auf das, was im eigenen Betrieb sinnvoll ist. Damit nehmen die Unsicherheiten über die richtigen Investitions- und Organisationsentscheidungen zu. Die damit verbundenen organisatorischen und sozialen Kompetenzen stellen für fast alle Akteure im Betrieb völlig neue Anforderungen.

In dieser Situation verfolgen die einzelnen Unternehmen äußerst unterschiedliche Wege, wobei ein Faktor für den einzuschlagenden Weg bzw. für den Erfolg im regionalen Umfeld der Betriebe zu sehen ist (vgl. Rehfeld 1993). Eine "intelligente" Infrastruktur, die sich etwa nicht allein wie bisher üblich auf spezifische Aus- und Weiterbildungsmaßnahmen beschränkt, sondern die Aktivitäten der Qualifizierungseinrichtungen koordiniert und bündelt sowie über die bisherige Praxis hinaus auch in der Lage ist, eine die betrieblichen Umstrukturierungen begleitende und modellierende Beratungsinfrastruktur bereitzustellen, kann dazu beitragen, die innerbetrieblichen Neuorientierungen zu unterstützen.

Neben dieser Unterstützung innerbetrieblicher Reorganisationsprozesse ergeben sich weitere, mit einem erweiterten und veränderten Verständnis von Infrastruktur verbundene Herausforderungen für die regionalen Akteure. Denkbar ist etwa, dort, wo eine gewisse Anzahl von Betrieben mit gemeinsamen Problemen vorhanden ist, produkt- oder branchenspezifische Entsorgungs- bzw. Wiederaufbereitungskonzepte zu organisieren. Gerade die Vielzahl neuer Anforderungen im Umweltbereich (vgl. Rehfeld, Simonis 1994), die immer stärker auf ein inner- und überbetriebliches Stoffstrommanagement abzielen, haben dazu geführt, daß in vielen, auch kleinen Betrieben immer mehr isolierte Entsorgungsstrategien für spezifische Abfallfraktionen oder "Reststoffe" verfolgt werden, die durch eine Bündelung vergleichbarer Abfallströme aus verschiedenen Betrieben und/oder eine Intensivierung und Ergänzung der in der Region vorhandenen Entsorgungs- oder Wiederaufbereitungskapazitäten aus betrieblicher Sicht ebenso wie aus regionaler Sicht durchaus erhebliche Kosten- und auch Ressourceneinsparungen bewirken können.

Noch anspruchsvoller werden die regionalen Handlungsmöglichkeiten dann, wenn davon ausgegangen wird, daß auch unternehmensbezogenen Dienstleistungen immer stärker eine Infrastrukturqualität beizumessen ist. Das Spektrum regionaler Handlungsanforderungen reicht nun von der Aufgabe, Möglichkeiten einer Kooperation zwischen regional ansässigen Betrieben zwecks besserer Auslastung der eigenen Kapazitäten, etwa in Bereichen wie Analysieren, Prüfen, Testen, zu organisieren, über die Aufgabe, ein Informationssystem für die im regionalen Umfeld vorhandenen unternehmensbezogenen Dienstleistungen aufzubauen, bis hin zur gezielten Förderung bzw. Akquisition von Dienstleistungen, für die, wenn die Unternehmen ihre Nachfrage bündeln, ein bisher nicht erfüllter regionaler Bedarf besteht.[1]

---

[1] Der Aufbau eines regionalen, branchenbezogenen Entsorgungskonzepts und die Möglichkeiten der Kooperation bei der Nutzung produktionsorientierter Dienstleistungen standen im Mittelpunkt eines vom Institut Arbeit und Technik im Auftrag des Regionalbüros "Bergisches Städtedreieck" durchgeführten Projektes "Chemische Industrie im Bergischen Land". Das mittlerweile beendete Projekt wurde jeweils zur Hälfte aus Mitteln des Landes Nordrhein-Westfalen und durch Gebühren der beteiligten Unternehmen finanziert.

Gemeinsam ist den hier dargestellten regionalen Handlungsmöglichkeiten, daß sie die Anpassungsstrategien der Betriebe unterstützen und Möglichkeiten der Kosteneinsparung auf regionaler Ebene aufzeigen und initiieren. Der Fokus beschränkt sich auf die Anpassungsstrategien der Betriebe, bezieht sich also eher auf ein reagierendes, passives betriebliches Verhalten. Weitreichende Innovationen, grundlegend veränderte Strategien der Unternehmen und unmittelbare Beschäftigungszuwächse sind nicht als Resultat derartiger Aktivitäten zu erwarten, wohl aber eine regionale Stützung und damit auch Einbindung der Unternehmen, die einem wachsenden Konkurrenzdruck ausgesetzt sind.

### 2.2 Industrielle Distrikte als räumliche Grundlage einer globalisierten Ökonomie oder: Innovationsnetzwerke zwischen Internationalisierung und Regionalisierung

Eines der wichtigsten Ergebnisse der regionalökonomischen Diskussion der vergangenen zehn Jahre besteht darin, daß Regionen, die ein hohes Maß an Spezialisierung und interner Vernetzung aufweisen, die mit den Weltwirtschaftskrisen Mitte der 70er und Anfang der 80er Jahre verbundenen Turbulenzen, und zwar unabhängig von der Branchenzugehörigkeit, besonders erfolgreich überstanden haben.

Dieses Phänomen wurde unter Stichworten wie "The Reemergence of Regional Economies" (Sabel 1989), "Productive Decentralization" (Cooke, da Rosa Pires 1985), Lokale Milieus bzw. Innovationsnetzwerke (Camagni 1991), Produktionscluster (Porter 1991) oder ähnlichen beschrieben und als Grundlage einer neuen, postfordistischen industriellen Raumstruktur interpretiert, wobei die Referenzregionen vom Dritten Italien über Baden-Württemberg bis Silicon Valley reichen. Je nach analytischer Perspektive konzentrierten sich diese Untersuchungen auf
- die derartigen Regionen zugrundeliegenden Produktionssysteme (z.B. Rehfeld 1994a),
- die zwischen den Betrieben in diesen Regionen ablaufenden informellen Prozesse (vgl. z.B. Camagni 1991),
- die institutionellen Voraussetzungen stabiler regionaler Netzwerke (vgl. z.B. Cooke 1994) oder
- die soziale bzw. kulturelle Basis der unter dem Fokus "Vertrauen" interpretierten zwischenbetrieblichen Beziehungen (vgl. z.B. Sabel 1992).

Nun sind regional konzentrierte Produktionszusammenhänge keine neue Erscheinung. So kommen wirtschaftshistorische Untersuchungen zu dem Ergebnis, daß die Region "die wesentliche operative Einheit für die Industrialisierung gewesen ist"

(Pollard 1980, S. 12), und es ist kein Zufall, daß die neueren Studien sich immer wieder auf die Untersuchungen über industrielle Distrikte von Marshall (1919) bzw. über Agglomerationsvorteile von Alfred Weber (1909) beziehen (vgl. zusammenfassend Kilper, Rehfeld 1991).

Für den hier interessierenden Zusammenhang des Verhältnisses zwischen Regionalisierung und Globalisierung ist wichtig, was die heute erfolgreichen Produktionscluster von diesen früheren räumlichen industriellen Ballungen unterscheidet. Hierbei sind drei Aspekte hervorzuheben:

Erstens: Die wesentlichen Verflechtungen innerhalb der in jüngster Vergangenheit zu beobachtenden Produktionscluster beziehen sich immer weniger auf stoffliche Verflechtungen (wie etwa die Material- bzw. Energieflüsse zwischen Eisen- und Stahl-, Kohle-, Elektrizitäts- und Chemieindustrie im Ruhrgebiet (vgl. Rehfeld 1994b) oder auf enge Verflechtungen zwischen Zulieferern und Herstellern wie etwa in traditionellen Automobilregionen (vgl. Rehfeld 1994a; Schoenberger, Harkness 1994), sondern auf für Innovationen bedeutsame Verflechtungen. So haben z.B. Untersuchungen über die Beziehungen in dem sich in den vergangenen Jahren neu in Nordrhein-Westfalen herausgebildeten Produktionscluster "Umweltschutzwirtschaft" (Nordhause-Janz, Rehfeld 1995) gezeigt, daß vor allem produktionsorientierte Dienstleistungen (Beratungs- und Ingenieurdienstleistungen, Analysen, Laboruntersuchungen usw.) bevorzugt im regionalen Umfeld bezogen werden, daß daneben vor allem ein enger Kontakt zwischen "Leitnachfragern" (privaten wie auch öffentlichen) bedeutsam für die Entstehung und Entwicklung der Innovationsdynamik in einem Produktionscluster ist.

Zweitens: Die "weichen" Faktoren, wie soziale und kulturelle Traditionen, Vertrauen oder regionale Identität, sind in ihrer Bedeutung gegenüber den "harten" Faktoren, insbesondere der regionalen Wirtschaftsstruktur, zu relativieren (Krumbein 1994). Innovative Netzwerke haben dort große Chancen, wo eine industrielle Struktur vorhanden ist, die sich als Gleichzeitigkeit von produktbezogener Spezialisierung und funktionaler Differenzierung bezeichnen läßt (Kilper, Rehfeld 1991). Ohne diese Voraussetzungen, insbesondere auf Basis einer heterogenen, breit gestreuten Wirtschaftsstruktur, lassen sich Innovationsnetzwerke nicht realisieren. Spezialisierung und Erfolg, damit aber auch die Gefahr des Scheiterns dann, wenn die regionale Innovationsdynamik zum Stillstand kommt (vgl. Grabher 1993), liegen also sehr eng beieinander.

Drittens: Regionale Innovationsnetzwerke können, müssen aber nicht eine Basis für globale Wettbewerbsfähigkeit bilden. Regionale Netzwerke sind eine von mehreren Erscheinungsformen einer zunehmend vernetzten Ökonomie, ein wesentliches, aber nicht das Basiselement einer globalisierten Ökonomie (vgl. Amin, Thrift 1994). Regionale Netzwerke können dann bedeutsam werden, wenn die dort verankerten Unternehmen immer auch in andere Funktionsräume, etwa über strategi-sche Allianzen eingebunden sind (vgl. Camagni 1991; Grabher 1993) und es gleich-zeitig gelingt, die Innovationsaktivitäten kontinuierlich auf neue Bereiche auszu-weiten.

Aus der Sicht der einzelnen Unternehmen kann die Einbettung in ein derarti-ges Produktionscluster sehr wohl ein innovatives Umfeld als Basis für erfolgrei-ches Agieren auf den internationalen Märkten bilden. Allerdings besteht auch Einigkeit darüber, daß Produktionscluster nicht seitens der Wirtschaftspolitik her-gestellt werden können, sondern deren Basis in wirtschaftsstrukturellen Vorausset-zungen und entsprechend regional verankerten Strategien der Unternehmen liegen (vgl. Porter 1991; Amin, Thrift 1994).

Das heißt nun nicht, daß regionale Strukturpolitik keine Handlungsmöglichkei-ten in dem hier thematisierten Zusammenhang hat. In den Regionen, in denen die entsprechenden Voraussetzungen gegeben sind, lassen sich, je nach Ausgangslage, drei Handlungsansätze ausmachen:

Erstens: Dort, wo bereits funktionsfähige Produktionscluster bestehen, liegt die wirtschaftspolitische Aufgabe darin, die Rahmenbedingungen bzw. Standortfaktoren zu pflegen bzw. gezielt auszubauen. Porter (1991) spricht in diesem Zusammen-hang davon, "den Diamanten zu schleifen". Bei seit langem bestehenden Produk-tionsclustern kann sich dies etwa auf die Einrichtung von Technologieberatungs-oder Finanzierungseinrichtungen beziehen (vgl. Telljohann 1994 für das Dritte Italien), bei sich neu herausbildenden Produktionsclustern auf den umfassenden Auf-bau einer komplementären Infrastruktur (Forschungseinrichtungen, Ausbildungs-gänge), auf die Initiierung von Modellprojekten, die als Leitnachfrage fungieren können, sowie auf eine Vorreiterrolle bei der Umsetzung von Normen und Stan-dards (vgl. Nordhause-Janz, Rehfeld 1995 für das Beispiel der Umweltschutzwirt-schaft in Nordrhein-Westfalen).

Zweitens: Wenn die strukturellen Voraussetzungen von Produktionsclustern gegeben sind, dann folgt daraus nicht zwangsläufig, daß die damit vorhandenen Innovationspotentiale von den ansässigen Unternehmen auch genutzt werden. So finden sich auch Beispiele, in denen die strategischen Orientierungen der Unter-nehmen an anderen Funktionsräumen, etwa der Produktionskette, orientiert sind und die regional vorhandenen Synergiepotentiale nicht wahrgenommen werden. In solch einer Situation kann die Aufgabe der regionalen Strukturpolitik darin bestehen, den Kommunikations- und Informationsfluß vor Ort zu organisieren. Um Mißverständ-nissen vorzubeugen: Es geht nicht in erster Linie darum, die eine oder andere Kooperation zwischen Unternehmen zu organisieren, sondern einen Raum zu schaf-fen, der den Informationsaustausch zwischen den beteiligten Unternehmen und gegebenenfalls auch öffentlichen Einrichtungen ermöglicht, wobei der Informationsaustausch dann auch in Form von Kooperationen umgesetzt werden kann, wenn es von den Beteiligten für sinnvoll gehalten wird.[2]

Drittens: Besonders notwendig und schwierig werden wirtschaftspolitische Aktivitäten vor Ort dann, wenn langfristige Veränderungen in dem für die Region bedeutsamen Produktionscluster zu erwarten sind, die beteiligten Unternehmen aber primär defensiv reagieren, sich also zunehmend auf einen Kernbereich konzentrieren und ihre Innovationsaktivitäten nicht auf veränderte oder neu strukturierte Märkte richten. Dies war die Situation in den Stahlregionen in den 70er Jahren, könnte in den kommenden Jahren aber auch für die unter starkem Veränderungsdruck stehenden Automobilregionen zutreffen (vgl. Kilper, Rehfeld 1994; Rehfeld, Wompel 1996). Hier bestünde die Aufgabe der Wirtschaftspolitik vor Ort darin, einen Diskurs über mögliche Veränderungen seitens der globalen Nachfrageentwicklungen zu thematisieren und eventuell durch entsprechende Forschungsaktivitäten und Modellprojekte zu initiieren.[3]

### 2.3 Neue Unternehmensstrategien auf dem Weg in eine globale Ökonomie oder: Regionale Spezialisierung im Rahmen einer globalen Arbeitsteilung

Gemeinsam ist den beiden bisher diskutierten Zugängen die Frage, wie die regionale Basis bzw. das regionale Umfeld für international agierende Unternehmen gestärkt werden kann; insofern haben die bisherigen Erörterungen noch wenig mit dem Problem der Globalisierung zu tun, verbleiben im strategischen Rahmen der

---

2 Auf die Organisation eines dortigen Innovationsnetzwerkes zielte z.B. das von ISA-Consult und dem Institut Arbeit und Technik gemeinsam durchgeführte Projekt "Perspektiven der Automobilzulieferindustrie im Bergischen Land". Eine der wichtigsten Erfahrungen in diesem Projekt bestand darin, daß einerseits ein großes Interesse am Informationsaustausch mit den anderen vor Ort ansässigen Automobilzulieferbetrieben bestand, daß andererseits dann, wenn sich konkrete Kooperationsaktivitäten abzeichneten, die beteiligten Unternehmen es vorzogen, sich aus den politisch organisierten Kommunikationszusammenhängen auszuklinken, also die Kooperation außerhalb des "Innovationsnetzwerkes" selbst zu organisieren (vgl. Endbericht 1995).

3 Hierauf zielten z.B. die Aktivitäten im Rahmen des Projektes "Perspektiven der Automobilindustrie in Südostniedersachsen und Südhessen" (vgl. Lompe, Müller, Rehfeld, Blöcker 1991). Ausgehend von der Annahme, daß es künftig für die Automobilhersteller immer weniger darum gehen kann, kostengünstig möglichst viele Fahrzeuge herzustellen, sondern unter veränderten verkehrspolitischen und ökologischen Rahmenbedingungen die Funktion von Autos im Rahmen integrierter Verkehrssysteme zu organisieren, wurde ein Konzept ausgearbeitet, das ausgehend von den Kompetenzen im Fahrzeugbau die Erschließung neuer Kompetenzen für die Organisation von Verkehrssystemen vorsah.

Internationalisierung. Im folgenden soll es um die Frage gehen, welche raumwirksamen Strategien derartige Unternehmen im Rahmen möglicher neuer Globalisierungsstrategien verfolgen und welche Auswirkungen damit für betroffene Regionen verbunden sind.

Im Mittelpunkt steht dabei die These, daß von einer Globalisierung als einem qualitativ neuen Strategie- und Strukturmuster wirtschaftlicher Funktionszusammenhänge nur dann gesprochen werden kann, wenn sie nicht allein auf die eingangs skizzierte qualitative und quantitative Ausweitung bisheriger Strategien der Internationalisierung hinausläuft. Hiervon ausgehend wird argumentiert, daß derartige neue Elemente zwar erkennbar sind, momentan aber noch nicht gesagt werden kann, ob oder in welchen Bereichen sich diese Entwicklungen als dominierender Trend durchsetzen können.

Als Ausgangspunkt müssen wir noch einmal auf das Konzept der neuen internationalen Arbeitsteilung zurückkommen. Blicken wir auf die 70er und 80er Jahre zurück, so läßt sich in der Tat eine funktionale und räumliche Ausdifferenzierung des Systems der neuen internationalen Arbeitsteilung erkennen:

Wurden zunächst arbeitsintensive Funktionen besonders in produktiven Funktionsbereichen der Foto- und Elektroindustrie sowie der Textil- und Bekleidungsindustrie in Länder mit niedrigen Lohnkosten und hoher Kapitalsubventionierung, zunächst in die europäische Peripherie, später nach Südostasien, verlagert, so steht momentan eine neue Verlagerungswelle bei standardisierten Teilbereichen des Maschinenbaus und der Metallverarbeitung insbesondere in Richtung osteuropäische Standorte an.

Weiterhin war erkennbar, daß umweltbelastende Produktionen bzw. die daraus resultierenden Abfälle weltweit verteilt wurden, von den japanischen Herstellern bevorzugt nach Südostasien, von den westeuropäischen Herstellern zunächst nach Osteuropa, aber auch in das ansonsten von den internationalen Waren- und Kapitalströmen zunehmend gemiedene Afrika.

Schließlich fanden sich immer mehr Beispiele dafür, daß auch scheinbar qualifizierte Funktionen, nach weit verbreiteter Meinung die letzten Stärken der hochindustrialisierten Industrieländer, ausgelagert wurden: Softwareentwicklung nach Indien, Analysen und Labortätigkeiten für die Chemische Industrie nach China, die Kolorierung von Zeichentrickfilmen in verschiedene südostasiatische Länder.

Gemeinsam ist diesen Internationalisierungsstrategien, daß sie für die "Gastländer" immer prekär geblieben sind, ihre Integration in die internationale Ökonomie immer funktional (und auch räumlich) äußerst selektiv blieb und sie bei veränderten Rahmenbedingungen auch immer wieder fallengelassen wurden. In allen skizzierten Bereichen finden sich mittlerweile Beispiele für Rückverlagerungen in die Stammregionen. Diese Rückverlagerungen haben ihre Basis vor allem in veränderten Strukturen bei den Produktionssystemen und der damit verbundenen Veränderung der Produktionskosten in Verbindung mit einer Flexibilisierung der Absatzmärkte. Differenzierte Produkte und flexible Produktionsverfahren basieren zunehmend auf den oben skizzierten integrierten Produktionskonzepten, bei denen die Aufwendungen für die Errichtung, Nutzung und Instandhaltung des kapitalintensiven Maschinenparks nicht nur einen hohen Anteil qualifizierter Facharbeit erfordern, sondern dieser auch aufgrund der relativ gesunken Lohnkosten finanzierbar ist.

Unter dieser Oberfläche einer sich wellenartig vollziehenden neuen internationalen Arbeitsteilung haben sich allerdings Entwicklungen vollzogen, die mit diesem Konzept nicht mehr erklärt werden können:

- Einzelne Regionen, etwa "Silicon Glen" als Standort für Elektronikzweigbetriebe in Schottland oder Wales als Standort für Automobilhersteller und -zulieferer, aber auch Sophia Antipolis in Frankreich haben sich allen Kontraktionstendenzen zum Trotz offenbar längerfristig etabliert. Auch wenn in diesen Regionen nicht die erwarteten Vernetzungen aufgetreten sind, haben sie sich doch einen Ruf als Standort für Zweigbetriebe erworben, in denen zwar nicht die einzelnen dort angesiedelten Unternehmen, wohl aber der Standort insgesamt relativ stabil bleibt.

- Insbesondere veranlaßt durch Local-content-Auflagen haben sich im Umfeld einzelner Leitbetriebe in verschiedenen Regionen differenzierte Zuliefernetzwerke gebildet. Dies ist vor allem in der Automobilindustrie zu beobachten, die in ihren Internationalisierungsstrategien allenfalls begrenzt den Pfaden der neuen internationalen Arbeitsteilung gefolgt ist: Der Aufbau japanischer Transplants in Großbritannien und den USA, die sich neu bildenden Automobilstandorte in China oder auch das in den 80er Jahren in Regensburg gegründete Zweigwerk von BMW weisen derartige Strukturen auf. Auch wenn die Zuliefererbeziehungen primär auf einen dominierenden regionalen Abnehmer ausgerichtet sind und es offen ist, ob die Versuche, diese neuen Zulieferer auch auf andere Abnehmer auszurichten oder gar in ein horizontales Innovationsnetz einzubinden (vgl. z.B. Cooke 1995 für Wales), Erfolg haben, sind diese Strukturen nicht mehr mit den oft kritisierten "Kathedralen in der Wüste" vergleichbar.

- Weiterhin ist zu beobachten, daß zunehmend Zweigwerke gegründet werden, die an den Standorten regionaler Produktionscluster präsent sind, um somit Zugang zu den dortigen Innovationspotentialen zu bekommen: Jeder Elektronikhersteller, der etwas auf sich hält, errichtet eine Forschungsabteilung oder zumindest eine Niederlassung in Silicon Valley, gentechnische Forschungsabteilungen werden nicht primär aufgrund der dortigen Genehmigungsverfahren, sondern der dort wegweisenden Innovations- und Marktentwicklungen in Standorten wie Boston errichtet, und japanische Automobilzulieferer siedeln ihre Entwicklungszentren in den USA nicht in den neuen Standorten der Transplants im Süden, sondern bevorzugt im in den USA dominierenden Automobilzentrum in Detroit an (vgl. Schoenberger, Harkness 1994, zu ähnlichen Entwicklungen in Turin vgl. Enrietti, Peruzio, Rieser 1994).

- Schließlich finden sich immer häufiger Beispiele dafür, daß Unternehmen nicht allein mit spezifischen Funktionen an einzelne Standorte gehen, sondern auch das Umfeld in verschiedener Weise mit organisieren. Japanische Elektro- oder Chemieunternehmen finanzieren Forschungsprofessuren an amerikanischen Hochschulen; der finnische Konzern Nokia organisiert und finanziert eine Anbindung seines Zweigwerkes in Bochum an den öffentlichen Personennahverkehr im Ruhrgebiet; Anlagenbauer gehen zunehmend dazu über, Infrastrukturprojekte in finanzschwachen Ländern nicht nur zu konzipieren und zu koordinieren, sondern auch zu finanzieren und zu betreiben; Tochtergesellschaften multinationaler Konzerne aus Schweden, den USA und Deutschland beteiligen sich an einem regionalen Informationsaustausch mit kleinen und mittleren Betrieben im Bergischen Land; Unternehmen, die eine Vorreiterrolle bei der ökologischen Produktion beanspruchen, bemühen sich um den Aufbau eines ökologischen Managements auch bei ihren Rohstofflieferanten in den Entwicklungsländern.

Gerade die letztgenannten Beispiele sind Hinweise darauf, daß einzelne Standorte nicht mehr selektiv einbezogen werden, sondern daß die Einbindung in die neuen Standorte weiter geht. Voraussetzung hierfür ist eine Konzernstrategie, die nicht mehr auf die selektive Einbindung einzelner Funktionen und Standorte setzt, sondern ihren Zweigwerken eine hohe Autonomie zubilligt. Das primäre Ziel gilt dann nicht mehr allein der Nutzung einzelner Standortfaktoren, sondern auch der spezifischen Innovationsvorteile und der Anpassung an die besonderen Marktbedingungen, der produktiven Auseinandersetzung mit und der Nutzung von kulturellen Unterschieden bei Problemlösungen bzw. strategischem Denken, nicht zuletzt auch der öffentlichen Repräsentation etwa durch Ökosponsoring.

Der grundlegende Unterschied zu den bisherigen Internationalisierungsstrategien besteht darin, daß nicht mehr der Produktions-, sondern der Innovationsprozeß weltweit organisiert wird. Damit sind vier Entwicklungen verbunden, die für die strategische Ausrichtung der Unternehmen zentral sind (vgl. zum folgenden GLOBE 1995) und auch in engem Bezug zu der Umstrukturierung von Produktionsclustern von stofflichen zu innovativen Vernetzungen (s.o.) zu sehen sind:

Erstens: Jede Einheit eines globalen Unternehmensnetzwerks bzw. globalen zwischenbetrieblichen Netzwerks ist für innovative Beiträge zum Gesamtunternehmen bzw. Netzwerk verantwortlich. Die Konsequenz besteht darin, daß das Netzwerk hochgradig dezentralisiert und von horizontalen Beziehungen zwischen gleichberechtigten Einheiten, nicht von hierarchischen Beziehungen geprägt ist.

Zweitens: Im Mittelpunkt der Ziele eines derartigen globalen Netzwerks stehen das Einbringen neuer Forschungsergebnisse, neuer Formen produzierender oder organisatorischer Kompetenzen, das permanente Innovationsmanagement und Beiträge zu einem kontinuierlichen innerorganisatorischen Lernprozeß. Mit anderen Worten: ausländische Tochtergesellschaften spielen eine strategische, keine nachgeordnete Rolle im Rahmen einer zunehmend global organisierten Organisation von Forschung und Entwicklung, Design und Markterschließung, wobei der Nutzung der unterschiedlichen kulturellen Herangehensweisen und Orientierungen eine zentrale Rolle beigemessen wird.

Drittens: Da Technologieentwicklung immer weniger innerhalb eines einzelnen Unternehmens möglich ist, Technologie-, Produktions- und Marketingkapazitäten nun global verteilt sind, wird der Innovationsprozeß immer stärker in die Produktions- bzw. Innovationscluster vor Ort einbezogen. Das heißt, für die einzelnen Einheiten eines globalen Unternehmens wird es notwendig, intensive regionale Verflechtungen aufzubauen. Von diesen Verflechtungen können auch regionale kleine und mittlere Unternehmen profitieren, indem sie ihre Aktivitäten ausweiten und Zugang zu den globalen Innovations- und Produktionsnetzwerken bekommen.

Viertens: Mit dieser stärkeren Einbindung in regionale Verflechtungen sind gegenseitige Transferleistungen verbunden. Dies betrifft zum Beispiel Managementkonzepte, Finanzierungsstrategien, Qualitätsnormen oder Produktionskonzepte. Regionale, kulturelle Besonderheiten liefern somit auf der einen Seite einen spezifischen Beitrag für globale Innovationsnetze, auf der anderen Seite verringert sich für die regionalen Akteure die Gefahr, in ihren spezifischen Strategien gefangen zu bleiben.

Bei dem hier skizzierten Verständnis von Globalisierung, und dies ist noch einmal ausdrücklich zu betonen, handelt es sich um einen von mehreren momentan zu beobachtenden Trends. Neue Globalisierungsstrategien und bisherige Internationalisierungsstrategien werden auch weiterhin, oft innerhalb ein und desselben Unternehmens, nebeneinander stehen. Und auch nicht alle Regionen sind unter dem Fokus der neuen Globalisierungsstrategien interessant: Voraussetzung sind spezifische kulturelle und innovative Potentiale, auch die Zugangsmöglichkeiten zu spezifischen Märkten, die durch kulturelle Besonderheiten geprägt sind. Die Region, die von einer derartigen Globalisierungsstrategie profitieren kann, wird sich aber zunehmend weniger in eine einseitige Abhängigkeit, sondern in einen auch positiv auf die Region zurückwirkenden Verflechtungsprozeß einbinden.

## 3 Regionalisierung, Globalisierung und die Rolle der regionalen Strukturpolitik

Für die Regionalpolitik ergibt sich hiermit als zentrale Herausforderung, zunächst einmal zu definieren, wo ihr potentieller Ort in einer weltweit vernetzten Ökonomie zu finden ist. Daß dies durchaus nicht immer gelingt, davon zeugen die vielen vergeblichen Versuche von Regionen aus den 80er Jahren, eine führende Rolle im Konzert der Mikroelektronik- oder Biotechnologieregionen einzunehmen (vgl. Blöcker, Rehfeld 1989), und es ist zu erwarten, daß heute sprießende Hoffnungen als "Global City" mit New York, Tokio oder London zu konkurrieren, ebenfalls sehr schnell enttäuscht werden.

Aus dem Nebeneinander der einzelnen Unternehmensstrategien ergeben sich unterschiedliche Anforderungen an Regionen und damit unterschiedliche Raumtypen. Das Raumbild einer weltweit organisierten Ökonomie wird differenzierter sein, als es der traditionelle, an den bisherigen Internationalisierungsstrategien orientierte Dualismus von Zentrum und Peripherie vermuten läßt.

Wenn wir das Bild einer globalen Informationsgesellschaft, wie es am prägnantesten von Castells (1995) entworfen wurde, zugrunde legen, dann sind die einzelnen Regionen als Verdichtungen oder Knoten in einem globalen Raum zu interpretieren, den Castells "space of flows" nennt. Dieser globale Raum ist in vieler Hinsicht noch sehr abstrakt. Im Sinne eines tieferen Verständnisses von Regionalisierung und Globalisierung wäre es notwendig, die dominierenden Ströme und die damit verbunden Muster der Einbindung in diese Ströme, also die Muster der "Knotenbildung" zu untersuchen.

Ohne dies an dieser Stelle leisten zu können, geben die voranstehenden Überlegungen jedoch Hinweise auf die unterschiedlichen Ströme und die damit verbundenen Muster der regionalen Einbindung, so daß sich zumindest Fragen, die sich auch eine regionale Strukturpolitik stellen muß, formulieren lassen:

- Welche funktional unterschiedlichen Ströme (Produktions-, Innovations-, Finanz- oder auch Kulturströme) gibt es, und welche Regionen mit welchen Voraussetzungen bilden in diesen Strömen wichtige Knoten?
- Wie sind die Knoten geknüpft, das heißt, welche internen Vernetzungen weisen sie auf? Handelt es sich um Regionen mit integrierten Produktionszusammenhängen, oder bleiben die einzelnen Aktivitäten mehr oder weniger unverbunden nebeneinander?
- Auf welche räumliche Ausprägung bezieht sich der Einfluß eines derartigen Knotens? Sind die Verflechtungszusammenhänge wirklich global organisiert, oder sind sie auf den europäischen oder nationalen Raum begrenzt?

- Nicht zuletzt: Wie sieht das Spannungsverhältnis zwischen regionalen und globalen Besonderheiten und Entwicklungen aus: Lassen sich regionale Besonderheiten in eine durchaus spannungsreiche Globalisierung einbringen, oder dominiert, wie bei der hierarchisch strukturierten Internationalisierung, eine eher nivellierende Wirkung auf regionale Besonderheiten?

Diese Fragen stellen sich auch regionalpolitischen Akteuren, wenn sie ein Leitbild und damit eine Orientierung hinsichtlich ihrer künftigen Rolle im Rahmen weltweiter wirtschaftlicher Zusammenhänge entwickeln wollen. Betrachten wir die bisherige Praxis der Entwicklung derartiger Leitbilder, so ist Optimismus nicht angebracht: Die Leitbilder der unterschiedlichsten Regionen fokussieren um drei oder vier Leitgedanken wie Forschung, Dienstleistung, Werkstatt oder Umweltfreundlichkeit, haben in der Regel mehr mit generellen Vorstellungen über wirtschaftliche Entwicklungen als mit den Besonderheiten der Region zu tun (vgl. Rehfeld 1995).

Allerdings nicht allein die Probleme, die eigenen Potentiale realistisch einzuschätzen, sondern auch die organisatorischen, strategischen und institutionellen Rahmenbedingungen lassen Zweifel daran aufkommen, ob die Akteure der regionalen Wirtschaftsförderung in der Lage sein werden, die auf sie zukommenden Aufgaben zu bewältigen.

Die weitgehende Konzentration und Mittelbindung der für die regionale Wirtschaftsförderung verfügbaren Programme auf die Ansiedlung von Unternehmen oder die Förderung von Klein- und Mittelunternehmen in peripheren Regionen, ein immer noch streng angebotsorientiertes, auf vermeintliche Spitzentechnologien ausgerichtetes Verständnis von Technologietransfer, die institutionelle Einbindung der Wirtschaftsförderung in enge sachliche und räumliche Kompetenzbereiche, oft, nicht zwangsläufig, noch verstärkt im Rahmen von ausgelagerten Wirtschaftsförderungseinrichtungen, oder die Orientierung an kurzfristigen Projektzielen unter Vernachlässigung des langfristigen Aufbaus informeller Zusammenhänge sind Restriktionen, die sich nur sehr langfristig ändern lassen, möglicherweise zu langfristig, um die Chancen, die sich aus den momentanen strategischen Alternativen und Reorientierungen ergeben, nutzen zu können.

# Literatur

Amin, A.; Thrift, N. (1994): Neo-Marshallian nodes in global networks. In: Krumbein, W. (Hg.): Ökonomische und politische Netzwerke in der Region. Münster, S. 115-140

Benko, G.; Dunford, M. (Hg.) (1991): Industrial change and regional development. London, Belhaven

Blöcker, A.; Rehfeld, D. (1989): Technologieförderung als "neue Dimension" kommunaler Wirtschaftsförderung - Das Beispiel Südostniedersachsen. In: Hucke, J.; Wollmann, H. (Hg.): Dezentrale Technologiepolitik? Basel, Boston, Stuttgart, S. 83-108

Camagni, R. (1991): Local "Milieu", uncertainty and innovation networks: towards a dynamic theory of economic space. In: Ders. (Hg.): Innovation networks: spatial perspectives. London, New York, S. 121-144

Castells, M. (1995): Regionale Ungleichheiten im Industriezeitalter. In: Lehner, F.; Schmidt-Bleek, F.; Kilper, H. (Hg.): Regiovision. Neue Strategien für alte Industrieregionen. München, S. 46

Cooke, P. (1994): Innovation networks and regional development - Learning from European experience. In: Krumbein, W. (Hg.): Ökonomische und politische Netzwerke in der Region. Münster, S. 233-248

Cooke, P. (1995): New wave regional and urban revitalization strategies in Wales. In: Ders. (Hg.): The rise of the rustbelt. London, S. 41-51

Cooke, P.; da Rosa Pires, A. (1985): Productive decentralization in three European regions. In: Environment and Planning A 17, S. 527-554

Enrietti, A.; Peruzio, G.; Rieser, V. (1994): Die Automobilindustrie in Turin: Strategien von Großunternehmen und lokale Rahmenbedingungen. In: Kilper, H.; Rehfeld, D. (Hg.): Konzern und Region. Zwischen Rückzug und neuer Integration. Münster, S. 225-266

Fröbel, F.; Heinrichs, J.; Kreye, O. (1977): Die neue internationale Arbeitsteilung. Reinbek

Fröbel, F.; Heinrichs, J.; Kreye, O. (1986): Umbruch in der Weltwirtschaft. Reinbek

GLOBE (1995): Global Production Research Group: Regional options in a global economy. Ms. Santa Cruz, Gelsenkirchen

Gordon, R. (1995): Die Bedeutung von kleinen und mittleren Unternehmen für die wirtschaftliche Entwicklung von Industrieregionen. In: Lehner, F.; Schmidt-Bleek, F.; Kilper, H. (Hg.): Regiovision. Neue Strategien für alte Industrieregionen. München, S. 136-145

Grabher, G. (1993): Rediscovering the social in the economics of interfirm relations. In: Ders. (Hg.): The embedded firm. London, New York. S. 1-31

Hirst, P.; Zeitlin, J. (1990): Flexible specialization vs. post-Fordism: Theory, evidence and political implications. London

ISA-Consult; Institut Arbeit und Technik (1995): Endbericht. Perspektiven der Automobilzulieferindustrie im Bergischen Land. Bochum und Gelsenkirchen

Junne, G. (1996): Integration unter den Bedingungen von Globalisierung und Lokalisierung. In: Jachtenfuchs, M.; Kohler-Koch, B. (Hg.): Europäische Integration. Opladen, S. 513-530

Kilper, H.; Rehfeld, D. (1991): Vom Konzept der Agglomerationsvorteile zum Industriellen Distrikt. IAT-PS 03. Gelsenkirchen

Kilper, H.; Rehfeld, D. (1994): Konzern und Region - Bilanz einer vergleichenden Analyse von Montan- und Automobilregionen. In: Dies. (Hg.): Konzern und Region. Zwischen Rückzug und neuer Integration. Münster, S. 317-330

Kilper, H.; Latniak, E.; Rehfeld, D.; Simonis, G. (1994): Das Ruhrgebiet im Umbruch. Opladen

Krumbein, W. (1994): Vorwort. In: Ders. (Hg.): Ökonomische und politische Netzwerke in der Region. Münster, S. 1-4

Lompe, K.; Müller, T.; Rehfeld, D.; Blöcker, A. (1991): Regionale Bedeutung und Perspektiven der Automobilindustrie. Die Beispiele Südostniedersachsen und Südhessen. Düsseldorf

Marshall, A. (1919): Industry and trades. London

Nordhause-Janz, J.; Rehfeld, D. (1995): Umweltschutz "Made in NRW". München

Piore, M.; Sabel, C. F. (1985): Das Ende der Massenproduktion. Berlin

Pollard, S. (1980): Einleitung. In: Ders. (Hg.): Region und Industrialisierung. Göttingen

Porter, M. (1991): Nationale Wettbewerbsvorteile. Wien

Rehfeld, D. (1993): Betriebliche Innovationen und regionale Technologiepolitik. IAT-IE 02. Gelsenkirchen

Rehfeld, D. (1994a): Produktionscluster und räumliche Entwicklung. Beispiele und Konsequenzen. In: Krumbein, W. (Hg.): Ökonomische und politische Netzwerke in der Region. Münster, S. 187-205

Rehfeld, D. (1994b): Auflösung und Neuordnung von Produktionszusammenhängen im Ruhrgebiet. In: Passage 2, S. 20-26

Rehfeld, D. (1995): Vernetzte Ökonomie und regionale Folgen. In: Krau, I.; Düll, C. (Hg.): Dichte. Werkstattbericht TU München/Fakultät für Architektur, S. 47-57

Rehfeld, D.; Simonis, G. (1994): Regionales Umfeld und ökologische Unternehmenspolitik. In: Henze, M.; Kaiser, G. (Hg.): Ökologie-Dialog. Düsseldorf u.a., S. 235-243

Rehfeld, D.; Wompel, M. (1996): Lean-Production und dann? Überlegung zur Zukunft der Automobilindustrie in Deutschland. In: Jahrbuch des Instituts Arbeit und Technik. Gelsenkirchen

Sabel, C. F. (1989): The reemergence of regional economies. WZB-paper FS I 89/3. Berlin

Sabel, C. F. (1992): Studied trust: building new forms of co-operation in a volatile economy. In: Pyke, F.; Sengenberger, W. (Hg.): Industrial districts and local economic regeneration. Genf

Schoenberger, E.; Harkness, J. (1994): Die Automobilindustrie in den USA und in Detroit. In: Kilper, H.; Rehfeld, D. (Hg.): Konzern und Region. Zwischen Rückzug und neuer Integration. Münster, S. 151-223

Telljohann, V. (1994): Die italienische Debatte um Industriedistrikte - Das Beispiel Emilia Romagna. In: Krumbein, W. (Hg.): Ökonomische und politische Netzwerke in der Region. Münster, S. 45-75

Weber, A. (1909): Über den Standort der Industrien. Erster Teil: Reine Theorie des Standorts. Tübingen

Dieter Läpple

# Globalisierung - Regionalisierung: Widerspruch oder Komplementarität

## 1 Globalisierung versus Neo-Regionalismus

Durch die Diskussionen über Globalisierung und Regionalisierung zieht sich ein Paradoxon: Unter dem Eindruck einer zunehmenden Dynamik und Intensität internationaler Wirtschaftstransaktionen, der Verfügbarkeit weltweiter Informations- und Kommunikationssysteme sowie der enorm hohen Mobilität von Menschen, Waren, Geld und Kapital wird die These vertreten, daß sich mit der Herausbildung einer globalen Ökonomie traditionelle Standortbindungen auflösen und Arbeits- und Lebensverhältnisse aus ihren tradierten lokalen und regionalen Bezügen entankert werden. Gleichzeitig sind wir mit einer neuen Regionalismus-Diskussion konfrontiert, werden lokale und regionale kulturelle Besonderheiten wiederentdeckt oder erfunden, und die Theoretiker der "industrial districts" konstatieren gar eine Tendenz zur Reregionalisierung der Wirtschaft. Kontrastierend zu den Debatten über Globalisierung entwickelt sich eine Diskussion über eine Renaissance regionaler Ökonomien.

Einen den Globalisierungs-/Regionalisierungs-Diskursen vergleichbaren Widerspruch finden wir in den Auseinandersetzungen um eine Neuorientierung städtischer und regionaler Politik. Als Reaktion auf eine sich verschärfende Standortkonkurrenz setzen viele Städte und Regionen auf den Versuch einer verstärkten Export- und Weltmarktausrichtung ihrer Ökonomien. Dabei wird unterstellt, daß "weltmarktfähige" Arbeitsplätze die ökonomische Basis zukünftiger Stadt- und Regionalentwicklung seien. Gegenüber einer derartigen außenorientierten Entwicklungsstrategie wird vielfach kritisch eingewendet, daß durch die einseitige Ausrichtung städtischer und regionaler Politik auf sich schnell verändernde Standortentscheidungen global agierender Unternehmen keine zukunftsfähigen Strukturen entstehen könnten. Eine zukunftsorientierte Stadt- und Regionalpolitik sollte vielmehr auf die Förderung endogener Potentiale und die Stärkung regionaler Kooperationsnetzwerke ausgerichtet werden. Nur so könne die soziale Kohärenz erhalten und die Resistenz der Region bzw. der Stadt gegen die Turbulenzen des Weltmarktes erhöht werden.

So ungefähr lautet das widersprüchliche Leitmotiv, das die kontroversen Diskussionen über Globalisierung und Regionalisierung und die Debatten über die Ausrichtung städtischer und regionaler Politik bestimmt.

Bei einer genaueren Betrachtung dieser Diskussionen zeigt sich, daß die Propagandisten der Globalisierung fast ausschließlich die Globalisierungstendenzen und die damit verbundenen Prozesse einer sozialräumlichen "Entbettung" sehen, wogegen die "Regionalisten" - unter anderem bereits durch die Auswahl ihrer Anschauungsbeispiele - primär die Formen regionaler "Einbettung" oder "Rückbettung" untersuchen. Paradigmatische Beispiele für diese einäugigen Perspektiven sind einerseits das - ohne Zweifel außerordentlich spannende - Buch der Spiegel-Redakteure Martin und Schumann über die "Globalisierungsfalle" (Martin, Schumann 1996) und andererseits die Regionalstudien, die der neuen Orthodoxie des Neo-Regionalismus folgen (vgl. dazu bei Amin, Robins (1990) die kritischen Thesen).

In meinem Beitrag möchte ich die Begriffe der Globalisierung und Regionalisierung im Hinblick auf ihren ideologischen Gehalt abklopfen und untersuchen, welche möglichen Wechselbeziehungen zwischen beiden Prozessen bestehen. Um nicht bei einem völlig frei schwebenden Essay stehen zu bleiben, werde ich am Beispiel einer Region, die traditionell auf die Weltwirtschaft ausgerichtet ist, der Seehafenregion Hamburg, einige Probleme der Artikulation von Globalisierung und Regionalisierung verdeutlichen.

## 2 Globalisierung: Mythos oder Realität?

Kein anderes Schlagwort hat in den letzten Jahren die wissenschaftliche und gesellschaftliche Diskussion - auf Kongressen, im Parlament, in den Medien oder am Stammtisch - so tiefgreifend beeinflußt. Ob Arbeitslosigkeit, Erosion des Sozialstaates, sektorale oder regionale Krisen, Zerfall von Stadtquartieren, soziale Desintegration und gesellschaftliche Polarisation oder zunehmende Gewaltbereitschaft - es scheint kaum ein gesellschaftliches Problem zu geben, das nicht - irgendwie - mit der Globalisierung in Zusammenhang gebracht wird.

### 2.1 "Entgrenzung" und "Entbettung" - zwei zentrale Topoi des Globalisierungsdiskurses

Durch die inzwischen kaum mehr zu überschauende Diskussion über Ursachen und Folgen der Globalisierung ziehen sich vor allem zwei - mehr oder weniger zusammenhängende - Topoi: *"Entgrenzung"* und *"Entbettung"*. Die These der "Entgrenzung" zielt vor allem auf das Verhältnis von Nationalstaat, Nationalökonomie und Weltmarkt und meint im wesentlichen eine Einschränkung oder - bei einigen Autoren - gar eine Infragestellung wirtschaftspolitischer Souveränität durch eine sich global ausrichtende, entterritorialisierte Ökonomie. Die Entbettungsthese thematisiert

das "Herausheben sozialer Beziehungen aus ortsgebundenen Interaktionszusammenhängen" (Giddens 1996, S. 33). In der Globalisierungsdiskussion wird "Entbettung"
auch als Prozeß der Herauslösung der Ökonomie aus gesellschaftlichen und sozialräumlichen Bindungen sowie als ein Prozeß der Verselbständigung des "entbetteten Weltmarktes" (Altvater, Mahnkopf 1996, S. 133ff.) gegenüber der Gesellschaft
und ihrem politischen Institutionensystem dargestellt. Die Verwendung der Entgren-
zungs- und Entbettungsthesen soll zunächst durch einige Schlüsselzitate aus
zentralen Beiträgen zur Globalisierungsdiskussion verdeutlicht und dann kritisch
diskutiert werden.

Im Hinblick auf die Ökonomie formuliert der amerikanische Wirtschaftswis-

In dem Begriffsnebel der ausufernden Globalisierungsdiskussion identifiziert
Ulrich Beck den folgenden Bedeutungskern: "Durchgängig wird eine zentrale Prämisse der Ersten Moderne fragwürdig, nämlich die Vorstellung, in *geschlossenen
und gegenseitig abgrenzbaren Räumen von Nationalstaaten und ihnen entsprechenden Nationalgesellschaften zu leben und zu handeln.* So verstanden meint Globalisierung: das Töten der Entfernung; das Hineingeworfensein in oft ungewollte, unbe-
griffene transnationale Lebensformen." (Beck 1997, S. 6)

Im Hinblick auf die Ökonomie formuliert der amerikanische Wirtschaftswis-
senschaftler Lester C. Thurow die neue, epochale Qualität der Globalisierung wie
folgt: "Zum ersten Mal in der Geschichte der Menschheit steht uns eine globale
Wirtschaft zur Verfügung, in der alles überall jederzeit produziert und verkauft
werden kann. Für kapitalistische Volkswirtschaften bedeutet das, daß alle Produkte
und Dienstleistungen jeweils dort hergestellt und erbracht werden können, wo die
dafür entstehenden Kosten am niedrigsten sind. Die so entstandenen Produkte und
Dienstleistungen können dann in den Teilen der Welt verkauft werden, in denen die
Preise und Gewinne am höchsten sind."(Thurow 1996, S. 169)

In ihrem Buch "Grenzen der Globalisierung" charakterisieren Elmar Altvater
und Birgit Mahnkopf (1996) die Globalisierung vor allem als einen vielschichtigen
und immer noch fortlaufenden Prozeß der "Entbettung", der zur Herausbildung eines entfesselten globalen Finanzsystems und eines "globalen Zeit- und Raum-
regimes" führt. Nach Ansicht der Autoren entsteht damit "eine Weltzeit, und mit
ihr vollzieht sich die Geschichte der Menschheit zum ersten Mal in einer einzigen
Zeit. Damit verschwinden auch die konkreten Räume, die Grenzen zwischen ihnen
werden bedeutungslos."(S. 115) In der Folge dieser Entwicklung wird - so Altvater,
Mahnkopf - das moderne Unternehmen gleichsam *"standortlos"* und die ganze Welt
"zu einer riesigen virtuellen Einkaufspassage, in denen Unternehmen sich aussuchen,
was sie an Wissen, Know-how oder Fertigungskomponenten benötigen." (S. 356)

Zunächst zu der These der "Entgrenzung" und der Behauptung einer neuen, epo-
chalen Qualität der globalisierten Wirtschaft. Implizit liegt der Entgrenzungsthese
eine Interpretation moderner Geschichte "als eine Geschichte sich ausdehnender

wirtschaftlicher Kreise" (Wallerstein 1985, S. 83) zugrunde: also die Entwicklung von der *lokalen* oder *Stadtwirtschaft* zur *Volkswirtschaft* bzw. der nationalstaatlich verfaßten *Nationalökonomie*; und nun hat sich - wie von einigen Autoren emphatisch behauptet wird - "zum ersten Mal in der Geschichte der Menschheit" eine *globale* Wirtschaft herausgebildet. Mit der zunehmenden Internationalisierung der Wirtschaft vollzieht sich - dieser Vorstellung entsprechend - eine Entgrenzung von Nationalgesellschaft, Volkswirtschaft und Nationalstaat. In diesem Sinne definiert Beck auch das Konzept der Globalität: "Globalität heißt: Die Einheit von Nationalstaat und Nationalgesellschaft zerbricht." (Beck 1997, S. 9)

Wallerstein nennt diese, der Entgrenzungsthese zugrundeliegende Geschichtsinterpretation einen "historischen Mythos" bzw. eine "große Verzerrung der wirklichen Geschehnisse" (Wallerstein 1985, S. 83). Vor dem Hintergrund seiner historischen Studien zur Entstehung des kapitalistischen Weltsystems (vgl. dazu Wallerstein 1976) formuliert er seine Kritik wie folgt: "Der Übergang vom Feudalismus zum Kapitalismus brachte vor allem anderen (sowohl logisch als auch zeitlich) die Schaffung der Weltwirtschaft mit sich. Das bedeutet, eine gesellschaftliche Arbeitsteilung wurde durch die Umwandlung des Fernhandels hervorgerufen, und zwar aus einem Handel mit 'Luxusgütern' in einen Handel mit 'lebenswichtigen Gütern' oder 'Massengütern'. Auf diese Weise wurden weit auseinanderliegende Prozesse in lange Warenketten zusammengefaßt. ... Solche Warenketten gab es schon im 16. Jahrhundert, sie gingen allem, was man sinnvollerweise als 'Nationalökonomie' bezeichnen könnte, voraus." (Wallerstein 1985, S. 84)

Die Denkfigur der sich ausdehnenden Kreise, die sich bildhaft illustrieren läßt mit einem Kern, an den sich weitere Außenschichten anfügen, kontrastiert Wallerstein mit dem Bild eines "dünnen äußeren Rahmens, der stufenweise mit einem dichten inneren Geflecht aufgefüllt wird"[1] (ebd., S. 85). Dieses Bild soll verdeut-

---

[1]  In einem kritischen Verweis auf die Gesellschaftswissenschaften kommentiert Wallerstein dieses die kapitalistische Weltwirtschaft symbolisierende Bild: "Gemeinschaft und Gesellschaft in der konventionellen Weise gegenüberzustellen, wie es nicht nur in der deutschen, sondern in der gesamten Soziologie geschieht, muß die Pointe verfehlen. Es ist das moderne Weltsystem, das heißt die kapitalistische Weltwirtschaft, deren politischer Rahmen das aus souveränen Staaten bestehende zwischenstaatliche System ist, das die Gesellschaft ausmacht, in der unsere vertraglichen Verpflichtungen angesiedelt sind. Um ihre Strukturen zu rechtfertigen, hat diese Gesellschaft nicht nur die vielfältigen Gemeinschaften, die in der Gesellschaft vorkamen (was der Punkt ist, der normalerweise betont wird) zerstört, sondern ein Geflecht von neuen Gemeinschaften geschaffen (und vor allen Dingen die Nationen, das heißt die sogenannten Gesellschaften). Unsere Sprache kehrt also das Oberste zuunterst." (Wallerstein 1985, S. 85f.)

lichen, daß sich die einzelnen Gesellschaften und auch die Institution des souveränen Nationalstaates erst innerhalb eines bestehenden Weltsystems entwickelt haben. "Das heißt, nachdem sie einmal ins Leben gerufen worden war, wurde die kapitalistische Weltwirtschaft zunächst einmal konsolidiert, und dann wurde nach und nach der Einfluß ihrer Grundstrukturen auf die gesellschaftlichen Prozesse innerhalb ihrer Grenzen vertieft und erweitert. ... Erst in diesem Entwicklungsrahmen entstanden viele der Institutionen, die wir oft irrtümlich als 'ursprünglich' beschreiben." (Ebd.)

Ich habe Wallersteins Argumentation so ausführlich dargestellt, da sie meines Erachtens eine sehr treffende Kritik der - auf der Denkfigur "der sich ausdehnenden wirtschaftlichen Kreise" basierenden - Entgrenzungsthese beinhaltet. Außerdem erscheint mir seine bildhafte Metapher von dem *"äußeren Ring, der stufenweise mit einem dichten inneren Geflecht aufgefüllt wird",* nicht nur als ein äußerst fruchtbarer Denkansatz für die Analyse der Entstehung des kapitalistischen Weltsystems, sondern auch für ein differenzierteres Verständnis des Wechselverhältnisses von Globalisierung und Regionalisierung einschließlich der sich gegenwärtig herausbildenden Governance-Strukturen auf globaler, regionaler und lokaler Ebene.

Auf Fragen der "Entbettung" und "Rückbettung" werde ich im nächsten Abschnitt im Zusammenhang mit der These einer Neubewertung regionaler Wirtschaftszusammenhänge eingehen. Die kritische Auseinandersetzung mit der Verwendung der Entbettungsthese im Globalisierungsdiskurs kann deshalb kurz gehalten werden. Die meisten Autoren verwenden die Entbettungsthese mit Verweis auf Giddens' Analysen der Moderne. Anthony Giddens formuliert das Konzept der "Entbettung" zur Charakterisierung des Übergangs von der traditionalen zur modernen Welt - eines Prozesses, der in der Soziologie häufig im Sinne von "Differenzierung" oder "funktionaler Spezialisierung" erörtert wird. Nach Giddens sind die Begriffe der Differenzierung oder der funktionalen Spezialisierung allerdings nicht geeignet, "das Phänomen der von sozialen Systemen geleisteten Verklammerung von Zeit und Raum anzupacken. Das durch den Begriff der Entbettung beschworene Bild ist" - so Giddens - "eher imstande, die wechselnden Ausrichtungen von Zeit und Raum in den Griff zu bekommen, die für den sozialen Wandel im allgemeinen und das Wesen der Moderne im besonderen von elementarer Bedeutung sind." (Giddens 1996, S. 34) In diesem Sinne beinhaltet dieses Konzept vor allem die Intention, Raum-Zeit-Verhältnisse zum konstitutiven Bestandteil von Gesellschaftsanalyse zu machen.

Giddens versteht unter "Entbettung" zunächst das Herauslösen sozialer Beziehungen aus ortsgebundenen Interaktionszusammenhängen und - damit verbunden -

den Prozeß einer "raumzeitlichen Abstandsvergrößerung"[2]. Er betont jedoch, daß dies *nicht* bedeutet, "daß ortsbezogene Einflüsse dahinschwinden und in den eher unpersönlichen Beziehungen abstrakter Systeme aufgehen. Vielmehr verändert sich" - so Giddens - "das Gewebe der Raumerfahrung selbst, wobei Nähe und Ferne in einer Art und Weise verknüpft werden, der in früheren Zeiten kaum etwas entspricht." (Ebd., S. 175) Ebenso führen die für die Moderne charakteristischen Entbettungs-prozesse *nicht* zwangsläufig zu einer "dislozierten" und "asozialen", also aus der Gesellschaft herausgelösten Entwicklungslogik. Nach Giddens heben die Entbet-tungsmechanismen zwar "soziale Beziehungen und den Informationsaustausch aus spezifischen raumzeitlichen Kontexten heraus, doch zur gleichen Zeit geben sie neue Gelegenheiten für ihre Wiedereingliederung" (oder, wie Giddens an anderer Stelle formuliert, zu einer "Rückbettung"). Das ist - so Giddens - "ein weiterer Grund, weshalb es verfehlt ist, die moderne Welt als eine Welt aufzufassen, in der der größte Teil des persönlichen Lebens in immer höherem Maße von unpersönlichen Groß-systemen verschlungen wird." (Ebd., S. 176)

Die in der Globalisierungsdiskussion vorherrschende Fixierung auf Entbettungs- und Dislozierungsmechanismen (vgl. Thurow und Altvater, Mahnkopf) ist vor dem Hintergrund von Giddens' Entbettungskonzept offensichtlich nur die halbe Wahr-heit, wenn nicht gleichzeitig Formen einer Rückbettung ernsthaft untersucht werden.[3] Altvater, Mahnkopf muß man allerdings zugute halten, daß sie mehrfach betonen, "daß trotz der Entbettungsvorgänge und des Übergewichts von Markt-rationalität über andere soziale Rationalitäten eine vollständige Herauslösung der Wirtschaft aus der Gesellschaft eine Unmöglichkeit bleibt". (Altvater, Mahnkopf 1996, S. 111)

Problematisch erscheint mir jedoch die von Altvater, Mahnkopf aufgestellte Behauptung, daß mit der Globalisierung "konkrete Räume" verschwinden und die Grenzen zwischen ihnen bedeutungslos würden. Diese Aussage ist meines Erach-

---

2  Giddens bringt das Konzept einer "raumzeitlichen Abstandsvergrößerung" in einen unmit-telbaren Zusammenhang mit der Moderne und der in deren innerem Wesen angelegten Glo-balisierung: "Der begriffliche Rahmen einer raumzeitlichen Abstandsvergrößerung lenkt unsere Aufmerksamkeit auf die komplexen Beziehungen zwischen *lokalen Beteiligungs-weisen* (Situationen gleichzeitiger Anwesenheit) und der *Interaktion über Entfernungen hinweg* (den Verbindungen zwischen Anwesenheit und Abwesenheit). ... Der Begriff der Globalisierung bezieht sich im wesentlichen auf diesen Dehnungsvorgang, und zwar inso-weit, als die Verbindungsweisen zwischen verschiedenen gesellschaftlichen Kontexten oder Regionen über die Erdoberfläche als Ganzes hinweg vernetzt werden."(Giddens 1996, S. 85)

3  Vgl. dazu auch die kritische Würdigung der Studie von Altvater, Mahnkopf durch Jürgen Hoffmann (1998, S. 336ff.).

tens nicht nur falsch, sondern steht auch im Gegensatz zu den sehr interessanten empirischen Analysen der beiden Autoren. Die Organisation transnationaler Wertschöpfungsketten und Logistiknetzwerke macht ja nur deshalb Sinn, weil ausgeprägte räumliche Differenzen und Grenzen des Ausgleichs bestehen. Dementsprechend sind Strategien global agierender Unternehmen primär darauf ausgerichtet, Unterschiede und Ungleichheiten zwischen den jeweiligen nationalen und regionalen Produktions-, Regulations- und Lebensbedingungen systematisch zu exploitieren bzw. für ihre Strategien zu instrumentalisieren (vgl. Veltz 1996).

Das "Töten der Entfernung" (Beck) bzw. die Transformation des "geographischen Raumes" in einen "technologischen Geschwindigkeitsraum" (Altvater, Mahnkopf) führt nicht zu einer "Enträumlichung" gesellschaftlicher Beziehungen, sondern - im Gegenteil - zu einer Aktualisierung und zunehmenden Bedeutung konkreter sozialer, ökonomischer und politischer Räume sowie zu einer Revalidierung der Standortfrage, insbesondere der Frage der Einbettung eines Standortes in ein regionales oder städtisches Milieu.[4]

### 2.2 Zur empirischen Evidenz einer Globalisierung der Wirtschaft

Hat die Globalisierung der Wirtschaft in den letzten Jahren tatsächlich so sprunghaft zugenommen, daß sich damit die gegenwärtigen Umbrüche in Wirtschaft und Gesellschaft erklären ließen?

Bei einer Betrachtung einzelner Unternehmen kann der Eindruck entstehen, das Tempo der Globalisierung habe sich seit Beginn der achtziger Jahre erheblich verschärft. Setzt man allerdings die Entwicklung des Außenhandels oder der ausländischen Direktinvestitionen in Beziehung zur Entwicklung des Bruttosozialproduktes der einzelnen Länder, so zeigt sich, daß es sich bei der Globalisierung um einen langsamen und relativ stetig verlaufenden Prozeß handelt (vgl. Trabold 1997, S. 160).

Es ist ein Faktum, daß in der Nachkriegszeit in nahezu allen entwickelten Ländern der Außenhandel stärker gewachsen ist als die inländische Produktion. Untersucht man allerdings die Entwicklung des Außenhandels in einer längeren historischen Perspektive, so zeigt sich, daß das relative Außenhandelsvolumen (im Ver-

---

4    In diesem Sinne argumentieren auch Amin, Thrift und verweisen dabei noch auf andere Autoren: "Globalization, therefore, does not imply a sameness between places, but a continuation of the significance of territorial diversity and difference. Indeed, for some observers (e.g. Harvey 1989; Swyngedouw 1992) globalization, as the compression and transgression of time- and space-barriers, ascribes a greater salience to place, since firms, governments, and the public come to identify the specificity of localities ... as an element for deriving competitive advantage." (Amin, Thrift 1994, S. 6)

hältnis zur inländischen Produktion) der europäischen Ökonomien vor 1914 bereits ein ähnliches Niveau hatte (vgl. Boyer 1997).

Ein Blick auf die geographische Struktur des Exports zeigt außerdem, daß in den letzten Jahren rund Dreiviertel des deutschen Exports in europäische Staaten gingen, 60 Prozent in die Länder der Europäischen Union und rund 9 Prozent in die Reformländer Mittel- und Osteuropas. Ein vergleichbares Bild ergibt sich bei der Betrachtung der Direktinvestitionen im Ausland. Als Zielregion der deutschen Direktinvestitionen haben bisher die entwickelten Industrieländer immer dominiert und zeitweise über 90 Prozent der Gesamtinvestitionen auf sich gezogen. Hatten zu Beginn der achtziger Jahre die Länder der Dritten Welt noch einen Anteil von 20 Prozent der deutschen Auslandsinvestitionen, so ist dieser Anteil inzwischen auf knapp 8 Prozent zurückgegangen. Deutlich zugenommen hat dagegen das Engagement deutscher Unternehmen in Mittel- und Osteuropa. In den letzten Jahren gingen - mit zunehmender Tendenz - zwischen 9 und 10 Prozent der deutschen Auslandsinvestitionen in ehemalige Ostblock-Länder (vor allem Ungarn, Tschechische Republik und Polen) (vgl. Deutsche Bundesbank 1996; Deutscher Industrie- und Handelstag 1996).

Im Gegensatz zur These von der Globalisierung der Wirtschaft zeichnet sich für Deutschland sowohl beim Warenexport und -import als auch bei den Investitionen vor allem eine deutliche *Europäisierung* ab. Betrachtet man die Weltwirtschaft insgesamt, so erscheint es angebracht, von einer *"Triadisierung"* statt von einer *Globalisierung* zu sprechen (vgl. Hübner 1997). In dem World Investment Report der UNCTAD von 1995 wird der Bestand der ausländischen Direktinvestitionen (FDI stock) auf 2,4 Trillionen US-Dollar geschätzt. Empfänger- und Herkunftsländer dieser ausländischen Direktinvestitionen werden wie folgt charakterisiert: "Developed countries, taken as a whole, account for three-quarters of the global inward FDI stock. The dominant position of developed countries is particularly significant with respect to outward FDI stock, of which they account for 94 per cent." (United Nations 1995, S. 7)

Ist die Globalisierungsdiskussion nur eine Scheindiskussion, oder hat sie doch noch einen realen Kern? Nach Jürgen Hoffmann ist das wirklich "Neue" an dem Prozeß der Internationalisierung der Wirtschaft, das das Schlagwort von der Globalisierung auch rechtfertigt, die "Internationalisierung des Geld- und Finanzkapitals und der damit verbundene Übergang zu einem 'Casino-Kapitalismus'" (Hoffmann 1997). Einem Kapitalismus also, in dem durch die Globalisierung der Finanzmärkte die reale Produktion eine scheinbar immer unbedeutender werdende Rolle spielt und die einzelnen Nationalstaaten immer mehr zum Spielball internationaler Währungsspekulanten werden.[5]

Der andere zentrale Aspekt der Globalisierung, der für unsere Fragestellung von Bedeutung ist, ist die globale Ausrichtung von Unternehmensstrategien und die Herausbildung globaler Netzwerke. Unternehmen verkaufen nicht nur ihre Produkte weltweit, sondern sie beschaffen sich auch Bauelemente, Technologien und Materialien aus aller Welt und sind vielfach auch in mehreren Ländern gleichzeitig tätig. Derartige internationale Strategien sind nicht nur Großunternehmen vorbehalten. Inzwischen richten auch mittelständische Unternehmen ihre Strategien auf den internationalen Wettbewerb aus, indem sie Teile ihrer Produktion ins Ausland verlagern, auf internationalen Beschaffungsmärkten einkaufen oder mit Firmen aus anderen Ländern kooperieren. Innerhalb der dadurch entstehenden globalen Wertschöpfungs-, Transport- und Logistiknetzwerke bilden die Regionen gewissermaßen Knotenpunkte mit unterschiedlicher ökonomischer Bedeutung. In diesem Sinne präsentiert sich die globale Arbeitsteilung heute als "ein Patchwork von unterschiedlichen Klassen spezialisierter Regionen, von 'alten' fordistischen Territorien, flexiblen High-Tech-Clustern bis hin zu den ... Global Cities" (Ronneberger 1995).

## 3    Zur Neubewertung regionaler Wirtschaftszusammenhänge

Nach diesen Anmerkungen zu den 'mythischen' und realen Aspekten der Globalisierung nun zur Frage der *Regionalisierung*. Die Frage einer Neubewertung regionaler Wirtschaftszusammenhänge als Folge einer zunehmenden Globalisierung erfordert zunächst eine Rekonzeptualisierung der Region. Im Sinne der von mir vorgeschlagenen Forschungsperspektive ist die Region weder ein passiver Resonanzkörper gesamtwirtschaftlicher bzw. globaler Entwicklungsprozesse noch eine autonome räumliche Wirtschaftseinheit, sondern ein *sozialökonomisches Wirkungsfeld bzw. ein räumlicher Kooperations- und Interaktionszusammenhang* mit spezifischen ökonomischen, sozialen und politischen Netzwerken, Institutionen und Kommunikationskanälen. Dabei ist die Region sowohl wirtschaftlicher Handlungs- und Kooperationsraum als auch sozialer und ökologischer Lebensraum, kultureller Identifikationsraum und politischer Entscheidungs- und Regulationsraum. In diesem

---

5    Nach Altvater, Mahnkopf ist das zentrale Merkmal der Globalisierung die Entbettung des Geldes und die damit verbundene Herausbildung eines weder gesellschaftlichen Normen unterworfenen noch politisch steuerbaren global operierenden Finanzsystems, das mit seiner als "Sachzwang" getarnten Gewalt "Menschen beherrscht und Gesellschaften seinem Diktat unterwirft" (S.133ff.).

Sinne haben Regionen den Charakter oszillierender Felder, die sich aus der Überlagerung unterschiedlicher Interaktionsbeziehungen und Funktionsräume ergeben (vgl. Läpple 1991).

Mit der globalen Ausrichtung der Produktions-, Forschungs-, Verwaltungs- und Distributionsfunktionen von Unternehmen und der zunehmenden Bedeutung zwischenbetrieblicher Kooperationsformen im Rahmen von "Outsourcing"- und "Networking"-Strategien stellt sich das zentrale Problem der ökonomischen, sozialen und kulturellen Integration und Verankerung der globalen Netzwerke. Die Frage der Integration, Verankerung und gesellschaftlichen "Rückbettung" global ausgerichteter Unternehmensfunktionen ist der zentrale Ansatzpunkt für die These von der Neubewertung regionaler Wirtschaftszusammenhänge.[6]

Durch die turbulenten Marktverhältnisse und instabilen Währungssysteme einer globalisierten Ökonomie sowie den Trend zu immer komplexeren Produkten und kürzeren Innovationszyklen wird die Möglichkeit der Einbindung von Produktions- und Dienstleistungsfunktionen in regionale Verflechtungszusammenhänge und Kooperationsformen zu einer wichtigen Voraussetzung für die Innovations- und Anpassungsfähigkeit von Unternehmen. In diesem Sinne kommt der regionalen Einbettung von Akteuren in das ökonomische, kulturelle, soziale und institutionelle Wirkungsgefüge einer Region - kurz dem *regionalen Milieu* - eine zentrale Bedeutung zu.

Die Orientierung auf die Region steht somit nicht im Gegensatz zur Globalisierung, sondern heißt Rückbesinnung auf die regionalen Potenzen zur Bewältigung der globalen Herausforderungen. Für die wirtschaftlichen Entwicklungsperspektiven von Stadtregionen ist diese Neubewertung des städtischen bzw. des regionalen Umfeldes ein äußerst wichtiger Aspekt. Die Stadt oder Region ist nicht nur Standort, sondern bildet ein Kooperations- und Innovationsmilieu für die dort ansässigen oder anzusiedelnden Betriebe sowie ein Kommunikations-, Lern- und Handlungssystem für die verschiedenen städtischen Akteure.

Für regionale Entwicklungsprozesse haben *Milieus* vor allem den Charakter von *Verstärkern*. Vermittelt über die regionsspezifischen Ausprägungen von Normen, institutionellen Arrangements und Regulationsweisen sowie eingespielten Koope-

---

6 In meiner Argumentation konzentriere ich mich vor allem auf Stadtregionen. Dies hängt unter anderem mit dem Perspektivenwechsel in der regionalen Forschung zusammen: Standen in den 60er Jahren noch strukturschwache Regionen im Zentrum der regionalwissenschaftlichen Diskussion, so rücken jetzt zunehmend "erfolgreiche" Regionen ins Zentrum des Interesses. 'Region' steht nicht mehr für einen Modernisierungsrückstand, sondern gilt als Bedingung erfolgreicher Modernisierungsstrategien. Die von mir entwickelten Argumente für eine "Neubewertung regionaler Wirtschaftszusammenhänge" lassen sich jedoch - mit entsprechenden Modifikationen - auch auf nicht-städtische Regionen übertragen.

rationsformen und kognitiven Interpretationsmustern entstehen *positive Rückkopp-lungseffekte,* also gleichgerichtete Rückkopplungen, die sich gegenseitig in einem kumulativen Prozeß verstärken. Dies kann zu Synergie-Effekten und damit zu einer Verstärkung regionaler Innovationspotentiale führen. Der amerikanische Ökonom und Chaosforscher Arthur (1990) führt die Entstehung des Silicon Valley auf die Wirkung derartiger positiver Rückkopplungseffekte zurück, wobei er von der These ausgeht, daß diese größte Agglomeration der amerikanischen Elektronikindustrie nicht wegen geographischer Vorteile in dieser Region entstanden ist, sondern durch einen historischen Zufall. Die mehr oder weniger zufälligen Firmengründungen in der Umgebung der Universität von Stanford durch William Hewlett, David Packard und William Shockley, die später Schlüsselfiguren der amerikanischen Elektronikindustrie wurden, lösten - im Zusammenhang mit der zeitlich begrenzten Existenz eines "window of opportunity" - einen sich selbst verstärkenden Prozeß aus, dessen Resultat heute noch von vielen Regionalpolitikern als das glänzende Vorbild ihrer - meist wenig erfolgreichen - Technologiepark-Gründungen und High-Tech-Strategien dient.

Durch diese gleichgerichteten Rückkopplungen können aber auch sklerotische Entwicklungsblockaden entstehen. Vor allem bei stark spezialisierten Regionen mit einer Dominanz vertikal integrierter Großunternehmen besteht die Gefahr, daß diese gleichgerichteten Rückkopplungseffekte des regionalen Milieus zu einer Hermetik des regionalen Entwicklungspfades führen. Hat sich also beispielsweise eine Region aufgrund bestimmter historischer Gründe auf einen Wirtschaftsbereich spezialisiert und verbindet sich damit auch eine spezifische Rationalisierungs- und Modernisierungsstrategie, so können die gleichgerichteten Wirkungen der ökonomischen, sozialen und politischen Rückkopplungen innerhalb des dominanten regionalen Milieus eine Korrektur oder ein Verlassen dieses Entwicklungspfades blockieren. Selbst wenn abzusehen ist, daß dieser Entwicklungsweg - zum Beispiel als Folge globaler Konkurrenz - keine ökonomische Zukunft mehr hat oder schon in der Krise steckt, ist eine Korrektur vielfach erst dann möglich, wenn das dominante Milieu durch krisenhafte Prozesse brüchig geworden ist, sich desintegriert und sich Ansätze neuer, innovativer Milieus herausbilden (vgl. dazu Läpple 1994).

Städtische bzw. regionale Milieus haben nicht nur die Funktion eines *Verstärkers,* sondern auch die eines *Filters.* Diese Filterwirkungen können sehr komplex und unterschiedlich sein. Ich möchte hier nur auf die Filterwirkung gegenüber den "Sachzwängen" und zerstörerischen Tendenzen des Weltmarktes eingehen. Dabei gehe ich von der These aus, daß Globalisierungsprozesse nicht unmittelbar auf die Stadtgesellschaft durchschlagen, sondern in vielfältiger Weise gebrochen oder gedämpft werden durch ein komplexes Wirkungsgefüge unterschiedlicher Märkte, politischer und sozialer Regulationsformen und gesellschaftlicher Arrangements.

In diesem Wirkungsgefüge nehmen die Vermittlungsprozesse zwischen Arbeitsmärkten, Wohnungsmärkten, sozialen Infrastrukturen, sozialen Sicherungssystemen und städtischen Lebensmilieus einen zentralen Stellenwert ein.

Die zunehmenden Formen sozialer Polarisierung und Desintegration in unseren Stadtregionen weisen jedoch darauf hin, daß durch das Zusammenwirken einer verstärkten Globalisierung, einer zunehmenden Infragestellung des Sozialstaats-Konsenses sowie einer in fast allen Großstadtregionen vorfindbaren Weltmarktorientierung städtischer Entwicklungspolitik diese Filterwirkung des städtischen Wirkungsgefüges erodiert und umzuschlagen droht in eine Verstärker-Funktion. Die mit der Globalisierung der Wirtschaft verbundenen Probleme auf dem Arbeitsmarkt werden inzwischen bereits für einen zunehmenden Teil der Bevölkerung nicht mehr gedämpft, sondern verstärkt durch Wohnungsmarktprobleme und eine kumulative Verknüpfung mit anderen Formen sozialer, kultureller und politischer Benachteiligung. Stadtstrukturell wirken sich diese gleichgerichteten Problemkumulationen als räumlich konzentrierte Abwärtsspiralen aus, wodurch die tradierte Integrationskraft von Stadtquartieren zerstört wird und das Gemeinschaftsverständnis der Stadtgesellschaft zu zerbrechen droht.

## 4    Von der Branche zum Cluster: Das Konzept der Teilökonomien

Bei dem Versuch, die Auswirkungen einer zunehmenden Globalisierung auf die Ökonomie und Gesellschaft einer Stadtregion zu untersuchen und dabei insbesondere die zentralen Fragen nach der Beschäftigungsentwicklung, den Gestaltungsspielräumen und Strategien zukünftiger Stadt- und Regionsentwicklung zu klären, ist man mit einer Schwierigkeit konfrontiert. Angesichts der Differenzierungs-, Segmentierungs- und Vereinzelungsprozesse der städtischen Wirtschaft und Gesellschaft macht es keinen Sinn, diese Frage im Hinblick auf *"die"* Wirtschaft einer Stadtregion beantworten zu wollen. Die Wirtschaft von Großstadtregionen besteht aus verschiedenen Teilökonomien mit je spezifischen historischen Traditionen und sehr unterschiedlichen Integrationsformen in globale, nationale und lokale Konkurrenz- und Entwicklungszusammenhänge. Daraus resultieren wiederum jeweils unterschiedliche Problemlagen, Gefährdungspotentiale und Gestaltungsmöglichkeiten.

Aber wie lassen sich diese Teilökonomien identifizieren? In einer Studie über die Entwicklungsperspektiven der Stadtregion Hamburg habe ich zusammen mit meiner Forschungsgruppe versucht, die Teilökonomien einer Großstadt zu identifizieren und empirisch zu erfassen (vgl. Läpple, Deecke, Krüger 1994; Läpple 1996). Dabei gingen wir von der These aus, daß die Differenzierungs- und Segmentierungsprozesse der städtischen Wirtschaft sich nur sehr unzureichend durch die statistisch vorgegebenen Sektor- und Branchenstrukturen erfassen lassen. Der traditionelle "Top-down"-Ansatz, bei dem das gesamtwirtschaftlich konzipierte Branchen- und Sektorkonzept gewissermaßen auf die städtische Wirtschaft projiziert wird, wurde in unserer Studie korrigiert bzw. ergänzt durch einen "Bottom-up"-Ansatz, durch den die spezifischen städtischen Entwicklungsbedingungen - insbesondere die historisch gewachsenen Produktions- und Wertschöpfungsstrukturen sowie die Verflechtungszusammenhänge - in die Analyse einbezogen wurden.

Auf der Grundlage des Konzepts von Funktionsclustern (vgl. Porter 1991) wurden die Aggregate der Branchen und Sektoren so umgruppiert, daß sich eine möglichst kohärente Gesamtübersicht über die Größenproportionen und die Entwicklungstendenzen der verschiedenen Funktionsbereiche der städtischen Wirtschaft ergab.[7] Die Ergebnisse dieser Studie sind in Abbildung 1 ("Städtische Teilökonomien in der Kernstadt Hamburg") visualisiert.

Die relative Größe der Kreise entspricht dem jeweiligen Beschäftigungsanteil der Teilökonomien an der Gesamtbeschäftigung.[8] Die gestrichelte Linie gibt das Beschäftigungsvolumen von 1980, die geschlossene Linie das von 1993 an. Ein dunkler äußerer Ring deutet das jeweilige Beschäftigungswachstum, eine weißer Ring den entsprechenden Beschäftigungsverlust an. Mit der jeweiligen Nähe bzw. den Überlagerungen der Kreise werden funktionale Verflechtungen zwischen den

---

7  Ausgangspunkt regionaler Strukturanalysen ist in der Regel das Konzept der Branche. In der Branche werden Wirtschaftsaktivitäten zusammengefaßt, die gleiche oder ähnliche Produkte herstellen und damit von denselben Märkten abhängig sind. Bei dem Konzept der *Branche* geht es um die Frage, *was* produziert wird. Dabei werden vor allem die ökonomisch-technischen und marktvermittelten Zusammenhänge erfaßt. Bei dem Konzept des *Milieus* steht die Frage nach dem *wie* im Mittelpunkt. Es geht also primär um Fragen der kulturellen, kognitiven und institutionellen Integrationsformen in der Region. Ein sehr fruchtbares Vermittlungsglied zwischen Branche und Milieu ist das Konzept der *regionalen Cluster*. Dieses Konzept ist primär auf die ökonomisch-organisatorischen und kooperationsvermittelten Zusammenhänge in ihrer räumlichen (regionalen *und* interregionalen) Ausprägung orientiert. Regionale Cluster sind gewissermaßen die gemeinsame Schnittmenge regionaler Milieus mit den gesamtwirtschaftlich und damit letztlich global orientierten Branchen (vgl. Läpple 1994, 1996).

8  Die statistische Grundlage für diese Clusteraggregation bildet die Gliederung aller sozialversicherungspflichtig Beschäftigten nach 96 Wirtschaftszweigen, die wiederum unterteilt sind nach Funktions- bzw. Berufsgruppen. Die Statistik der sozialversicherungspflichtig Beschäftigten stellt eine sehr differenzierte und genaue Datenbasis zur Verfügung; allerdings werden durch sie nur etwa 80 Prozent aller Erwerbstätigen erfaßt. Selbständige, formell 'freischaffende' Erwerbstätige, Beamte sowie 'geringfügig Beschäftigte' (also die sog. "620-Mark-Jobs") werden von dieser Statistik nicht erfaßt.

Abbildung 1:
Städtische Teilökonomien in der Kernstadt Hamburg
in Prozent der Gesamtbeschäftigung
Beschäftigte 1993 (Zu- bzw. Abnahme 1980-1993)

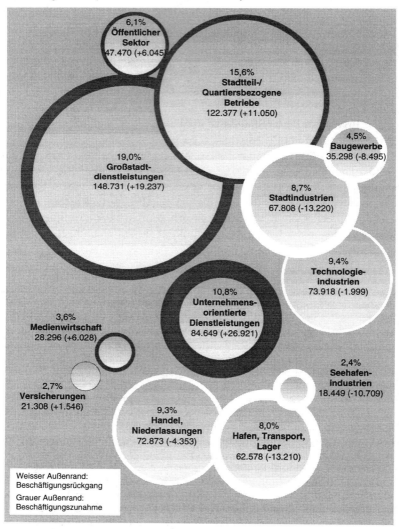

Quelle: Technische Universität Hamburg-Harburg
AB 1-06 Stadt- und Regionalökonomie

Teilökonomien angedeutet. Zur Erörterung des Verhältnisses Globalisierung - Regionalisierung betrachte ich im folgenden die drei Teilökonomien *Hafen/Transport/Lager, Technologieindustrien und Stadtteil- und Quartiersbetriebe.*

## 4.1 Die Teilökonomie der Stadtteil- und Quartiersbetriebe

Gewissermaßen im Kontrast zur Globalisierung gehe ich zunächst auf die Teilökonomie der Stadtteil- und Quartiersbetriebe ein. Dabei handelt es sich um einen Bereich der städtischen Wirtschaft, der in hohem Maße eingebettet ist in die ökonomischen und sozialen Strukturen und Interaktionsbeziehungen der Stadt bzw. der Stadtquartiere. Bei dieser Teilökonomie handelt es sich um Dienstleistungs- und Handwerksbetriebe, die *lokal* eingebunden sind durch örtlichen Absatz, den Wohnsitz der Erwerbstätigen oder den bestehenden preisgünstigen Gewerberaum. Zu den Stadtteil- und Quartiersbetrieben zählen unter anderem Teile des Einzelhandels, des Gesundheitswesens, der Gastronomie und des produzierenden bzw. reparierenden Gewerbes. Diese Betriebe sind zum überwiegenden Teil auf lokale Bedürfnisse des Lebensalltags ausgerichtet und prägen in hohem Maße die urbane Qualität des jeweiligen Stadtteils. Die meisten dieser Betriebe sind bereits lange in den einzelnen Quartieren ansässig und verfügen oftmals über langjährige Kundenbeziehungen.

Mit über 122.000 Beschäftigten - das sind 15,6 Prozent aller sozialversicherungspflichtig Beschäftigten Hamburgs - ist dieser Bereich einer der größten Teilökonomien der städtischen Wirtschaft, der mit einem Zuwachs von 11.000 Arbeitsplätzen zugleich zu den wenigen gehört, die expandieren. Trotz seiner Bedeutung für den städtischen Arbeitsmarkt und die Versorgungsqualität der Stadtteile befand sich dieser Bereich bis vor kurzem im "toten Winkel" der Stadtpolitik. Soweit diese Betriebe zum Thema städtischer Politik wurden, handelte es sich meist um standortbezogene Einzelmaßnahmen im Kontext der Stadterneuerung. Ansonsten wurde und wird meist immer noch unterstellt, daß diese Betriebe sich im "Huckepack" der export- und weltmarktorientierten Unternehmen der Stadt entwickeln, ohne zu berücksichtigen, daß die stadtteil- und quartiersbezogenen Betriebe in den letzten Jahren - nicht zuletzt durch die Außenorientierung städtischer Wirtschaftspolitik - starken Verdrängungsprozessen ausgesetzt sind. Besonders negativ wirkt sich auch die zunehmende soziale Polarisierung der Stadt und die damit verbundene Abwärtsspirale ökonomischer, sozialer und baulicher Erosion einzelner Stadtteile auf die Existenz lokal orientierter Gewerbebetriebe aus.

## 4.2 Die Teilökonomie Hafen, Transport, Lager

Die Hafenstadt Hamburg ist seit über 800 Jahren durch ihren Hafen und die damit verbundenen internationalen Wirtschaftszusammenhänge geprägt. Paradoxerweise ist gerade dieser Bereich der Wirtschaft der große Verlierer der Globalisierung. In der Teilökonomie Hafen, Transport, Lager sind alle Beschäftigten des Hafens, der daran gekoppelten Dienstleistungen sowie der überregionalen Verkehrsfunktionen zusammengefaßt. Mit 62.500 Beschäftigten umfaßt diese Teilökonomie nur noch 8 Prozent der sozialversicherungspflichtig Beschäftigten Hamburgs. Seit 1980 hatte dieser Bereich einen Verlust von 13.210 Arbeitsplätzen.

Das Hafensystem galt traditionell als Garant städtischer Beschäftigungs- und Wertschöpfungsentwicklung. Durch die Einführung von Container und Computer ist diese Teilökonomie heute jedoch von einem tiefgreifenden Strukturwandel betroffen. Die Einführung des Containers führte zu einer sprunghaften Steigerung der Arbeitsproduktivität und damit zu starken Arbeitsplatzverlusten im operativen Kernbereich der Hafenwirtschaft (die Anzahl der Hafenarbeiter ging in der Periode von 1980 bis 1995 von 11.400 auf 5.800 zurück).

Die mit dem Container- und Computereinsatz einhergehende Integration der Transportkette ermöglicht sogenannte Haus-Haus-Verkehre, wobei die Waren beim Versenden in den Container gepackt und erst beim Empfänger wieder ausgepackt werden. Dadurch entfallen traditionelle Tätigkeiten oder werden aus dem Hafen an die Standorte der Versender und Empfänger verlagert. Durch diese Entwicklung sind die Chancen für eine wertschöpfungsorientierte Warenbehandlung in den Häfen während der letzten zwanzig Jahre stark zurückgegangen. Wir sind hier mit einem sehr ausgeprägten "Entbettungsprozeß" konfrontiert (zur Hafenentwicklung vgl. Deecke, Läpple 1996).

Über Jahrhunderte wurde im Hafen und in der Hafengemeinschaft Expertenwissen über Weltmarktentwicklungen und die damit verbundenen Transportsysteme und Warenströme akkumuliert. Diese "Weltmarktkompetenz" der Hafenwirtschaft war ein wesentlicher Aspekt der ökonomischen Stärke des Hafens im Zusammenhang mit seiner Schnittstellenposition zwischen dem nationalen Wirtschaftsraum und der Weltwirtschaft. Mit der globalen Ausrichtung der Unternehmerstrategien von Industrie und Handel wird die Weltmarktkompetenz des Hafens zunehmend relativiert und geschwächt. Denn im Zusammenhang mit neuen Logistikstrategien planen Industrie und Handel ihre international orientierten Wertschöpfungsketten zunehmend selbst. Die Abwicklung der dazu erforderlichen Transportvorgänge übernehmen multimodale Transportkonzerne (wie z.B. die großen Reeder-Konsortien), die nicht mehr an einen speziellen Hafen gebunden sind. Der Hafen bekommt dadurch zunehmend den Charakter einer "Containerschleuse", d.h. der

Hafen wird Teil eines "logistischen Kanals", durch den die Waren möglichst ohne Unterbrechung durchfließen. Dazu sind immer weniger Hafenarbeiter, aber immer größere Flächen, teure Infrastrukturen und immer tiefere Fahrrinnen und Hafenbecken nötig.

Die meisten Hafenregionen versuchen durch den Ausbau ihrer Dienstleistungsangebote in Richtung "value added logistics" dem Rückgang der Beschäftigung im Bereich der operativen Funktionen des Seehafens entgegenzuwirken. Im Gegensatz zu den operativen Funktionen sind diese neuen Dienstleistungsfunktionen allerdings nicht notwendigerweise an den Standort des Hafens gebunden. D.h. die Hafenregionen konkurrieren um die Ansiedlung dieser logistischen und distributiven Funktionen nicht nur untereinander, sondern vor allem mit Standorten im Binnenland, insbesondere den großen Industrie- und Bevölkerungsagglomerationen.

Die Chancen von Seehafenregionen, als logistische Dienstleistungszentren wesentliche Bedeutung zu erlangen, hängen stark von der Möglichkeit ab, die logistischen Hafenfunktionen einzubinden bzw. "rückzubetten" in eine entwickelte städtische Wirtschaft mit einem möglichst hohen und qualitativ hochwertigen Loco-Aufkommen. In diesem Sinne hat sich das Bedingungsverhältnis von Hafen und städtischer Wirtschaft umgekehrt: Der Hafen ist nicht mehr dominanter "ökonomischer Motor" der Seehafenstädte. Vielmehr bilden heute die differenzierten Produktions- und Dienstleistungsnetzwerke der Stadtregion eine wesentliche Voraussetzung für die ökonomische Inwertsetzung des Hafens im Sinne eines wertschöpfungs- und beschäftigungsorientierten Dienstleistungszentrums.

## 4.3 Teilökonomie der Technologieindustrien

Diese Teilökonomie umfaßt Industrieunternehmen mit einem hohen Anteil an technisch qualifizierten Beschäftigten und mit einer starken Ausrichtung auf internationale Märkte. Aus dieser Teilökonomie soll hier nur auf das Beispiel eines sehr erfolgreichen Maschinenbauunternehmens eingegangen werden, das in seinem Spezialbereich eine führende Stellung auf dem Weltmarkt hat (vgl. Läpple 1996). Mit diesem Beispiel läßt sich am deutlichsten das komplementäre Verhältnis von Globalisierung und Regionalisierung illustrieren.

Zur Stärkung seiner Position auf dem Weltmarkt und zur Flexibilisierung seiner Produktausrichtung hat sich dieses Unternehmen ein Kooperations- und Innovations-Netzwerk geknüpft, in das andere Unternehmen in unterschiedlicher Intensität - über Entwicklungspartnerschaften, über Eigentums- und Kontrollverflechtungen oder auch nur über Zulieferbeziehungen - eingebunden sind. Entsprechend dem globalen Engagement dieser "global players" ist dieses Netzwerk international ausgerichtet. Allerdings hat es eine sehr ausgeprägte regionale Basis.

Angesichts der Komplexität der Produkte, der kurzen Lebenszyklen und einer turbulenten Weltökonomie bietet die regionale Basis dieses Kooperations- und Innovationsnetzwerkes mit seinen eingespielten Kooperationsformen, seinen aufeinander abgestimmten Qualifikationen und seinem gemeinsamen Qualitätsverständnis eine wichtige Voraussetzung für die Innovations- und Anpassungsfähigkeit dieses Unternehmens, das immer wieder von neuem seine *Systemkompetenz* auf einem stark globalisierten Markt verteidigen und neu durchsetzen muß. Eine solche Systemkompetenz beinhaltet die folgenden Aspekte:

- die *technologische* Beherrschung des systemischen Charakters des Produktes oder der Dienstleistung,
- die *organisatorische* Kompetenz und entsprechende Marktmacht zur Organisation zwischenbetrieblicher Verbundsysteme sowie
- die *logistische* Beherrschung des Entwicklungs-, Herstellungs-, Verkaufs- und Servicezusammenhangs.

Zum Erhalt seiner Wettbewerbsfähigkeit ist das global orientierte Unternehmen offensichtlich in hohem Maße abhängig von der Möglichkeit seiner "Einbettung" in regionale Zuliefer- und Entwicklungskooperationen, in einen regionalen Arbeitsmarkt mit einem entsprechenden Qualifikationsrepertoire sowie in das Netzwerk wissenschaftlicher, sozialer und technischer Infrastrukturen der Region. Andererseits hat dieses Unternehmen auch für die Region eine zentrale Bedeutung. Denn Unternehmen mit einer Systemkompetenz haben für Regionen gewissermaßen eine "Ankerfunktion" für die Entwicklung und Stabilisierung regionaler Kooperationsnetzwerke. Dabei ist Systemkompetenz sowohl für die zukünftige Entwicklung der Industrie als auch der Dienstleistungen von Bedeutung.

Diese kurze Darstellung einzelner Teilökonomien sollte vor allem deutlich machen, daß das Wechselverhältnis von Globalisierung und Regionalisierung äußerst komplex ist und sich nicht auf eine einfache Formel bringen läßt. Bereits bei der skizzenhaften Betrachtung von drei Teilökonomien zeigten sich sehr unterschiedliche Artikulationsformen zwischen globalen und regionalen Entwicklungslogiken bzw. sehr unterschiedliche "*Ein*bettungs-", "*Ent*bettungs-" und "*Rück*bettungs"-Formen. Trotz dieses Sachverhaltes soll abschließend versucht werden, einige Ansatzpunkte zukünftiger Stadt- und Regionalpolitik zu formulieren.


## 5 Ansatzpunkte einer zukünftigen Politik

Mit der Globalisierung der Wirtschaft stellt sich nicht nur die Frage der Anpassung von Branchen- und Sektorstrukturen an die veränderten Bedingungen des Weltmarktes. In der gegenwärtigen Phase des Strukturwandels geht es vor allem um die Frage der Einführung neuer Rationalisierungsstrategien und Organisationskonzepte.

Das dominante Rationalisierungsmodell der Nachkriegszeit, die tayloristische Massenproduktion, steckt in einer tiefen Krise und hat in den hochentwickelten Ländern kaum mehr eine Perspektive. Gefragt sind Konzepte einer flexiblen und diversifizierten Qualitätsproduktion, die sich - unter Ausschöpfung der Innovationspotentiale der neuen Technologien - an sich ständig verändernde Märkte und Konkurrenzbedingungen einer globalisierten Wirtschaft anpassen können. Dies erfordert flexible innerbetriebliche Strukturen, eine Neubewertung der menschlichen Arbeit und vor allem die Fähigkeit zur zwischenbetrieblichen Kooperation. Das Leitbild der gegenwärtigen Umstrukturierungsprozesse ist das "schlanke Unternehmen", das eingebunden ist in zwischenbetriebliche Netzwerke. Dabei gilt dieses Leitbild gleichermaßen für Industrie- wie für Dienstleistungsunternehmen.

Angesichts dieser Zielrichtung des wirtschaftlichen Strukturwandels, der sehr unterschiedlichen Problemlagen und Entwicklungspotentiale der städtischen Wirtschaft und Gesellschaft sowie der begrenzten politischen Handlungsmöglichkeiten greift eine einseitige Export- und Weltmarktausrichtung städtischer bzw. regionaler Entwicklungspolitik eindeutig zu kurz. Es besteht sogar die Gefahr, daß eine derartige Politik zu einer Verstärkung der bereits wirksamen sozialen Polarisierungs- und ökonomischen Fragmentierungstendenzen führt. Gefordert sind ein Strategie-Mix und offene, dialogorientierte Handlungskonzepte. Neben einer Förderung technologie- und außenorientierter Wirtschaftsbereiche muß die Förderung der lokal und regional orientierten Betriebe stärker in den Mittelpunkt der Wirtschafts- und Stadtentwicklungspolitik rücken.

Eine innovationsorientierte Bestandspolitik sollte vor allem Anwendungstechniken ("Kombi-Tech" statt "High-Tech") für Mittel- und Kleinbetriebe fördern. Für die Stärkung der Zusammenarbeit zwischen Groß-, Mittel- und Kleinbetrieben könnten Entwicklungspartnerschaften mit dem Ziel der Weiter- und Neuentwicklung von Produkt- oder Produktions-Know-how und der Abstimmung von Produktion und Logistik auf die gegenseitigen Bedürfnisse gefördert werden.

Insgesamt sollten die Entwicklung und Stabilisierung von städtischen bzw. regionalen Zuliefer-, Absatz- und Innovationsnetzwerken sowie die Stärkung der Stadtteile und Quartiere als Ressource der alltäglichen Lebensbewältigung und Puffer gegen die negativen Auswirkungen der Arbeitsmarktentwicklung die zentralen Gestaltungsfelder sein. Eine zukunftsfähige Stadtregionsentwicklung in einer globalen Wirtschaft erfordert die Entwicklung flexibler und lernfähiger städtischer Produktionsmilieus sowie den Erhalt der sozialen und politischen Kohärenz der Stadtgesellschaft.

# Literatur

Altvater, E.; Mahnkopf, B. (1996): Grenzen der Globalisierung. Ökonomie, Ökologie und Politik in der Weltgesellschaft. Münster

Amin, A.; Robins, K. (1990): Industrial districts and regional development: Limits and possibilities. In: Pyke, F.; Becattini, G.; Sengenberger, W.: Industrial districts and inter-firm co-operation in Italy. Geneva

Amin, A.; Thrift, N. (Hg.) (1994): Globalization, institutions, and regional development in Europe. Oxford, New York

Arthur, B. (1990): Kontrolliertes Chaos. Das Gleichgewicht hat in den Wirtschaftswissenschaften ausgedient. In: Wirtschaftswoche 44 (25), S. 72ff.

Beck, U. (1997): Die Eröffnung des Welthorizontes: Zur Soziologie der Globalisierung. In: Soziale Welt 48 (1), S. 3-16

Boyer, R. (1997): Les Mots et les réalités. In: La Mondialisation au-delà des mythes. La Découverte. Paris

Deecke, H.; Läpple, D. (1996): German seaports in a period of restructuring. In: JESG - Journal of Economic and Social Geography 87 (4), S. 332-341

Deutsche Bundesbank (1996): Kapitalverflechtung mit dem Ausland. Statistische Sonderveröffentlichung (10/05/96)

Deutscher Industrie- und Handelstag - DIHT (1996): Außenhandel und Wettbewerbsfähigkeit. DIHT-Umfrage bei den deutschen Auslandsunternehmen. Bonn

Giddens, A. (1996): Konsequenzen der Moderne. Frankfurt/M.

Harvey, D. (1989): The condition of postmodernity. Oxford

Hoffmann, J. (1997): Gewerkschaften in der Globalisierungsfalle? In: Prokla 106

Hoffmann, J. (1998): Ambivalenzen im Globalisierungsprozeß. Anmerkungen zu zwei zentralen Beiträgen in der Globalisierungsdebatte. In: WSI Mitteilungen 5/98

Hübner, K. (1997): Triadisierung statt Globalisierung. In: Ökologisches Wirtschaften 1/97

Läpple, D.; Deecke, H.; Krüger, T. (1994): Strukturentwicklung und Zukunftsperspektiven der Hamburger Wirtschaft unter räumlichen Gesichtspunkten. Gutachten für die Stadtentwicklungsbehörde der Freien und Hansestadt Hamburg. Hamburg

Läpple, D. (1991): Essay über den Raum. In: Häußermann, H.; Ipsen, D.; Krämer-Badoni, T.; Läpple, D.; Rodenstein, M.; Siebel, W. (Hg.): Stadt und Raum. Soziologische Analysen. Pfaffenweiler, S. 157-208

Läpple, D. (1994): Zwischen Gestern und Übermorgen. Das Ruhrgebiet - eine Industrieregion im Umbruch. In: Kreibich, R.; Schmid, A. S.; Siebel, W.; Sieverts, T.; Zlonicky, P. (Hg.): Bauplatz Zukunft. Dispute über die Entwicklung von Industrieregionen im Umbruch. Essen, S. 37 - 51

Läpple, D. (1996): Städte im Umbruch. In: Akademie für Raumforschung und Landesplanung (Hg.): Agglomerationsräume in Deutschland. Ansichten, Einsichten, Aussichten. Hannover (Forschungs- und Sitzungsberichte der Akademie für Raumforschung und Landesplanung 199), S. 191-217

Martin, H.-P.; Schumann, H. (1996): Die Globalisierungsfalle. Der Angriff auf Demokratie und Wohlstand. Reinbek bei Hamburg

Porter, M. E. (1991): Nationale Wettbewerbsvorteile. Erfolgreich konkurrieren auf dem Weltmarkt. München

Ronneberger, K. (1995): Von High-Tech-Regionen lernen? In: IfS Frankfurt/M.; INIFES Stadtbergen; ISF München; SOFI Göttingen (Hg.): Jahrbuch Sozialwissenschaftliche Technikberichterstattung '95: Schwerpunkt Technik und Region. Berlin, S. 19-78

Swyngedouw, E. (1992): The mammon quest. "Glocalisation", interspatial competition and the monetary order: The construction of new scales. In: Dunford, M.; Kafkalas, G. (Hg.): Cities and regions in the new Europe. London

Thurow, L. C. (1996): Die Zukunft des Kapitalismus. Düsseldorf, München

Trabold, H. (1997): Globalisierung und nationale Wirtschaftspolitik. In: Fricke, W. (Hg.): Jahrbuch für Arbeit + Technik. Bonn

United Nations (1995): World investment report 1995: transnational corporations and competitiveness. New York, Geneva

United Nations (1996): World investment report 1996: investment, trade and international policy arrangements. New York, Geneva

Veltz, P. (1996): Mondialisation, Ville et Territoires. L'Economie d'Archipel. Paris

Wallerstein, I. (1976): The modern world system. Capitalist agriculture and the origins of the European world-economy in the sixteenth century. New York

Wallerstein, I. (1985): Gesellschaftliche Entwicklung oder Entwicklung des Weltsystems? In: Lutz, B. (Hg.): Soziologie und gesellschaftliche Entwicklung. Verhandlungen des 22. Deutschen Soziologentages in Dortmund 1984. Frankfurt, New York, S. 76-90

Hans Joachim Kujath

# Zwischen Marginalisierung und Aufstieg. Regionen unter dem Einfluß technologischen Wandels und industrieller Restrukturierung

## 1 Wirtschaft zwischen europäischer Integration und regionalen Disparitäten

Wird in Europa über die Globalisierung der Wirtschaft gesprochen, so ist ein Hauptmerkmal dieses Prozesses, zumindest auf der realwirtschaftlichen Ebene, eine Europäisierung der ehemals gegeneinander abgegrenzten nationalen Ökonomien. Etwa 60 Prozent des Güterexports der Mitgliedsstaaten der Europäischen Union konzentrieren sich mittlerweile auf die Europäische Union, überwiegend auf die jeweiligen Nachbarstaaten, wobei das Handelsvolumen innerhalb der Union deutlich stärker gewachsen ist als der Handel mit anderen Teilen der Welt (EUREK 1997, S. 15). Die darin zum Ausdruck kommende Europäisierung der nationalen Wirtschaften steht in einem engen Wechselverhältnis zur politischen Integration, die ein ganzes Bündel nationale Kompetenzen begrenzender Aktivitäten beinhaltet, nicht zuletzt Bemühungen, die nationalen Regionalpolitiken aufeinander abzustimmen. Für die Wirtschaftsentwicklung ist bedeutsam, daß nicht nur die nationalen Barrieren des Güteraustauschs fallen, sondern auch die der Faktormobilität (von Kapital und Arbeitskräften). Mit der Einführung einer gemeinsamen Währung wird der Leistungsaustausch zwischen den europäischen Staaten nochmals deutlich erleichtert.

Unter Wirtschaftsexperten ist umstritten, ob die Beseitigung der Grenzbarrieren einen für alle Regionen gleichermaßen vorteilhaften Binnenmarkt hervorbringt. Von vielen wird erwartet, daß die Öffnung der Märkte und die monetäre Harmonisierung einen Prozeß der Aufspaltung zwischen Kern- und Peripherieregionen befördert und eine Marginalisierung bestimmter Gebiete in Europa, die auf den verschärften Wettbewerb weniger gut vorbereitet sind, zur Folge haben kann (Kafkalas 1995). Ihre Ansichten finden in Daten zur Außenhandelsentwicklung eine Bestätigung, in denen sich ex post die Entwicklung der interregionalen und internationalen Arbeitsteilung in Europa bereits recht deutlich abzeichnet. So ist das Handelsvolumen zwischen den entwickelten Staaten Europas nicht nur umfangreicher als zwischen den Kernräumen und Peripherien, sondern zwischen ersteren im wesentlichen intraindustrieller Art, "woraus sich ablesen läßt, daß ihre Volkswirtschaften bereits weitgehend miteinander verflochten und relativ homogen in bezug auf die komparativen Vorteile, die Ausstattung mit Produktionsfaktoren und die industriellen Spezialisierungsprofile sind". (Europäische Kommission 1991, S. 69) Die peripheren Staaten haben hingegen mit den zentralen Ländern eher Handelsbeziehungen inter-industrieller Art, d.h. die Ausstattung mit Produktionsfaktoren befindet sich in beiden Ländergruppen auf einem unterschiedlichen Niveau.

Im Kohäsionsbericht der Europäischen Union wird an Hand weiterer Indikatoren, vor allem der regionalisierten Einkommen und der Arbeitslosenraten belegt, daß innerhalb der Staaten periphere Regionen vor allem in Nordwest- und Südeuropa sowie Ostdeutschland zu finden sind, während die wirtschaftsstarken Regionen sich überwiegend im Zentralraum der Europäischen Union befinden (European Commission 1996). Folgt man der Ausprägung dieser Indikatoren, zählen unterschiedlichste Regionstypen zur Peripherie der Europäischen Union. Außer rein landwirtschaftlich geprägten und industrialisierten ländlich-peripheren Regionen gehören hierzu vom wirtschaftlichen Strukturwandel betroffene altindustrialisierte Regionen ohne neue wettbewerbsfähige Industriebasis sowie Großstadtregionen in einer Randlage, die nur unvollständig in die Wirtschaft der Kernregionen integriert sind. Hierzu gehören auch die aus politischen Gründen in eine wirtschaftliche Randlage geratenen Agglomerationsräume und Industrieregionen in Ostdeutschland, z.B. der alte Metropolraum Berlin-Brandenburg und die alten Industriegebiete Sachsens und Sachsen-Anhalts sowie besonders die dünn besiedelten Räume Nordostdeutschlands.

Innerhalb der Europäischen Union ist gleichzeitig eine räumliche Wirtschaftsdynamik zu beobachten, die vielen peripheren Regionen einen zum Teil sich dramatisch beschleunigenden wirtschaftlichen Aufstieg ermöglicht. Zu erwähnen sind die neuen Wachstumsregionen in Irland, Schottland, Spanien und Portugal, deren Ausgangsbedingungen ebenfalls nur geringe Ähnlichkeiten aufweisen. Da diese regionalen Differenzierungsprozesse innerhalb der einzelnen Staaten der Europäischen Union größer sind als die wirtschaftlichen Unterschiede zwischen den Staaten, kann vermutet werden, daß innerhalb Europas inzwischen Nationen übergreifende Logiken der räumlich-wirtschaftlichen Entwicklung wirken und zugleich regionale Spezifika mitentscheidend sind für die Entwicklungsdifferenzen.

Im folgenden wird der auch für die regionale Strukturpolitik wichtigen Frage nachgegangen, welche Chancen und Entwicklungspfade des wirtschaftlichen Aufstiegs sich für periphere Regionen aus den Veränderungen der Organisation industrieller Produktion in einem von nationalen Barrieren weitgehend unbehinderten Markt und aus den spezifischen regionalen Eigenarten ergeben. In einem ersten Schritt will ich einige Erklärungsansätze produktions- und transaktionstheoretischer

Art zum Entstehen neuartiger interregionaler Polarisationsmuster vorstellen. Dabei wird auf den Transaktionsansatz zur Erklärung geographischer Organisationsprozesse ausführlicher eingegangen. In einem weiteren Schritt werden verschiedene Entwicklungsoptionen für periphere Regionen an Hand dieser Erklärungsansätze vorgestellt. Abschließend werden einige regionalpolitische Schlußfolgerungen zur Entwicklung peripherer Regionen gezogen.

## 2 Räumliche Auswirkungen neuer Produktionsformen

### 2.1 Theoretische Ausgangsüberlegungen

Aus der Sicht der traditionellen gleichgewichtsorientierten Außenwirtschaftstheorie, in der geographische Aspekte weitgehend ausgeklammert bleiben, erscheint es unsinnig, wenn als Antwort auf den Fall von Grenzen und den dadurch möglichen freien Austausch von Gütern und Produktionsfaktoren die wirtschaftliche Entwicklung eine regional polarisierte Gestalt annimmt. In ihren Modellen des internationalen Wettbewerbs wird vielmehr dargestellt, wie sich bereits über die grenzüberschreitenden Güterbewegungen ein Faktorpreisausgleich, z.B. der Pro-Kopf-Einkommen und eine Angleichung der wirtschaftlichen Wachstumsraten und Wohlfahrtsentwicklung zwischen unterschiedlichen Standorten vollzieht. Regionale Unterschiede des Wirtschaftswachstums würden sich danach nur einstellen aufgrund exogener Einflußgrößen wie einer vorgegebenen Ressourcenausstattung (klimatische Vorteile, Bodenschätze, gespeicherte Energie usw.). Aus regionaltheoretischer Sicht hingegen wird eine zur Realität besser passende Schlußfolgerung gezogen. Danach wird gerade auf offenen Güter- und Faktormärkten eine geographische Schwerpunktbildung wirtschaftlichen Wachstums für möglich gehalten, weil aus den einzelwirtschaftlichen Aktivitäten selbst eine räumliche Zusammenballung wirtschaftlicher Aktivitäten angeregt wird, die nun von Grenzbarrieren nicht mehr behindert wird. In der räumlich sich verfestigenden Zusammenballung wirtschaftlicher Aktivitäten wird eine Tendenz zu unvollkommener Mobilität und unvollkommenem Wettbewerb - zu oligopolistischen Wettbewerbsbeziehungen - gesehen, durch die Unternehmen eine standortspezifische Gewinnsteigerung erzielen und bestimmte Regionen als Aggregate der einzelwirtschaftlichen Aktivitäten einen wirtschaftlichen Wachstumsvorsprung gegenüber anderen Regionen erringen können (z.B. Krugman 1991).

Bereits die Klassiker der Regionalforschung, deren Überlegungen von der neuen Regionalökonomie wieder aufgegriffen worden sind, haben auf die positiven ökonomischen Effekte einer räumlichen Ballung von mobilen Produktionsfaktoren verwiesen, auf die External Economies, die aus dem dichten Arbeitsmarkt und dem erleichterten Austausch von Informationen technischen und wissenschaftlichen Inhalts in räumlich engen Beziehungsgeflechten entstehen.[1] Derartige Externalitäten bescheren den Firmen verminderte Transaktionskosten, Produktivitätssteigerungen, Umsatz- und Gewinnsteigerungen (Marshall 1896; Weber 1914; Buttler 1973).

Diese grundsätzliche Tendenz ökonomischer Entwicklung im Raum erhält in der gegenwärtigen Phase wirtschaftlicher Entwicklung der hochindustrialisierten (europäischen) Länder eine in seinen inter- und intrasektoralen sowie räumlichen Konsequenzen sich erst ansatzweise abzeichnende neue Gestalt. Sie ist geprägt von neuartigen Organisationsformen der Produktion mit spezifischen räumlichen Ausdrucksformen, in denen die "linkages" innerhalb und zwischen den Unternehmen einen von den traditionellen Regionalwissenschaften bisher weniger beachteten Stellenwert erlangen. In einem weiter gefaßten Sinn wird bereits von neuartigen Regulationsformen im Raum gesprochen, die unter anderem mit einem Paradigmenwechsel in der industriellen Massenproduktion in Verbindung gebracht werden, mit einem Wechsel vom Modell der vertikal integrierten taylorisierten Produktion und diesem Produktionsregime entsprechenden Lebens- und Konsumformen hin zu einem Produktionsmodell desintegrierter flexibler Spezialisierung und entsprechender Konsum- und Sozialorganisation (Piore, Sabel 1984; Camagni 1991; Läpple 1994). Von den Theoretikern der Regulationsschule wird dieser Wandel in einen historischen Zusammenhang gestellt und als Übergang von der fordistischen zu einer post-fordistischen gesellschaftlichen Regulationsform interpretiert (Boyer 1990; Liepitz 1986; Hirsch, Roth 1986). Es entsteht eine neue räumliche Ordnung der Wirtschaft mit ganz spezifischen Merkmalen wie der Herausbildung neuartiger Wirtschaftsdistrikte und regionaler Produktionscluster einerseits und globaler Netzwerke andererseits (Amin, Thrift 1994; Staber 1996).

## 2.2 Wandel der Produktions- und Transaktionsorganisation

Systematisch betrachtet, lassen sich zwei grundlegende Ansatzpunkte ausmachen, die den von den Regulationstheorien behaupteten Umbruch in der Produktionsorganisation und räumlichen Ordnung belegen können: veränderte Produktionsanforderungen in Verbindung mit Economies of Scale und veränderte Transaktions-

---

1   Grund und Boden gehört zu den wenigen Mobilität beschränkenden Faktoren. Als Produktionsmittel der Landwirtschaft geht von ihm eine disperse Verteilung der landwirtschaftlichen Produktion aus. Als Wirtschafts- und Wohnstandortbasis unterstützt er über den Bodenpreis zentrifugale Kräfte gegen die Agglomerationsbildung und begrenzt deren Größe.

anforderungen in Verbindung mit Economies of Scope (vgl. Scott 1990, S. 33). In der ersten Betrachtungsebene wird die industrielle Organisation als eine Funktion von Skalenerträgen in Abhängigkeit von Märkten und technologischen und organisatorischen Unteilbarkeiten gesehen. Eine ergänzende Sicht bietet der Transaktionsansatz (Williamson 1985). Fassen wir den Produktionsprozeß im Sinne von Coase (1937)[2] als eine Vielzahl arbeitsteiliger, funktionaler Aktivitäten auf, die zu einer Wertschöpfungskette miteinander verknüpft sind, dann werden spezifische Leistungen erforderlich, die als Bestandteil der wirtschaftlichen Aktivitäten die Transaktionen zwischen den einzelnen Funktionen regeln. Damit sind im wesentlichen Aktivitäten der Kommunikation, der Informationssuche, der Informationsbeschaffung, des Informations- und Wissensaustausches gemeint sowie die mit diesen Aktivitäten verbundenen Kosten und Erträge.

Die Frage, ob ein Produktionssystem sich vertikal integriert (in einem Großbetrieb oder in einem vertikal organisierten strategischen Netz) oder die funktionalen Aktivitäten vertikal desintegriert und auf eine Vielzahl separierter Anbieter verteilt werden, läßt sich vereinfacht an Hand der Effekte auf die Produktions- und Transaktionskosten darstellen.[3] Aus produktionsorganisatorischer Sicht lassen sich zahlreiche Hinweise finden, die in Verbindung mit neuen Produktionstechniken und dadurch verursachten Veränderungen im Faktoreinsatz eine Auflösung vertikal integrierter Produktionskomplexe fördern:

- In einem sich entfaltenden Branchencluster selbständiger spezialisierter Betriebe lassen sich durch Bündelung von Aufträgen verschiedener Unternehmen oft höhere Economies of Scale realisieren als innerhalb eines vertikal integrierten Unternehmens.
- Neue, flexible Produktionstechnologien ermöglichen heute Economies of Scale bereits bei Kleinserienfertigung, so daß eine horizontale Desintegration bereits auf einer niedrigeren Schwelle vorteilhafter wird als in der Vergangenheit.
- Interne Economies of Scale in ständig wachsenden Produktionseinheiten stoßen ab einem bestimmten Punkt an technologische Grenzen und schlagen dann in Diseconomies um, so daß in wachsenden Unternehmen früher oder später eine horizontale Aufteilung der Produktion in mehrere selbständige Einheiten notwendig wird.

---

2 Coase führt aus: "A firm will tend to expand until the costs of organizing an extra transaction within the firm become equal to the costs of carrying out the same transaction by means of an exchange on the open market". (Coase 1937, S. 395)

3 Wenn EC>IC dann dominiert vertikale Integration, wenn EC< IC dann wird vertikale Desintegration vorteilhaft. IC = Internal Cost, d.h. Kosten bei Eigenfertigung. EC = External Cost, d.h. Kosten bei Fremdfertigung, Auslagerung. EC = EP (External Price bei Fremdbezug) + TC (Transaktionskosten) (vgl. Sydow 1992).

- Bei zunehmender Teilevielfalt in komplexer werdenden Produkten können ausreichende Qualitätsstandards bei Eigenfertigung nicht mehr gehalten werden, so daß eine vertikale Desintegration günstiger ist.
- Die vertikale Integration der Produktion schränkt ab einer bestimmten Betriebsgröße aus produktionstechnischen Gründen die Reaktionsfähigkeit auf stark schwankenden und von Vielfalt geprägten Märkten ein.

Aus der Sicht des Transaktionsansatzes sind angesichts der Komplexität und Wissensintensität der entwickelten Produktionssysteme desintegrierte Lösungen, d.h. Markttransaktionen oder Netzwerklösungen, gegenüber vertikal integrierten Produktionssystemen vorteilhaft. Man könnte meinen, daß diese Lösungen von den neuen Infomations- und Kommunikationstechniken wie den Online-Diensten und dem Internet Impulse erhalten. Aber, obwohl diese Technologien alle bisher üblichen Formen von Transaktionen innerhalb und zwischen Unternehmen revolutionieren und ein ungeheures Dezentralisierungspotential frei setzen, unterstützen sie zunächst einmal die unternehmensinternen Transaktionssysteme, gerade weil mit ihrer Hilfe die Effizienz der Transaktionen gesteigert und die Transaktionskosten vor allem der Überwachungs-, Kontroll-, Wartungs- und Informationsvorbereitungskosten in einem bisher für unmöglich gehaltenen Ausmaß gesenkt werden können. Die neuen Techniken setzen ein ungeahntes organisatorisches Dezentralisierungspotential frei - innerhalb einer Unternehmensorganisation. Sie stärken also vertikal integrierte Lösungen. Wenn sich ungeachtet dessen das Modell der Desintegration und der externalisierten Transaktionen in der Organisation von Wirtschaftskomplexen ausbreitet, ist dies weniger auf die technologischen Möglichkeiten zurückzuführen, als auf die wachsende Vielfalt *nicht standardisierbarer Transaktionen* in hoch entwickelten Produktionssystemen:
- Komplexe, wissensintensive, nicht standardisierbare Austauschprozesse werden in expandierenden Unternehmen ab einer bestimmten Schwelle wegen der sich extrem ausdehnenden hierarchischen Betriebsorganisation zunehmend interne Reibungsverluste erzeugen. Damit steigen die Kommunikations- und Koordinationskosten, die auch durch den Einsatz von Informations- und Kommunikationstechniken aufgrund der unterschiedlichen Logiken der Optimierung einzelner betrieblicher Funktionsbereiche nicht gemindert werden können.
- Technologieentwicklung ist innerhalb eines Unternehmens allein immer seltener möglich, weil bestimmtes Spezialwissen fehlt, das dieses sich an Stelle der Etablierung einer spezialisierten Abteilung leichter durch Nutzung eines hierauf spezialisierten externen Angebots beschaffen kann (dies gilt insbesondere für technologisch komplexe Produkte).

- Innovatives Organisationswissen (Managementkonzepte, Finanzierungsstrategien) läßt sich angesichts der steigenden Anforderungen an diese Aufgaben häufig ebenfalls leichter von außen beziehen als durch Aufnahme neuen Wissens im Unternehmen erzeugen.
- Auf unsicheren Märkten für Finalprodukte lassen sich durch Externalisierung nicht nur die Kosten der Unsicherheit auf viele Schultern verteilen, sondern auch das Niveau der Unsicherheit verringern, weil die spezialisierten, auf den Finalmärkten tätigen Unternehmen flexibel auf Marktinformationen reagieren und ihre Informationen nach oben an die Vorlieferantenmärkte frühzeitig und detailliert weitergeben können.
- Schließlich sind auch segmentierte Arbeitsmärkte Anlaß für eine Auslagerung von "Arbeitspaketen" und für die Externalisierung von Transaktionen. Durch Ausgliederung können sich die großen Firmen Unterschiede der Lohntarife verschiedener Branchen und des gewerkschaftlichen Organisierungsgrades der Arbeitnehmer zunutze machen.

Wie auch immer sich die Situation in den verschiedenen Branchen darstellt, im Rahmen sich organisatorisch ausdifferenzierender Produktionssysteme gewinnen offensichtlich desintegrierte Beziehungsformen sowohl innerhalb eines größeren Unternehmens (profit centers) als auch durch Auslagerung in kleinere selbständige Unternehmen gegenüber vertikal integrierten wirtschaftlichen Beziehungsgeflechten an Attraktivität. Vor allem durch die Bildung von Produktionsnetzwerken oder Kooperationsverbünden, die zwischen reinen Marktlösungen und einer vertikalen Integration - zwischen "buy and make" - angesiedelt sind, können die Vorteile der Flexibilität und Überschaubarkeit des Agierens kleinerer und mittlerer Betriebe mit dem Know-how und mit der Stabilität größerer Unternehmen verbunden werden (Quasi-Externalisierung oder Quasi-Internalisierung). In solchen Netzwerken können die beteiligten Firmen sich auf die Aktivitäten in der Wertschöpfungskette spezialisieren, die sie beherrschen, und zugleich durch die Vernetzung die Flexibilität des Gesamtsystems nutzen (vgl. Abb. 1).

In den neuartigen Produktionsbeziehungen zwischen Betrieben und Unternehmen weitet sich der wechselseitige Informations- und Kommmunikationsbedarf extrem aus. Zwangsläufig nehmen auch die logistischen Anforderungen zur Sicherung einer paßgenauen Steuerung der Güterströme zwischen den einzelnen Netzknoten sprunghaft zu. Mit der Expansion des Umfangs solcher Leistungen wird gleichzeitig eine Schwelle erreicht, die es vorteilhaft werden läßt, derartige Leistungen auszugliedern und diese hierauf spezialisierten Dienstleistern zu überlassen. Es wird also eine sich weiter ausfächernde zwischenbetriebliche Arbeitsteilung im Dienstleistungssektor angeregt und eine weitere Spezialisierung auf im-

Abbildung 1:
Transaktionskosten und Varianten der Produktionsorganisation

| | | eigene Kompetenz zur Funktionswahrnehmung | | |
| | | **hoch** | | **niedrig** |
|---|---|---|---|---|
| | **hoch** | Eigenfertigung | eher Eigenfertigung | strategisches Netz |
| Strategisches Risiko der Funktions- externalisierung | | | | |
| | **niedrig** | eher Eigenfertigung | Eigenfertigung oder Kaufen | Kaufen |

Quelle: Sydow 1992, S. 144

mer neue Tätigkeitsfelder und externe Transaktionsleistungen. So werden neben den klassischen unternehmensbezogenen Dienstleistungen - den Finanzdienstleistungen, der Unternehmensberatung, der spezialisierten Softwareproduktion und -pflege, dem Marketing, den wissenschaftlich-technischen Dienstleistungen - in vielen Betrieben inzwischen auch die gesamte Logistik und selbst Vermarktungsaufgaben auf externe Dienstleister verlagert (vgl. von Einem, Diller, Arnim, 1995). Neben Kostenvorteilen sind hierfür vor allem Erwartungen eines organisatorisch effizienteren Managements von Bedeutung. Erfahrungen zeigen zugleich, daß die Zusammenarbeit zwischen Dienstleistern und industriellen Kunden eines besonderen Vertrauensverhältnisses bedarf, weil über die Logistik und den Vertrieb zugleich extrem sensible Unternehmensdaten weitergegeben werden. Wenn für eine solche Zusammenarbeit unter Transaktionsgesichtspunkten einerseits eine hierarchische Koordination im Betrieb wegen der entstehenden Reibungsverluste suboptimal erscheint, ist andererseits die Marktlösung, wegen der damit verbundenen Unsicherheit und Unstetigkeit der Beziehungen, ebenfalls nicht opportun. Es ist also kein Zufall, daß Kooperationsnetzwerke, gleichsam als *Hybridform*, als Verknüpfung von Flexibilität mit möglichst großer Sicherheit, von Bindung bei gleichzeitiger Unabhängigkeit, vor allem in den unternehmensbezogenen Dienstleistungen Verbreitung finden.

## 2.3 Räumliche Ordnung der Wirtschaft

Die transaktions- und produktionsbedingten Tendenzen einer Auflösung vertikal integrierter Produktionssysteme und ihre teilweise Ersetzung durch (vertikale und horizontale) Markt- oder Kooperationsbeziehungen unterschiedlichster Art, die

Tendenz also zu flexiblen, spezialisierten Fertigungsstrukturen, hat nicht nur weitreichende räumliche Auswirkungen, sondern gibt dem Territorium bzw. dem Raum als integrierende Organisationsform eine völlig neuartige Bedeutung. Da neben diesen neuen Produktionssystemen in veränderter Form die Systeme industrieller Massenproduktion mit vertikal integrierten Austauschsystemen und vergleichsweise geringen Transaktionskosten je Produktionseinheit nicht zurückgedrängt werden, sondern sich im globalen Maßstab sogar ausbreiten und zwischen beiden auch Kombinationen verbreitet sind, ergibt sich aus dem Umbau der Produktionsstrukturen eine Vielfalt gegensätzlicher räumlicher Effekte. Vereinfacht lassen sich vier regionale Falltypen aus jeweils zwei Extremwerten der sich funktional und räumlich darstellenden Logik industrieller Produktion in einem Vierfeldschema ableiten. Folgende vier Merkmale fließen in dieses Schema ein: In der funktionalen Logik sind dies eine desintegrierte (marktliche Organisation) und eine integrierte (innerbetriebliche Organisation) Produktionsorganisation. Die damit verbundene räumliche Ordnung, d.h. die Einbindung des funktionalen Beziehungssystems in eine räumliche Struktur, läßt sich durch die Extreme der an räumliche Nähe gebundenen und räumlich ungebundenen Transaktionsbeziehungen beschreiben.

Zwischen der räumlichen Ordnung und der funktionalen wirtschaftlichen Organisation bestehen keine einseitigen Abhängigkeitsbeziehungen. Zwar ist unbezweifelbar, daß Veränderungen der Produktionsorganisation elementare Auswirkungen auf die räumliche Agglomeration oder Dispersion wirtschaftlicher Aktivitäten haben. Von der existierenden räumlichen Ordnung gehen umgekehrt jedoch Rückwirkungen auf die Produktionsorganisation aus, die in der Region eine wirtschaftlich positive wie auch negative Entwicklungsrichtung verstärken können.

(1) Wirtschaftlich vernetzte Region:
Der erste Regionstyp stellt sich als räumlich integrierende Form der dargestellten neuartigen flexiblen Produktionsbeziehungen durch Spezialisierung auf Kernkompetenzen, Outsourcing und Bildung regionaler Netzwerke dar. Gerade aus der Verselbständigung einer Vielzahl von Funktionen im Produktionsprozeß ergibt sich bei Produzenten technik- und wissensintensiver Produkte und Dienste, also solcher Produktions- und Dienstleistungskomplexe, in denen die Unternehmen auf neuen, innovativen wirtschaftlichen Aktionsfeldern eine Vielfalt nicht standardisierbarer Aktivitäten - auch experimentierend - aufeinander beziehen und kontrollieren müssen, ein ausgeprägtes Bedürfnis zu engen Kontakten. Mit ihnen lassen sich Transaktionskosten mindern und Economies of Scope nutzen. Funktionale Desintegration und räumliche Agglomeration der aufeinander bezogenen wirtschaftlichen Funktionen wirken in diesem Typus dynamischer wirtschaftlicher Aktivitäten simultan: Um den Anforderungen der Koordination und Abstimmung des gesamten, eine grö-

ßere Zahl von Unternehmen und Subunternehmen einbeziehenden Produktionsprozesses gerecht zu werden, d.h. der gesteigerten Transaktionsvielfalt, erwächst ein Bedarf, zumindest die unter Transaktionsgesichtspunkten nicht standardisierbaren Bereiche der Produktion, der Produktentwicklung und produktionsbezogener Dienste räumlich zu bündeln. Räumliche Nähe dient dabei einer Reduktion von Unsicherheit: "Hier ist die räumliche Nähe nicht deswegen wichtig, weil sie die Wege für den Wissensaustausch verkürzt, sondern weil sich nur durch persönliche Beziehungen die Anreiz- und Sanktionsmechanismen herausbilden können, die zur Einhaltung der impliziten Kooperationsverträge gebraucht werden". (Bröcker 1995, S. 120; vgl. auch Scott 1988, S. 52ff.) Daraus folgt kein Zwang zu engster räumlicher Nachbarschaft, sondern lediglich die Notwendigkeit, innerhalb eines nachfragegerechten Zeitmaßes die Partner erreichen zu können. Verbreitet sind Netzwerke als lose Koppelungen bzw. Verknüpfung von Koppelung und Autonomie unterschiedlichster wirtschaftlicher Akteure, durch die sich für die beteiligten Unternehmen die Umweltkomplexität reduziert und zugleich die unternehmerische Kompetenz erweitert (Ciborra 1992). Aus dem Blickwinkel der Regionalentwicklung vergrößert eine derartige Verflechtung die Ressourcen regionaler Anpassungsfähigkeit, die Fähigkeit der Regionen zu "lernen" (Grabher 1994, S. 75).

Dieser wirtschaftliche Regionstyp hat wenig Ähnlichkeit mit den in der traditionellen Standortlehre beschriebenen Agglomerationen und wirtschaftlichen Wachstumspolen. Sein Charakteristikum ist weniger eine hochverdichtete Siedlungs- und Standortstruktur, um Urbanisationsvorteile zu nutzen. Seine Bedeutung liegt also nicht allein darin, durch räumliche Konzentration externe Economies of Scale zu realisieren, als vielmehr darin, die integrierende Beziehungs- und Transaktionsdichte zu nutzen, die aus der Verknüpfung von Marktbeziehungen mit nichtmarktförmiger Zusammenarbeit, z.B. in selbstorganisierten Netzwerken zwischen spezialisierten Betrieben entsteht und die eine regionale Clusterung von wirtschaftlichen Wachstumsressourcen zur Folge hat (Sydow 1996). Neben den Economies of Scale bietet dieser Regionstyp vor allem durch sein Potential an Transaktionsvielfalt und Redundanzen (Economies of Scope) Wettbewerbsvorteile gegenüber den Peripherien. "The net effect will be an intricate labyrinth of externalized transactions linking different producers, many of whom will coalesce in geographic space to form clusters and subcluster of agglomerated economic activity." (Scott 1988; 1990, S. 54) Zu diesem Regionstyp zählen neben den wachstumsstarken großen Metropolregionen mit ihren Dienstleistungsclustern auch unterschiedlichste Stadtregionen mit Netzwerken innovativer, expansiver Industrien (München, Stuttgart, Grenoble), aber auch aus ländlichen Produktionstraditionen entstandene Industriedistrikte (Drittes Italien).

(2) Hierarchisch eingebundene Region:

Auch in Zukunft werden Formen standardisierter Massenproduktion neben den neuartigen Arrangements von Produktionsnetzwerken und regionalisierten Kooperationsverbünden erhalten bleiben. Gerade diesen Produktionsformen steht heute mit Hilfe neuer Transport-, Informations- und Kommunikationstechniken eine sich explosionsartig erweiternde Vielfalt von Optionen zum Standortsplitting und zu räumlicher Dispersion offen. Aus produktionstechnischer Sicht tragen die Möglichkeiten, in Kleinserien zu fertigen, d.h. die Möglichkeiten, die Grenze optimaler Skalenerträge zu drücken, dazu bei, einzelne Funktionen, aber auch ganze Produktionssysteme (Transplantate) an entfernte Standorte zu verlagern. Wie an vielen Beispielen, z.B. der Automobilmontage, beobachtet werden kann, sind die kleinen Arbeitsmärkte außerhalb von Agglomerationsräumen kein grundsätzliches Hindernis mehr für die Ansiedlung eines Betriebes, sofern eine passende Qualifikation der Arbeitskräfte garantiert werden kann. Erst recht erscheint aus dem Blickwinkel von Transaktionskosten heute die räumliche Streuung einer Vielzahl von Funktionen möglich, da auf der Grundlage der sich durchsetzenden neuen Informations- und Kommunikationstechniken die Kosten *standardisierbarer routinisierbarer* Transaktionen wie Lieferkontrolle, Datenerfassung, Informationsbeschaffung sinken (Clement, Vincentz 1997). Ein weltweites Outsourcing bereitet selbst unter Bedingungen extrem hoher Transaktionsdichte heute keinerlei Schwierigkeiten mehr, sofern die Transaktionen standardisierbar und somit kostengünstig zu erbringen sind.

Die Möglichkeiten räumlicher Dispersion und des Standortsplittings sind damit gebunden an vertikal integrierte Produktionssysteme oder fest gefügte strategische Netze und Allianzen, in denen es bei geringen Transaktionskosten möglich ist, auch große zusammenhängende Produktionslinien außerhalb eines Stammbetriebes zu betreiben oder in das Netz einbezogene externe Produzenten zu kontrollieren. Träger dieser Form wirtschaftlicher Organisation dürften daher in erster Linie große Unternehmen und Konzerne ("global players") sein, die die Komponenten ihres Produktionsnetzes unter Kostengesichtspunkten weltweit verteilen und kontrolliert an verschiedensten Standorten Fertigungsstrukturen aufrechterhalten können. Zwar nehmen auch für kleinere und mittlere Betriebe die Spielräume der Standortwahl zu, insgesamt aber gewinnen sie Transaktionssicherheit im wesentlichen aus dem heimatlichen Umfeld. Für sie sind die Transaktionsrisiken einer Produktionsverlagerung oder eines Standortsplittings schwerer kalkulierbar. Ihre Beziehungen sind vergleichsweise weniger standardisiert, geringer an Zahl und unsicherer, d.h. die Transaktionskosten nehmen mit der Distanz zu ihrem Standort rapide zu.

Es entsteht somit eine fast paradoxe Situation: Die weltweit zu beobachtende Erschließung von peripheren Regionen durch eine räumlich weit gestreute vertikale Produktionsorganisation kann sich weitgehend von den regionalen Teilökonomien abkoppeln und eine Dualisierung des peripheren wirtschaftlichen Raumes erzeugen. Sie bringt eine räumliche Ordnung hervor, die den Standorten kaum Möglichkeiten zur Eigenprofilierung läßt. Mehr noch: Sie ignoriert die Entwicklung regionaler Betriebe und kann letztlich dazu beitragen, daß die örtliche und regionale Wirtschaft von den Möglichkeiten sich zu entfalten ausgeschlossen wird. In einer derart wirtschaftlich dualisierten Region fehlen die Kontextbedingungen für ein *aus der Region sich entwickelndes dauerhaftes* wirtschaftliches Wachstum, weil die angesiedelten Betriebe innerhalb ihrer hierarchischen Beziehungsstruktur keine Katalysatorfunktion für die regionale Wirtschaft übernehmen.

(3) Wirtschaftlich kartellierte Region:
Dieser in den alten Industrierevieren Europas verbreitete Typ räumlicher Ordnung und wirtschaftlicher Organisation läßt sich als Organisationsform eines verkrusteten und blockierten regionalen Produktionssystems beschreiben, in dem die regional ansässige Wirtschaft durch Kartellbildung versucht, sich gegenüber dem interregionalen Wettbewerb zu wappnen, in der Konsequenz aber Flexibilität und Anpassungsbereitschaft an die sich verändernden Verhältnisse des Weltmarktes verloren gehen. Charakteristisch für diese räumliche Wirtschaftsorganisation ist, daß die auf regionaler Ebene zwischen Betrieben und Unternehmen organisierte Zusammenarbeit zwar wie im ersten Falltyp der Reduktion von Unsicherheit dient, nicht jedoch jene aus der Ambivalenz von Netzwerken entstehenden transaktionsspezifischen Vorteile erzeugt, die es erlauben, in der Region konzentriertes neues Wissen über Produkte und Produktionsverfahren aufzunehmen und umzusetzen. Im Gegenteil: Regionale industrielle Cluster dieses Typs sind so organisiert, daß sie als Innovationsbarrieren wirken, zukunftsfähige Entwicklungsmöglichkeiten blockieren und überholte Produktionsformen mit veralteten Produkten in einem Closed Shop fortführen. Grabher weist darauf hin, daß die einzelnen Akteure sich in solchen erstarrten Beziehungsstrukturen aus individueller Sicht durchaus rational verhalten, wenn sie durch *feste* zwischenbetriebliche Beziehungen kurzfristig Transaktionskosten einsparen wollen und deshalb auch in die risikolose Weiterentwicklung bekannter Technologien investierten, langfristig aber die Region in eine evolutorische Sackgasse manövrieren (Grabher 1994, S. 79). Eine derartige erstarrte regionale Wirtschaftsstruktur bezeichnet Läpple als "sklerotisches Milieu" und belegt dies am Beispiel des Ruhrgebietes (Läpple 1994). Diese Aussage trifft sicher nicht auf die gesamte Region zu, sie benennt aber relativ zutreffend z.B. das Zusammenspiel von staatlichen Kohlesubventionen, Bergbau, Energiewirtschaft und Stahlproduktion in der Region. Porter erwähnt die Schweizer Uhrenindustrie, die lange Zeit ihre Vormachtstellung durch Kartellierung abzusichern versuchte (Porter 1993,

S. 193). Die gesamte ostdeutsche Industrie hat zu DDR-Zeiten als Folge staatlicher Kartellierung ihre internationale Wettbewerbsfähigkeit verloren.

In diesem Regionstyp mit vorwiegend "alten" industriellen Strukturen üben die führenden Unternehmen, im Gegensatz zum ersten Falltyp, eine rigide Kontrolle über die regionalen Beziehungsgeflechte aus - sowohl durch horizontale Absprachen und Verbünde als auch durch feste Bindung der regionalen Zulieferindustrien an die Leitbetriebe. Es entsteht ein geschlossener Raum, dessen Binnenbeziehungen durch das Kartell strukturiert werden und dessen Außenbeziehungen ebenfalls von den dominanten Unternehmen gefiltert werden. In der Konsequenz verliert die Region längerfristig an Transaktionsvielfalt, damit an innerer Entwicklungsdynamik und an einer - ehemals meist vorhandenen - internationalen Wettbewerbsfähigkeit. Verloren gehen vor allem die aus der Vielfalt und Flexibilität regionaler Wirtschaftsbeziehungen erwachsenden Economies of Scope. Die Region nimmt Merkmale der Peripherie an.

(4) Wirtschaftlich fragmentierte Region:
Die vierte Regionsvariante steht ebenfalls in Beziehung zu den Kräften einer sich reorganisierenden Produktion. Sie beschreibt Regionen, in denen regionale Wirtschaftscluster nicht existieren oder verfallen, z.B. als Reaktion auf Anpassungsschwierigkeiten der regionalen Produktionszusammenhänge in einem sich rasch verändernden internationalen Marktumfeld. Die Region als ein wirtschaftliche Aktivitäten integrierender Raum verliert in einer derartigen Konstellation ihre Bindekraft gegenüber den Unternehmen bzw. ihren Wettbewerbsvorteil als *Beziehungsraum*. Fragmentierung und Desintegration und als Folge Zusammenbrüche bei kleinen und mittleren Unternehmen sowie Ausschluß aus den internationalen strategischen Netzen oder vertikal integrierten Produktionssystemen prägen die Wirtschaft.

Zu dieser Kategorie von Regionen gehören viele ländliche Räume, aber auch industrialisierte Regionen, deren ehemalige Wirtschaftscluster unter dem Druck weltweiter Marktveränderungen und Innovationssprünge sich entflochten und aufgelöst haben. Als typische Beispiele produktionsorganisatorischer Desintegration und Auflösung räumlicher Bindungen können in Europa viele Schiffbauregionen gelten, wo der Verlust des Wettbewerbsvorteils im Schiffbau zum Verfall des gesamten regionalen Clusters mit seinen Zulieferindustrien und Dienstleistungen geführt hat. Ansätze einer ähnlichen Entwicklung sind in Südbrabant/Holland in der Elektroindustrie zu beobachten (Heidenreich 1997). Und schließlich hat die abrupte Entflechtung der Kombinatsstrukturen in der ostdeutschen Wirtschaft der zur DDR-Zeit bereits vorhandenen räumlichen Bindungslosigkeit eine unter dem Wettbewerbsdruck zerfallende Wirtschaftsstruktur hinzugefügt. Derartige Regionen befinden sich wirtschaftlich in einer extrem prekären Situation, weil sie weder die Produktivitätsvorteile vertikal integrierter Produktion noch Strukturen für leistungsfähige Wirtschaftscluster besitzen.

Es wird deutlich, daß die nach Produktions- und Transaktionsorganisation differenzierten Wirtschaftsstrukturen sich räumlich zu äußerst gegensätzlichen Regionstypen ordnen. Die Trennungslinie zwischen den Regionstypen verläuft dabei nicht, wie von der traditionellen Regionalforschung analysiert wird, zwischen städtischen Agglomerationen und ländlicher Peripherie, sondern bestimmt sich aus dem Zusammenspiel von funktionaler Produktionsorganisation, den damit verknüpften Transaktionsbeziehungen und der räumlichen Ordnung dieser Beziehungen. Sie läßt neben der ersten dynamischen Variante wirtschaftlicher Raumorganisation drei weitere Varianten zu, in denen die Beziehungsgeflechte in unterschiedlichem Ausmaß weniger wettbewerbsfähige Regionstypen repräsentieren (vgl. Abbildung 2).

Abbildung 2:
Funktionale Beziehungen und räumliche Ordnung der Wirtschaft

| funktionale Beziehungen: / räumliche Ordnung: | an räumliche Nähe gebundene Transaktionsbeziehungen | räumlich ungebundene Transaktionsbeziehungen |
|---|---|---|
| funktionale Integration | **(3) kartellierte Region:** Region als Raum verkrusteter Wirtschaftscluster und eines Closed Shop | **(2) hierarchisch eingebundene Region:** Region als Standort globaler Produktionsverbünde und als wirtschaftlich dualisierter Raum |
| funktionale Desintegration | **(1) vernetzte Region:** Region als Raum eines leistungsfähigen, dynamischen Produktionsnetzes | **(4) fragmentierte Region:** Region als Raum aufgelöster Produktionshierarchien und Produktionsnetze |

Quelle: Eigene Darstellung

Alle vier Varianten definieren sich aus der Art und Weise, wie sich die wirtschaftlichen Aktivitäten funktional und zugleich räumlich unter Berücksichtigung von Produktion (Economies of Scale) und Transaktionen (Economies of Scope) organisieren. Zwischen diesen vier Varianten der Regionsentwicklung gibt es in der Realität natürlich ein breites Spektrum unterschiedlichster Zwischenformen und Überlagerungen. So ist z.B. die Automobilindustrie meist in ein dicht geflochtenes

Netz regionaler Austausch- und Transaktionsbeziehungen eingebunden und zugleich als "global player" Zentrum einer weltweiten hierarchischen Produktionsstruktur. In vielen Regionen existieren neben sich auflösenden Firmennetzen des Regionstyps 4 gleichzeitig neue Ansätze des Typs 1 und 2, z.B. in den sich restrukturierenden Industrieregionen Großbritanniens.

## 3 Entwicklungsoptionen peripherer Regionen im Lichte der Produktions- und Transaktionsansätze

Die diskutierten Organisationsformen der Produktion und Formen räumlicher Ordnung führen zu einer eher skeptischen Einschätzung, Disparitäten zwischen Regionen grundsätzlich ausgleichen zu können. Eine solche Einschätzung sagt aber noch nichts über die konkreten Entwicklungsmöglichkeiten aus, die sich derzeit peripher einzuschätzenden Regionen bieten, denn als soziale und wirtschaftliche Organisationsformen befinden sich Regionen in einem beständigen Wandel. Im folgenden werden einige regionalpolitisch relevante *Entwicklungsstränge* diskutiert, die wirtschaftlich strukturschwachen Regionen Chancen eröffnen, sich enger mit den wirtschaftlich stärkeren Regionen zu vernetzen (Regionstyp 2) und im günstigen Fall sogar zu diesen wirtschaftlich aufzuschließen und eigene Cluster einer räumlich agglomerierten Wirtschaft hervorzubringen (Regionstyp 1).

### 3.1 Schritte der Einbindung in globale Verbünde standardisierter Produktion

In den traditionellen regionalen Entwicklungsmodellen, die Jahrzehnte Grundlage einer regional ausgleichenden Regionalpolitik waren, wird ein Heranrücken peripherer Regionen an die wirtschaftlich starken Kernregionen und damit ein Abbau interregionaler Disparitäten als eine abhängige Variable "externer" Wachstumsschübe beschrieben, die von den wachstumsstarken Kernräumen ausgehen. In den Kernregionen ansässige Industriebranchen weichen, diesem Gedanken folgend, in wirtschaftlichen Wachstumsphasen mit ihren Erweiterungs- und Komplementärinvestitionen auf periphere Gebiete aus, unter anderem um das regionale Lohn- und Bodenpreisgefälle auszunutzen. Kostensenkung und Eroberung neuer Märkte sind die Triebkräfte dieser Expansion. Durch Wahl peripherer Standorte versuchen die Unternehmen ihre Faktorkosten zu drücken, während die für die Agglomerationen wichtigen Transaktionen und Economies of Scope in dieser Strategie eine marginale Rolle einnehmen. Es ist heute eine Strategie für "global player", die ihre standardisierte Massenproduktion aufgrund gesunkener Transaktionskosten weltweit organisieren können.

Beispiele dieses Entwicklungstyps finden sich auch in den ostdeutschen Peripherien, wo sich viele extern kontrollierte Zweigwerke oder ausgelagerte Produktionsstätten finden, die sowohl unter Kostengesichtspunkten (mit öffentlichen Subventionen) als auch zur Beherrschung der ostdeutschen und osteuropäischen Märkte errichtet wurden. Wirtschaftsbereiche mit standardisierten Technologien, z.B. Kunststoffverarbeitung, Textilindustrie und Gebrauchsgüterproduktion, zunehmend auch Transplantate der Automobilkonzerne und andere Produktionsschwerpunkte, d.h. traditioneller Organisation von Massenproduktion und vertikal integrierter Transaktionen, verlagerten in den vergangenen Jahrzehnten Produktionsstätten in die Peripherien und trugen auf diese Weise zu einer räumlichen Ausweitung der *sektoralen* Arbeitsteilung bei. In jüngster Zeit sind als Reaktion auf die leichtere Aufspaltbarkeit komplexer Produktionsprozesse auch Schritte in Richtung Standortsplitting einer vertikalen Produktionskette zu beobachten. Peripherien werden im System einer *funktionalen* Arbeitsteilung für Low-Tech-Produktionsstufen immer interessanter.

Auf diese Weise können die Faktorkostenvorteile einer Region abgeschöpft werden oder solche Produktionen aufgebaut werden, für die Nähe zu den Absatzmärkten wichtig ist (Baustoffindustrien). Der Region gelingt es aber nicht, an die neuen innovativen, von Transaktionsvielfalt geprägten Standorte Anschluß zu finden. Sie bildet in diesem Beziehungssystem auch kein eigenständiges wettbewerbsfähiges Wirtschaftsterritorium. Solange das Faktorkostenargument (niedrige Löhne, niedrige Bodenpreise, Steuervergünstigungen, Zuschüsse, niedrige bürokratische Transaktionskosten) und die Eroberung eines regionalen Marktes alleinige Kriterien einer Einbeziehung der Peripherie in die von den Zentren kontrollierten Wirtschaftskreisläufe sind, werden eigenständige Wachstumsregionen mit einem spezifischen, von der Region aus agierenden Ensemble von Betrieben schwerlich entstehen können. Dies wird in Phasen abnehmenden Wirtschaftswachstums spürbar, wenn Firmen dazu übergehen, ihre Produktionskapazitäten zu reduzieren und bevorzugt Filialen an peripheren Standorten schließen.

*3.2 Neue regionale Produktionsnetze um ausgereifte Industrien (zweitrangiger Produktionscluster)*

Vor dem Hintergrund des Dilemmas einer allein kosteninduzierten und von Markteroberung getriebenen wirtschaftlichen Erschließung der Peripherie rücken in der Wirtschaftspolitik und in der wissenschaftlichen Debatte Strategien einer regionalen Verankerung externer Investitionen in den Vordergrund. Mit ihnen wird eine Steigerung der regionalen Wettbewerbsfähigkeit angestrebt, die an die Ballung regional verankerter wirtschaftlicher Aktivitäten selbst gebunden ist und sich auf

98

spezifische, für Peripherien atypische desintegrierte Wirtschaftscluster gründen. Die Crux ist nur, daß ein Großteil der regionalen Standortvorteile bzw. Ressourcen von den ortsansässigen und zuwandernden Unternehmen selbst geschaffen werden muß, d.h. eine Region erst durch ihre sich spezialisierenden und wechselseitig vernetzenden Firmen und Betriebe Leistungskraft und Wachstumsdynamik gewinnt.

Wegen dieser Zusammenhänge läßt sich nur schwer vorhersagen, welche Standorte eine sich selbst tragende Expansion als Industrie- und Dienstleistungsstandort entfalten. Auf jeden Fall sind es selektiv nur einige räumliche Schwerpunkte, und oft spielen Zufälle eine wichtige Rolle. Gleichwohl lassen sich für die Entwicklung neuer - allerdings zweitrangiger - regionaler Wirtschaftscluster aus einer peripheren Situation heraus drei notwendige Voraussetzungen nennen: Erste Voraussetzung ist, daß an einem Standort bereits ein häufig von externen Investoren getragener industrieller Kern existiert, der in der Lage ist, sich komplexeren Produktionsaufgaben zu öffnen und ein Netzwerk regionaler Beziehungen aufzubauen. Zweite Voraussetzung ist, daß sich die Dezentralisierungsstrategie lohnt, d.h. die beteiligten Betriebe durch die regionale Integration einen Wettbewerbsvorteil auf globalen Teilmärkten, z.B. den europäischen Märkten erlangen, indem sie neben Kostenvorteilen auch Zugang zu neuen innovativen Technologien und flexiblen Fertigungssystemen erlangen. Als dritte Voraussetzung sind angemessene historisch gewachsene Rahmenbedingungen zu nennen. Denn ohne ein gewisses, an einem Standort bereits konzentriertes Markt- und Wissenspotential, ohne ein Arbeitskräftepotential, das fähig ist, die importierten Technologien zu beherrschen, ohne infrastrukturelle Ausstattung des Standortes (Verkehrsinfrastruktur), ohne eine gewisse Siedlungsdichte (Agglomeration), die als historisch entstandener Anfangsvorteil zu werten sind, wird ein peripherer Standort heute nicht (re)industrialisiert werden können. Dünn besiedelte Regionen ohne größere städtische Siedlungskerne, aber auch solche, die im "Schatten" eines Wachstumspols liegen, scheiden deshalb von vornherein aus.

Erfolgreich wird ein solcher Entwicklungspfad nur beschritten werden können, wenn große international tätige Unternehmen an ihren peripheren Betriebsstandorten auf eine vertikale Produktionsorganisation und auf Standardprodukte verzichten, d.h. ihren Zweigwerken soviel Autonomie zubilligen, daß sie in der Lage sind, am Standort spezifische Wettbewerbs- und Innovationsvorteile im Verbund mit anderen Betrieben zu erzeugen. Die vertikal integrierten Produktionsbeziehungen müßten also vorteilhafteren dezentralisierten Beziehungen weichen. Schrittweise müßten kleine und mittlere Unternehmen der heimischen Wirtschaft in ein solches Netz integriert werden und auf diese Weise direkt oder indirekt auch zu den globalen Märkten Zugang finden. Versuche, um Leitindustrien herum neue vertikal und horizontal desintegrierte regionale Produktionsschwerpunkte (Cluster) zu entwickeln, gibt es in Ostdeutschland zahlreich, unter anderem im Chemiedreieck Sachsen-Anhalts, in der Verkehrsinitiative und in der Medienstadt Babelsberg Berlin-Brandenburgs, an den Werftenstandorten der Ostsee. In Großbritannien finden sich erfolgreiche Beispiele in Wales, wo nach dem Untergang der Bergbau- und Stahlindustrie Automobilproduzenten und die Elektroindustrie mit regional integrierten Montagewerken eine semi-autonome Reindustrialisierung eingeleitet haben.

Von wenigen Ausnahmen abgesehen, beschränken sich die genannten Beispiele des wirtschaftlichen Wiederaufstiegs auf ausgewählte Regionen mit industriellen Traditionen. Offensichtlich bietet dieser Regionstyp spezifische Anfangsvorteile - ein großes industriell qualifiziertes und geschultes Arbeitskräftereservoir, ausgebaute Infrastrukturen, günstige Gewerbeflächen, Subventionsangebote und organisatorische Hilfen, technikorientierte Forschungskapazitäten, Nähe zu großen Absatzmärkten, - die ihn für die Ansiedlung "reifer" Industrien im Medium- und Hochtechnologiesegment attraktiv machen. Es zeigt sich darin eine starke Pfadabhängigkeit dieses regionalen Entwicklungsmodells, denn es nutzt die Möglichkeiten der Rekombination der aus der vorherigen industriellen Entwicklungsphase noch vorhandenen Hinterlassenschaft, allerdings forciert durch fremdes Kapital und angereichert um externes Know-how (Heidenreich 1997; Kujath 1997).

### 3.3 Neue regionale Netze der Hochtechnologie

Im Unterschied zur sekundären Industrialisierung gehen von Strategien der Entwicklung regionaler Netze der Hochtechnologie Impulse zur grundlegenden Veränderung der makroräumlichen Muster von Wirtschaftsregionen aus. Sie brechen mit den eingespielten Entwicklungspfaden. Ursächlich hierfür ist, daß neue Industrien den sozialen, institutionellen und ökonomischen Rigiditäten entwickelter und von der etablierten Industrie beherrschter Regionen auszuweichen versuchen und deshalb oft zweit- und drittrangige Standorte oder die Randgebiete von Kernregionen präferieren. Derartige Industrien mit ihren neuen Basistechnologien (z.B. Mikroelektronik und Biotechnologie) sind im Unterschied zu den etablierten nicht nur wirtschaftliche Wachstumsträger mit entsprechender Umgestaltungskraft an ihren Standorten, sondern auch Träger einer qualitativen Veränderung der intra- und interregionalen Raumorganisation. Intraregional zeigt sich die veränderte Anspruchsstruktur an den Raum bereits darin, daß anders als im Fall der altindustriellen Restrukturierung Hochschulen, Technologie- und Gründerzentren sowie Wissenschaftsparks eine wichtige motorische Funktion übernehmen. So unterliegen diese neuen wissensgeprägten Produktionssysteme in der Regel nicht den Zwängen, eine den traditionellen Industriestandorten vergleichbare Infrastruktur für den stofflichen Austausch zu schaffen (Gütertransportsysteme), dafür aber um so mehr Möglichkeiten, Informationen und Dienstleistungen zu tauschen (Wissensaustauschsysteme). Dieser Typus von Produktionskomplexen ist extrem kommunikationsintensiv, bedingt unter anderem durch zahlreiche vertikale und horizontale Spinnoffs, die gleichzeitig typische Attribute eines dynamischen Wachstumsprozesses sind. Die hier entstehenden Firmenensembles sind im Vergleich zu den etablierten Industrieregionen vergleichsweise "footlose", aber wegen ihrer außerordentlichen Transaktionsvielfalt auf räumliche Nähe angewiesen.

Die Spezifik dieser Produktionssysteme ist ferner geprägt von einer - verglichen mit den "reifen" Produktionssystemen - ungewöhnlichen Dynamik sowohl in der Produktentwicklung wie auch in der Produktionsorganisation zwischen Betrieben und Unternehmen, was starre industrielle Strukturen ausschließt und flexible Netzwerkstrukturen zwischen den wissensintensiven Produktionseinheiten zu einer besonders vorteilhaften Form der Arbeitsteilung, der Wissensgenerierung und des Informationsaustauschs macht. Nicht nur Firmengründungen im High-tech-Bereich, sondern vor allem auch forschungs- und entwicklungsintensive Abteilungen oder Filialen etablierter Unternehmen bemühen sich, Bestandteil solcher "Innovationsnetzwerke" zu werden und Zugang zu den dort vorhandenen Innovationspotentialen zu finden. Sie können dies nur, wenn sie bereit sind, regionale Verflechtungen einzugehen, also ihre Forschungs- und Entwicklungsabteilungen funktional zu desintegrieren, um ihnen Zugang zu den regionalen Innovationsclustern zu ermöglichen.

Standorte dieses Typs zeichnen sich durch eine klare Profilierung bzw. Spezialisierung aus: z.B. Wissenschaftsstadt Ulm, Silicon Valley, Grenoble, in Zukunft eventuell Technologiestadt Berlin-Adlershof, Chipindustrie im Dresdner Raum oder Opto-Elektronik in Jena. Erwähnenswert wegen seines Erfolgs ist das Beispiel von Silicon Glen in Schottland, wo externe multinationale Unternehmen der Informations-, Kommunikations- und Computerbranche einen qualifizierten High-tech-Produktionscluster mit angelagerten Forschungs- und Entwicklungsaktivitäten aufgebaut haben. In Silicon Glen arbeiten bereits mehr als 67.000 Arbeitnehmer in der Elektronikindustrie. Diese "Innovationsinseln" finden sich in der Regel im räumlichen Umfeld dynamischer Kernregionen, in denen sich bereits größere Firmen vor oder zu Beginn des Innovationsprozesses niedergelassen haben (Silicon Valley im Einzugsbereich des Ballungsraums San Francisco) oder in Zwischenregionen (Ulm zwischen München und Rhein-Neckar) und nur selten in agglomerationsfernen peripheren Regionen ohne Produktionstraditionen oder in älteren Industrieregionen (Pottier 1988).

Obwohl eine technologieorientierte, auf neue Industrien zielende Regionalpolitik aus den oben genannten Gründen sehr weitgehende Hoffnungen geweckt hat, ist es, von wenigen Ausnahmen abgesehen, jedoch nicht gelungen, Universitäten, Wissenschafts- und Technologieparks selbst zu Trägern und Impulsgebern neuer

Wachstumspole (Technopole) zu machen. In verschiedenen Untersuchungen wird deutlich, daß die Auswirkungen auf die jeweiligen regionalen Ökonomien dort gering geblieben sind, wo eine Produktionsstruktur, bestehend aus Betrieben großer Unternehmen und Spinoffs, fehlte und dadurch das Wissenspotential, das die Universitäten und Forschungseinrichtungen bieten, am Standort selbst nicht wirtschaftlich umgesetzt werden konnte. Die Zahl der involvierten Firmen und der erzeugten Jobs erreicht in den meisten Regionen nicht jene kritische Masse, die eine Eigendynamik der räumlichen Wachstums- und Innovationsmuster bewirken kann, und die Forschungseinrichtungen sind gezwungen, Partner der Wirtschaft außerhalb ihrer Standortregion zu suchen (Tödtling 1994, S. 76).

### 3.4 Weiterentwicklung regionsgebundener Produktionstraditionen

Auch lokale, oft industriell und handwerklich geprägte Traditionen wie die Tuchproduktion in der Lausitz, Plauener Spitze, die Keramikproduktion in den ländlichen Gebieten Oberitaliens, Porzellanherstellung in der Oberpfalz, Möbelproduktion im Sauerland oder spezifische Nahrungs- und Genußmittelherstellung, die mit ausgewählten Regionen verbunden sind (Wein, Champagner etc.), können Anknüpfungspunkte für den Aufbau wettbewerbsfähiger Branchen mit innerregionalem Ausgangspunkt und überregionalem Absatz sein. Grundvoraussetzung für derartige endogene Strategien ist in der Regel eine spezifische Produktionstradition, die sich um ein in seinem Design oder seiner Qualität einmaliges, an die Region gebundenes Produkt gruppiert. Eine derartige lokal gebundene Produktion wird sich aber nur dann zu einer regionalen Wachstumsbranche entfalten, wenn der handwerkliche Status überwunden wird, also die Möglichkeiten industrieller Produktion genutzt, regionsinternes und/oder -externes Investitionskapital gewonnen und interregionale Vermarktungskanäle erschlossen werden. Angesichts der Schwäche der Kapitalbildung durch die meist kleinen handwerklich geprägten Betriebe und die gerade in peripheren Regionen schwächere Risikokapitalbildung stößt eine derartige Strategie allerdings schnell an Grenzen (vgl. Arndt in diesem Band). Diese Grenzen lassen sich durch Produktions- sowie Vermarktungsverbünde, die Transaktionssicherheit und Mengenvorteile der Produktion ermöglichen, teilweise überwinden. In der Konsequenz können solche Produktionskomplexe schrittweise zu ausdifferenzierten Produktionslinien heranwachsen und große regionale Industrien entstehen lassen, die ihre besonderen regionalen Eigenschaften nach und nach verlieren (z.B. Uhrenproduktion im Schweizer Jura, Agro-Nahrungsmittel-Komplexe in Bayern oder im Emsland usw.).

Solche Strategien lassen sich naturgemäß eher in ländlich geprägten Regionen entwickeln, in denen die Industrialisierungswellen noch nicht alle lokalen und regionalen Traditionen ausgelöscht haben. In vielen peripheren Regionen mit einer vernichteten handwerklichen Tradition und einer fehlenden mittelständischen Unternehmensbasis, z.B. in Ostdeutschland oder westlichen altindustrialisierten Regionen, wird ein derartiger Ansatz nur ausnahmsweise zu verfolgen sein.

## 4 Fazit

Betrachtet man die vier wirtschaftlichen Entwicklungsoptionen für periphere Regionen im Zusammenhang, so stellt sich die erste als eine von Faktorkosten bestimmte Form regionalwirtschaftlicher Entwicklung, die zweite als investitionsgetriebene, lokale und regionale Vorteile nutzende Form und die dritte Option als innovationsgetriebene Form dar. Die vierte Option ist systematisch betrachtet ein Sonderfall, Produkt einer Industrialisierung im Rahmen einer historisch oft weit zurückreichenden Produktionstradition.

Regionalpolitisch besitzt zweifellos die zweite Option "zweitrangiger Produktionscluster" um ausgereifte Industrien für viele Industrieregionen mit schrumpfender traditioneller Industriebasis (Werften, Kohle, Stahl usw.) kurz- und mittelfristig die besten Erfolgschancen. Sie setzt auf Kapitalimport und Investitionen in technikintensive, aber ausgereifte Industrien mit gesicherten Märkten, neuesten Formen der Produktionsorganisation und Logistik. Diese Politik knüpft gleichzeitig am Industrialisierungspfad der Regionen an, nimmt auf die Qualifikationsstruktur und die erlernten Arbeitsweisen des Arbeitskräftepotentials Rücksicht, d.h. bezieht sich unmittelbar auf die besten Seiten der industriellen Tradition. Gleichzeitig kann versucht werden, durch Aufbau angepaßter Forschungsinfrastrukturen und von Wissenstransferzentren auch das Forschungs- und Entwicklungspotential der angesiedelten Leitindustrien noch enger an die Region zu binden und regionale Zuliefernetze aufzubauen. Derartige Strategien werden sowohl in Ostdeutschland als auch schon früher in vielen altindustrialisierten Regionen Westeuropas verfolgt. Hier wie dort bemüht man sich, ausländische Investitionen als *Katalysatoren* für die örtliche Wirtschaft zu gewinnen und mit ihrer Hilfe die industriellen Aktivitäten weiterzuentwickeln.

Während die erste Option oft nur gewählt wird, um in einer Region überhaupt Arbeitsplätze und Einkommen zu generieren, wird mit der dritten Politikoption in vielen Regionen eine ambitionierte institutionelle und unternehmerische Strategie verfolgt, deren Ausgang völlig ungewiß ist. Option vier schließlich setzt in der Region starke, bereits miteinander verflochtene Produktionsnetze voraus (vgl. Abb. 3).

Abbildung 3:
Wirtschaftliche Entwicklungsoptionen für periphere Regionen

| Wirtschaftliche Entwicklungs- optionen | Beziehungs- struktur | Transaktions- formen | Raumtyp | Einbindung der Region in internationale Arbeitsteilung |
|---|---|---|---|---|
| (1) Standardisierte Produktion | vertikal integriert oder Teil eines strategischen Netzes | überwiegend standardisiert | unspezifisch | abhängiger Standort im globalen Raum |
| (2) Zweitrangiger Produktions- cluster | desintegriert, regionales Pro- duktionsnetz, semi-autonom | standardisiert/ nicht standardisiert | industrialisierte Agglomeration im Umbau | semi-autonome Rolle im glo- balen Teilraum (z.B. Europa) |
| (3) Hochtechno- logie-Cluster | horizontal und vertikal des- integriert, regio- nale Märkte und Produkti- onsnetze, autonom | überwiegend nicht standardisiert | bevorzugt Rän- der von Agglo- merationen oder Zwischen- regionen | selbständige Rolle im globalen Raum |
| (4) Endogene Produktions- traditionen | horizontal und vertikal des- integriert, regio- nales Produkti- ons- und Ver- marktungsnetz, autonom | standardisiert/ nicht standardisiert | vorwiegend ländliche Räume | selbständige Rolle zwischen regionalem und überregionalem Raum |

Quelle: Eigene Darstellung

Aus den dargelegten Befunden lassen sich einige für periphere Regionstypen ge- meinsame Schlußfolgerungen zur Regionalpolitik ziehen:

Folgt man der Einschätzung, wonach dauerhaftes Wachstum und regionale Sta- bilität von der Existenz wettbewerbsfähiger Unternehmensnetze oder -cluster ab- hängt, dann besteht die Herausforderung der regionalen Strukturpolitik in den peri- pheren Regionen Europas darin, derartige Anschübe nicht undifferenziert auf alle (Export)-Branchen zu beziehen, wie dies bisher in der deutschen Gemeinschafts- aufgabe regionale Wirtschaftsförderung (GRW) geschehen ist. Vielmehr müßte die Funktion der Förderung darin bestehen zu helfen, daß die Chancen der Dezentrali- sierung von global vernetzten Unternehmen genutzt werden und sich aus ihnen sowie

104

den neu entstehenden kleinen, regional gebundenen Firmen möglichst rasch einige tragfähige branchenspezifische Cluster entwickeln, die die regionale, überregionale und internationale Nachfrage bedienen können. Firmencluster können zwar nicht politisch generiert werden, aber die Regionalpolitik kann auf einem der Region angepaßten Pfad zunächst die in der Region vorhandenen Spezialisierungspotentiale, Wissenspotentiale, unternehmerischen Aktivitäten (Leitbetriebe) und Qualifikationen zum Ausgangspunkt nehmen. Dies impliziert, sich nicht allein darauf zu beschränken, förder- und entwicklungspolitisch Einzelunternehmen vieler Branchen im Auge zu haben, sondern über Wege nachzudenken, wie man aus dem betrieblichen Bestand und durch Neuansiedlungen branchenbezogene, arbeitsteilig organisierte Wertschöpfungsketten in der Region anregen kann.

# Literatur

Amin, A.; Thrift. N. (Hg.) (1994): Globalization, institutions, and regional development in Europe. New York

Boyer, R. (1990): The regulation school: A critical introduction. New York

Bröcker, J. (1995): Agglomerationen und regionale Spillovereffekte. In: Gahlen, B.; Hesse, H.; Ramser, H. J. (Hg.): Standort und Region. Neue Ansätze zur Regionalökonomik. Tübingen, S. 119-123

Buttler, F. (1973): Entwicklungspole und räumliches Wachstum. Tübingen

Camagni, R. (Hg.) (1991): Innovation networks: spatial perspectives. London, New York

Clement, H.; Vincentz, V. (1997): Globalisierung und Osteuropa. Probleme und Perspektiven der Arbeitsteilung in Europa. In: Aus Politik und Zeitgeschichte 44/45, S. 27-36

Ciborra, C. U. (1992): Innovation, network and organizational learning. In: Antonelli, C. (Hg.): The economics of information networks. Amsterdam, S. 92-102

Coase, R. H. (1937): The nature of the firm. In: Economica 4, S. 386-405

v. Einem, E.; Diller, Ch.; v. Arnim, G. (1995): Standortwirkungen neuer Technologien. Basel, Boston, Berlin

Entwurf des Europäischen Raumentwicklungskonzeptes (EUREK) (1997): BT-Drs. 690/97

European Commission (1996): First report on economic and social cohesion. Brüssel, Luxemburg

Europäische Kommission (1991): Die Regionen in den 90er Jahren. Vierter Bericht über die sozioökonomische Lage und Entwicklung der Regionen der Gemeinschaft. Brüssel

Grabher, G. (1994): Lob der Verschwendung. Redundanz in der Regionalentwicklung: Ein sozioökonomisches Plädoyer. Berlin

Heidenreich, M. (1997): Wirtschaftsregionen im weltweiten Innovationswettbewerb. In: Kölner Zeitschrift für Soziologie und Sozialpsychologie 49 (3), S. 500-527

Hirsch, J.; Roth, R. (1986): Das neue Gesicht des Kapitalismus. Vom Fordismus zum Post-Fordismus. Hamburg

Kafkalas, G. (1995): Innovative growth and peripherality in the new European territory. In: Coccossis, H.; Nijkamp, P. (Hg.): Overcoming isolation. Berlin, S. 41-52

Krugman, P. (1991): Geography and trade. Cambridge (Mass.)

Kujath, H. J. (1997): Nordostdeutsche Städte und Regionen zwischen Persistenz und Neuorientierung. In: BISS Public 23/24, S. 53-70

Läpple, D. (1994): Zwischen Gestern und Übermorgen. Das Ruhrgebiet - eine Industrieregion im Umbruch. In: Kreibich, R.; Schmid, A. S.; Siebel, W.; Sieverts, T.; Zlonicky, P. (Hg.): Bauplatz Zukunft. Dispute über die Entwicklung von Industrieregionen im Umbruch. Essen, S. 37-51

Liepitz, A. (1986): New tendencies in the international division of labour: regimes of accumulation and modes of social regulation. In: Scott, A. J.; Storper, M. (Hg.): Production, work, territory: the geographical anatomy of industrial capitalism. Boston, S. 16-40

Marshall, A. (1896): Principles of Economies. London

Piore, M.; Sabel, C. F. (1984): The second industrial divide: possibilities for prosperity. New York

Porter, M. E. (1993): Nationale Wettbewerbsvorteile. Wien

Pottier, C. (1988): Local innovation and large firm strategies in Europe. In: Aydalot, P.; Keeble, D. (Hg.): High technology industry and innovative environments. London, New York, S. 99-120

Scott, A. J. (1988): New industrial spaces. Flexible production organisation and regional development in North America and Western Europe. London

Scott, A. J. (1990): Metropolis. From the division of labor to urban form. Berkeley, Los Angeles, London

Staber, U. H. (1996): Networks and regional development: Perspectives and unresolved issues. In: Staber, U. H.; Schaefer, N. V.; Sharma, B. (Hg.): Business networks. Prospects for regional development. Berlin, New York, S. 1-23

Sydow, J. (1992): Strategische Netzwerke. Evolution und Organisation. Wiesbaden

Sydow, J. (1996): Flexible specialisation in regional networks. In: Staber, U. H.; Schaefer, N. V.; Sharma, B. (Hg.): Business networks. Prospects for regional development. Berlin, New York, S. 24-40

Tödtling, F. (1994): The uneven landscape of innovation poles: Local embeddedness and global networks. In: Amin, A.; Thrift, N. (Hg.): Globalization, institutions, and regional development in Europe. New York, S. 68-90

Weber, A. (1914): Industrielle Standortlehre. Allgemeine und kapitalistische Theorie des Standortes. In: Grundriss der Sozialökonomik, VI. Abt. Tübingen

Williamson, O. E. (1985): The economic institutions of capitalism. New York

Georg Dybe

# Zwischen Welt- und Wochenmarkt.
# Perspektiven peripherer Großstadtregionen

## 1 Städtesystem und Netzwerkdebatte

Im Zuge der sich vertiefenden Internationalisierung wirtschaftlicher Beziehungen hat die neue Rolle einiger großer Städte als Global Cities (Sassen-Koob 1988), als Knoten des Weltmarkts viel Aufmerksamkeit erfahren. Eher als Restgröße wurden im Rahmen dieser Debatte die weitaus zahlreicheren Großstadtregionen ohne Global-City-Charakter behandelt: Entweder wurde die wirtschaftliche Entwicklung dieser Städte als abhängig von der Entwicklung der Global Cities betrachtet (z.B. bei Krätke 1992) - oder schlicht ausgeblendet. Zeitlich parallel, doch inhaltlich davon weitgehend unabhängig, kam in der Regionalökonomie die Debatte um die Bedeutung von Unternehmensclustern und -netzwerken zur Stabilisierung von Regionen auf. Die Bedeutung derartiger regionaler Verflechtungszusammenhänge und Kooperationsformen für die regionale Entwicklung wurde jedoch überwiegend anhand von Beispielen, die sich nicht auf Großstadtregionen und ihre Zentren bezogen, erörtert: Seit den 80er Jahren durchziehen die Vorbilder Baden-Württemberg, das Dritte Italien, Silicon Valley, Sophia Antipolis in Südfrankreich die Diskussion.[1]

In diesem Beitrag sollen diese beiden, bisher getrennt verlaufenden und sich überwiegend auf wirtschaftliche Wachstumsregionen beziehenden Diskussionsstränge zusammengeführt und auf Stadtregionstypen bezogen werden, die aus unterschiedlichen Gründen unter schweren wirtschaftlichen Anpassungslasten leiden.

---

1    Unter Netzwerken sind sowohl vertraglich fixierte als auch als auf Vertrauen basierende informelle Verbindungen zu verstehen, die bewußt von Unternehmen aufgebaut werden und die auf Dauer angelegt sind. Unternehmen vernetzen sich, um die marktwirtschaftlichen Systemen innewohnende Unsicherheit über zukünftige Entwicklungen der Märkte, der Produktionsverfahren etc. abzumindern und um Risikostreuung zu betreiben. Netzwerke haben den Vorteil, daß sie die Flexibilität kleiner Unternehmen mit dem Ausnutzen steigender Skalenerträge verbinden; sie sind eine Organisationsform zwischen Markt und Kartell. Die genaue Ausgestaltung dieser Mischung hängt von ökomischen Faktoren genauso ab wie von technischen und kulturellen Rahmenbedingungen. Netzwerke bilden für die beteiligten Unternehmen einen positiven externen Effekt und führen zur Verringerung von Transaktionskosten.

Vor dem Hintergrund einer netzwerktheoretisch begründeten Bewertung regional-wirtschaftlicher Zusammenhänge wird diskutiert, ob periphere Großstadtregionen im Rahmen einer nachholenden Entwicklung durch die Forcierung von Investitionen in exportorientierte Wirtschaftszweige zu den Knotenpunkten der Weltwirtschaft aufschließen sollen und können - oder ob der Versuch einer nachholenden Entwicklung durch die Mitwirkung im Global Game nur dazu führt, daß Großstadtregionen, auf den Spuren von Sisyphus wandelnd, ihre Position im Vergleich zu den Global Cities nur noch weiter verschlechtern. Des weiteren wird der Einfluß der intraregionalen Netzwerkbildung auf die Stabilisierung von Großstadtregionen untersucht.

Die Diskussion erfolgt vor dem Hintergrund der Veränderungen, die das internationale Städtesystem in den letzten beiden Jahrzehnten erfahren hat (vgl. z.B. Knox 1995). Diese Veränderungen machen es erforderlich, den globalen Kontext im Blick zu behalten. Zum einen haben sich die Unterschiede zwischen verschiedenen Großstadtregionen verschärft (vertikale Ausdifferenzierung), zum anderen hat sich die Anzahl der Regionstypen vergrößert (horizontale Ausdifferenzierung) - es hat somit eine doppelte Ausdifferenzierung des Städtesystems stattgefunden. Städte mit einer Anballung von weltweit agierenden Unternehmenszentralen verschiedenster Wirtschaftszweige (wie Paris) finden sich in diesem System genauso wie Städte mit Unternehmenszentralen weniger Branchen (wie Stuttgart) und Städte ohne Headquarterfunktion. Internationale Dienstleistungsmetropolen, in denen Dienstleistungsnetze dominieren (wie Tokio), treten neben (nach wie vor) industriell geprägte Großstädte (wie Essen und andere Großstädte des Ruhrgebietes), Städte mit funktionierenden interregionalen und intraregionalen Netzwerken (wie London) treten neben Großstadtregionen mit geringer inter- und intraregionaler Vernetzung in peripherer Lage (wie Moskau) und Städte, die hauptsächlich politisch administrative Funktionen wahrnehmen (wie Madrid). Jeder dieser Stadtregionstypen wird von spezifischen ökonomischen Entwicklungstendenzen beeinflußt, jeder dieser Stadtregionstypen muß sein eigenes Muster ökonomischer Entwicklung finden.

Für Großstadtregionen, in denen keine Headquarterfunktionen weltweit agierender Unternehmen angesiedelt sind, in denen die vorhandenen Unternehmen nur ein geringes Maß an intraregionaler Vernetzung aufweisen und die vor allem ihre Funktionen als "gateway" in den Beziehungen zwischen regionaler, nationaler und internationaler Wirtschaft verloren haben, stellt sich die Frage nach der zukünftigen Entwicklung mit besonderer Schärfe. Dieser Regionstyp, der als periphere Großstadtregion bezeichnet werden kann, findet sich in fast allen industrialisierten Ländern, so auch in der Bundesrepublik Deutschland. Die Ursachen seiner Entstehung sind durchaus unterschiedlicher Natur. Außerökonomische wie ökonomische Ursachen können gleichermaßen Gründe für die Herausbildung dieses Regionstyps sein. Die schwachen Unternehmensnetzwerke in den ostdeutschen Großstadtregionen im allgemeinen und in der Großstadtregion Berlin-Brandenburg im besonderen sind sicher in erster Linie auf die deutsche Teilung zurückzuführen. Dem gegenüber stehen altindustrialisierte Regionen wie z.b. das Ruhrgebiet, in denen Unternehmen als Reaktion auf die Bergbau- und Stahlkrisen geschlossene Produktionsverbünde zu bilden versuchten. Hier konnten sich innerregionale Netzwerke den sich verändernden internationalen Rahmenbedingungen nur begrenzt anpassen, so daß als Ergebnis dieses "closed shop" ein Teil der Netzwerke zerrissen ist.

Doch das entscheidende Charakteristikum ist nicht die Art der Entstehung der wirtschaftlichen Probleme, sondern die Tatsache, daß es sich bei diesen Stadtregionen um früher erfolgreiche Regionen handelt, die nun von der internationalen Wirtschaftsdynamik weitgehend abgekoppelt, wenn nicht gar ausgegrenzt sind. Nach Sassen kommt in diesen Stadtregionen ein neuer Typus von interurbaner Ungleichheit zum Ausdruck, der sich im Zuge der wirtschaftlichen Globalisierung zu verfestigen droht (vgl. Sassen 1996).

## 2 Ökonomische Netzwerke in peripheren Großstadtregionen

Die vormalige Blüte der betroffenen Großstadtregionen hat zur Herausbildung dieser Agglomerationen und Konzentration von Bevölkerung geführt. Nun gilt es, einen ökonomischen Umstrukturierungsprozeß zu bewältigen. Dabei sind zentrale Probleme peripherer Großstadtregionen ihre unterentwickelte wirtschaftliche Vernetzung mit anderen Regionen und ihre gleichzeitige innerregionale wirtschaftliche Schwäche. Der hier betrachtete, wirtschaftlich von Restrukturierungen geschwächte Großstadtregionstyp unterscheidet sich also gegenüber Global Cities durch die Abwesenheit von Unternehmenshauptquartieren und von diesen ausgehenden interregionalen und internationalen Austauschbeziehungen sowie durch das weitgehende Fehlen leistungsfähiger, innerregional vernetzter Teilökonomien. Gegenüber ländlich-peripheren Regionen besitzt er jedoch erhebliche Potentiale für eine Integration in internationale Zusammenhänge. Diese Rolle zwischen den dynamischen Großstädten einerseits und den meist intraregional orientierten ländlich-peripheren Gebieten erzeugt ein Spannungsfeld von Bemühungen, in diesen Regionen die interregionalen Austauschbeziehungen auszubauen und gleichzeitig die intraregionalen Kreisläufe zu stabilisieren. In bezug auf die Strukturen und auf die Art der Vernetzungen von Großstadtregionen stellt sich vor diesem Hintergrund eine Frage nicht: Die Frage, ob die Großstadtregion überhaupt interregionale Beziehungen haben soll. Es ist vollkommen klar, daß sich die hier betrachteten Raumtypen nicht aus der interregionalen Arbeitsteilung zurückziehen können. Für die Entwicklung der Großstadtregionen stellt sich vielmehr als zentrale Frage, wie sich die Binnenbeziehungen der regionalen Wirtschaft im Verhältnis zur Rolle der Stadtregionen als Zentren und Knoten einer international vernetzten Wirtschaft gestalten sollen und ob die regionale Wirtschaftspolitik die eine oder andere Form der Netzwerkbildung unterstützen kann und soll.

Um die Ausgangslage und Entwicklungsperspektiven peripherer Großstadtregionen klarer zu fassen, ist eine Unterscheidung der Netzwerke nach

- *güterorientierten,*
- *dienstleistungsorientierten und*
- *informationsorientierten*

Unternehmensnetzwerken vorzunehmen (Mønsted 1993).

Im Mittelpunkt der stadtregionalen Wirtschaftszusammenhänge stehen zweifellos die dienstleistungsorientierten Netzwerke, vor allem die produktionsnahen Dienstleistungen, die im Unterschied zu personenbezogenen Dienstleistungen in den Großstadtregionen besonders vorteilhafte Rahmenbedingungen vorfinden, wie z.B. ergänzende Angebote, ein hohes Qualifikationspotential, leichtere Zugänge zu den Netzwerken der Telekommunikation und nicht zuletzt ein spezifisches Wissenspotential, das von den anderen Dienstleistungsanbietern als "externer" Effekt mitgeliefert wird. Da das Potential an intraregionaler Nachfrage in Großstadtregionen sehr viel größer ist als in ländlichen Gebieten, können sich hier auch sehr viel mehr Teilmärkte im Dienstleistungsbereich herausbilden als anderswo. Produktionsnahe Dienstleistungen können, anders als konsumbezogene Dienstleistungen (z.B. Zeitungen), soziale Dienstleistungen (z.B. Schulen und Hochschulen), staatliche Dienstleistungen (z.B. öffentliche Verwaltung) oder distributive Dienstleistungen (z.B. Einzelhandel), auch zwischen verschiedenen Regionen ausgetauscht werden, so daß sie für die Frage von Binnen- und Außenorientierung der stadtregionalen Teilökonomien von erheblicher Relevanz sind.

Großstadtregionen sind darüber hinaus strategische Orte, in denen interregionale Wissensströme ankommen. Aufgrund der hohen Dichte von Forschungs- und Wissenschaftseinrichtungen sind sie gleichzeitig potentielle Verwerter und Verteiler von Wissen. Durch den Kontakt zwischen den verschiedenen Unternehmen entsteht hier vor allem das, was Camagni (1991) "innovatives Milieu" nennt. Insofern ist die Frage der intraregionalen Zirkulation von Wissen eng mit der Frage der Innovativität von Regionen verknüpft. Auch die neuere betriebswirtschaftliche Forschung betont die Rolle des direkten Kontakts und Wissensaustauschs zwischen verschiedenen Unternehmen im Rahmen der Entstehung von Innovationen (Ehret 1998). Daran können auch sinkende Transportkosten und die zunehmende Verbreitung von Informations- und Kommunikationstechnologien wenig ändern. Ihre Relevanz betonen zum Beispiel auch Lawton Smith, Dickson, Lloyd Smith (1991,

S. 466), die von einem Schlüsselelement sprechen und fortfahren: "Collaboration may arise where ... personal respect has developed."

In keiner Stadt der Welt können Dienstleistungs- und Informationsnetzwerke jedoch ohne Bezug zu materieller Produktion existieren. Die Bildung dieser immateriellen Informations- und Dienstleistungsnetzwerke geschieht nicht aus sich selbst heraus. Sie ist vielmehr primär eine Folge sich ausdifferenzierender, immer komplexer werdender Produktions- und Güteraustauschnetze, die eine Verselbständigung einzelner Dienstleistungen ermöglicht (z.B. das sich ausdifferenzierende Feld der Finanzdienstleistungen, der wissenschaftlich-technischen Dienstleistungen, des Marketings, der Logistik) und den wechselseitigen Kommunikations- und Informationsbedarf gewaltig erhöht. Produktion, Dienstleistungen und Informationsaustausch bilden in vielen Stadtregionen einen untrennbaren Zusammenhang, sie bilden räumlich konzentrierte Funktionscluster. Die in die globalen Wirtschaftskreisläufe einbezogenen und auf die internationalen Märkte spezialisierten Global Cities zeichnet allerdings aus, daß die materielle Produktion nicht innerhalb der Region stattfindet, sondern sich aufgrund der weltweiten Beziehungen der Headquarter häufig außerhalb der Region befindet. In diesen Städten findet eine fortschreitende Agglomerierung hochrangiger Dienstleistungen statt, aus denen sich ihre Fähigkeit speist, sich als Kontroll-, Befehls-, und Managementzentralen für eine sich internationalisierende Wirtschaft zu profilieren. Derartige Zentren beherbergen eigenständige Dienstleistungscluster, deren Hauptfunktion in der Kontrolle der Produktion besteht, die aber nur begrenzt mit den regionalen oder gar internationalen Produktionsstrukturen unmittelbar verbunden sind.

In peripheren Großstadtregionen sind im Vergleich zu den wirtschaftlich dynamischen Stadtregionen erstens aufgrund der Abwesenheit von Headquarterfunktionen die Bedingungen für die Entwicklung einer sich auf globale Kontrollaktivitäten der Wirtschaft spezialisierenden städtischen Dienstleistungsökonomie wesentlich skeptischer zu beurteilen, und zweitens ist aufgrund des Fehlens einer leistungsfähigen intraregionalen Produktionsbasis zugleich die Nachfrage nach unternehmensbezogenen Dienstleistungen aus der Region heraus eher schwach ausgeprägt. Denn die Entwicklung von dienstleistungsorientierten Netzwerken ist ein Ergebnis der Diversifizierung der Güterpalette und der funktionalen Arbeitsteilung. Porter (1993) hat dieses Phänomen in einer Reihe von Ländern und in einer Vielzahl von Branchen nachgewiesen. Exemplarisch zeigt sich dieser Zusammenhang in dem schmerzhaften Lernprozeß, den ostdeutsche Stadtregionen, vor allem die Region Berlin-Brandenburg in den ersten Jahren nach der Vereinigung durchlaufen haben. Nachdem in der unmittelbaren Vereinigungseuphorie Berlin-Brandenburg bereits auf dem Weg zu einer europäischen Dienstleistungsregion gesehen wurde, sind in den Folgejahren die Töne leiser geworden, sind Konzepte zur Industrieflächensicherung

(Berlin) und Entwicklungskonzeptionen "Industrielle Schwerpunktstandorte" (Brandenburg) entwickelt worden. Auch die Probleme, die ostdeutsche Technologiezentren bei der Anbahnung von Kontakten zwischen Unternehmen haben, weil in den Hochtechnologiefeldern die Produktionsgrundlagen fehlen, sind ein beredter Beleg für diese These (Wilmes, Keil, Schroeder 1997).

So scheint sich für die peripheren Stadtregionen ein Teufelskreis zu schließen: Weil sich die Regionen innerhalb des Städtesystems in einer marginalen Lage befinden, sind sie als Dienstleistungsstandort für weltweit agierende Großunternehmen uninteressant. Weil den Regionen eine funktionierende Basis der industriellen Produktion fehlt, sind auch die auf die regionale Produktionsbasis sich beziehenden Dienstleistungen unterrepräsentiert. Und mit dem Fehlen von Dienstleistungen und von leistungsfähigen Informationsnetzen fehlt in diesen Regionen auch ein Umfeld, das diese gegenüber wirtschaftlich entwickelten Regionen als Industriestandort wettbewerbsfähig machen könnte. Gegenüber ländlich-peripheren Regionen besitzen diese Regionen zwar nach wie vor "historische" Potentiale (ausgebaute Infrastrukturen der Bildung, der Wissenschaften, des Verkehrs, Industriekultur, Qualifikationsrepertoire), die ihnen bessere Chancen eröffnen, Produktions- und Dienstleistungsnetzwerke aufzubauen, als es in ländlichen Regionen möglich ist. Ob und wenn ja in welchem Maß dieses vorhandene Potential genutzt wird, ist allerdings eine andere Frage.

Wie sich in einem sehr mühsamen langfristig wirkenden Prozeß eine erfolgreiche Restrukturierung der regionalen Wirtschaftsverflechtungen gestalten könnte, läßt sich idealtypisch an Hand von vier hintereinander geschalteten Phasen der Bildung neuer wirtschaftlicher Kooperations- und Innovationszusammenhänge erläutern:

- Die Anfangssituation ist geprägt durch geringe intraregionale Vernetzung, geringe Verwertung der interregionalen Wissensströme und abhängige interregionale Verflechtung in bezug auf Güternetzwerke (Phase I). Die Unternehmen der Region exportieren zwar schon Güter, aber zum einen ist das Volumen des Güterexports gering, und zum anderen besitzen die Güter nur eine relativ geringe Wertschöpfung. In den Netzen des Dienstleistungsaustauschs bilden die Regionen keinen eigenständigen wettbewerbsfähigen Pol.

- Die Herausbildung von intraregionalen Netzen produzierender Unternehmen, von Austauschstrukturen innerhalb der Region, kann als erster Schritt zur Stabilisierung der Region gesehen werden (Phase II).

- In Phase III erweitern sich diese güterbezogenen Netze (Lieferketten) zu Dienstleistungs- und Informationsnetzen, zunächst noch mit einer vorwiegend innerregionalen Orientierung. Gleichzeitig intensiviert sich der Güteraustausch zwischen den Regionen, auch werden die gehandelten Güter höherwertiger.

- In Phase IV schließlich existiert eine stabile Basis für den Austausch von Gütern, Dienstleistungen und Wissen zwischen der Großstadtregion und anderen Räumen.

Abbildung 1:
Vier Phasen der Entwicklung wirtschaftlicher Netze in peripheren Großstadtregionen

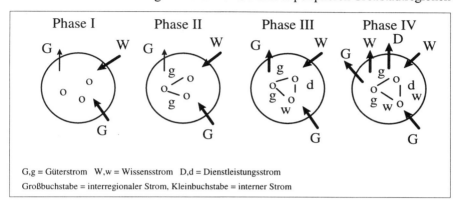

G,g = Güterstrom   W,w = Wissensstrom   D,d = Dienstleistungsstrom
Großbuchstabe = interregionaler Strom, Kleinbuchstabe = interner Strom

Quelle: Eigene Darstellung

Der für die Großstadtregion am schwierigsten zu leistende Schritt ist der Aufbau innerregionaler güterorientierter Unternehmensnetzwerke, der eng verknüpft ist mit der Entwicklung von unternehmensbezogenen Diensten, d.h. der Übergang von Phase I zu Phase II. Dieser Schritt findet keineswegs automatisch statt, sondern wird durch spezifische unternehmerische Konstellationen in der Großstadtregion beeinflußt. Ein Kernpunkt ist dabei, wie sich die Unternehmen in ihrem Handeln zu möglichen regionalen und internationalen Partnern verhalten.

## 3   Restrukturierungsprobleme der stadtregionalen Ökonomien

### 3.1 Bedeutung externer Entwicklungsimpulse

In peripheren Großstadtregionen ansässige kleinere Unternehmen sind nur selten in der Lage, aus eigener Kraft, gleichsam in einer "Bottom-up"-Strategie, die Beziehungsnetze so auszuweiten, daß sie aus der Region heraus schrittweise auf externe Märkte vordringen können. Feststellungen wie die von Cappellin (1991), daß auch kleine und mittlere Unternehmen zunehmend die regionsübergreifenden

Aktivitäten tragen würden, besitzen für Großstadtregionen mit ausgeprägten Entwicklungsdefiziten kaum Gültigkeit. Deren Unternehmen besitzen meist weder das Bewußtsein der Notwendigkeit noch die Kapazitäten zur interregionalen Vernetzung (vgl. z.B. VDI/VDE 1997). Außerdem entspricht ihre Produktpalette häufig nicht den Erfordernissen der externen Märkte. Darin kommt zum Ausdruck, daß es in diesen Regionen gerade an jenen, die Innovations- und Anpassungsfähigkeit von Unternehmen stützenden Einbindungen in Kooperationsverbünde und Innovation stimulierenden Kommunikations-, Lern- und Handlungssystemen fehlt, die Cappelin voraussetzt.

So nimmt es nicht wunder, wenn in strukturschwachen Großstadtregionen sich die Hoffnungen auf externe Impulse bzw. auf Erfolge bei der Ansiedlung von interregional ausgerichteten Großunternehmen richten. In der Literatur ist umstritten, wie gut die Aussichten der Großstadtregion sind, derartige Unternehmen zu gewinnen. Zum Teil (vgl. z.B. Moulaert, Swyngedouw 1990) wird als eine Konsequenz aus dem Wandel der Produktionsweise seit den 70er Jahren gesehen, daß sich dadurch die Städtehierarchie zugunsten der in der Hierarchie niedriger angesiedelten Großstadtregionen verändert. Sie erklären die verbesserte Position dieses Regionstyps mit vergleichsweise günstigeren lokalen Sozialstrukturen, geeigneten Infrastruktureinrichtungen und -anlagen, geringeren Lohnkosten für Tätigkeiten niedrigerer Qualifikation und mit der Möglichkeit für die Unternehmen, größeren Einfluß auf die Gestaltung der Standorte zu nehmen. Auch die technologisch gestützten Möglichkeiten zum Standortsplitting und zur Dezentralisierung von Produktionskapazitäten tragen Chancen in sich, ganze Produktionssysteme an periphere Standorte zu verlagern. Krätke (1995) weist dagegen darauf hin, daß sich die großen Unternehmen mit ihren Zentralen und Hauptproduktionsbetrieben auf eine relativ kleine Zahl von etablierten, von Innovationsnetzen getragenen Metropolen konzentrieren. Gemeinsamer Nenner ist jedoch, daß sich an den externen Standorten nicht die Konzernzentralen der Unternehmen ansiedeln werden, sondern Filialen derselben.

Die Konzentration der Mehrzahl der weltweit agierenden Konzernzentralen in den Global Cities läßt sich neben den weiter gültigen traditionellen Argumenten wie der Realisierung von Agglomerationsvorteilen aufgrund steigender Skalenerträge auch netzwerktheoretisch begründen: Wenn ein Unternehmen mit seiner Zentrale in einem Netzwerk Schlüsselfunktionen ausübt und von seinem Standort aus aufgrund sich globalisierender Märkte alle potentiellen Zielorte erreichen bzw. durch die Errichtung von Zweigstellen bedienen kann, gibt es keinen Anlaß, eine Verlagerung des Unternehmenssitzes vorzunehmen. Damit ist allerdings noch keine Aussage darüber getroffen, ob und wenn ja wie unternehmensintern die Kompetenzverteilung zwischen Unternehmenszentrale und Filiale geregelt wird. Von drei möglichen Bedingungen hängt es letztlich ab, ob die Filialbetriebe relativ unabhängig von der Unternehmenszentrale operieren können und damit innerhalb ihrer Region auch selbständig zum Aufbau regionsinterner innovativer Produktions-, Dienstleistungs- und Informationsnetzwerke beitragen können:

- Abgesehen von außerökonomischen (z.B. kulturellen oder historischen) Gründen werden die Filialen um so eher Entscheidungskompetenzen zugeteilt bekommen, je innovativer ihr regionales Umfeld ist, da die Filiale dann innovative Inputs aus der Region leichter dem gesamten Netzwerk des Konzerns zugänglich machen kann.
- Analog zur unternehmensinternen Kompetenzverteilung hat natürlich auch die Hierarchie innerhalb des interregionalen Netzwerks entscheidenden Einfluß: Je höher der sich verlagernde Betrieb in den interregionalen und internationalen Netzwerken angesiedelt ist, desto eher hat er die Möglichkeit, seine Partner frei zu wählen und somit auch innerhalb der Region geeignete Unternehmen (soweit solche vorhanden sind) in das Netzwerk aufzunehmen.
- Zum dritten ist die Stellung des Unternehmens in der Wertschöpfungskette zu nennen. Je größer der Anteil des Betriebes an der gesamten Produktwertschöpfung ist und je hochwertiger die Stufe der Produktionskette ist, auf der sich der Betrieb befindet, desto mehr wird er die Region nicht nur als Standort ansehen, sondern versuchen, sich ihn für die Entwicklung von Netzwerkbeziehungen zu Nutze zu machen.

Cooke erwähnt als Beispiele, in denen sich externe Betriebe mit dem regionalen Umfeld zu sogenannten *Hybridmilieus* vernetzt haben, das Ruhrgebiet, Südwales und Wallonien in Belgien, also altindustrialisierte verstädterte Regionen. In diesen Regionen sei ausgehend von Betriebsansiedlungen die Entwicklung neuer Netzwerkbeziehungen zu anderen Unternehmen, Forschungsinstituten, Universitäten und Behörden in Gang gesetzt worden. Große und kleine Betriebe profitierten von politischen, Innovation stärkenden Netzwerken (Cooke 1996).

## 3.2 Probleme der Kombination von endogenen Potentialen und exogenen Impulsen

Zahlreiche von exogenen Entwicklungsimpulsen getragene Restrukturierungsversuche in zurückgebliebenen Stadtregionen belegen indes, daß eine Ansiedlung von Unternehmen nicht automatisch zum Aufbau eines leistungsfähigen innerregionalen Produktionsnetzwerkes führt. So gelang es beispielsweise in den ostdeutschen Stadtregionen bisher nur unzureichend, die externen Investitionen als *Katalysatoren* für die regionale Wirtschaft zu gewinnen und mit ihrer Hilfe regional konzentrierte und institutionell eingebettete Unternehmensnetzwerke zu schaffen. Es entstand vielmehr eine dualisierte Struktur mit leistungsfähigen interregional vernetzten produzierenden Filialbetrieben, die sich primär unter den Aspekten der Faktorkosten und der Erschließung neuer Märkte angesiedelt haben. Die von diesen Netzen ausgeschlossenen intraregional agierenden Unternehmen sind dagegen von Kapitalschwäche und mangelnder Innovationsbereitschaft geprägt. Auch die französischen Erfahrungen mit dem Aufbau exogen gesteuerter Technopolen belegen, daß eine derartige Vorgehensweise in den meisten Fällen nicht zu vernetzten regionalen Innovationskomplexen führt. Vor diesem Erfahrungshintergrund rückt die Frage ins Blickfeld, *auf welche Weise* die externen Impulse für den gleichzeitigen Aufbau der intraregionalen Vernetzung zwischen den externen Investoren und der örtlichen Wirtschaft sowie der lokal ansässigen Unternehmen untereinander gefördert werden können.

In diesem Zusammenhang sind zwei Fragen zu klären: erstens, ob intra- und interregional agierende Unternehmen komplementäre Beziehungen aufbauen können oder ob sich zwischen den Interessen beider Zielkonflikte ergeben, und zweitens, für den Fall einer Komplementarität, welche Bedingungen herrschen müssen, unter denen die neu angesiedelten Betriebe sich in das regionale Beziehungsgefüge einbetten können.

Für die mögliche Gleichzeitigkeit von inter- und intraregionaler Vernetzung spricht, daß sich in den gegenwärtigen industriellen Umstrukturierungsprozessen der hochindustrialisierten Länder neue flexiblere Produktionsformen durchzusetzen beginnen, die sich von den traditionellen Modellen der taylorisierten Massenproduktion deutlich absetzen. Ihre Merkmale sind "lean production" und "lean management", Outsourcing und als Konsequenz die Notwendigkeit einer Rekombination der Produktionsbeziehungen in Netzwerken in Verbindung mit einer Just-in-time-Produktion. In solchen Produktionssystemen ist die dominierende wirtschaftliche Koordination weniger auf hierarchischer Kontrolle und Befehlsstrukturen aufgebaut, sondern mehr auf horizontalen interbetrieblichen Beziehungen (Cooke 1996, S. 72). Folgt man Rehfeld (in diesem Band), so verlagern innerhalb dieses Systems immer mehr interregional agierende Unternehmen die Entscheidungskompetenzen auf ihre Filialen in den Regionen - was diesen die Möglichkeit gibt, bei freier Auswahl der Zulieferer auch auf Unternehmen aus der Region zurückzugreifen und um sich herum in räumlicher Nähe schrittweise zunächst ein Netz von Zulieferern und schließlich auch des Austausches von Wissen und Dienstleistungen aufzubauen.

Es gibt aber für die interregionalen Unternehmen keine zwingende Notwendigkeit, ihre in anderen Regionen bereits etablierten Partner zugunsten neuer regionaler Produktionsverbünde zu ersetzen. Voraussetzung für einen Wechsel wäre ohnehin, daß es in der Ansiedlungsregion überhaupt geeignete Zulieferer gibt. Das ist - abgesehen von einigen wenigen Bereichen mit niedriger Wertschöpfung und niedriger Qualifikation - meist nicht der Fall. Schließlich haben die kleinen, in der Region ansässigen Unternehmen bisher für den regionalen Markt produziert und demzufolge eine andere Produktpalette entwickelt, als sie das große Unternehmen für seine interregionalen Märkte braucht. Eine Grundkonstellation für die Bildung von Produktionsverbünden, nämlich der Zugang zu komplementären Ressourcen, ist damit in den unterentwickelten Stadtregionen nicht automatisch erfüllt (Johanson, Mattson 1987).

Die Erforschung regionaler Produktionsnetzwerke der vergangenen Jahre hat zudem klar gemacht, welche spezifischen Beiträge kleine, intraregional ausgerichtete Unternehmen und große, interregional ausgerichtete Unternehmen leisten müssen, damit es zu einer erfolgreichen Zusammenarbeit zwischen diesen beiden Typen von Unternehmen kommt: In erfolgreichen Kooperationen haben kleine Unternehmen gut qualifizierte innovative Arbeitskräfte, zu deren Wissen das große Unternehmen Zugang sucht; umgekehrt liefern die großen Unternehmen den kleinen durch ihre Kontakte den Zugang zu externen Märkten. Eine wichtige Voraussetzung dafür, daß sich kleine Unternehmen ein Innovationsprofil erarbeiten können, ist ihre Vernetzung mit regionalen, spezialisierten Partnern und die damit einhergehende Erzeugung eines "innovativen Milieus", in dem neues Wissen, neue Produkte und Dienstleistungen generiert werden. Diesen Netzwerkbeitrag können kleine Unternehmen in sich im wirtschaftlichen Umbruch befindlichen Großstadtregionen in der Regel nicht liefern. Insofern stehen - dem Phasenmodell der Restrukturierung folgend - vor allem in der ersten Phase die Chancen für die großen, interregional agierenden Unternehmen schlecht, die wirtschaftlichen Beziehungen zu den kleinen Unternehmen dieser Region zu verdichten und dadurch die regionale Entwicklungsblockade zu durchbrechen. Im Extremfall kann der Übergang von Phase I zu Phase II ausbleiben.

Die Entwicklung des Verhältnisses zwischen den externen Betriebsansiedlungen und den regionalen Unternehmensstrukturen wird aber auch vom Typus der externen Investition selbst mitgeprägt. Grundsätzlich lassen sich zwei Entwicklungsmuster identifizieren: Es siedeln sich entweder interregional agierende Unternehmen (Systemanbieter) an, die eine Anzahl kleinerer Unternehmen an sich zu binden versuchen, oder die großen, interregional agierenden Unternehmen suchen zu den kleinen Unternehmen eine Verbindung, die nicht hierarchisch, sondern partnerschaftlich und gleichberechtigt gestaltet wird.

Im ersten, meist in peripheren Regionen vorherrschenden Fall, spricht wenig für eine Innovationen fördernde Integration der regionalen wirtschaftlichen Akteure in die Netze des externen Akteurs. Dagegen spricht vor allem die Rolle, die kleine und mittlere Unternehmen in einem solchen von dem exportorientierten Unternehmen dominierten Netz als Zulieferer einnehmen müßten. Hier liegt der klassische Fall von Hierarchien im Netz vor. Es existiert das, was Hamer (1991) Marktmacht nennt: "Funktionen, Quantitäten, Qualitäten und Zeiten der Zuliefererproduktion ... werden vom Abnehmer bestimmt." Diese Lösung ist für das Großunternehmen betriebswirtschaftlich optimal. Sie schafft Sicherheit durch Bindung und Abhängigkeit. Für die sich wirtschaftlich umbauende Stadtregion wäre eine Dominanz solcher Netzwerktypen aber eher Ausdruck wirtschaftlicher Schwäche und mangelnder Leistungsfähigkeit, weil sie den Vorteil einer Vielfalt von Konkurrenz und Kooperation und damit die Anschlußmöglichkeiten für eine breite Palette von Kooperationslösungen ausschlösse und andere zukunftsträchtige Entwicklungspfade der Region unterbinden könnte. Kleine und mittlere Unternehmen, die das innovative Potential einer Region repräsentieren sollten (Fry 1995), können diese Rolle nur sehr eingeschränkt übernehmen, solange sie sich in Abhängigkeit befinden.

Das Gegenteil zur abhängigen Zulieferfunktion im Rahmen von hierarchisch strukturierten Netzwerken ist die Kooperation gleichberechtigter Partner, die sich nach und nach, von einer intraregionalen Basis ausgehend, den regionsexternen Märkten öffnen. Diese Form von Beziehungen basiert nicht auf einseitigen Abhängigkeiten, sondern konzentriert sich in einigen Feldern (Leitindustrien) mit hoher Wertschöpfung und in gleichberechtigten Strukturen. In den peripheren Großstadtregionen entsprechen allerdings sowohl die Binnenstrukturen als auch die sich hier ansiedelnden externen Unternehmen zumindest anfangs nicht diesem Produktionsmodell. Amin (1993) weist deshalb zu Recht darauf hin, daß der Aufbau leistungsfähiger intraregionaler Produktionsverbünde nicht von heute auf morgen vonstatten gehen kann und darüber hinaus auch den traditionellen Mustern regionaler Wirtschaftspolitik widerspricht.

### 3.3 Ansatzpunkte des Aufbaus regionaler Produktionsnetze

Wie die Beispiele der Stadtregionen, in denen eine erfolgreiche Verknüpfung von Unternehmen zu regionalen Produktionsclustern stattgefunden hat, zeigen, sind dynamische Produktionsnetzwerke oder -cluster meist das Ergebnis eines langfristigen, meist Jahrzehnte zurückreichenden Entwicklungspfades, beeinflußt auch von außerökonomischen Rahmenbedingungen und historischen Zufällen. Externe Entwicklungsimpulse in Form von Betriebsansiedlungen und öffentlichen Finanztransfers wirkten dort zwar als Katalysatoren, sind aber nicht als eigentliche Ursache für den ökonomischen Wachstumsprozeß in den Regionen anzusehen. Entscheidend war vielmehr, daß es in diesen Regionen gelungen ist, aus der Vielfalt der unternehmerischen Einzelaktivitäten ein regionales "networking" zu stimulieren. Ob dies ohne massive politische Unterstützung, d.h. politische Stimuli, aber auch finanzielle Transfers in die Entwicklung der materiellen Infrastruktur und die Entwicklung des Humanvermögens möglich ist, erscheint mehr als fraglich. Es ist bereits gezeigt worden, daß in wirtschaftlich fragmentierten Stadtregionen die einzelnen Unternehmen aufgrund ihrer Interessenlage allein nur bedingt in der Lage sind, selbständig eine Strategie der forcierten interregionalen Vernetzung mit dem Aufbau innovativer intraregionaler Strukturen zu verbinden, obwohl funktionierende intraregionale Netzwerkstrukturen als Economies of Scale und Economies of Scope jedem einzelnen beteiligten Unternehmen zunutze kommen und insgesamt die ökonomische Abhängigkeit der Region verringern. Die Frage, ob leistungsfähige regionale Wirtschaftscluster entstehen oder im Gegenteil unterbunden werden, hängt von einer Reihe Prämissen ab, die für die Formulierung einer politischen Strategie in den Stadtregionen von grundsätzlicher Bedeutung sind.

Eine wichtige Rolle spielen die Produktionsschwerpunkte, auf die sich ein potentieller regionaler Produktionsverbund konzentriert. Wenn der Schwerpunkt auf Produkten liegt, die auch innerregional auf eine Nachfrage stoßen, ist die Wahrscheinlichkeit sehr viel größer, daß sich die Orientierungen auf die regionalen Binnen- und Außenmärkte langfristig gegenseitig unterstützen. Porter bezeichnet die regionalen Märkte als "Testmärkte", auf denen innovative Unternehmen neue Produkte einführen können. Je anspruchsvoller die Kunden auf den heimatlichen Märkten sind, desto wettbewerbsfähiger ist meist auch das Produktions- und Innovationssystem auf den internationalen Märkten (Porter 1993).

Neben den innerregionalen Märkten und Traditionen sind die historischen Entwicklungspfade der Region als Produktions- und Dienstleistungsschwerpunkt ebenfalls von zentraler Bedeutung. Zwar sind nicht alle technischen, ökonomischen, sozialen und kulturellen Traditionen als Potential zu bewahren. Doch würden sich die regionalen Restrukturierungsprozesse wesentlich konfliktreicher und schwieriger gestalten, wenn die sich ansiedelnden Betriebe diese Potentiale ignorieren, d.h. die besten Seiten der industriellen Tradition, das Qualifikationspotential und die erlernten Arbeitsweisen in der Region vernachlässigen würden. Gelingt es, Leitindustrien anzusiedeln oder durch Diversifizierung eines möglicherweise noch vorhandenen Großunternehmens zu initiieren und dabei an den Qualifikationen und Kenntnissen in der Region anzuknüpfen, werden diese sich leichter und beständiger in die Region einbetten und ein Netzwerk von Austauschbeziehungen zur endogenen Wirtschaft aufbauen können.

Des weiteren ist wichtig, wie die Entscheidungskompetenzen zwischen den örtlichen Vertretern der interregionalen Unternehmen und der außerhalb der Region angesiedelten Unternehmenszentrale verteilt sind. Je mehr Kompetenzen die örtlichen Vertreter besitzen, desto wahrscheinlicher ist es, daß es zur regionalen Einbindung bzw. Einbettung des interregional agierenden Unternehmens kommt. Wenn die Entscheidungsträger des Filialunternehmens vor Ort einen gewissen Einfluß auf die Unternehmenspolitik haben, wird der Widerspruch zwischen regionalen Akteuren und dem eigenen Unternehmen im Verlaufe der Zeit eingeebnet: "It can generally be assumed that the longer the subsidiary has been operating in a country or region, the more its behaviour will be influenced by locally embedded network relationships" (Dicken, Forsgren, Malmberg 1994, S. 33). Dabei wird von einer Akteurskonstellation ausgegangen, in der die Repräsentanten der örtlichen staatlichen und gesellschaftlichen Institutionen und die Vertreter des interregional agierenden Unternehmens zusammen gegen die außerhalb der Region gelegene Unternehmenszentrale stehen und sich der angesiedelte Betrieb mit der Zeit stärker in die Region eingliedert. Es wird also die Wirksamkeit einer *regionalen Ordnung*, die durch berufliche, soziale und politische Kontakte stabilisiert wird und gemeinsam geteilte Werte, Verhaltens- und Entscheidungsmuster transportiert, betont (vgl. auch Heidenreich 1997).

## 4 Optionen der Regionalpolitik in peripheren Großstadtregionen

### 4.1 Regionalpolitik zwischen Tradition und Netzwerkansatz

Es ist fast schon ein Allgemeinplatz, daß im Zuge der Internationalisierung der wirtschaftlichen Prozesse auch die regionale Ebene eine eigenständige Bedeutung erlangt. Insofern ist die Internationalisierung der Ökonomie, insbesondere in den Großstadtregionen, den Knoten des internationalen Austauschs, auch keine "schicksalhafte" Entwicklung, der das regionalpolitische Handeln wehrlos ausgeliefert ist.

Neben die traditionellen Formen der Wirtschaftsförderung treten dabei vor allem neuere, die Netzwerkdebatte berücksichtigende Ansätze, mit denen ein regionales "networking" zwischen Betrieben und Unternehmen, der Wirtschaft und Forschung sowie gesellschaftlichen Gruppen und den regionalen politischen Akteuren angeregt werden soll.

Handlungsparameter eher traditioneller Provenienz sind die Bereitstellung von Gewerbeflächen, die Gewährung von Investitionshilfen, die Vergabe öffentlicher Aufträge und die in der Region durchgeführten Infrastrukturprojekte. Der Mangel an Gewerbefläche ist für den hier betrachteten Regionstyp nicht das zentrale Problem, da flächenintensive Produktionen wie etwa die Bauindustrie oder Speditionsbetriebe nicht in die Gruppe der interregional agierenden Unternehmen fallen und auch nicht die fehlenden Elemente zur möglichen Schließung intraregionaler Wertschöpfungsketten sind. Trotzdem kann über die Höhe des Miet- bzw. Kaufpreises bei der Bereitstellung von im öffentlichen Besitz befindlichen Flächen entweder die Ansiedlung neuer, großer interregional agierender Unternehmen oder die Expansion bestehender, kleinerer Unternehmen unterstützt werden. Ähnlich ist die Situation auch, wenn es um die Gewährung von Investitionshilfen geht - auch dort muß sich die Wirtschaftspolitik entscheiden, ob sie dem Export von Produkten Vorrang vor intraregionalen Güterverflechtungen gewährt, wie es zum Beispiel das ursprüngliche Konzept der Gemeinschaftsaufgabe "Verbesserung der regionalen Wirtschaftsstruktur" vorsah.

Handlungsspielraum hat die regionale Wirtschaftspolitik auch bei der Prioritätensetzung in bezug auf den Infrastrukturausbau. Lutter, Sinz (1981) z.b. sehen den Ausbau der Fernverkehrsverbindungen als nachrangig gegenüber dem Ausbau des innerregionalen Verkehrssystems an. Eine derartige Schwerpunktsetzung kann intraregionalen Beziehungsstrukturen gegenüber interregionalen einen Vorteil verschaffen.

Ebenso besteht in der Ausgestaltung des arbeitsmarktpolitischen Instrumentariums, z.b. durch die Ausrichtung der Förderpolitik auf die Schaffung von Arbeitsplätzen in eher intraregional orientierten Bereichen wie den sozialen Dienstleistungen, ein Handlungsparameter.

Diese traditionellen Instrumente, so sinnvoll sie im Einzelfall sein mögen, sind allerdings nicht hinreichend. Die regionale Wirtschaftspolitik hat gerade auch in den wirtschaftlich desintegrierten Großstadtregionen eine regional und funktional integrierende Aufgabe und muß sich ergänzend die Förderung von "netzwerkfähigen" Betrieben zum Ziel setzen. Kooperations- und kommunikationsfördernde Moderation, eventuell durch spezielle Institutionen der *Netzwerkmoderation*, sind gefragt:

- Die politische Initiative müßte sich primär darauf richten, um Leitsektoren herum unternehmerische Vernetzungen und komplementäre Qualifikationen zu fördern, eventuell nachfragewirksame Modellvorhaben anzuschieben.
- Dazu gehört zum zweiten auch die Anbahnung von Kontakten zwischen kleinen Unternehmen zur Stärkung regionaler Teilökonomien. Gerade wenn es den kleinen Unternehmen an einem diesbezüglichen Problembewußtsein mangelt, muß die regionale Wirtschaftspolitik in diese Bresche springen.
- Zum dritten kann die Identifizierung der großen, interregional agierenden Unternehmen mit der Region gefördert werden. Solche identitätsstiftenden Maßnahmen können zwar nicht verhindern, daß das Unternehmen für den Fall grundlegend besserer Produktionsbedingungen in anderen Regionen die Region verläßt, sie können aber die Abwanderung des Unternehmens in eine andere Region mit ähnlichen Produktionsbedingungen abwenden.
- Zum vierten kann die Wirtschaftspolitik dazu beitragen, daß erfolgreich innerregional vernetzte Unternehmen die Zuwanderung von externen Impulsgebern

nicht mehr als Bedrohung, sondern als Chance zur Erlangung von zusätzlichem Wissen ansehen.

- Nicht zuletzt gehört hierzu auch die Organisation der Regionalpolitik selbst, die sich im Rahmen einer derartigen Strategie, in Abkehr von der tradionellen "Top-down"-Strategie, auf die regionalen Akteure selbst stützen muß, auf regionale interorganisatorische Netzwerke und deren Handlungsfähigkeit.

Eine grundlegende, von der Wirtschaftspolitik zu erbringende Vorleistung ist es allerdings, eine sich nicht an Legislaturperioden orientierende Schwerpunktsetzung bei der Wirtschaftsförderung vorzunehmen. Das Werben vieler Großstadtregionen um externe Investoren kann auch als Ausfluß der Suche nach vermeintlich schnellen Lösungen interpretiert werden. Netzwerkpolitik hingegen kann nicht auf kurzfristige Erfolge hoffen und kann sich nicht auf den spektakulären Einzelerfolg stützen. In einer eher langfristig angelegten beharrlichen Unterstützung intraregionaler Vernetzungsstrukturen kann dagegen ein Umfeld geschaffen werden, in dem durch "kollektive" Informationssuche, durch den Aufbau eines gemeinsamen Produkt- und Qualitätsimages, durch die intraregionale Mobilität von Arbeitskräften und durch intraregionale Lieferverflechtungen Innovationen entstehen können.

Die Konzentration der Förderung auf Unternehmen der Region und der damit einhergehende Wandel in der Wirtschaftsstruktur machen die Region zum einen für die Ansiedlung von Unternehmen attraktiver (was zur Verringerung der zur Ansiedlung der Unternehmen notwendigen Subventionszahlungen führt) und helfen den kleinen Unternehmen, Nischen zu finden, die sie gegen eine einseitige Abhängigkeit von großen, interregional agierenden Unternehmen immun machen. Die Ansammlung vieler Elemente einer Wertschöpfungskette innerhalb einer Region kann die Exportchancen einer Branche verbessern und gleichzeitig durch die damit in Verbindung stehende Diversifizierung die Exportabhängigkeit der Region verringern. Eine solche Spezialisierung ist nicht nur für die einzelne Region von Vorteil, sondern führt unter der Bedingung, daß die Stückkosten mit steigender Produktionsmenge fallen,[2] auch gesamtwirtschaftlich zu einem besseren Ergebnis: Der höhere Grad an Spezialisierung führt (steigende Skalenerträge in allen Regionen vorausgesetzt) zu niedrigeren durchschnittlichen Produktionskosten als ohne Spezialisierung. Hinzu kommen die Verringerung von Transaktions- und Informationskosten. Für die jeweilige Region resultiert aus einer solchen Situation auch, daß einzelne Unternehmen in anderen Regionen aufgrund der für sie höheren Durchschnittskosten als Konkurrenten ausfallen (Krugman, Obstfeld 1994).

---

2 d.h. unter den Bedingungen steigender Skalenerträge

## 4.2 Gefahren regionalpolitischer Fehlsteuerung

Die Summe der oben aufgeführten Argumente macht klar, daß die regionale Wirtschaftspolitik in Großstadtregionen, die nicht versucht, den ihr verbleibenden Spielraum zur Förderung intraregionaler Ökonomien zu nutzen, sondern undifferenziert auf die Ansiedlung großer Unternehmen als primäres Ziel regionaler Wirtschaftspolitik setzt, in einen Teufelskreis geraten kann: Ohne ein funktionierendes ökonomisches Beziehungsgeflecht innerhalb der Stadtregion und dadurch erzeugte Standortvorteile in Form von "location economies" ist der Anreiz zur Ansiedlung für interregional agierende Unternehmen gering. Die regionale Wirtschaftsförderung, die sich die Ansiedlung dieser Unternehmen zum Ziel gesetzt hat, kann nur versuchen, durch die Zahlung von Subventionen an die potentiellen Ansiedler dieses Manko der Region zu kompensieren, was unter den Bedingungen knapper Finanzmittel in den öffentlichen Haushalten den Spielraum für die Förderung intraregionaler Zusammenarbeit weiter einschränkt.

Für die Region ergeben sich zwei gleichermaßen nicht wünschenswerte Szenarien:

• Entweder es kommt nicht zur Vernetzung zwischen dem großen überregional agierenden Unternehmen und den kleinen Unternehmen der Region - dann wurde mit viel Fördergeldern ein Unternehmen angesiedelt, das seine Güternachfrage von außerhalb her deckt und im Zweifelsfall auch seine Arbeitskräfte (jedenfalls in den Positionen hoher und mittlerer Qualifikation) mit in die Region importiert;

• oder das Großunternehmen vernetzt sich zwar mit den kleinen Unternehmen der Region, degradiert diese aber gleichzeitig zu abhängigen Zulieferern und verhindert eine Vernetzung der kleinen Unternehmen untereinander.

In jedem Fall ergibt sich in beiden Szenarien aus den eingeschränkten Vernetzungschancen, den dadurch bedingten geringen Beschäftigungs- und Wertschöpfungseffekten in der Region ein Zwang, weitere Unternehmen anzuwerben. Diese Entwicklung führt zu einer Polarisierung und Segmentierung der städtischen Ökonomien, zu einem Nebeneinander von Wachstumsinseln und einer marginalisierten, an die lokalen und regionalen Märkte gebundenen Ökonomie. Häufig genug geht die ökonomische mit einer sozialen Polarisierung einher.

Ein weiterer negativer (Kosten)Effekt der allein auf Ansiedlung interregional agierender Unternehmen setzenden Politik ergibt sich aus der Tatsache, daß mehrere Regionen um die Ansiedlung solcher Unternehmen konkurrieren. Dies kann zu einem Ansiedlungswettbewerb führen, bei dem sich im Endeffekt alle Regionen schlechter stellen können: Die Regionen, die in der Konkurrenz um die Ansiedlung

Abbildung 2:
Ansiedlungspolitik und kumulative Effekte

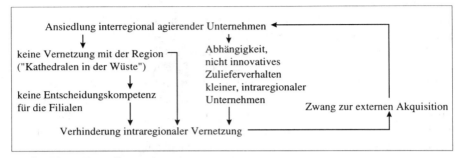

Quelle: Eigene Darstellung

von Unternehmen das Nachsehen haben, müssen ein Startgeld (in Form von Vorleistungen im infrastrukturellen Bereich etc.) gezahlt haben, für das sie keine Kompensation erhalten. Die Region aber, die den Ansiedlungswettbewerb "gewonnen" hat, verringert ihre Chancen zum Aufbau regionaler Vernetzungsstrukturen und muß dem Unternehmen auch noch Subventionen gewähren, um es zu halten. Des weiteren ist nicht sicher, daß die Umsiedlung des Unternehmens mehr ist als eine Verschiebung von Einkommen im Rahmen eines einkommenstheoretischen Nullsummenspiels: Der einen Region wird der Betrag an Einkommen entzogen, den die andere Region gewinnt.

Eine Ansiedlung von Unternehmen ohne gleichzeitige Schritte zu ihrer regionalen Verankerung ist standortunabhängig und greift deshalb nicht auf spezifische Ressourcen der Region zurück, die in anderen Regionen nicht vorrätig wären. Einkommen wird also nur von einer Region in die andere umgelenkt und bleibt bestenfalls in der Gesamthöhe unverändert (klassischer Fall der Beggar-my-neighbor-Politik). Wegen der hohen Importquote sind auch keine großen intraregionalen Multiplikatoreffekte zu erwarten. Ob es sich um ein Nullsummenspiel handelt oder nicht, hängt also davon ab, ob eine Anknüpfung an spezifische regionale Potentiale stattfinden kann. Ist dieses nicht der Fall, wird sich der Zustand der "Kathedrale in der Wüste" nicht ändern: Aus der Kathedrale wird kein "Begegnungszentrum" und aus der Wüste keine "blühende Landschaft".

Des weiteren ist angesichts der schon oben thematisierten Möglichkeit von Unternehmen, bei der Verlagerung des Standorts Einfluß auf die Wirtschaftspolitik in der Region auszuüben und Subventionen durchzusetzen, der Fall negativer Gesamteffekte nicht unwahrscheinlich. Unter den Bedingungen knapper finanzieller Ressourcen ist die Unternehmensverlagerung auch für die Ansiedlungsregion aufgrund der entsprechenden Verringerung der Fördermittel für den Auf- und Ausbau der intraregionalen Ökonomien negativ.

Generell fällt auf, daß Untersuchungen der Vernetzung von Unternehmen, die das Thema aus regionalökonomischer Sicht behandeln, zwar sehr häufig die Stabilisierung der Region als allgemeines Ziel benennen, daß sich aber wenige Überlegungen finden, die explizit auf den Arbeitsmarkt und die Beschäftigung zielen. Das ist um so überraschender, als es einer der Ausgangspunkte der Netzwerkdebatte in Deutschland war, daß sich die Beschäftigungsentwicklung in Regionen mit ähnlichen Branchenschwerpunkten ganz unterschiedlich entwickelt hat, daß also nicht die Branche an sich, sondern die *Organisationsform* innerhalb der Branche über die Beschäftigtenentwicklung entscheidet.

- An erster Stelle ist dabei sicher die Stabilisierung der Nachfrage nach den Produkten der Region zu nennen, die durch intraregionale Vernetzung gesichert werden kann. Schwankungen im Export der Region beeinträchtigen somit nicht mehr die regionale Wirtschaft als Ganzes.

- Ein zweiter Punkt ist die tendenzielle Innovativität intraregionaler Verflechtungsstrukturen, wie sie mit dem Begriff des innovativen Milieus am besten umschrieben ist. Wiewohl Bedenken gegen die enge Verknüpfung von Beschäftigungsentwicklung und Innovationsfähigkeit berechtigt sind, so zeigen doch die Regionen, in denen intraregionale Netzwerkstrukturen funktionieren bzw. funktioniert haben und zur Schaffung eines innovativen Milieus geführt haben, daß es eine positive Beziehung zwischen intraregionaler Vernetzung und Beschäftigungsentwicklung gibt.

- Zum dritten gilt, daß die Herstellung von Produkten für die intraregionale Nachfrage arbeitsintensiver ist als die Herstellung von interregionalen Produkten, da letztere durch die Lohnkonkurrenz auf den interregionalen Märkten einem stärkerem Rationalisierungsdruck als erstere ausgesetzt sind. Unter sonst gleichen Bedingungen hat auch dieses positive Beschäftigungseffekte.

- Zum vierten sind Regionen mit funktionierenden intraregionalen Strukturen weniger von der Verlagerung von Arbeitsplätzen an andere Produktionsstandorte bedroht, da durch die Arbeitsplatzverlagerung innerregionale Fühlungsvorteile verloren gehen würden. Die Verlagerung von Arbeitsplätzen ist vielmehr um so wahrscheinlicher, je weniger die Produktion regional konzentriert ist, da dann durch die Verlagerung kein Verlust an Fühlungsvorteilen zu befürchten ist.

- Ein weiteres Argument für die unterschiedliche Beschäftigungsentwicklung ist die Tatsache, daß es eine teilweise Parallelität von interregionaler Kapitalmobilität und interregionaler Arbeitskräftemobilität gibt, wenn die sich in der Region ansiedelnden, interregional agierenden Unternehmen ihre Arbeitskräfte mitbringen, was um so wahrscheinlicher ist, wenn auch in der Herkunftsregion Arbeitslosigkeit herrscht und wenn in der Zielregion keine Arbeitskräfte mit einem entprechenden Qualifikationsprofil vorhanden sind.

- Intraregionale Vernetzung kann auch dadurch erfolgen, daß Arbeitskräfte innerhalb einer Region von einem Unternehmen zum anderen wechseln (Sternberg 1991). Die Anwerbung von bisher außerhalb der Region angesiedelten Unternehmen, die ihren gleichfalls nicht in der Region verankerten Mitarbeiterstamm mitbringen, führt also dazu, daß auch auf der Ebene der Beschäftigten Chancen zur Vernetzung innerhalb der Region vertan werden.

## 5  Fazit

Ausgehend von der Prämisse, daß die Abkoppelung von Großstadtregionen aus interregionalen Vernetzungen weder möglich noch sinnvoll ist, wurde ein Weg aufgezeigt, der Großstadtregionen davor bewahren kann, eine für die Mehrzahl der Unternehmen einer Region nachteilige, arbeitsmarktpolitisch zweifelhafte und haushaltspolitisch kostenintensive Form der Einbindung in interregionale Strukturen zu wählen. Kern der Argumentation war, daß funktionierende intraregionale Netzwerke nicht nur intern die Region stabilisieren, sondern auch die für Großstadtregionen notwendigen Außenbeziehungen so gestalten, daß die Region als Ganzes davon profitiert. Insofern wurde dem globalen Fatalismus die Konzeption eines regionalen Freiheitsgrades entgegengesetzt. Die Nutzung dieses Freiheitsgrades ermöglicht es im übrigen auch, die arbeitsteilige Spezialisierung der Großstadtregionen voranzubringen und so den Kampf um die Ansiedlung standortunabhängiger Unternehmen einzudämmen. Nur so kann verhindert werden, daß die Region ein austauschbarer Spielball im Global Game der international agierenden Unternehmen wird.[3] Für reine Ansiedlungswettbewerbe von Regionen, die nur durch einen Kostensenkungswettlauf zur Ansiedlung standortunabhängiger Unternehmen gekennzeichnet sind, gilt das, was das Deutsche Institut für Wirtschaftsforschung (DIW) generell über Kostensenkungswettbewerbe zwischen Nationen schreibt (DIW 1998, S. 368): "Ein Kostensenkungswettbewerb von Nationen wird häufig als Analogon zum Wettbewerb zwischen Unternehmen angesehen und daher begrüßt. Bei einer solchen Betrachtungsweise wird aber verkannt, daß der Wettbewerb der Unternehmen ein Wettbewerb um die höchste Produktivität - bei für jedes Unternehmen gegebenen

---

3   Döhl, Sauer (1995) haben für Thüringen nachgewiesen, wie wenig die Region bisher von der milliardenschweren (und von der öffentlichen Hand sehr großzügig unterstützten) Investition des Opel-Konzerns in Eisenach profitiert hat.

Preisen - ist. Dieser Wettbewerb ist konstruktiv und innovativ, weil er sich auf die Erhöhung der Effizienz richtet und im Erfolgsfalle zu einem insgesamt höheren Einkommen führt. Der Wettbewerb der Nationen um eine Kostensenkung ist nicht innovativ, weil er nicht unter dem Vorzeichen von für alle gegebenen Rahmenbedingungen ... stattfindet und sich daher nicht auf die Steigerung der Produktivität konzentrieren muß. Ein Wettbewerb über die Lohn- und Finanzpolitik macht letztlich nur alle ärmer, wenn er nicht auf Innovation, sondern nur auf reine Kostensenkung gegründet ist."

Spezialisierung und Innovativität durch Clusterbildung stellen im regionalen Kontext das Gegenstück zum reinen Kostensenkungswettbewerb dar. Die konkrete Form der Spezialisierung kann jedoch nicht am Reißbrett entworfen werden, sondern muß die Ausgangssituation in der jeweiligen Großstadtregion berücksichtigen. Entperipherisierung ist also kein Tabula-rasa-Prozeß. Die Wichtigkeit historischer Rahmenbedingungen ist dabei genauso zu betonen wie die Weitsicht der regionalen Wirtschaftspolitik. Castells, Hall (1994) haben am Beispiel von München die Relevanz beider Faktoren nachgewiesen.

Für die regionale Wirtschaftspolitik wurde im Rahmen dieses Artikels eine Strategie formuliert, die unter Nutzung des Freiheitsgrades den Aufbau intraregionaler Vernetzungsstrukturen unterstützen kann. Dabei wurde klar, daß sich in peripheren Großstadtregionen intraregionale Vernetzung sowohl auf Güterproduktion im traditionellen Sinne als auch Wissensproduktion beziehen muß. Beide Bereiche stehen in peripheren Großstadtregionen nicht nebeneinander oder gar gegeneinander, sondern bedingen einander. Es bedarf sicher keiner großen prophetischen Gabe, um für die Zukunft eine Zunahme der Wichtigkeit der letztgenannten Art der Produktion zu prognostizieren. Das Schlagwort "Von der Güterproduktion zur Wissensproduktion" macht ja bereits die Runde. Damit aus diesem Phänomen aber eine "runde Sache" wird, sollte nicht vergessen werden, daß die Entwicklung peripherer Großstadtregionen pfadabhängig ist. Zwar ist es gut zu wissen, daß Wissen ein ganz besonderes Gut ist. Aus dem gegenwärtigen und zukünftigen relativen Bedeutungsverlust der Güterproduktion auf einen absoluten Bedeutungsverlust zu schließen, wäre aber ein Fehler. Vielmehr wird diejenige Großstadtregion erfolgreich ihre periphere Lage überwinden, die Güter und Wissensproduktion erfolgreich kombiniert.

Abschließend sei in Anspielung auf die Überschrift festgehalten: Nicht immer ist der schnellste Weg zum Weltmarkt der beste - es lohnt sich, vorher auf dem Wochenmarkt vorbeizuschauen.

# Literatur

Amin, A. (1993): The globalization of the economy - an erosion of regional networks? In: Grabher, G. (Hg.): The embedded firm. London, S. 278-295

Camagni, R. (1991): Local "Milieu", uncertainty and innovation networks: towards a new theory of economic space. In: Ders. (Hg.): Innovation networks - spatial perspectives. London, New York, S. 121-144

Cappellin, R. (1991): International networks of cities. In: Camagni, R. (Hg.): Innovation networks - spatial perspectives. London, New York, S. 230-244

Castells, M; Hall, P. (1994): Technopoles of the world. London, New York

Cooke, P. (1996): Policy-Netzwerke, Innovationsnetzwerke und Regionalpolitik. In: Heinelt, H. (Hg.): Politiknetzwerke und europäische Strukturförderung. Opladen, S. 58-74

Deutsches Institut für Wirtschaftsforschung (1998): Die Lage der Weltwirtschaft und der deutschen Wirtschaft im Frühjahr 1998. In: DIW-Wochenbericht 20/21, S. 325-368

Dicken, P; Forsgren, M.; Malmberg, A. (1994): The local embeddedness of transnational corporations. In: Amin, A; Thrift, N. (Hg.): Globalization, institutions, and regional development in Europe. Oxford, S. 23-45

Döhl, V.; Sauer, D. (1995): Neue Unternehmensstrategien und regionale Entwicklung. In: IfS Frankfurt/M.; INIFES Stadtbergen; ISF München; SOFI Göttingen (Hg.): Jahrbuch Sozialwissenschaftliche Technikberichterstattung '95, Schwerpunkt: Technik und Region. Berlin, S. 103-157

Ehret, M. (1998): Nutzungsprozesse als Ausgangspunkt des Innovationsmanagements. In: Engelhardt, W. (Hg.): Perspektiven des Dienstleistungsmarketing. Ansatzpunkte für Forschung und Praxis. Wiesbaden, S. 189-241

Fry, E. (1995): North American municipalities and their involvement in the global economy. In: Kresl, P. K.; Gappert, G. (Hg.): North American cities and the global economy. Thousand Oaks, S. 21-44

Hamer, E. (1991): Zuliefererdiskriminierung: Machtwirtschaft statt Marktwirtschaft? In: Mendius, G.; Wendeling-Schröder, U. (Hg.): Zulieferer im Netz - zwischen Abhängigkeit und Partnerschaft: Neustrukturierung der Logistik am Beispiel der Automobilzulieferung. Köln

Heidenreich, M. (1997): Wirtschaftsregionen im weltweiten Wettbewerb. In: Kölner Zeitschrift für Soziologie und Sozialpsychologie 49 (3), S. 500-527

Johanson, J.; Mattson, L. G. (1987): Interorganizational relations in industrial systems: A network approach compared with the transaction-cost-approach. In: International Studies of Management & Organization 17 (1), S. 34-48

Knox, P. L. (1995): World cities in a world-system. In: Knox, P. L.; Taylor, P. J. (Hg.): World cities in a world-system. Cambridge, S. 3-20

Krätke, S. (1992): Hierarchie und Vernetzung im europäischen Städtesystem. Hamburg

Krätke, S. (1995): Stadt, Raum, Ökonomie. Basel, Boston, Berlin

Krugman, P.; Obstfeld, M. (1994): International economics - theory and policy. Third Edition. New York

Lawton Smith, H.; Dickson, K.; Lloyd Smith, S. (1991): Innovation and collaboration within networks of large and small firms. In: Research Policy 20, S. 457-468

Lutter, H.; Sinz., M. (1981): Alternativen zum großräumigen Autobahnbau in ländlichen Regionen. In: Informationen zur Raumentwicklung 3/4, S. 165-192

Mønsted, M. (1993): Regional network processes. In: Karlsson, C.; Johannisson, B.; Storey, D. (Hg.): Small business dynamics. London, New York, S. 204-222

Moulaert, F.; Swyngedouw, E. (1990): Geographie flexibler Produktion. In: Borst, R. et al. (Hg.): Das neue Gesicht der Städte. Theoretische Ansätze und empirische Befunde aus der internationalen Debatte. Basel, Boston, Berlin, S. 89-108

Porter, M. (1993): Nationale Wettbewerbsvorteile. Erfolgreich konkurrieren auf dem Weltmarkt. Wien

Sassen, S. (1996): Metropolen des Weltmarkts. Frankfurt/M.

Sassen-Koob, S. (1988): Global cities. New York

Sternberg, E. (1991): The Sectoral cluster in economic development policy: Lessons from Rochester and Buffalo, New York. In: Economic Development Quarterly 5 (4), S. 342-356

VDI/VDE (1997): Kleine Unternehmen in der Wachstumsphase, Band I: Untersuchungsergebnisse. Teltow

Wilmes, M.; Keil, I.; Schroeder, K. (1997): Der Forschungs- und Technologiepark Berlin-Adlershof - Modell einer neuen Form regionaler Kooperation zwischen Wirtschaft, Wissenschaft und Politik? Berlin

Michael Arndt

# Raum ohne Geld.
# Räumliche Auswirkungen der Konzentrations- und Deregulierungsprozesse des Kreditmarktes

## 1    Allokation der Finanzmärkte nach dem Wegfall monetärer Grenzen

Gegenwärtig entfaltet der Begriff der "Globalisierung" in der wissenschaftlichen und politischen Debatte eine besondere Eigendynamik. Für die einen stellt er ein postmodernes Modewort mit kurzer Verfallszeit dar, für andere ein Motiv für Deregulierungs- und Privatisierungsinszenierungen und sozialen Abbau, für Dritte ein Kennzeichen einer gewandelten und enger gewordenen Wirtschaftswelt. Nach Giddens (1997) stellt die Globalisierung keinesfalls ausschließlich ein ökonomisches Phänomen dar, sondern eine Verwandlung von Raum und Zeit durch das Aufkommen der modernen Informations- und Kommunikationstechnologien. Sie kappen die Bindungen von Kapital und Arbeit, aber auch von Management und Organisation an einen bestimmten Raum. Wo Grenzen fallen, stehen auch politisch gebildete Raumstrukturen mit ihren eingebetteten Institutionen und Regelsystemen zur Disposition. In diesen Kontext ist sowohl der Auflösungsprozeß der nationalen Grenzen, die Integration der europäischen Nationalstaaten in eine supranationale Union als auch die bevorstehende Währungsunion einzuordnen.

Ökonomisches Merkmal des europäischen Integrationsprozesses ist ein sukzessiver Abbau von nationalen, administrativen Transaktionsbarrieren. Mobilitätshindernisse für Arbeitskräfte und Handelsschranken wurden beseitigt sowie gemeinsame Institutionen mit einheitlichen Regelungssystemen geschaffen. Zwischen den Unternehmen in den verschiedenen Nationen können sich ökonomische Verflechtungen und ein Höchstmaß an Wirtschaftskooperationen entfalten. Ehemals voneinander abgeschottete und in Konkurrenz zueinander stehende Wirtschaftsräume entwickeln sich im größeren räumlichen Kontext zunehmend komplementär.

Der wirtschaftliche Integrationsprozeß erhält mit der Währungsunion und dem Wegfall bisheriger institutioneller Hemmnisse auf den Finanzmärkten in zweifacher Weise eine neue Qualität. *Zum einen* stellt sich die Währungsunion als eine Reaktion auf die Globalisierung der Finanzmärkte dar: Aufgrund der spezifischen Eigenschaften des Geld- und Kreditverkehrs ist die Globalisierung der Finanzmärkte besonders weit fortgeschritten. Mittels neuer Informations- und Kommunikationstechniken entwickeln diese inzwischen ein Eigenleben, das es außerordentlich schwer macht, die Finanztransaktionen an das realwirtschaftliche Geschehen zu binden.[1] Im europäischen Maßstab wird auf diese Entwicklung mit der Entnationalisierung der Währungspolitiken reagiert, die das Ziel verfolgt, die europäische Finanz- und Realwirtschaft zumindest partiell den Unkalkulierbarkeiten der internationalen Finanzmärkte zu entziehen und in einen neuen räumlichen Kontext einzubetten, dessen Gewicht groß genug ist, um der wirtschaftlichen Konkurrenz aus dem Dollarraum und der Yen-Zone begegnen zu können. *Zum anderen* wird die monetäre Harmonisierung aber auch mit weiteren wirtschaftlichen Liberalisierungsschritten innerhalb des europäischen Raumes verbunden. So entfallen im Zuge der Währungsunion die ausdifferenzierten nationalen Austarierungssysteme und Stabilisierungsmöglichkeiten, ohne daß neue allokative und distributive Steuerungssubstitute in ausreichendem Umfang bereit stehen. Bisher werden die nationalen Kreditmärkte noch durch eine nationale Bankenaufsicht organisiert. Derartige ordnungspolitische Maßnahmen sehen die Vereinbarungen zur Währungsunion für die europäische Ebene nicht vor.

Die durch die Währungsunion beförderte Reduzierung der institutionellen Transaktionsbarrieren innerhalb des europäischen Raumes wird sicher auch dazu beitragen, die bisherigen Beschränkungen der regionalen Ausbreitung und der Tätigkeitsfelder des Bankenwesens aufzuweichen. Administrative und institutionelle Barrieren haben bis vor kurzem noch die Konzentrations- und Spezialisierungsprozesse im Bankensektor beschränkt. Überregionale Spezialisierungs- und Konzentrationsprozesse waren eher selten, und es konnten sich differierende Organisationsformen des Bankenwesens national und regional erhalten, in denen sehr unterschiedliche Bankgewohnheiten, wirtschaftliche Strukturen und räumliche Charakteristika zum Ausdruck kommen. Mit dem Wegfall der Währungsgrenzen stehen nunmehr diese gewachsenen Formen räumlicher Arbeitsteilung und der Unternehmenstrukturen zur Disposition. Die nationalen und regionalen Banken werden zur Umstrukturierung gezwungen, wenn sie mit den im Ausland gebotenen Qualitäten und Konditionen Schritt halten wollen.

Nur in groben Umrissen absehbar ist, welche Folgen diese Marktöffnung für die Versorgung der Haushalte und Unternehmen mit Finanzdienstleistungen in den verschiedenen Teilräumen haben wird. Während die Mehrzahl der neoklassischen

---

1 Beispielsweise beliefen sich die durchschnittlichen Umsätze auf den Devisenmärkten 1995 börsentäglich auf rund 1.200 Milliarden US-Dollar. Hiervon wurden nur noch 2 Prozent zur Finanzierung des internationalen Handels mit Waren und Dienstleistungen benötigt (Köhler 1997).

wirtschaftswissenschaftlichen Lehrmeinungen davon ausgeht, daß Volkswirtschaften immer einen Gleichgewichtszustand anstreben und folglich auch der Wegfall der monetären Grenzen durch die Vereinheitlichung der Geld- und Regelsysteme zu keinen allokativen und distributiven Nachteilen führt, wird aus regionalwissenschaftlicher Sicht eher ein räumlicher Polarisierungsprozeß erwartet (vgl. Krugman 1991).[2] Danach werden die wirtschaftlich stärkeren Regionen und Unternehmen neue strukturelle Vorteile erlangen können, während bestimmte Gebiete aufgrund ihrer geringen Produktivität der Gefahr einer Marginalisierung ausgesetzt sind. Auf den von monetären Grenzen befreiten Räumen werden sich - dieser Auffassung folgend - die Finanzmärkte ebenso wie die Gütermärkte in Zukunft vermutlich mehr denn je auf jene Räume richten, die die höchsten Renditen versprechen - auf die wirtschaftlich starken Agglomerationsräume. In diesen Räumen können Unternehmen sowohl "economies of scale" als auch niedrige Transportkosten zu ihren Gunsten nutzen. Economies of scale ergeben sich aus dem Umstand, daß die durchschnittlichen Anlagekosten eines Unternehmens an einem integrierten Standort mit hoher Diversifikation schon allein aufgrund der Größe und der räumlichen Nähe der Wirtschaftspartner sinken. Durch Fusionen bzw. Betriebsvergrößerungen können hier immer weitere Vorteile erzeugt werden, solange die Kapazitätsgewinne schneller zunehmen als die damit verbundenen Kosten. Es gibt keinen Grund, daß dieser Prozeß abbricht, außer wenn die Nachfrage nicht mehr elastisch ist und Erträge nicht mehr zunehmen (Kaldor 1977, S. 93). Auch unter Gesichtspunkten der räumlichen Distanz und Transportkosten werden Polarisierungskräfte freigesetzt. So sind die Wettbewerbsnachteile von Unternehmen in peripheren Räumen gering, solange ein Gut hohe Transportkosten bei der Produktion und Veräußerung aufweist (Krugman 1991, S. 88ff.). Kann jedoch durch technologische und organisatorische Innovationen eine Reduzierung dieser Kostenelemente erzielt werden, ist eine Verlagerung der Produktion - dies gilt auch für die Produktion von Finanzdienstleistungen - an zentrale Standorte wahrscheinlich. Die dadurch entstehenden regionalwirtschaftlichen Ungleichgewichte können mit einer Kapitalbenachteiligung, wachsender Arbeitslosigkeit und einer Entwertung der endogenen Potentiale in den negativ betroffenen Räumen verbunden sein.

---

2  Solange die Kosten der Finanzierung sehr hoch sind, wird sowohl in zentralen wie in peripheren Regionen die Finanzinfrastruktur gehalten. Schon eine geringe Reduktion der Transaktionskosten bei der Finanzierung kann zu einer Verlagerung der Finanzunternehmen an zentrale Standorte führen, da hier zusätzlich "economies of scale" und eine bessere Erreichbarkeit des größeren Marktes genutzt werden können. Erst wenn die peripher gelegenen Finanzinstitute durch Fusionen und Schließungen die Kosten ihrer Infrastruktur überdurchschnittlich senken, könnten die Vorteile des Zentrums nivelliert werden.

Anknüpfend an diese globalen und europäischen Entwicklungen und deren erwartete Auswirkungen auf die Struktur des regionalen Bankensystems ist es das Ziel dieses Beitrags, einige Konsequenzen der Währungsunion für das Kreditgewerbe und die Kreditmärkte speziell in den peripheren Regionen aufzuzeigen. Hierbei wird - unter besonderer Berücksichtigung der neuen Bundesländer - folgenden Fragestellungen nachgegangen:

- Welche funktionalen Veränderungen sind im Kreditsektor aufgrund der Internationalisierung der Kapital- und Finanzströme zu erwarten?
- Welche Auswirkungen kann dieser Prozeß auf die räumliche Verteilung des Kreditgewerbes und auf die Geschäftspolitiken der regionalen Kreditinstitute haben?
- Inwieweit beschleunigt die europäische Währungsunion die Peripherisierung von Teilräumen?
- Mit welchen formellen und informellen Strategien und Instrumenten des Kreditgewerbes kann eine regionalwirtschaftliche Stabilisierung bewirkt bzw. einem Peripherisierungsprozeß entgegengewirkt werden?

## 2 Das regionalorientierte Bankenwesen unter Anpassungsdruck

### 2.1 Strukturwandel des Bankensystems

Das Bankensystem erfüllt in einer arbeitsteiligen Wirtschaft eine intermediäre Funktion. Seine originäre Makroaufgabe ist es, die Zahlungs- und Finanzströme in einem Raum so zu organisieren, daß das Anlagekapital einer hohen Wertschöpfung zugeführt wird. Auf der Ebene des Bankunternehmens selbst bestimmen Kundennähe und Effizienz die Bedingungen dieses Marktes. Um gesamt- und einzelwirtschaftliche Ziele miteinander zu koordinieren, hat sich in der Bundesrepublik eine räumliche Trennung der Märkte sowie eine dezentrale Organisation der Bankstellen und Wertschöpfung entwickelt (Härtel, Jungnickel et al.1996, S. 319). Anzahl, Größe und Spezialisierung sowie die regionale Verteilung der Kreditinstitute zeigen die vielfältige Struktur dieser Bankenlandschaft auf.

So ist im internationalen Vergleich der Bankenstruktur - Stand 1994 - die Versorgung der Bevölkerung der Bundesrepublik mit Bankdienstleistungen mit 1140 Einwohnern pro Filiale - im Vergleich zu den USA mit 2775 Einwohnern je Bankstelle und Japan mit 2309 Einwohnern je Bankstelle - als überdurchschnittlich zu bewerten (Härtel, Jungnickel et al.1996, S. 313). Die Unterschiede im Kreditgewerbe zwischen den Nationen sind ein Indiz dafür, daß die räumliche Integration des Absatzmarktes nicht wie in den meisten warenproduzierenden Branchen mit einer Spezialisierung der Produktion verbunden war. Neben der hohen Bankendichte ist auch die Bankenvielfalt ungewöhnlich. Gegenwärtig besitzen die zehn größten Kreditinstitute in der Bundesrepublik nur einen Marktanteil von 40 Prozent. Die restlichen Marktanteile werden von anderen Instituten (Sparkassen und Genossenschaftsbanken) gehalten. Insgesamt deutet diese Verteilung auf ein engmaschiges und dezentrales Bankensystem hin (Statistisches Bundesamt 1992, S. 343). Einige internationale Beratungsunternehmen sprechen daher von einem "overbanked Germany".

Tabelle 1:
Bestand an Kreditinstituten zwischen 1991 und 1996 nach Bankengruppen (in absoluten Zahlen)

| Jahr | Großbanken | Regionalbanken und sonstige Kreditbanken | Kreditgenossen-schaften | Sparkassen |
|------|-----------|------------------------------------------|-------------------------|-----------|
| 1991 | 4 | 198 | 3154 | 746 |
| 1992 | 4 | 196 | 2918 | 723 |
| 1993 | 3 | 194 | 2778 | 704 |
| 1994 | 3 | 199 | 2666 | 657 |
| 1995 | 3 | 198 | 2591 | 626 |
| 1996 | 3 | 194 | 2508 | 607 |

Quelle: Deutsche Bundesbank, Monatsberichte

Diese Qualität spiegelt sich in einer räumlichen Arbeitsteilung und einem differenzierten Angebot nach Kundengruppen und Geschäftssparten wider (vgl. Härtel, Jungnickel et al. 1996, S. 319). So wird die kreditwirtschaftliche Versorgung breiter Bevölkerungskreise in der Fläche von Genossenschaftsbanken und Sparkassen gewährleistet. Große Kreditinstitute haben dagegen ihre Filialen auf Schwerpunktorte - in Gemeinden mit 20.000 und mehr Einwohnern - konzentriert, wo attraktive Renditen erwirtschaftet, "economies of scale" ausgeschöpft und andere Agglomerationsvorteile (Erwerbspersonenpotential, banknahe Infrastrukturleistungen) genutzt werden können.

Doch das Bild eines "overbanked Germany" befindet sich in Auflösung. Die bestehende Struktur der auf Funktionen, Regionen und Kundengruppen spezialisierten Kreditinstitute ist zunehmend gefährdet. Ein sich immer schärfer vollziehender Konzentrationsprozeß ersetzt die vorhandene Vielfalt im Bankwesen tendenziell durch den Einheitstyp der Universalbank. Ein Kennzeichen dieses Prozesses ist der erhebliche Rückgang der Zahl selbständiger Kreditinstitute und Zweigstellen (vgl. Abbildung 1). So wurden im Jahr 1972 in der Bundesrepublik (alt) noch 7199 Kreditinstitute gezählt. 1982 waren es nur noch 4940. Ende 1990 und 1996 waren nur noch (einschließlich der neuen Bundesländer) 4719 bzw. 3784 Kreditinstitute tätig.

Abbildung 1:
Rückgang der Zahl selbständiger Kreditinstitute 1970-1996, nach Bankengruppen in der Bundesrepublik Deutschland (in absoluten Zahlen)

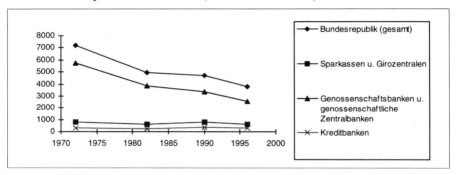

Quelle: Monatsberichte der Deutschen Bundesbank; Jahresbericht der Landeszentralbank der Freien Hansestadt Bremen, Niedersachsen und Sachsen-Anhalt 1996; eigene Darstellung

Erste Impulse erhielt der Strukturwandel im Bankwesen im Zuge steigender Einkommen und somit wachsender Spar- und Kreditfähigkeit der Bevölkerung. Hierdurch wurde das Massengeschäft im Bankensektor attraktiv. Gegenwärtig wird der Wandlungsprozeß vor allem über die Internationalisierung der Märkte in Form von Großkunden- einschließlich Interbankengeschäften vorangetrieben (Härtel, Jungnickel et al. 1996, S. 320). Ferner bewirken zunehmender Wertpapierhandel, Aktivitäten des Auf- und Ausbaus des Investmentbanking sowie private Vermögensverwaltung nicht nur einen Wechsel vom Zins- zum Provisionsgeschäft, sondern stützen in der Bundesrepublik den Trend zum Universalsystem. Die höhere Effizienz der Universalbanken mit Zweigstellennetz gegenüber regionalorientierten Bankinstituten gründet sich auf die ihnen verfügbaren Standardisierungspotentiale von Bankprodukten. Aufgrund einer überregional ausgerichteten Geschäftstätigkeit können die Universalbanken somit "economies of scale" und Verbundvorteile ausschöpfen und durch strategische Standortpolitik Transaktionskosten bei der Lenkung von Finanzkapital reduzieren (ebd., S. 320f.). Sie können sich somit Wettbewerbsvorteile verschaffen, die sie zu bevorzugten Partnern bei der Kapitalbeschaffung für Großinvestitionen und Unternehmensaufkäufe werden lassen. Damit verbunden sind räumliche und sektorale Konzentrationsprozesse im Großbankenbereich, durch die die in der Bundesrepublik verbreiteten kleineren und mittleren Unternehmenssegmente besonders hart getroffen werden. Kleineren und mittleren Banken - vor allem in den peripheren ländlichen Räumen - sind an diesem Punkt ökonomische Grenzen gesetzt. In ihren Geschäftsstellen ist aufgrund der niedrigen Siedlungsdichte, weit unterdurchschnittlicher Betriebsgrößen sowie eines geringeren Kreditvolumens der Fixkostenanteil deutlich höher.

Schließlich werden aufgrund der Liberalisierungen auch Nichtbanken und ausländische Banken auf dem Finanzmarkt der Bundesrepublik agieren, den Wettbewerb um finanzstarke Kunden verschärfen und weiteren Ertrags- und Kostendruck auf die kleineren regionalen Finanzinstitute ausüben. Druck geht aber auch von der Nachfrageseite aus. So wird die Nachfrage nach traditionellen Dienstleistungen aufgrund veränderter Bankgewohnheiten (Zunahme von Home-banking sowie des Kreditkarten- und Geldautomatengebrauchs) abnehmen. Die sinkende Nachfrage nach bestimmten Bankleistungen sowie die verstärkte Konkurrenz motiviert die überregional tätigen Universalbanken als auch die an Landesgrenzen gebundenen öffentlichen Kreditinstitute zu neuen strategischen Überlegungen in der Geschäftspolitik. So bemühen sich die größeren Landesbanken, ihre Marktanteile über Fusionen und die Integration neuer Tätigkeitsfelder zu wahren. Hierfür steht die Orientierung in Richtung Mega-Bank (Integration von Versicherung und Bankleistungen) ohne räumliche Begrenzung der Geschäftspolitik (vgl. Benölken und Partner 1991, S. 10ff.).

Diese Entwicklung wird Auswirkungen auf den regionalen Bankenmarkt haben. Der Gestaltungsraum einer regional angepaßten Geschäftspolitik wird für kleinere und mittlere Unternehmen geringer und sie zwingen, auf den verschärften Wettbewerb z.B. mit Effizienz- und Rationalisierungsstrategien zu reagieren, d.h. vorrangig auch das organisatorische Reduzierungspotential auszuschöpfen. In verschiedenen Studien sind große Reduzierungspotentiale ermittelt und darauf bauende Strategien empfohlen worden. Vorsichtige Prognosen (vgl. Tabelle 2) gehen von einer 30prozentigen Reduzierung der Zweigstellen im deutschen Bankensektor (ohne Postbank) aus. Andere Einschätzungen, insbesondere von internationalen Consultingfirmen (A. D. Little), gehen sogar von einem 50prozentigen Abbau aus.

Der damit verbundene Beschäftigtenrückgang wird bei Priewasser (1994) bis zum Jahr 2009 auf sechs Prozent geschätzt. Andere Projektionen sehen jedoch wesentlich schärfere Umbrüche mit strukturellen Beschäftigungsauswirkungen wie in der Montanindustrie. So weist die Unternehmensberatung A. D. Little darauf hin, daß das reale Wachstum der Arbeitsproduktivität im Kreditgewerbe bisher immerhin jährlich um 56 Prozent hinter dem Wirtschaftsdurchschnitt zurückgeblieben ist.

Tabelle 2:
Prognostizierte Entwicklung des Zweigstellennetzes der Bankengruppen in der
Bundesrepublik Deutschland zwischen 1992 und 2009 (in absoluten Zahlen)

| Bankengruppe | Stand im Jahr 1992 | Prognose für das Jahr 2009 |
|---|---|---|
| Großbanken | 3.557 | 2.500 |
| Regionalbanken und sonst. | 3.684 | 2.600 |
| Sparkassen | 20.295 | 14.200 |
| Kreditgenossenschaften | 20.739 | 16.600 |
| gesamt | 48.275 | 35.900 |

Quelle: Priewasser 1994

Für das deutsche Kreditwesen errechnete dieses Institut einen Abbau von 14.000
Bankfilialen und 100.000 Arbeitsplätzen. Im übrigen sind selbst Banken ohne Personal keine Utopie mehr, sondern praktizierte Realität (Mertens 1997, S. 28). Angesichts dieser Prognosen bildet es eine außerordentliche ordnungspolitische Herausforderung, den Schrumpfungsprozeß so zu strukturieren, daß eine stabile
Entwicklung der regionalen Kreditinstitute gewährleistet wird und eine neue gleich-
gewichtige Arbeitsteilung zwischen den großen nationalen und den reorganisierten
lokalen Banken entsteht.

*2.2 Aufgaben und Funktionen regionaler Kreditinstitute*

Im Mittelpunkt der regionalen Kreditmärkte stehen die Sparkassen und Genossenschaftsbanken. Beide Kreditinstitutionen sind in ihrer Geschäftstätigkeit durch
Gesetze beschränkt. Während das Genossenschaftsgesetz ein Bundesgesetz ist, liegt
das Sparkassengesetz in der Zuständigkeit der Länder. Hieraus resultieren auch ihre
unterschiedlichen regionalen Funktionen. So stellen die Genossenschaften per
Rechtsform eine personalistische Unternehmensstruktur zur Förderung ihrer Mitglieder dar, wodurch im Prinzip eine institutionelle Eingrenzung des zu fördernden
Personenkreises und der Geschäftsfelder erfolgt. Sie haben in dieser Funktion beispielsweise bei hochspekulativen Geschäften Zurückhaltung zu üben (vgl. hierzu
Böhm, Weil 1993, S.109). Als Bankunternehmen bewirtschaften sie in der Regel
vergleichsweise kleine und nur eine begrenzte Anzahl von Zweigstellen, die als
selbständige (dezentrale) Einheiten operieren können. Ihre Mitgliedschaft besteht
hauptsächlich aus mittelständischen Unternehmen und Kunden vor Ort. Die Identität von Kunde und Mitglied ergibt somit eine "Nähe", die ein zielorientiertes

Regionalmarketing und die Servicefreundlichkeit befördert und den Volks- und Raiffeisenbanken einen Ruf schneller Entscheidungen im Kreditgeschäft sichert (Aschhoff 1981).

Im Gegensatz hierzu haben die Sparkassen als öffentliche Kapitalgesellschaft monetäre Versorgungsaufgaben für die Kommune zu leisten. Ihre Besonderheit liegt in der geographischen Begrenzung ihres Tätigkeitsfeldes (Regionalprinzip). Aufgrund der Kongruenz bzw. Deckungsgleichheit von Geschäftsträgerschaft und Geschäftsgebiet ist die Errichtung von Haupt- und Zweigstellen auf das Gebiet des öffentlichen Eigentümers und Gewährsträgers beschränkt. Konkurrenzsituationen zwischen Sparkassen werden auf diese Weise ausgeschlossen, so daß die intermediäre Funktion des Bankwesens optimal wahrgenommen werden kann: Die "vor Ort" gesammelten Spargelder sollen ausschließlich zur Förderung der einheimischen Bevölkerung mit Krediten dienen. Attraktiv für die Bevölkerung ist hierbei die weitgehend hohe Einlagensicherheit. Eventuelle Vermögensverluste werden durch die öffentliche Hand aufgefangen.[3]

Aufgrund der öffentlich-rechtlichen Rechtsform bewegt sich die Geschäftspolitik der Sparkassen in einem besonderen Spannungsverhältnis. Sie wird durch besondere Einschränkungen und Vorgaben des öffentlichen Eigentümers bestimmt. Durch die geographische Begrenzung der Geschäftspolitik wird eine starke regionale Marktstellung gefördert, die zur Erfüllung des öffentlichen Auftrages genutzt werden soll. Sie umfaßt ein Zielbündel aus sozialpolitischen (Förderung der Vermögensbildung, Kreditleistungen für mittelständische Betriebe und Dienstleistungen), kommunalpolitischen (Abwicklung der Geldgeschäfte und Gewährung langfristiger Kredite an die Kommune) und wettbewerbswirtschaftlichen Komponenten (Korrekturfunktion und Reduzierung der Bankenmacht, Wahrung der Kundeninteressen). Alle diese Bindungen sollen sowohl die Geld- und Kreditversorgung in strukturschwächeren Räumen als auch die Umsetzung weniger gewinnträchtiger Bankgeschäfte absichern. Die Sparkassen werden zu diesen Leistungen verpflichtet, selbst wenn diese aus einzelwirtschaftlicher Sicht prinzipiell nicht mehr vertretbar erscheinen. Die räumlichen Einschränkungen bewirken, daß eine Ausdehnung der Geschäftspolitik aufgrund eines verteilten "(Sparkassen)-Marktes" kaum möglich ist. Die inhaltlichen Bindungen bewirken, daß die Sparkassen von lukrativen, aber spekulativen Bankgeschäften ausgeschlossen sind (vgl. Keßler 1996, S. 35).

---

3 Hier ist anzumerken, daß die regionale Beschränkung weitgehend auf das Aktivgeschäft begrenzt wird. Der Akquirierung externer Spargelder sind prinzipiell keine Grenzen gesetzt (vgl. Keßler 1996, S. 33ff.).

## 2.3 Bankenfusionen - Chance oder Irrweg?

Im Zuge der Liberalisierung und Deregulierung der Kreditmärkte steht zu befürchten, daß diese kleineren und mittleren Kreditinstitute die Kosten der Liberalisierung aufgebürdet bekommen, während die international agierenden Unternehmen Vorteile daraus ziehen, ihre Marktanteile erweitern und durch Größenwachstum (z.B. Fusionen) überdurchschnittliche Gewinne erzielen können. Die Tendenz zu größeren Betriebseinheiten wird auch institutionell durch immer neue Gesetze und Richtlinien befördert. Insbesondere die europäische Eigenmittel-[4] und Solvalitätsrichtlinie[5] schränkt den Handlungsrahmen der kleineren und mittleren Banken ein. Gleiches gilt auch für die neuen Vergaberichtlinien von Großkrediten. Nur größere Kreditinstitute können die verlangten Kriterien weitgehend erfüllen und notwendiges Kapital an der Börse akquirieren. Den kleineren und mittleren öffentlich-rechtlichen Banken wird dieser Weg versperrt. Sie werden demzufolge in den Börsenjournalen schon als Übernahmekandidaten gehandelt.[6]

Um im Wettbewerb bestehen zu können, verläuft bei den Genossenschaftsbanken und Sparkassen derzeit eine Diskussion über die Steigerung ihrer Effizienz und Effektivität. Im Vordergrund stehen dabei die Optimierung von Leistungsprozessen, insbesondere in der Kreditprüfung und -bewilligung sowie die optimale Ausrichtung von Ressourcen und Organisation auf wettbewerbskritische Leistungsprozesse. Allerdings stoßen derartige Optimierungsphilosophien an Grenzen. Kleinere und mittlere Sparkassenorganisationen und Genossenschaften besitzen schon aufgrund ihrer Betriebsgröße nur begrenzte Handlungsspielräume, mittels Ausgleichspreisstellung, Nutzung von Cross-selling-Möglichkeiten und Reduzierung der hohen Fixkostenblöcke die strukturelle Wandlung auf den Finanzmärkten aufzufangen.

---

4   Diese Richtlinie definiert die unterschiedlichen Qualitäten von Eigenmitteln als bankaufsichtsrechtliche Bezugsgröße. Sie können sich aus den Subelementen Basiskapital, Eigenmittel, die voll eingezahlt sind und dem Kreditinstitut dauerhaft zur Verfügung stehen (gezeichnete Kapitalbeiträge der Gesellschafter, Rücklagen) sowie aus ergänzenden Mitteln (z.B. versteuerte stille Reserven, nach §26 KWG, Genußscheinkapital bestimmter Ausgestaltung und Haftsummenzuschlag) zusammensetzen (vgl. hierzu Benölken u. Partner 1991, S. 39ff.).

5   Der Solvalitätskoeffizient setzt die Eigenmittel ins Verhältnis zu den risikotragenden Aktiva. Er dient als Maßstab für eine ausreichende Eigenkapitalausstattung (Benölken u. Partner 1991, S. 42).

6   Die Forderung des Mc Kinsey-Reports, der für eine leistungsfähige Sparkasse ein Bilanzvolumen von 1 Mrd. vorsieht, hat kleinere Institute zu potentiellen Übernahmekandidaten gemacht. Eine Unterkapitalisierung ist nur über die zusätzlichen Einlagen der öffentlichen Gesellschafter bzw. über Zusammenschlüsse aufzufangen.

Eine Möglichkeit, Größenvorteile und Ausdehnungsspielräume in der Geschäftspolitik zu erwirtschaften, bietet die Intensivierung der horizontalen Arbeitsteilung beispielsweise durch Kooperation, Fusion und Akquisition. Strategische Fusionen in einer differenzierten und diesem Unternehmenstypus angepaßten Form scheinen geeignet zu sein, Standardisierungs- und damit Kosteneinsparpotentiale zu erschließen. So lassen sich im Spargeschäft, bei Absatzleistungen der Banken, bei der Vermittlung von Fondsanteilen, im Zahlungsverkehr sowie im Kreditgeschäft (Konsumenten-, Kontokorrent- und Firmenkredite) Mengenvorteile erwirtschaften, die auch für den Kunden Preissenkungsspielräume eröffnen (vgl. Keßler 1996, S. 406f.). Fragwürdig sind allerdings Sparkassenfusionen, die allein aus Gründen der Intensivierung des individualisierten Bankgeschäftes (Portfolio-Strukturierung, Portfoliomanagement, Modelle der Altersversorgung, große Firmenkundengeschäfte etc.) angestrebt werden. Diese neuen Aufgabenfelder finden zwar zunehmend die Zustimmung von Sparkassenvertretern, es deutet aber vieles darauf hin, daß sich die Sparkassen schon allein aufgrund ihres öffentlichen Auftrages, ihres gewachsenen Firmenprofils und ihres sehr spezifischen Know-hows nicht im Bereich der individualisierten Bankgeschäfte auf dem Markt behaupten können (vgl. ebd., S. 408).

Ungeachtet ihrer besonderen Aufgabenstellung ist zu beobachten, daß die öffentlichen Landesbanken mit ihren Sparkassen zunehmend von restriktiven Eingrenzungen in ihrer Geschäftspolitik befreit werden. Zwischenzeitlich sind sie in den wesentlichen Segmenten des Bankgeschäftes den großen deutschen Universalbanken bereits gleichgestellt. Eine solche Befreiung der Geschäftspolitik von institutionellen Begrenzungen scheint auf den ersten Blick auch notwendig zu sein, berücksichtigt man, daß im Zuge der Internationalisierung der Geldmärkte die Anzahl und der Einfluß ausländischer Banken in diesem Lande zunehmen wird. Mit der Angleichung der Sparkassen an die privaten Großbanken stehen dann aber auch traditionelle bzw. eingespielte Arbeitsteilungen auf den regionalen Kreditmärkten zur Disposition. Mit der "vollen Niederlassungs- und Geschäftsfreiheit" würde das Regionalprinzip der Sparkassen obsolet. In diesem Zusammenhang ist zu befürchten, daß das bisherige Geschäftsziel der Sparkassen, eine breite Versorgung in der Fläche zu gewährleisten, zugunsten wirtschaftlich attraktiverer Geschäftsfelder im In- und Ausland in den Hintergrund tritt.

# 3 Wandel der räumlichen Ordnung in der Bankenwirtschaft

## 3.1 Entwicklung und räumliche Verteilung des Bankstellennetzes

Der Konkurrenzkampf um Marktanteile im Bankensektor wird sich insbesondere auf die dichtbesiedelten Zentren der EU konzentrieren. Hier werden internationale Großbanken tätig sein, "die aufgrund ihres hervorragenden Rating und wegen der von ihnen nachgefragten hohen Kreditbeträge direkt auf diesen Märkten auftreten können."[7] Zudem sind hier die Markteintrittskosten niedrig, und es existiert eine hohe Nachfrageflexibilität der dortigen Kapitalunternehmen. So zeigt sich beispielsweise auch in der Region Berlin-Brandenburg, daß in der Metropole größere Kreditbanken und im ländlichen Raum die Sparkassen und Kreditgenossenschaften dominieren. Auf letztere entfielen in Brandenburg bis zum Jahr 1993 fast 80 Prozent aller Bankstellen. Im Land Berlin beträgt dieser Anteil nur 30 Prozent. Eine ähnliche Bankenstruktur ist auch in den anderen neuen Bundesländern zu beobachten.

Bemerkenswert ist, daß in Ostdeutschland eine intensivere Fusionstätigkeit als in den alten Bundesländern zu beobachten war. Die Zahl der Institute sank im Jahr 1995 überproportional von 192 auf 181 Kreditinstitute (um fast sechs Prozent), während in den alten Bundesländern der Rückgang nur drei Prozent betrug. Parallel dazu

Tabelle 3:
Bank- bzw. Zweigstellen nach Bankengruppen in den neuen Bundesländern im Jahr 1996 (in absoluten Zahlen)

| Bankengruppe | Großbanken | Regionalbanken und sonstige Kreditbanken | Kreditgenossen-schaften | Sparkassen |
|---|---|---|---|---|
| Brandenburg | 109 | 48 | 290 | 431 |
| Sachsen-Anh. | 106 | 71 | 404 | 560 |
| Thüringen | 96 | 72 | 531 | 592 |
| Sachsen | 207 | 196 | 533 | 990 |
| Meck.-Vorp. | 75 | 51 | 262 | 276 |
| Berlin | 277 | *239 | 98 | 208 |

* inkl. Zweigstellen auswärtiger Banken
Quelle: Landesbankberichte der neuen Bundesländer

---

7   Jahresbericht der Landeszentralbank der Freien Hansestadt Bremen, Niedersachsen und Sachsen-Anhalt 1996

reduzierte sich die Anzahl der Geschäftsstellen um mehr als drei Prozent, während sie in den alten Ländern lediglich um ein Prozent zurückging. Hiervon war das Sparkassen- und Kreditgenossenschaftsnetz besonders betroffen. Diese Entwicklung vollzog sich im Rahmen der Neugliederung der Land- und Stadtkreise. Sie ist aber nicht allein darauf zurückzuführen. Zwar wurden dem Bundesdurchschnitt entsprechende Betriebsgrößen gebildet, aber die Zweigstellendichte in allen neuen Bundesländern sank erheblich unter das Niveau vergleichbarer Räume in den alten Ländern der Bundesrepublik[8] (vgl. Tabelle 4 und Tabelle I im Anhang). So kommen in den Flächenstaaten der alten Bundesländer auf eine Zweigstelle 1396 Einwohner, während es in den neuen Bundesländern 2108 Einwohner sind. Auch der Versorgungsgrad mit Zweigstellen in einer Gemeinde zeigt deutliche Unterschiede auf. So befinden sich in einer Gemeinde in den alten Bundesländern durchschnittlich circa fünf Zweigstellen. In den neuen Bundesländern gibt es in jeder Gemeinde durchschnittlich nur eine Zweigstelle. Derartige Unterschiede spiegeln sich auch in der flächenbezogenen Versorgung wider. Während in den alten Bundesländern das Versorgungsgebiet einer Zweigstelle durchschnittlich 5,45 km² umfaßt, beträgt dieser Wert in den neuen Bundesländern 16,61 km². Zurückzuführen sind diese Differenzen einerseits auf die unterdurchschnittlichen Gemeindegrößen und

Tabelle 4:
Strukturräumliche Versorgungsunterschiede mit Bank- bzw. Zweigstellen in den Flächenstaaten der Bundesrepublik Deutschland im Jahr 1996

| | Durchschn. Einwohnerzahl je Gemeinde | Anzahl der Bankstellen | Anzahl der Bankstellen je Gemeinde | Anzahl der Einwohner je Bankstelle | Anzahl der Bankstellen je km² |
|---|---|---|---|---|---|
| Flächenstaaten (alte Länder ohne Hamburg und Bremen) | 7.261 | 43.835 | 5,2 | 1.396 | 5,64 |
| Flächenstaaten (neue Länder ohne Berlin) | 2.319 | 6.481 | 1,1 | 2.108 | 16,61 |

Quelle: Statistisches Bundesamt; eigene Berechnungen

---

8    Lediglich die Groß- und Regionalbanken sowie die Bausparkassen, die in den neuen Bundesländern vor der Wende keinen Standort besaßen, haben ihr Netz verdichtet. Umgekehrt haben Sparkassen und Kreditgenossenschaften ihr Zweigstellennetz eingeschränkt.

andererseits auf die relativ geringe Siedlungsdichte dieses Raumes. Sie ist nicht zuletzt auch ein Indiz für die geringere Wirtschaftskraft bzw. -attraktivität der ostdeutschen Regionen.

## 3.2 Räumliche Unterschiede in der Geschäftstätigkeit

Um die potentiellen Auswirkungen der Konzentrations- und Deregulierungsprozesse des Kreditmarktes im räumlichen Kontext beurteilen zu können, gehen wir von der Annahme einer imaginären regionalen Zahlungsbilanz aus.[9] Ihr Inhalt umfaßt alle ökonomischen Transaktionen über die (imaginäre) regionale Grenzlinie hinweg. Ist der Saldo der Bilanz positiv, liegt entweder ein Nettokapitalabfluß vor, der geringer ist als der laufende Überschuß, oder ein laufender Kapitalzufluß, der das laufende Defizit übersteigt. In diesem Fall erhält die Region einen Nettozufluß an Bargeld und/oder Bankeinlagen, welcher den Haushalten und Unternehmen der Region unmittelbar zur Verfügung steht. Während ein Teil dieses Überschusses für eine Erhöhung des regionalen Geldbestandes sorgt, geht der andere Teil in die Einlagen der örtlichen Banken[10] und steht für die Kreditvergabe an externe Akteure, den Kauf von Wertpapieren und auch zur Liquiditätsvorsorge zur Verfügung.[11] Geht man ferner von einer Ausgleichstendenz zwischen Zentrum und Peripherie in einem National-

---

9 Traditionelle Volkswirtschaften unterscheiden sich von einer regionalen durch das Vorhandensein einer eigenständigen und unabhängigen Währung (Notenbankmonopol) sowie die Ausübung des Gewaltmonopols und der Steuerhoheit. Dagegen läßt sich eine regionale Wirtschaft, die in der Regel Teil eines größeren Finanzsystems ist, wesentlich unschärfer definieren. Sie kann unter extremen Umständen eine beliebige geographische Fläche mit einer imaginären Grenzlinie sein. So besitzen Regionen keinerlei protektionistische Mittel, um die Relation von Importen zu den inländischen Ausgaben zu senken. Ferner sind in der Regel die Lohndifferenzierungen innerhalb eines Landes weniger groß als zwischen unterschiedlichen Ländern. Gewerkschaften sind auf der Ebene der Region und Nation organisiert und besitzen ein Interesse, daß sich die Geldlöhne nicht allzu stark innerhalb eines Raumes unterscheiden (vgl. hierzu Robinson, Eatwell 1977, S. 344ff.).

10 Umgekehrt wird ein Zahlungsbilanzdefizit über eine Verringerung des innerregionalen Geldbestandes hinaus durch den Verkauf von Wertpapieren außerhalb der regionalen Grenzen ausgeglichen. So läßt sich ein Kapitalabfluß durch Kauf nichtregionaler Wertpapiere bzw. Kapitalüberweisungen an die Mutter- bzw. Tochtergesellschaft auch als eine Kreditgewährung an andere Regionen interpretieren. Kapitalzufluß oder Kreditaufnahme stellen wiederum entsprechende Aktivitäten in die andere Richtung dar.

11 Monetär wird also ein Teil der Ersparnisse, der einem laufenden Überschuß entspricht, zur Erhöhung der innerregionalen Geldüberschüsse und zur Kreditvergabe an externe Regionen im Ausland verwendet, während umgekehrt ein Teil des laufenden Defizits durch eine Reduktion der Geldüberschüsse und/oder eine Erhöhung der Verschuldung ausgeglichen wird.

staat aus, so werden die Zentren den peripheren Regionen Kapital zur Verfügung stellen, um die kontinuierliche Kapitalentnahme aufgrund der geringen Export- und Wirtschaftskraft auszugleichen.

Die Erfahrung zeigt jedoch, daß es in den Peripherien zu einer kontinuierlichen Reduktion von Kaufkraft kommen und dadurch eine negativ kumulierende Entwicklung eingeleitet werden kann. Da eine Region weder über währungs- bzw. außenhandels- noch über steuerpolitische Instrumentarien verfügt, bleibt der regionalen Volkswirtschaft bei einem Bilanzungleichgewicht, abgesehen von ausgleichenden öffentlichen Transfers, nur die "Anpassung" der Güter- und Faktorpreise. Einkommenseinbußen sind die Folge. Da diese auf Dauer nicht akzeptiert werden, dürfte eine Abwanderung qualifizierter Arbeitskräfte und der Kapitaleigner auf andere Investitionsstandorte angeregt werden. Volkswirtschaftlich führt dies zu einer weiteren Reduktion der regionalen Kaufkraft bzw. Schrumpfung der regionalen Nachfrage. Lokale Betriebe werden sich gezwungen sehen zu schließen, was im Ergebnis auch zu einer Abwertung des endogenen Potentials führt. Eine andauernde Kapitalbenachteiligung der Peripherien ist die Folge, wie auch die eindeutige Konzentration des Aktienkapitals auf die Zentren zeigt (Chick, Dow 1993).

Deutlich ablesbar ist dieser Zusammenhang in den Landesbankstatistiken für die ostdeutschen Regionen. Hier hat sich die Relation von Krediten zu Einlagen von Nichtbanken z.B. im Land Brandenburg von 41 Prozent im Jahr 1992 auf 64 Prozent im Jahr 1996, im Land Berlin dagegen von 117 Prozent auf 157 Prozent entwickelt. Anders herum ausgedrückt, sind in Brandenburg 1996 ca. 42 Prozent von den Genossenschaftsbanken und 46 Prozent von den Sparkassen hereingenommener Sichtanlagen in Anlageformen transformiert worden, die nicht unmittelbar der lokal-regionalen Wirtschaft zugute gekommen sind (vgl. Tabelle II im Anhang). Eine Beobachtung, die auch für die anderen neuen Länder und, wenn auch weniger ausgeprägt, für Teilräume der alten Bundesländer gilt.[12] Eine Stabilisierung von peripheren Wirtschaften kann in dieser Logik nur erfolgen, wenn erstens die in einer Region erwirtschafteten und den Kreditinstituten zur Verfügung gestellten Einkommen nicht aus der Region abfließen, sondern dort verbleiben. Zweitens müssen sie dort volkswirtschaftlich (investiv) wirksam werden, um ein potentielles Defizit zwischen Kapitalbildung und Kapitalnachfrage zu schließen. Diese inter-

---

12  So beträgt auch in Baden-Württemberg das Verhältnis von Krediten zu Einlagen von Nichtbanken bei den Sparkassen 0,89:1 und bei den Kreditgenossenschaften 0,85:1. Dies bedeutet, daß 11 Prozent bzw. 15 Prozent der von lokalen Institutsgruppen hereingenommenen Sichteinlagen in Anlageformen transformiert wurden, die nicht unmittelbar der lokal-regionalen Wirtschaft zugute kamen (vgl. hierzu Böhm, Weil 1993, S. 77).

mediäre Funktion muß durch regionale Kreditinstitute gewährleistet werden. Die Zahlen belegen indes, daß die kleineren und mittleren Regionalbanken dieser Anforderung bereits heute nur noch begrenzt gerecht werden können.

Unübersehbar ist die Gefahr, daß im Zuge eines verschärften Wettbewerbs im Kreditgewerbe diese Tendenz einer Unterversorgung der peripheren Räume mit Kapital noch zunimmt und durch den Rückzug des Kreditgewerbes "aus der Fläche" die Diskriminierung dieser Räume weiter verstärkt wird. So steigen die Informationskosten zur Beurteilung der Bonität eines Kreditteilnehmers mit der Distanz zu den Entscheidungsorganen des Kreditinstituts an. Ab einer bestimmten Kostenhöhe wird sich dieser Effekt auf die Kreditgewährung restriktiv auswirken. Des weiteren werden sich die Preisdisparitäten auf dem Kreditmarkt erhöhen. Auch die Transaktionskosten der Finanzierung (Verbindung mit den westeuropäischen Kapital- bzw. Kreditmärkten) werden - trotz modernster Kommunikationsverbindungen - in peripheren Gebieten ansteigen, wodurch eine weitere Standortbenachteiligung für diese Teilräume entsteht.

Dieses Phänomen einer höheren Finanzbelastung von Investitionen in peripheren Regionen ist durch verschiedene Studien bestätigt worden. Während die Kreditzinsen in den homogeneren Finanzmärkten beispielsweise der alten Bundesrepublik und Großbritanniens gering sind, sind sie in Süditalien um zwei Prozentpunkte höher als in Mittel- und Norditalien (Kommission der Europäischen Gemeinschaften 1991). Auch zwischen den alten und neuen Bundesländern ist eine Tendenz zu räumlichen Unterschieden in den Zinsniveaus zu erkennen. So sind die durchschnittlichen Soll- und Habenzinsen der Kreditinstitute in den alten Bundesländern niedriger als in den neuen. Und selbst im Teilraum Berlin-Brandenburg weichen die Kreditzinsen vielfach noch stärker und nach beiden Seiten von den bundesweit ermittelten Durchschnittssätzen ab. Ähnliches gilt für Wechselkredite. Sie sind in Brandenburg nicht nur im Vergleich zu den alten Bundesländern, sondern auch zu Berlin weitaus teurer. Hypothekenzinsen sind in etwa gleich hoch wie in der Metropole, und Kontokorrentkredite sind im Zeitablauf teils teurer und teils billiger zu haben. Mit umgekehrten Vorzeichen gilt dieser Sachverhalt auch für "normale" Spareinlagen ohne Sonderzinsvereinbarung. Bisher zeigen die Bankgewohnheiten aus den alten Bundesländern, daß insbesondere in den ländlichen Räumen eine überdurchschnittliche Präferenz für risikoarme Vermögenswerte (Sparbücher) besteht. Ein ähnliches Anlageverhalten läßt sich auch in den ländlich geprägten neuen Bundesländern beobachten, wo die Bankgewohnheiten der Bevölkerung ebenfalls "stark auf das gute alte Sparbuch" ausgerichtet sind. Für die Banken war dieses konservative Verhalten der Anleger in der Vergangenheit durchaus vorteilhaft, da hierdurch die Geldbeschaffungskosten niedriger ausfielen. Die dortigen Kunden erhielten im Gegenzug einen Zinsbonus. Diese Vorteile sind zumindest im Raum

Berlin-Brandenburg kaum noch vorhanden. So ist absehbar, daß der für den ländlichen Raum typische Bonuszins auf Spareinlagen nicht mehr zu realisieren sein wird (vgl. Tabelle III im Anhang) und die Kunden ihre Einlagen in rentablere Anlageformen umschichten werden.

## 4    Konsequenzen für die Regionen - Schlußfolgerungen für die Regionalpolitik

### 4.1 *Internationalize or perish - das Entstehen von Räumen ohne Geld*

In der Öffentlichkeit wird oft der Eindruck vermittelt, als sei die Alternative "internationalize or perish" eine unumstößliche Gesetzmäßigkeit. Liberalisierung und Deregulierung werden dabei als Leitbegriffe für Anpassungs- und Wettbewerbsfähigkeit verstanden, ohne die Konsequenzen für die regionalen Güter-, Arbeits- und Kreditmärkte zu reflektieren. Die einfache Botschaft lautet: Wer nicht konkurrenzfähig ist, wird aus den wirtschaftlichen Zusammenhängen ausgeschlossen. Im europäischen Wettbewerb der Regionen stehen in dieser Sichtweise auch ganze Räume zur Disposition. So steht zu befürchten, daß im Zuge der Liberalisierung der Finanzmärkte und einer damit verbundenen Reorganisation des Bankenwesens wirtschaftlich stärkere Regionen neue strukturelle Vorteile erlangen. Umgekehrt wird eine verstärkte Marginalisierung von Gebieten mit geringer Produktivität durch den Rückzug der Kreditinstitute aus der Fläche hingenommen.

"Räume ohne Geld" sind keine Fiktion mehr, sondern Realität und ein Ergebnis des Wettbewerbs um attraktive Anteile auf dem Kreditmarkt. Bekannt ist dieses Raumphänomen in den Vereinigten Staaten unter dem Begriff "red lining". In diese Richtung weist auch die kürzlich veröffentlichte Studie "Financial Exclusion in London" (vgl. New Economics Foundation (1997), gesehen bei Köhler 1997). Sie zeigt auf, daß selbst in einem der führenden Finanzzentren dieser Welt quasi periphere Räume existieren, in denen eine Unterversorgung mit Finanzdienstleistungen besteht. Danach wurden zwischen 1990 und 1995 in London 20 Prozent aller Bankzweigstellen geschlossen. Von der Schließung betroffen waren vor allem die Verwaltungsbezirke mit sozial- und einkommensschwächerer Bevölkerung, mit der Folge, daß 28 Prozent der Londoner Bevölkerung keinen Zugang zu einer Bankfiliale in ihrer engeren Nachbarschaft finden. Die Banken haben mit ihrer Strategie des Rückzugs aus den weniger renditeträchtigen Marktsegmenten und Sozial-/Wirtschaftsräumen, ohne sich dessen vielleicht bewußt zu sein, die Prozesse der sozialen Ausgrenzung verschärft.

Die Exklusion von Räumen in Form von Kreditrationierungen oder hohen Kreditkosten kann verschiedenartigste Gegenreaktionen hervorbringen. Während

Kreditinstitute unter dem "Diktat hoher Renditen" teilweise durch Kreditrationierungen und/oder höhere Kreditkosten Räume diskriminieren, gibt es auf der anderen Seite unterschiedlichste Ansätze, die entstehende Versorgungslücke zu füllen, die sich aber allesamt als suboptimale Reaktionen darstellen: So besteht die Gefahr, daß eine Vielzahl von Sonderprogrammen für periphere Räume gefordert und aufgelegt wird, die überdurchschnittlich günstige (öffentlich subventionierte) Kredite anbieten. Derartige Geschenke der "dritten Art" können sich allerdings als ein "Danaergeschenk" erweisen und die begünstigte Region in eine Situation anhaltender Leistungsbilanzdefizite und anhaltenden Transferbedarfs manövrieren.[13] Auf der anderen Seite werden als Reaktion auf Kreditrationierungen neue lokale Geldverleiher auf dem grauen Markt mit überdurchschnittlichen Finanzierungskosten in dieses Marktsegment einzudringen versuchen. Schließlich werden informelle Ökonomien mit Ausstiegsszenarien aus der Geldwirtschaft Anhänger finden. "Bartergeschäfte" und Tauschringe[14] haben unter solchen Bedingungen Konjunktur - wie die Nachfrage nach derartigen Lösungen vor allem in den neuen Bundesländern bereits belegt. Ersatzstrategien eines "neutralen Geldsystems" (Godschalk 1996, S. 21) sind jedoch nur sehr begrenzt geeignet, den Kreditmangel zu kompensieren. Schon aufgrund der Größe des Marktes ist es beispielsweise in den neuen Bundesländern - auch unter größten Anstrengungen - kaum vorstellbar, nichtvorhandene Geld- und Finanzkreisläufe auf diese Art und Weise zu kompensieren. Da sich derartige Strategien nur im Rahmen einer unterentwickelten Arbeitsteilung vor Ort realisieren lassen, können die wirtschaftlichen Vorteile ausgeprägter inner- und interregionaler Arbeitsteilung der hochentwickelten Wirtschaftssysteme nicht genutzt werden, mit der Folge, daß sich die wirtschaftlichen Peripherisierungsprozesse weiter fortsetzen und die soziale Instabilität weiter zunimmt.

---

13 Stüzel zeigt daher anhand eines (imaginären) Landes "Daneia" auf, wie ein Hilfsprogramm in Form einer offenen zinslosen Kreditlinie spezielle interne Finanzierungskonstellationen erzeugt, welche erst zu einem strukturellen Defizit in der regionalen Leistungsbilanz führen (vgl. hierzu Stüzel 1978, S. 141ff.).

14 In den angloamerikanischen Ländern werden solche Tauschgemeinschaften mit dem Begriff "LETS" ("Local Exchange Trading System") bezeichnet. Sie stellen prinzipiell lokale Währungsprojekte dar, an denen vorwiegend Haushalte, Organisationen und Freiberufler teilnehmen. Im deutschsprachigen Raum wird LETS auch als Tauschring, Tauschbörse oder Zeitbörse bezeichnet. Demgegenüber steht der Begriff "Barter" oder "Barter-Club" zumeist für kommerzielle Austauschnetze, an denen vorwiegend Unternehmen teilnehmen (vgl. hierzu PaySys GmbH 1997).

## 4.2 Folgen eines Rückzugs des Kreditgewerbes für die regionale Wirtschaft

Mit einer Zerstörung der gewachsenen Strukturen könnte die Qualität des dezentralen Bankensystems in der Bundesrepublik nachhaltig verändert und die wichtige intermediäre Funktion des Kreditgewerbes tangiert werden. Dies um so mehr, je intensiver die großen Sparkassen der Länder in das internationale Wettbewerbsgeschäft drängen und regionale Entwicklungsaufgaben vernachlässigen. Dies wäre insofern problematisch, als das dezentrale Bankensystem in der Vergangenheit zu der wirtschaftlich relativ ausgeglichenen Entwicklung in allen Teilräumen der Bundesrepublik beigetragen hat.

Wie an anderer Stelle dargelegt wurde, kann dem verschärften Wettbewerb entweder qualitativ durch eine verstärkte Differenzierung und Intensivierung der Service- und Beratungsleistungen oder durch Effizienzsteigerungen begegnet werden. Letztere zielen auf eine Reduktion der unternehmensbezogenen Leistungen, Schließung von Zweigstellen sowie Abbau von Personal und bewirken eine freiwillige Räumung von Marktpositionen. Die Bankstruktur "vor Ort" wird den Anforderungen der mittelständischen Unternehmen nicht mehr gerecht. Zwangsläufig ist eine Abwanderung potentieller Kunden - vor allem des exportorientierten Mittelstandes - zu anderen Kreditinstituten in das nächstgelegene regionale Zentrum die Folge (Böhm, Weil 1993). Zwischen Kreditgeber und Kreditnachfrager nehmen die räumlichen Distanzen zu. In den Hochglanzbroschüren der Geschäftsbanken als Substitut gepriesene Kommunikationsbrücken oder moderne elektronische Informationssysteme können zwar die räumlich-physikalische, nicht jedoch die sozial-physische Distanz überwinden. Sie wird anwachsen, obwohl gerade kleinere Einheiten auf "Face-to-face"-Beziehungen angewiesen sind. Insbesondere das strategische endogene Potential der neuen Bundesländer (Existenzgründer, Management-Buy-Out ohne westdeutsche Partner sowie technologieorientierte Unternehmen[15]) ist hiervon betroffen. Negative Auswirkungen sind auch für die Haushalte bei der Aufnahme langfristiger Kredite (Baufinanzierungen) möglich. So werden sich mit dem Anwachsen der Distanz zwischen Kreditgeber und Kreditnachfrager die Kriterien der Beurteilung der Kreditwürdigkeit verändern. Nicht mehr die Persönlichkeit des Kreditnehmers, sein Arbeitsvermögen und die Plausibilität künftiger Handlungen steht im Vordergrund, sondern ein standardisiertes Kennzifferngerüst in Form von Jahresabschlüssen, Einnahmen-Ausgaben-Rechnungen, Lohn- und Gehaltsabrechnungen usw. Durch derartige schematische Formen der

---

15 In der Regel handelt es sich hier um kleinere Unternehmen. Sie sind gezwungen, ihre Investitions- und Sanierungsvorhaben ausschließlich über das Geschäftsbankensystem zu finanzieren.

Beurteilung können sich Fehleinschätzungen über die derzeitige und zukünftige Leistungsfähigkeit des Kreditnachfragers einstellen, mit der Folge wachsender Risikokosten (Keßler 1996, S. 293).

Schon in der Gegenwart ist das Verhalten der Kreditgeber gegenüber ihren Kunden durch konservative Verhaltensweisen und Inflexibilitäten geprägt. So klagen Unternehmen in den neuen Bundesländern zunehmend über die Geschäftsgebaren ihrer Hausbank (gestellte Anforderung an die Besicherung, mangelnde Qualifikation der Sachbearbeiter, zu lange Bearbeitungszeiten, ungenügende Beratung über Fördermöglichkeiten). Darüber hinaus werden die Kreditvergabeverfahren immer weniger transparent. Unterstrichen wird diese Kritik - wenn auch aus einem anderen Blickwinkel - durch Aussagen von Kreditgenossenschaften, denen zufolge die Risikoabschirmung und Schadensbegrenzung Vorrang vor der Kreditvergabe erhalten soll. Zukünftig soll eine Auswahl der Kreditnehmer durch strenge Bonitätsprüfungen stattfinden. Zu den Kriterien zählen die nachhaltige Ertragskraft des Unternehmens, strenge Bewertungsrichtlinien der Sicherheiten sowie deren Verwertungsmöglichkeiten.

### 4.3 Suche nach Finanzintermediären für die Regionen

Die Verknappung und Verteuerung des Kreditangebotes in den peripheren Regionen ist kein Ereignis, dem die Gesellschaft hilflos ausgeliefert ist. Vielmehr ist es der Regionalpolitik durchaus möglich, derartigen Entwicklungstendenzen offensiv entgegenzutreten. Erfahrungen erfolgreicher Wirtschaftsregionen zeigen den positiven Einfluß einer funktionierenden Finanzierungsinfrastruktur für den Entwicklungsprozeß auf. So wurde in fast allen erfolgreichen „industrial districts" eine Einbettung und Einbeziehung regionaler Finanziers in den regionalen Diskurs und bei der ökonomischen Schwerpunktsetzung angestrebt. Auch alternative Finanzierungsformen, die traditionelle Kreditangebote in einer wirtschaftlichen Aufbausituation ergänzen können, bieten sich an; sie sind in Deutschland jedoch noch unterentwickelt (Krumbein 1994, S.180f.). Weder wird über neue Funktionen regionaler Kreditinstitute nachgedacht, noch werden die vorhandenen Informationspotentiale von Sparkassen und Volksbanken für die regionale Entwicklung fruchtbar gemacht. Insbesondere in den neuen Bundesländern fehlt es an flexiblen Finanzierungsinstrumenten in Form von Venture Capital, Leasing sowie lang- und mittelfristigen Darlehen. Sie könnten den "Entwicklungsfaktor" Kreditkosten senken und sowohl den Investitionsbedarf kleinerer Unternehmen durch Garantieleistungen und innovative Finanzierungsinstrumente decken als auch neue Märkte für das kleinere und mittelständische Kreditgewerbe öffnen.

Dies bezieht vor allem die Unterstützung von Unternehmensgründungen ein. Insbesondere in den neuen Bundesländern erweisen sich die unzureichende Ausstattung mit Eigenkapital[16] und damit auch die ungünstigen Kreditbedingungen als ein wesentlicher Engpaß für die Ausschöpfung endogener Potentiale. Die anfänglichen Absatzprobleme der neuen Unternehmen aufgrund unzureichender Vertriebs- und Servicestrukturen führten nicht nur zu einem negativen Produktimage, sondern beeinträchtigen bis heute die Auftragslage und Kapazitätsauslastung der Unternehmen. Zusätzlich wurden deren Ertragserwartungen auch aufgrund der konjunkturellen Situation reduziert. Die einzelwirtschaftlichen Folgen sind eine Zunahme der Liquiditätsprobleme[17] und eine immer stärkere Einschränkung zukünftiger Innenfinanzierungspotentiale. Auch eine externe Finanzierung (Kredite) wird immer schwieriger, da aufgrund der zu geringen Eigenkapitalausstattung viele ostdeutsche Unternehmen nicht über ausreichende Sicherheiten an Vermögen oder Immobilien verfügen. Hierbei zeigt sich, daß für die Banken gerade jene Unternehmen immer weniger attraktiv werden, die das Zukunftspotential der neuen Bundesländer darstellen und über eine wirtschaftliche Vernetzung die Wirtschaftsstruktur erneuern sollen. Negative Auswirkungen auf Wachstum und Beschäftigung sind Folgen der Kreditrationierung, denn ohne Geld können sich markt- und somit realwirtschaftliche Prozesse nicht entfalten.

Als Resümee bleibt festzuhalten: Im Zuge der Währungsunion besteht die Gefahr, daß undifferenzierte Deregulierungen und Privatisierungen das dezentrale Bankensystem der Bundesrepublik substantiell verändern und die intermediäre Funktion des Bankensystems in peripheren Teilräumen Schaden nimmt. Die Reduzierung des Integrationsprogramms der Europäischen Union auf makroökonomischer Ebene auf die Bildung der Währungsunion und auf Postulate (Konkurrenz, Freihandel, Mobilität) sowie auf traditionelle Ermessensgrundsätze ("Subsidiaritätsprinzip") ist daher unzureichend. Die versäumte Regionalisierung von Politiken im Zuge des europäischen Einigungsprozesses - d.h. der Aufbau eines eingespielten ordnungs-, steuer- und regionalpolitischen Instrumentariums - kann noch verhängnisvolle Folgen haben.

---

16  Eine im Jahr 1995 durchgeführte Unternehmensbefragung in den neuen Bundesländern ergab, daß ungefähr die Hälfte der Unternehmen - eigenständige ostdeutsche Unternehmen sogar zu ungefähr zwei Dritteln - in der Eigenkapitalausstattung große Probleme haben. Auffällig ist hierbei allerdings auch, daß dieses Problem kaum für die Tochterunternehmen westdeutscher und ausländischer Eigentümer (ungefähr 10 Prozent) relevant ist (vgl. hierzu Institut für Wirtschaftsforschung Halle 1996, S. 104ff.).

17  So lag die güterwirtschaftliche Liquidität (Verhältnis des Umlaufvermögens zu den kurzfristigen Verbindlichkeiten) im Schnitt nur etwa 10 Prozent über den kurzfristigen Verbindlichkeiten (in den alten Bundesländern ca. 30 Prozent) (vgl. Institut für Wirtschaftsforschung Halle 1996, S.109).

# Anhang

Tabelle I:
Strukturräumliche Versorgungsunterschiede mit Bank- und Zweigstellen in den Bundesländern im Jahr 1996

| | Durchschn. Einwohnerzahl je Gemeinde | Anzahl der Bankstellen | Anzahl der Bankstellen je Gemeinde | Anzahl der Einwohner je Bankstelle | Anzahl der Bankstellen je km² |
|---|---|---|---|---|---|
| Baden-Württemberg | 9.288 | 8.242 | 7,4 | 1.255 | 4,34 |
| Bayern | 5.833 | 9.921 | 4,8 | 1.215 | 7,11 |
| Berlin | 3.471.418 | 925 | 925,0 | 3.753 | 0,96 |
| Brandenburg | 1.499 | 861 | 0,5 | 2.998 | 34,24 |
| Bremen | 339.879 | 265 | 132,5 | 2.565 | 1,53 |
| Hamburg | 1.707.901 | 701 | 701,0 | 2.436 | 1,08 |
| Hessen | 14.108 | 6.692 | 15,7 | 898 | 3,16 |
| Mecklenburg-Vorpommern | 1.690 | 781 | 0,7 | 2.414 | 29,67 |
| Niedersachsen | 7.539 | 4.673 | 4,5 | 1.675 | 10,19 |
| Nordrhein-Westfalen | 45.184 | 8.185 | 20,7 | 2.183 | 4,16 |
| Rheinland-Pfalz | 1.726 | 3.310 | 1,4 | 1.233 | 6,00 |
| Saarland | 20.853 | 1.113 | 21,4 | 974 | 2,31 |
| Sachsen | 5.310 | 2.189 | 2,6 | 2.042 | 8,41 |
| Sachsen-Anhalt | 2.108 | 1.225 | 0,9 | 2.342 | 16,69 |
| Schleswig-Holstein | 2.410 | 1.699 | 1,5 | 1.606 | 9,28 |
| Thüringen | 2.124 | 1.425 | 1,2 | 1.770 | 11,35 |
| Deutschland (gesamt) | 5.594 | 48.224 | 3,3 | 1.695 | 7,40 |

Quelle: Statistisches Bundesamt; eigene Berechnungen

Tabelle II:
Verhältnis von Krediten zu Einlagen von Nichtbanken in Berlin und Brandenburg in den Jahren 1992 bis 1996

| Quotient nach Bankengruppen | 1992 Berlin | 1992 Brandenburg | 1993 Berlin | 1993 Brandenburg | 1994 Berlin | 1994 Brandenburg | 1995 Berlin | 1995 Brandenburg | 1996 Berlin | 1996 Brandenburg |
|---|---|---|---|---|---|---|---|---|---|---|
| gesamt | 1,17 | 0,41 | 1,29 | 0,45 | 1,39 | 0,53 | 1,57 | 0,58 | 1,57 | 0,64 |
| Großbanken | 0,80 | 0,67 | 0,82 | 0,66 | 0,88 | 0,77 | 0,91 | 0,86 | 0,95 | 0,99 |
| Regionalbanken | 1,33 | 0,55 | 1,35 | 0,69 | 1,51 | 1,06 | 1,76 | 1,01 | 1,60 | 1,11 |
| Sparkassen | 0,83 | 0,29 | 1,00 | 0,35 | 1,10 | 0,42 | 1,19 | 0,49 | 1,27 | 0,54 |
| Genossenschaftsbanken | 0,74 | 0,52 | 0,62 | 0,55 | 0,67 | 0,58 | 0,81 | 0,57 | 0,93 | 0,58 |
| Realkreditinstitute | 3,06 | | 3,67 | | 3,80 | | 4,11 | | 4,02 | |
| Inst. mit Sonderaufgaben | 2,03 | | 2,39 | | 3,04 | | 3,57 | | 4,17 | |
| Privatbanken | 0,87 | | 0,83 | | 0,85 | | 0,92 | | 0,93 | |

Quelle: Jahresberichte der Landeszentralbank in Berlin und Brandenburg; eigene Berechnungen

Tabelle III:
Soll- und Habenzinsen ausgewählter Bankstellen in Brandenburg (A),
Berlin (B), Bundesrepublik (C) (in Prozent[1])

| Stand Mitte | | Sollzinsen | | | Habenzinsen | | |
|---|---|---|---|---|---|---|---|
| | | Konto-korrent-kredit <1Mio. DM | Wechsel-diskont Bbkf. <0,1 Mio. DM | Hypothe-kenzinsen Festzinsen auf 5 Jahre[2] | Festgeld 1-3 Monate <1 Mio. DM | Sparein-lagen Kündi-gungsfrist 3 Monate | Sparbriefe 4 Jahre |
| 1995 | A | 10,56 | 6,25 | 6,68 | 3,29 | 2,11 | 4,50 |
| Dez. | B | 10,71 | 5.92 | 6,67 | 3,53 | 2,32 | 4,84 |
| | C | 10,52 | 5,37 | 6,45 | 3,41 | 2,02 | 3,90 |
| 1996 | A | 10,66 | 6,04 | 6,80 | 2,77 | 2,06 | 4,25 |
| März | B | 10,53 | 5,42 | 6,79 | 2,90 | 2,19 | 4,54 |
| | C | 10,28 | 5,18 | 6,65 | 2,91 | 2,01 | 3,80 |
| Juni | A | 9,93 | 5,61 | 6,79 | 2,74 | 1,89 | 4,46 |
| | B | 10,28 | 4,92 | 6,76 | 2,79 | 2,13 | 4,50 |
| | C | 10,08 | 4,76 | 6,63 | 2,83 | 2,01 | 3,75 |
| Sept. | A | 10,31 | 5,64 | 6,69 | 2,60 | 1,78 | 4,54 |
| | B | 10,32 | 4,81 | 6,68 | 2,62 | 2,14 | 4,53 |
| | C | 10,05 | 4,73 | 6,46 | 2,70 | 1,98 | 3,70 |
| Dez. | A | 9,93 | 5,88 | 6,10 | [3]2,81 | 1,75 | 4,21 |
| | B | 9,74 | 4,89 | 6,15 | 2,67 | 2,06 | 4,33 |
| | C | 9,30 | 4,70 | 6,01 | 2,74 | 1,94 | 3,66 |

1   Durchschnittssätze als ungewichtetes Mittel aus den während einer jeweils zweiwöchigen
    Erhebungsperiode von acht Bankstellen verschiedener Bankengruppen als "häufigst verein-
    bart" gemeldeten Zinssätzen
2   näherungsweise ermittelte Effektivsätze
3   teilweise geschätzt

Quelle: Landeszentralbank in Berlin und Brandenburg, Jahresberichte 1996, 1997 und Monatsberichte der Deutschen Bundesbank, Dezember 1996 und Januar 1997

# Literatur

Aschhoff, G. (1981): Die Veränderung der Marktanteile der Genossenschaftsbanken in der Nachkriegszeit. In: Zerche, J. (Hg.): Aspekte genossenschaftlicher Forschung und Praxis. Düsseldorf, S. 79-93

Benölken und Partner (1991): Banken und Sparkassen am strategischen Scheideweg. Wiesbaden

Böhm, D.; Weil, S. (1993): Kreditwesen und Bankdienstleistungen in den ländlichen Räumen Baden-Württembergs. Tübingen

Chick, V.; Dow, S. (1993): Wettbewerb und Zukunft des europäischen Bankensystems. In: Thomasberger, C. (Hg): Europäische Geldpolitik zwischen Marktzwängen und neuen institutionellen Regelungen. Marburg, S. 293-321

Giddens, A. (1997): Jenseits von Links und Rechts. Frankfurt/M.

Godschalk, H. (1996): Neutrales Geld - ein funktionsfähiger Ansatz? In: Zukünfte 15, S. 21

Härtel, H.-H.; Jungnickel, R. et al. (1996): Grenzüberschreitende Produktion und Strukturwandel. Globalisierung der deutschen Wirtschaft. Baden-Baden (Veröffentlichung des HWWA - Institut für Wirtschaftsforschung - Hamburg)

Institut für Wirtschaftsforschung Halle (1996): Gesamtwirtschaftliche und unternehmerische Anpassungsfortschritte in Ostdeutschland. Halle

Kaldor, N. (1977): Die Irrelevanz der Gleichgewichtsökonomie. In: Vogt, R. (Hg.): Seminar politische Ökonomie. Zur Kritik der herrschenden Nationalökonomie. Frankfurt/M., S. 80-102

Keßler, K. U. (1996): Sparkassenfusionen: Eine Konzeption für die systemorientierte Analyse von Betriebsgrößeneffekten in der Bankwirtschaft. Berlin

Köhler, H. (1997): Zukunftsfähigkeit des deutschen Bankensystems. Stellungnahme anläßlich der Anhörung von Bündnis 90/Die Grünen am 5.3.1997 in Bonn

Kommission der Europäischen Gemeinschaften (1991): Die Regionen in den 90er Jahren. Brüssel

Krugman, P. (1991): Geography and trade. Cambridge (Mass.)

Krumbein, W. (1994): Ökonomische und politische Netzwerke in der Region. Münster, Hamburg

Little, A. D. (o. J.): Handlungsorganisation Kreditinstitut.

Mertens, E. (1997): Wohin die Reise geht. Die Bank 24 kennt keine Filialen und keinen Tarifvertrag. In: Zeit Punkte - Die mageren Jahre, Deutschland in der Klemme zwischen Globalisierung und Sparzwang 1, S. 28-29

New Economics Foundation (1997): Financial Exclusion in London, gesehen bei Köhler, H. (1997): Zukunftsfähigkeit des deutschen Bankensystems. Stellungnahme anläßlich der Anhörung von Bündnis 90/Die Grünen am 5.3.1997 in Bonn

PaySys GmbH (1997): LETSysteme und Tauschringe. Frankfurt/M.

Priewasser, E. (1994): Die Priewasser-Prognose, Bankstrategien und Bankmanagement 2009. Frankfurt/M.

Robinson, J.; Eatwell, J. (1977): Einführung in die Volkswirtschaftslehre. Frankfurt/M.

Statistisches Bundesamt (1992): Datenreport Schriftenreihe der Bundeszentrale für politische Bildung, Band 309. Bonn

Stüzel, W. (1978): Volkswirtschaftliche Saldenmechanik. Tübingen

Heike Flämig, Markus Hesse

# Räumliche Arbeitsteilung und Gütertransport. Der Verkehr im Spiegel von globalen und regionalen Tendenzen[1]

## 1 Vorbemerkung

Gegenstand dieses Beitrags ist der Verkehr im Spiegel von Globalisierung und Regionalisierung. Der scheinbare Widerspruch aus Tendenzen der räumlichen Ausdehnung ökonomischer Aktivitäten bei gleichzeitigem Bedeutungsgewinn der regionalen Ebene wird hier aus einem spezifischen Einfallswinkel betrachtet: Es geht um die Wechselwirkungen von Arbeitsteilung, Infrastruktur und regionaler Entwicklung mit Blick auf die Rolle, die der Güterverkehr dabei einnimmt.

Der Verkehrs- und Kommunikationsinfrastruktur wird allgemein ein besonderer Stellenwert für die Integration von Wirtschaftsräumen beigemessen. In der Regionalpolitik wird stillschweigend davon ausgegangen, daß eine umfassende Verkehrsinfrastruktur bzw. ein funktionierendes Verkehrssystem - erst recht im Zeichen der Globalisierung - von zentraler Bedeutung für die Wettbewerbsposition eines Teilraums ist. In diesem Kontext zielt der Ausbau der Verkehrswege darauf ab, die Durchlässigkeit des Raumes zu erhöhen, Reisezeiten zu verkürzen und vor allem Transportkosten zu senken. Die Effekte, die aus diesen Wechselwirkungen resultieren können, sind jedoch höchst unterschiedlicher Natur, und sie lassen sich mit Blick auf Strategien der regionalen Stabilisierung auch nicht einheitlich interpretieren.

Der Verkehr besitzt darüber hinaus eine wichtige gesellschaftliche Funktion. Er gilt als "... der ganz besondere Saft, der durch die Adern der Moderne fließt." (Kraft 1996, S. 19) Doch stimmt die Gleichung von Mobilität und Moderne? Sind wir auf dem Weg zu einer raumzeitlich "entgrenzten" Ökonomie, zu einer "entbetteten" Gesellschaft, einer Welt des Höher, Schneller, Weiter? Im Zuge ihrer Ana-

---

[1] Der Beitrag greift verschiedene gemeinsame Vorarbeiten zum Thema Güterverkehr und räumliche Arbeitsteilung auf (vgl. Flämig, Hesse 1998) und versucht, diesen Befund im Kontext globaler und regionaler Tendenzen bzw. vor dem Hintergrund theoretischer Überlegungen zu bewerten.

lyse gesellschaftlicher Modernisierung behandeln die Soziologen van der Loo und van Reijen (1992) auch die Frage nach den räumlichen Maßstäben, durch die moderne Gesellschaften gekennzeichnet sind. "Eines der verwirrenden Merkmale von Modernisierung ist der Umstand, daß einerseits von einer fortschreitenden Maßstabsvergrößerung auf den verschiedensten Gebieten gesprochen werden muß, während andererseits auch Tendenzen in Richtung auf eine gehäufte Maßstabs-verkleinerung zu verzeichnen sind. Die Welt, in der wir leben, wird zugleich größer und kleiner." (van der Loo, van Reijen 1992, S. 242) Die Gleichzeitigkeit von Glo-balisierung und Regionalisierung wird auch unter dem Stichwort "Globalocal" the-matisiert (Keim, Matthiesen 1998, S. 6). Zutreffend wird festgestellt, daß "raum-zeitliche Abstandsvergrößerungen" im Kontext der Globalisierung einen neuen Druck auf die regionalen und lokalen Akteure auslösen, ein Spezifikum des Ortes und damit eigene Identitäten zu entwickeln.

Diese Prozesse müßten auch, so vermuten wir, mit materiellen Räumlichkei-ten und Ortsveränderungen (von Personen, Gütern, Nachrichten) einhergehen. Denn der Verkehrssektor ist maßgeblich beeinflußt durch Faktoren wie Marktgröße (und damit räumliche Arbeitsteilung), die Struktur und Organisation von Verflechtungs-beziehungen, und er wirkt an der Inwertsetzung von Wirtschaftsräumen mit. Der Verkehr ist sowohl *Spiegel* als auch *Träger* der Raumentwicklung. Gleichzeitig trägt er auch in großem Umfang zu ökologischen Belastungen und damit zur Verminde-rung von Standortqualitäten bei. Das Verständnis dieser raumwirtschaftlichen Pro-zesse kann daher auch als Vorbedingung für eine Thematisierung ökologischer Pro-bleme gewertet werden, die von Arbeitsteilung und Verkehr ausgehen (vgl. Brösse 1996).

Der Blick auf das Thema Verkehr offenbart jedoch eine erstaunliche Schief-lage in den aktuellen Diskursen: Auf der einen Seite werden hochgradig dynami-sche, explizit räumliche Prozesse beschrieben und analysiert. Spätestens mit der Globalisierung ist der Raum wieder auf die Tagesordnung gerückt, werden Regio-nen als Subjekte des Wettbewerbs wahrgenommen. Geographische Dimensionen gewinnen, in ganz unterschiedlichen Bezügen, offenbar erheblich an Bedeutung. Auf der anderen Seite spielt der Verkehr in dieser Diskussion keine nennenswerte Rolle,[2] obwohl zu vermuten ist, daß sich die weltwirtschaftliche Integration, der augenscheinlich zunehmende Güteraustausch oder neue territoriale Hegemonien auch materialisieren, d.h. mit konkreter Ortsveränderung von Personen, Gütern und Nachrichten einhergehen. Selbst in neueren wirtschaftsgeographischen Diskursen

---

2   Als relevante Ausnahmen sei verwiesen auf die Ausarbeitung von Altvater, Mahnkopf (1996),
    dort insbesondere Kapitel 6.2, sowie auf den Beitrag von Schamp (1996) zur Globalisie-
    rung von Produktionsnetzen und Standortsystemen.

finden sich nur wenig Hinweise auf den Verkehr. "Geography - Lost and Found" betitelt Krugman (1995) beziehungsreich ein Kapitel einer Ausarbeitung zu den neueren wirtschaftsräumlichen Tendenzen. Er liefert auch einen der wenigen theoriebezogenen Beiträge, der ausdrücklich auf das Thema Transport eingeht (Krugman 1991).

Der Verkehrssektor ist in mehrfacher Hinsicht ein interessanter Gegenstand nicht nur für die Regionalwissenschaften. Einerseits ist nicht eindeutig geklärt, in welchem Umfang die wirtschaftsräumlichen materiellen Verflechtungen (und die räumliche Arbeitsteilung) zugenommen haben und somit die Verkehrsmengen gestiegen sind. Andererseits ist bisher die Frage offen geblieben, welcher *verallgemeinerbare* Einfluß von den Verkehrsinfrastrukturen auf regionale Entwicklungsprozesse ausgeht.[3] Die Bewertung der grundlegenden Wirkungsbeziehungen zwischen Verkehr, Infrastruktur und regionaler Entwicklung ist strittig. Es fehlen konsistente, auch empirisch gestützte Erkenntnisse über Umfang und Richtung relevanter Wirkungen, aus denen sich Schlußfolgerungen für die Regional- und Infrastrukturpolitik ableiten ließen.

## 2 Aufbau und Untersuchungsansatz

Vor diesem Hintergrund ist der Beitrag dreistufig aufgebaut: Zunächst wird der (Güter-)Verkehr als Ausdruck bzw. Phänomen räumlicher Arbeitsteilung untersucht. Ausgewertet werden aktuelle Erkenntnisse zur räumlichen Dimension von Produktionssystemen, die hier als Triebkräfte räumlicher Arbeitsteilung verstanden werden. Als Basis dienen unter anderem die Ergebnisse einer empirischen Längsschnittuntersuchung zum Einsatz neuer Produktionskonzepte und daraus resultierender Lieferverflechtungen. Ergänzend wird die Entwicklung des Gütertransports in Deutschland untersucht und auf der Basis statistischer Aggregate dokumentiert. Ausgehend davon werden einschlägige theoretische Ansätze dahingehend diskutiert, inwieweit sie den aktuellen Tendenzen der wirtschaftsräumlichen Entwicklung gerecht werden. Diskutiert werden neoklassische Raumwirtschaftstheorien, die mit dem Faktor Transportkosten argumentieren, neuere Theoreme zur Agglomerationsbildung sowie Argumentationslinien im Kontext von "flexibler Spezialisierung" und Netzwerkansätzen, in denen Transaktionskosten eine wichtige Rolle spielen.

---

3   "Despite the increasing interest in infrastructure, and a belief in its importance in economic development, our understanding of the way infrastructure works in the economy is still imperfect at both theoretical and empirical levels."(Vickerman 1997, S. 441)

161

Ziel des Beitrages ist es, die heutige Dimension räumlicher Arbeitsteilung im Verhältnis zum Verkehr sowohl theoretisch als auch empirisch zumindest ausschnittweise zu durchdringen. Dies soll entlang der folgenden Fragestellungen geschehen:

1) Vor dem Hintergrund der räumlichen Arbeitsteilung gibt es ein Spannungsfeld gegenläufiger Kräfte. Wie sind dabei Globalisierung und Regionalisierung zu gewichten?

2) Es hat augenscheinlich eine Zunahme der räumlichen Arbeitsteilung gegeben. Inwieweit hat dieser Prozeß zum Wachstum des Gütertransports beigetragen?

3) Verkehrsinfrastruktur wirkt ambivalent auf regionale Entwicklungsprozesse, indem sie Räume füllt oder entleert. Wie sind die stabilisierenden und destabilisierenden Potentiale des Verkehrs einzuschätzen?

4) Können aus einem veränderten Blickwinkel auf die Rolle des Verkehrs im regionalen Entwicklungsprozeß neue Überlegungen für Regionalpolitik und Infrastrukturplanung abgeleitet werden?

## 3  Empirisches Fenster I: Arbeitsteilung und Verflechtung moderner Produktionsökonomien

Die zunehmende weltwirtschaftliche Integration wird im sozial- und wirtschaftswissenschaftlichen Diskurs seit einigen Jahren unter dem Stichwort der Globalisierung geführt (vgl. als Überblick Hübner 1996 sowie Läpple in diesem Buch). Dieser Begriff wird jedoch mit sehr verschiedenen Inhalten gefüllt. Mit Blick auf ökonomische Funktionen und Prozesse kann die Globalisierung der Wirtschaft verstanden werden als die Globalisierung von Unternehmen, die verstärkt grenzüberschreitende Aktivitäten ausführen, oder als die Globalisierung von Märkten (Härtel, Jungnickel et al. 1996). Diese kann ihren Ausdruck finden in zunehmendem Außenhandel einschließlich "global sourcing" (Waren- und Dienstleistungsfluß), zunehmenden Auslandsproduktionen bzw. Direktinvestitionen im Ausland (Kapitalfluß) und/oder Kooperationen mit ausländischen Unternehmen oder anderen Institutionen (Verträge mit Dritten). Für den Zusammenhang von Güterverkehrsentwicklung und Arbeitsteilung ist in den modernen Produktionsökonomien also grundsätzlich zwischen stofflichen Flüssen, den materiellen (Güter)Transporten, und anderen Verflechtungen mit immateriellen Flüssen zu unterscheiden.

Uns interessiert an dieser Debatte vorrangig, ob sie Hinweise zur Beurteilung der Dimension räumlicher Arbeitsteilung gibt. Untersuchungsleitend ist dabei die Annahme, daß eine zunehmende *zwischenbetriebliche* Arbeitsteilung zu neuen Relationen von Standorten (Standortwahl, Standorte von Zulieferern und Abnehmern) führt, die ihrerseits die *räumliche* Arbeitsteilung mitbestimmen und letztlich den Verkehr beeinflussen. Dies erfolgt vor dem Hintergrund veränderter Rahmenbedingungen, die zu einer veränderten Produktionsorganisation führen, und zu veränderten Entwicklungen im Verkehrssystem selbst, insbesondere der Wirkung von infrastrukturellen Ausstattungen in Regionen. Die arbeitsteiligen verkehrsrelevanten Prozesse werden vor allem durch neue Produktionssysteme ausgelöst, die wiederum auch durch äußere Effekte stark beeinflußt werden. So führen neue Nachfragestrukturen zu einem veränderten Güter- und Warenangebot. Andere Markterschließungsmöglichkeiten, etwa der Abbau von Handelshemmnissen, eröffnen auch die Möglichkeit, Standorte zu überdenken und neben der organisatorischen auch eine räumliche Restrukturierung vorzunehmen.

Eine der wenigen Untersuchungen, die sich in diesem Kontext ausdrücklich mit Verkehr und Transport befaßt haben, ist das umfangreiche Werk von Altvater und Mahnkopf zu den "Grenzen der Globalisierung" (Altvater, Mahnkopf 1996). Vor dem Hintergrund der Entwicklung des Güterverkehrs und der kritischen Beurteilung anderer Indikatoren der Globalisierung wird von ihnen eine intensivere Auseinandersetzung mit dem Außenhandel in das Zentrum der Analyse gestellt: Zum einen stellen sie dabei fest, daß die Zuwachsraten im Welthandel zwar hoch, aber durch einen degressiven Verlauf gekennzeichnet sind (ebd., S. 225). Zum anderen wird deutlich, daß nicht der gesamte Außenhandel transportintensiv ist. Im Welthandel ist der Handel mit materiellen Gütern relativ rückläufig; der Handel wird bereits zu einem Drittel vom Dienstleistungsverkehr ("non-factor services")[4] sowie den Erwerbs- und Vermögenseinkommen ("investment incomes") getragen. Im Vergleich dazu betrug dieser Anteil 1975 noch ein Viertel (ebd., S. 232). Zwar sind rund die Hälfte der Einnahmen der deutschen Dienstleistungsbilanz auf Transport und Tourismus zurückzuführen - bei den Ausgaben beträgt der Anteil sogar rund 60 Prozent -, der Anteil von Transportdienstleistungen ist allerdings von etwa 40 Prozent Anfang der 70er Jahre auf etwa 30 Prozent in den 90er Jahren zurückgegangen (ebd., S. 235).

Die Tabelle 2 zeigt für den Handel mit verarbeiteten Gütern für die Triade-Regionen, daß vor allem *großräumige intraregionale* Verflechtungen bestehen. Insbesondere die westeuropäischen Außenhandelsbeziehungen rühren zu rund 70 Prozent aus Verflechtungen innerhalb der eigenen Makroregion. Aber auch Japan handelt

---

4 Zu den Dienstleistungen zählen der Reiseverkehr, Transportleistungen, Erträge aus dem Transithandel, Versicherungs- und Finanzdienstleistungen, Patente und Lizenzen, Forschung und Entwicklung, Ingenieur- und sonstige Dienstleistungen, EDV, Bauleistungen, Montagen, Ausbesserungen, Regiekosten, also Zahlungen zwischen verbundenen Unternehmen als Konzernumlagen, Postdienste, Werbe- und Messekosten, Regierungsleistungen einschließlich der Einnahmen ausländischer militärischer Dienststellen.

Tabelle 1:
Struktur des internationalen Handels der jeweiligen Makroregion 1975-1993
(Anteile in Prozent)

| | Einnahmen | | | Ausgaben | | |
|---|---|---|---|---|---|---|
| | 1975 | 1985 | 1993 | 1975 | 1985 | 1993 |
| **Warenhandel** | | | | | | |
| USA | 67,7 | 56,6 | 60,4 | 73,9 | 69,9 | 71,2 |
| Europa | 70,3 | 66,2 | 59,9 | 72,9 | 67,6 | 58,5 |
| Japan | 90,2 | 79,2 | 63,3 | 72,5 | 70,0 | 50,3 |
| Welt | 75,1 | 70,9 | 66,2 | 73,9 | 68,7 | 64,6 |
| **Dienstleistungen** | | | | | | |
| USA | 16,2 | 19,1 | 24,5 | 16,6 | 15,0 | 15,5 |
| Europa | 21,7 | 19,2 | 20,6 | 19,7 | 16,8 | 20,3 |
| Japan | 14,5 | 10,7 | 10,1 | 21,8 | 21,0 | 24,3 |
| Welt | 17,1 | 16,6 | 18,4 | 18,8 | 16,9 | 18,8 |
| **Vermögenseinkommen** | | | | | | |
| USA | 16,1 | 24,2 | 15,1 | 9,5 | 15,1 | 13,3 |
| Europa | 8,0 | 14,6 | 19,5 | 7,4 | 15,6 | 21,2 |
| Japan | 5,3 | 10,1 | 26,6 | 5,7 | 9,0 | 25,4 |
| Welt | 7,8 | 12,6 | 15,2 | 7,3 | 14,4 | 16,6 |

Daten für die gesamte Welt sind wegen statistischer Diskrepanzen für Soll und Haben
(Debits und Credits) nicht vergleichbar.

Quelle: Altvater, Mahnkopf 1996

vor allem mit den asiatischen Nachbarländern, besonders mit den dynamischen
asiatischen Entwicklungs- und Schwellenländern (DAE). Die Außenhandels-
verflechtungen der OECD-Länder mit den übrigen Entwicklungsländern sind sowohl bei den Ex- als auch bei den Importen rückläufig. Der Handel mit den europäischen Reformländern spielt nur eine untergeordnete Rolle. Es läßt sich also festhalten, daß die Güterhandelsverflechtungen der OECD-Länder stark geprägt sind
durch Transaktionen zwischen den Triaden und innerhalb der Triaden, vor allem
mit den europäischen Ländern.

Tabelle 2:
Schwerpunkte im Außenhandel der Triade-Regionen 1982 und 1992 (Anteile am Welthandel in Prozent)

| Außenhandel mit: | West-europa | | Nord-amerika | | Japan | | DAE | | übrige Entwicklungs-länder | | euro-päische Reform-länder | | Welt |
|---|---|---|---|---|---|---|---|---|---|---|---|---|---|
| | '82 | '92 | '82 | '92 | '82 | '92 | '82 | '92 | '82 | '92 | '82 | '92 | |
| **Exporteure** | | | | | | | | | | | | | |
| Westeuropa | **64** | **71** | 7 | 7 | 1 | 2 | 3 | 4 | 18 | 8 | 4 | 3 | 100 |
| Nordamerika | 22 | 22 | **31** | **33** | 7 | 8 | 9 | 13 | 24 | 19 | 1 | 1 | 100 |
| Japan | 15 | 21 | 28 | 30 | 0 | 0 | 22 | 33 | 26 | 11 | 3 | 1 | 100 |
| **OECD ges.:** | 47 | 54 | 15 | 16 | 2 | 3 | **7** | **10** | 20 | 11 | 3 | 2 | 100 |
| **Importeure** | | | | | | | | | | | | | |
| Westeuropa | **71** | **73** | 9 | 8 | 4 | 5 | 3 | 6 | 6 | 4 | 4 | 3 | 100 |
| Nordamerika | 22 | 20 | **31** | **27** | 19 | 18 | 14 | 21 | 12 | 12 | 1 | 0 | 100 |
| Japan | 14 | 22 | 29 | 29 | 0 | 0 | 25 | 34 | 25 | 9 | 1 | 1 | 100 |
| **OECD ges.:** | 53 | 55 | 17 | 14 | 8 | 8 | **8** | **12** | 9 | 6 | 3 | 2 | 100 |

Handel mit verarbeiteten Gütern, intraregionaler Handel fett gedruckt.
DAE = dynamische asiatische Entwicklungs- und Schwellenländer (Korea, Taiwan, Hongkong, China, ASEAN)

Quelle: Härtel, Jungnickel et al. 1996; eigene Berechnungen

Für eine detailliertere Betrachtung raumwirtschaftlicher Interaktionen soll hier ein Vergleich der räumlichen Verflechtungen von Liefer- und Absatzbeziehungen am Beispiel der deutschen Investitionsgüterindustrie angestellt werden. Er basiert auf einer umfangreichen Analyse zur Verbreitung neuer Produktionskonzepte (Produktionsinnovationserhebung), die vom Fraunhofer-Institut für Systemtechnik und Innovationsforschung (ISI) im Herbst 1995 durchgeführt wurde. In ihr wird die regionale Verteilung von Beschaffungs- und Absatzgebieten für die Zweige Maschinenbau, Elektrotechnische Industrie und sonstige Investitionsgüterindustrie über alle Betriebsgrößenklassen dargestellt.

Aus der Untersuchung geht hervor, daß auf der räumlichen Ebene die Globalisierung und interregionale Verflechtungen zwischen den Unternehmen bei weitem nicht so weit fortgeschritten sind, wie allgemein angenommen wird. Über 50 Prozent der antwortenden Unternehmen beziehen ihre Güter aus dem sonstigen Bundesgebiet bzw. setzen sie dort ab; dazu kommen rund 20 Prozent der Unternehmen, die Liefer- und Absatzbeziehungen mit ihrem regionalen Umfeld aufgebaut haben. Bezogen auf die Lieferbeziehungen kann dabei nicht von einer einheitlichen Entwicklungslinie gesprochen werden: Der Maschinenbau hat im Vergleich zu den anderen beiden Branchen am ehesten Beziehungen mit dem Ausland aufgebaut, gefolgt von der Elektrotechnischen Industrie.

Aufschlußreich ist auch die Gegenüberstellung der regionalen Verflechtungen von Unternehmen in den neuen und alten Bundesländern. Als Ausschnitt aus der Erhebung der ISI-Studie wurde für das Land Sachsen eine Sonderauswertung erstellt (Sächsisches Staatsministerium für Wirtschaft und Arbeit 1996). Obwohl die Unternehmen der neuen Bundesländer nach der Wirtschafts- und Währungsunion durch den Wegfall von Abnahmeverpflichtungen, Devisenrestriktionen und Embargolisten die Möglichkeit hatten, ihre Lieferverflechtungen neu zu organisieren und neue Absatzmärkte zu erschließen, wickeln sie ihre Beschaffung und ihren Absatz eher regional ab als die Unternehmen der alten Bundesländer (ebd., S. 8 und 31). Soweit sie sich interregional ausgeweitet haben, sind die Lieferbeziehungen der Unternehmen der neuen Bundesländer primär Verflechtungen mit dem übrigen Bundesgebiet. Die Vermutung, daß es sich dabei um den Aufbau von "verlängerten Werkbänken" von Unternehmen der alten Bundesländer handelt, kann anhand des vorhandenen Datenmaterials weder bestätigt noch widerlegt werden. Sie entspricht allerdings anderen Befunden über die (fehlende) regionale Einbindung der Produktionssysteme in den neuen Bundesländern bzw. ihre starke Abhängigkeit von Standorten in Westdeutschland.

Unsere Einschätzung zur Entwicklung räumlicher Arbeitsteilung läßt sich anhand dieses empirischen Befundes wie folgt zusammenfassen:

- Das Phänomen der Zunahme der räumlichen Verflechtung auf internationaler bzw. globaler Ebene ist differenziert zu betrachten und kann nicht als einheitliches ökonomisches Entwicklungsmuster interpretiert werden.
- Globalisierung geht verstärkt auch auf immateriellen Austausch zurück (Dienstleistungen, Kapitalbewegungen, Informationsflüsse), hat also nicht zwangsläufig Güterverkehr zum Inhalt oder zur Folge.
- Am Beispiel moderner Produktionsökonomien konnte gezeigt werden, daß ein erstaunlich hoher Grad an Arbeitsteilung auf regionaler und vor allem nationaler Ebene stattfindet und weniger starke Bezüge zu globalen Vernetzungen bestehen.

Abbildung 1:
Herkunft von Vorleistungen und Absatzgebiete der Investitionsgüterindustrie in der
Bundesrepublik Deutschland (Umsatzanteile in Prozent)

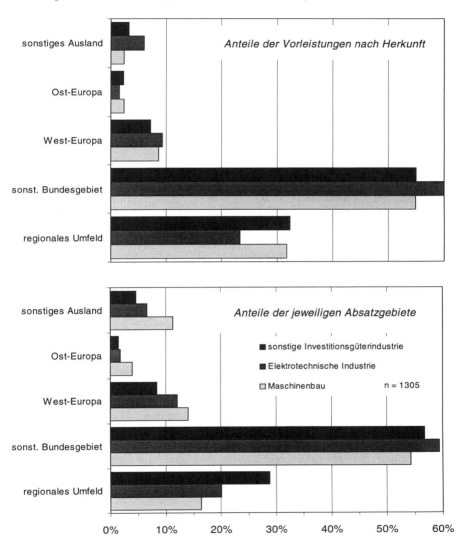

Quelle: Sächsisches Staatsministerium für Wirtschaft und Arbeit 1996; eigene Berechnungen

# 4 Empirisches Fenster II: Güterverkehrsentwicklung in Deutschland

Auf der Basis der amtlichen Statistiken läßt sich ein weiterer und tieferer Einblick in den Zusammenhang von räumlicher Arbeitsteilung und Güterverkehr in Deutschland gewinnen. Dabei geht es um mehrere Fragen:

1) Welche maßgeblichen Trends und verursachenden Stellgrößen lassen sich auf der Basis der statistisch abgebildeten Entwicklungstendenzen ermitteln?
2) Inwieweit korreliert die Güterverkehrsentwicklung mit einer Zunahme der räumlichen Arbeitsteilung?
3) Inwieweit ist der Güterverkehr ein Kronzeuge der Globalisierung oder möglicherweise auch ein Abbild gegenläufiger Tendenzen?

## 4.1 Der Güterverkehr in der Statistik

Die Entwicklung des deutschen Güterverkehrsmarktes in den letzten 50 Jahren läßt sich in ihren dramatischen Veränderungen kurz wie folgt charakterisieren: Der Verkehr ist im erheblichen Umfang insgesamt gewachsen, die Bedeutung der einzelnen Verkehrsträger hat sich zu Lasten des Schienengüterverkehrs hin zum Straßengüterverkehr verschoben. Während die absoluten Beförderungsmengen von Eisenbahn und Binnenschiff im wesentlichen konstant geblieben und die Leistungskennzahlen nur geringfügig gestiegen sind (ihre relativen Anteile nehmen ab), hat sich der Transportaufwand des Straßengüterfernverkehrs allein zwischen 1980 und 1990 mehr als verdoppelt. Das Wachstum wird überwiegend durch den Lkw-Verkehr getragen.

Tabelle 3:
Entwicklung des Güterverkehrs in der Bundesrepublik Deutschland 1950-1996

|  | 1950 | 1960 | 1970 | 1980 | 1990 | 1996[2] |
|---|---|---|---|---|---|---|
| Transportaufkommen (Mio. t) | 313,6 | 571,8 | 872,5 | 974,0 | 1048,8 | 1437,2 |
| Transportaufwand (Mrd. tkm)[1] | 63,2 | 118,8 | 179,2 | 210,9 | 250,7 | 357,2 |

Binnengüterverkehr ohne Straßennahverkehr
1 Tonnenkilometer
2 1996 Gesamtdeutschland

Quelle: Bundesministerium für Verkehr 1991, 1997

Kennzeichnend ist außerdem, daß die absoluten Transportvolumina weniger stark gewachsen sind als die Leistungskennziffern: Das Verkehrswachstum ist auch Ergebnis des Wachstums der Entfernungen, wobei die Zahl der im Fernverkehr zurückgelegten Kilometer zwischen 1950 und 1996 stärker angestiegen ist als die transportierte Gütermenge. Ein wichtiger unmittelbarer Indikator zur Beurteilung der räumlichen Dimension des Verkehrs ist damit die Transportentfernung. Beim *Transportaufwand* war bei allen Verkehrsträgern zwischen 1980 und 1990 eine Tendenz zum absoluten und relativen Bedeutungsgewinn der oberen Entfernungsstufen zu verzeichnen (vgl. Tabelle 4). Die Tabelle 5 zeigt für das *relative Transportaufkommen* nach Entfernungsstufen eine tendenziell ähnliche Entwicklung wie beim Transportaufwand. Sie macht allerdings neben der Transportverlagerung von Eisenbahn und Binnenschiff auf den Straßengüterverkehr deutlich, daß im Straßengüterverkehr ein relatives Aufkommenswachstum im unteren Entfernungsbereich erfolgte.

Bei der langfristigen Betrachtung der Anteilsentwicklung des Straßengüterverkehrs - gemessen am gesamten Transportaufwand - zeigt sich ein Anstieg von 20,3 Prozent in den 50er Jahren auf 56,7 Prozent im Jahr 1990, wobei der Fernverkehr stärker anstieg als der Nahverkehr. 1950 setzte sich der Straßengüterverkehr zu gleichen Teilen aus Nahverkehr und Fernverkehr zusammen. 1990 entfielen von dem erbrachten Transportaufwand auf den Fernverkehr 40,2 Prozent und auf den Nahverkehr 16,5 Prozent (vgl. Glaser 1995, S. 290).

Bei allen Verkehrsträgern leistete der grenzüberschreitende Verkehr einen überdurchschnittlichen Beitrag zum gesamten Aufkommenswachstum. Hierbei ist insbesondere der Transitverkehr zu erwähnen, der 1995 auf der Straße eine Zunahme von 18 Prozent, bei Bahn und Binnenschiff immerhin 8 Prozent erreichte. Parallel zum Binnenverkehr ist es bei den dynamisch wachsenden grenzüberschreitenden Güterverkehren zu einer erheblichen Verschiebung zwischen den Anteilen von Straßen- und Schienengüterverkehr gekommen. Lag der Anteil des Schienengüterverkehrs 1960 noch bei ca. 25 Prozent und der Anteil des Straßengüterverkehrs bei ca. 5 Prozent, so hat sich die Relation zwischen beiden Verkehrsträgern bis 1992 umgekehrt: Der Anteil der Bahn ist auf ca. 12 Prozent gesunken, während der Straßenverkehr heute mit über 31 Prozent die größte Bedeutung im grenzüberschreitenden Güterverkehr besitzt (vgl. Bundesministerium für Verkehr 1993, S. 179-184).

Die Gliederung des grenzüberschreitenden Verkehrs nach Ländern zeigt, daß die Nachfragesteigerung nach Transporten zwischen Deutschland und den ehemaligen Ostblock-Staaten weitaus größer war als der Empfang und Versand mit den EU-Ländern. 1997 wurde einerseits für die jungen EU-Mitglieder Spanien und Portugal und andererseits für Polen, Ungarn und das frühere Jugoslawien mit hohen Zuwachsraten gerechnet, die allerdings von vergleichsweise niedrigen Basisgrößen ausgingen.

Tabelle 4:
Transportaufwand in tkm nach Entfernungsstufen und Verkehrsträgern 1980-1990

| Entfernungsstufen in km[1] | Eisenbahn[2] in Prozent | | | Binnenschiffe in Prozent | | | Straßengüterfernverkehr[3] in Prozent | | |
|---|---|---|---|---|---|---|---|---|---|
| | 1980 | 1990 | Δ in % | 1980 | 1990 | Δ in % | 1980 | 1990 | Δ in % |
| 0-100 | 9,3 | 7,6 | -18,3 | 11,5 | 9,9 | -13,9 | 4,0 | 4,1 | 2,5 |
| 101-200 | 11,5 | 10,2 | -11,3 | 15,5 | 13,0 | -16,1 | 18,2 | 17,0 | -6,6 |
| 201-300 | 16,6 | 13,7 | -17,5 | 11,6 | 8,9 | -23,3 | 16,9 | 15,9 | -5,9 |
| 301-400 | 15 | 14,7 | -2,0 | 13,8 | 11,9 | -13,8 | 14,9 | 14,6 | -2,0 |
| 401-500 | 9,5 | 10,9 | 14,7 | 14,7 | 16,8 | 14,3 | 12,6 | 13,3 | 5,6 |
| 501 und mehr | 38,1 | 42,9 | 12,6 | 32,9 | 39,5 | 20,0 | 33,4 | 35,1 | 5,1 |
| Insgesamt | 100,0 | 100,0 | -4,6 | 100,0 | 100,0 | 6,6 | 100,0 | 100,0 | 50,5 |

1 Entfernungen innerhalb des Bundesgebietes
2 Wagenladungsverkehr
3 Ohne Transportleistung im Werkverkehr eingesetzte Lastkraftwagen bis einschl. 4 t Nutzlast und Zugmaschinen bis einschl. 40 KW Motorleistung
Quelle: Bundesministerium für Verkehr 1996

Tabelle 5:
Transportaufkommen in t nach Entfernungsstufen und Verkehrsträgern 1980-1990

| Entfernungsstufen in km[1] | Eisenbahn[2] in Prozent | | | Binnenschiffe in Prozent | | | Straßengüterfernverkehr[3] in Prozent | | |
|---|---|---|---|---|---|---|---|---|---|
| | 1980 | 1990 | Δ in % | 1980 | 1990 | Δ in % | 1980 | 1990 | Δ in % |
| 0-100 | 50,8 | 47,6 | -6,3 | 39,9 | 37,3 | -6,5 | 16,0 | 37,3 | 133,1 |
| 101-200 | 14,5 | 14,7 | 1,4 | 22,7 | 20,9 | -7,9 | 33,0 | 20,9 | -36,7 |
| 201-300 | 12,2 | 11,4 | -6,6 | 10,0 | 8,8 | -12,0 | 18,3 | 8,8 | -51,9 |
| 301-400 | 8,0 | 8,6 | 7,5 | 8,3 | 7,8 | -6,0 | 11,5 | 7,8 | -32,2 |
| 401-500 | 3,9 | 5,1 | 30,8 | 7,1 | 9,0 | 26,8 | 7,6 | 9,0 | 18,4 |
| 501 und mehr | 10,6 | 12,6 | 18,9 | 12,0 | 16,2 | 35,0 | 13,6 | 16,2 | 19,1 |
| Insgesamt | 100,0 | 100,0 | -13,1 | 100,0 | 100,0 | -3,9 | 100,0 | 100,0 | 46,9 |

1 Entfernungen innerhalb des Bundesgebietes. Werte ab 1991 lagen nicht für alle Bereiche vor.
2 Wagenladungsverkehr
3 Ohne Transportleistung im Werkverkehr eingesetzte Lastkraftwagen bis einschl. 4 t Nutzlast und Zugmaschinen bis einschl. 40 KW Motorleistung
Quelle: Bundesministerium für Verkehr 1996

## 4.2 Ist die Güterverkehrsentwicklung ein Kronzeuge der Globalisierung?

Die dargestellten Veränderungen von Verkehrswachstum und Anteilen innerhalb und zwischen den einzelnen Verkehrsträgern (Modal Split) lassen sich auf unterschiedliche Effekte zurückführen. Der *Gütermengeneffekt* beschreibt die Folgen für die Verkehrsentwicklung aufgrund der zunehmenden Bedeutung des tertiären Sektors, wodurch sich die Entwicklung des Verkehrsaufkommens zunehmend vom Wirtschaftswachstum einer Volkswirtschaft entkoppelt. Den empirischen Nachweis liefert die Transportelastizität[5], die in hochentwickelten Industrieländern vergleichsweise niedrig ist. Die zurückbleibende Entwicklung des Transportaufkommens hinter dem Wirtschaftswachstum in Deutschland gilt aber nicht für den Straßengüterfernverkehr.

Als ein wesentlicher Auslöser für die Anteilsänderungen der einzelnen Hauptgütergruppen am Verkehrsaufkommen gilt der *Güterstruktureffekt* (auch Güterstrukturwandel), der die Veränderungen auf den Gütermärkten beschreibt. Das unterschiedliche Wachstum der einzelnen volkswirtschaftlichen Sektoren führt zu einer differenzierten Veränderung von Transportnachfrage und -abwicklung, da letztlich die Zusammensetzung der transportierten Güter und die daraus resultierenden spezifischen Anforderungen an das Gütertransportsystem die Wettbewerbssituation der einzelnen Verkehrsträger beeinflussen. Die Zunahme des Wertes je transportierter Tonne bzw. Volumeneinheit wird dabei als *Güterwerteffekt* bezeichnet. Die kontinuierliche relative und absolute Zunahme von kleinteiligen Gutarten, wie Stückgüter und Sammelgüter, Halbzeuge und Fertigteile, entspricht durchweg dem Bedeutungsverlust der alten Montanverbundgüter (Kohle, Erze, NE-Metalle etc.). Die mit dem Güterstruktur- bzw. -werteffekt einhergehenden Veränderungen der Transportanforderungen haben einen wesentlichen Einfluß auf den Modal Split, also die Anteile der einzelnen Verkehrsträger am Verkehr.

Die Strukturverschiebungen im Güterverkehr aufgrund veränderter logistischer Anforderungen werden auch als *Logistikeffekt* bezeichnet. Zum einen führt die zunehmende Arbeitsteilung und Standortteiligkeit (Standortstruktur) zu einer höheren Komplexität an Austauschbeziehungen. Zum anderen stellen die "hochwertigeren" Güterarten andere Anforderungen an die logistische Leistung, unter anderem um die Kapitalbindungskosten gering zu halten. Für den Logistikeffekt wird daher auch die veränderte räumliche und zeitliche Strukturierung von Wertschöp-

---

5   Die Transportelastizität ist der Quotient aus relativer Änderung des gesamten Transportaufwandes (tkm) und relativer Änderung des Bruttoinlandprodukts (BIP). Über einen Elastizitätskoeffizienten kann das Maß erklärt werden, in dem sich die gesamten Tonnenkilometer über- oder unterproportional zum BIP entwickeln.

171

fungsketten verantwortlich gemacht. Insbesondere die neuen Produktionskonzepte, die neue Logistikkonzepte zur Folge haben, verlangen eine höhere Schnelligkeit und Flexibilität des Transportes. Mit diesem Wandel verbinden sich unterschiedliche Reaktionsmöglichkeiten der Verkehrsträger, entsprechend den sogenannten "Verkehrswertigkeiten" Schnelligkeit, Netzbildung, Flexibilität (Voigt 1973). Während die Schiene und das Binnenschiff angestammte Märkte verlieren, fallen dem flexiblen Lastkraftwagen und der Luftfracht neue Frachtpotentiale zu.

Neben Veränderungen der Verkehrsnachfragestrukturen werden die Entwicklungen im Güterverkehrsbereich auch auf Veränderungen der Verkehrsangebotsstrukturen zurückgeführt. Der *Infrastruktureffekt* beschreibt angebotsspezifische Verschiebungen im Modal Split. Entscheidungen zur Förderung bestimmter Verkehrsträger haben zu gegenläufigen Entwicklungen bei Wettbewerbern geführt, wie der Vergleich von Straße und Schiene zeigt: Das Autobahnnetz verlängerte sich in Gesamtdeutschland zwischen 1950 und 1990 von 3.500 km auf 10.700 km. Im Gegensatz dazu nahm das Streckennetz der Deutschen Bahnen im gleichen Zeitraum von 46.400 km auf 40.900 km ab. Dieser Effekt wird noch dadurch verstärkt, daß der Nachfrager von Verkehrsleistung für die Benutzung der Straßeninfrastruktur in der Regel nicht aufkommen muß; bei der Schieneninfrastruktur ist dies aber im vollen Umfang der Fall.

Eine weitere wichtige Rolle bei den Strukturverschiebungen wird dem *Deregulierungs- und Liberalisierungseffekt* zugeschrieben. Gerade der Abbau von Handelshemmnissen sowie die Veränderung traditioneller Wettbewerbsordnungen auch im Verkehrsgewerbe haben, vor allem durch den Abbau der relativ hohen Regelungsdichte (insbesondere durch die Freigabe von Tarifen und Kontingenten, die Aufhebung von Marktzugangsbeschränkungen, die Freigabe der Kabotage[6] sowie ein gewandeltes Aufgabenverständnis des Staats und der Gebietskörperschaften) die bisherigen Rahmenbedingungen des Güterverkehrs stark verändert.

Die Frage also, inwieweit die Güterverkehrsentwicklung Tendenzen zur Globalisierung aufgrund zunehmender Arbeitsteilung widerspiegelt und stützt, ist nicht eindeutig zu beantworten. Auf der einen Seite sind zwar Wachstumstendenzen bei Transportmengen und -distanzen vorzufinden, die diese Vermutung bestätigen können. Auf der anderen Seite zeigt sich, daß es auch ein signifikantes Wachstum im unteren Entfernungsbereich gibt, das durchaus mit einer Zunahme regionaler Verflechtungen korrelieren könnte. Auch wird die Bedeutung der räumlichen Ar-

---

6    Kabotage bezeichnet Transporte eines Verkehrsunternehmers im innerstaatlichen Verkehr eines Landes, in dem er nicht ansässig ist. Im regulierten Verkehrsmarkt waren Transporte außerhalb des Heimatlandes verboten. Ab 1993 wurden von der EG kontingentierte Kabotagegenehmigungen erteilt. Seit Juli 1998 ist die Kabotage generell freigegeben.

beitsteilung im Kontext der anderen Effekte, die das Güterverkehrswachstum mitbestimmen, deutlich relativiert. Als Zwischenresümee lassen sich aus den empirischen Befunden zur Entwicklung des Güterverkehrs folgende Thesen ableiten:

- Es hat in den vergangenen Jahren augenscheinlich eine Zunahme der wirtschaftsräumlichen Verflechtung gegeben. Diese dürfte auch zum Wachstum des materiellen Gütertransports beigetragen haben.

- Entfernungszunahme als Funktion der Ausdehnung der Wirtschaftsräume ist jedoch nur einer von mehreren Faktoren, die an der Zunahme des Verkehrs mitwirken. Als ebenso wichtig gelten Güterstruktur- und -werteffekte, Produktionsorganisation und Logistikkonzepte, die Infrastrukturentwicklung sowie der Abbau von Handelshemmnissen.

- Parallel zu einer Analyse der Produktionssysteme zeigt sich, daß es auch im unteren Entfernungsbereich ein signifikantes Wachstum des Güterverkehrs gibt, das durchaus mit einer gestiegenen Bedeutung regionaler Verflechtungen korrespondieren könnte. Damit verschiebt sich der Blickwinkel dieser Diskussion stärker von der globalen auf die regionale Ebene.

## 5 Theoretische Diskussion

Der Blick auf die empirischen Fenster hat gezeigt, daß von einer umfassenden "materiellen" Globalisierung nicht die Rede sein kann und Arbeitsteilung bzw. Güterverkehr stark national und regional konzentriert sind. Wie erklärt sich dieser Umstand vor dem Hintergrund der gesunkenen Transportkosten? Zur Klärung dieser Frage sollen im folgenden Abschnitt einige einschlägige klassische bzw. neuere Theorien dahingehend diskutiert werden, welche Beiträge sie zur Bewertung unserer Analyse von Güterverkehr und räumlicher Arbeitsteilung leisten. Dabei wird zunächst auf verschiedene Ansätze und Theoreme eingegangen, die unter dem Begriff der Raumwirtschaftstheorien subsumiert werden.

### 5.1 Raum und Transport in den Raumwirtschaftstheorien

Raumwirtschaftstheorien sind diejenigen ökonomischen Theorien, die sich originär mit der Erklärung von Umfang und Verlaufsform räumlicher Arbeitsteilung befassen. "Die Raumwirtschaftstheorie beschäftigt sich mit der Verteilung wirtschaftlicher Aktivitäten im Raum und insbesondere in verschieden großen Siedlungen oder Agglomerationen, mit der Herausbildung der Bodenpreise an verschiedenen Standorten, den ökonomischen Beziehungen zwischen verschiedenen Orten (Tausch, Faktorbewegungen, Pendelbewegungen) sowie den Veränderungen der durch diese bestimmten Raumstrukturen im Zeitablauf." (v. Böventer 1992, S. 583) Gleichzeitig zeichnen sich die klassischen bzw. neoklassischen Raumwirtschaftstheorien durch ein spezifisches Raumverständnis aus, das auf die formale Modellkonstruktion und die zugrundeliegenden Annahmen zurückgeht. Diese Sichtweise kann hier mit einem ebenso knappen wie aussagekräftigen Zitat Edwin von Böventers illustriert werden: "Die ökonomische Bedeutung des Raumes liegt nicht im Auftritt von Entfernungen an sich, sondern in den materiellen, zeitlichen oder psychischen Kosten der Raumüberwindung." (Ebd.)[7]

In der ökonomischen Regionalforschung und raumwissenschaftlichen Diskussion ist dieses Raumverständnis in den letzten Jahren zunehmend kritisiert worden. "Die traditionelle Ökonomie ist in diesem Sinne raumlos, da ihr Analyserahmen zur Klärung raumbezogener Fragestellungen keinen Beitrag leistet." (Lessat 1998, S. 271) Die Kritik richtet sich vorrangig auf eine verkürzte bzw. einseitige Sicht des Raumes und bezieht sich auf zwei zentrale Punkte:

• Der Raum wird reduziert auf Distanzen und Raumüberwindungskosten.
• Es herrscht eine per se negative Raumauffassung: Raum wird primär als Hindernis wahrgenommen.

Hinter diesen beiden Kritikpunkten steht die große Bedeutung, die die Transportkosten in den Raumwirtschaftstheorien einnehmen. Vor allem den Standorttheorien unter den Raumwirtschaftstheorien ist gemeinsam, daß die Transportkosten eine hervorgehobene Rolle bei der Erklärung räumlicher Prozesse spielen. Dies gilt für die traditionellen Ansätze, wie etwa diejenigen von Alfred Weber (1914), Walter Christaller (1933) oder August Lösch (1940), aber auch für Arbeiten wie die von William Alonso (1964) oder Paul Krugman (1991). Sie gehen von der Annahme aus, daß die Transportkosten (als Produkt von Preis, Transportgewicht oder -volumen und Transportdistanz) einen wichtigen, wenn nicht den zentralen Faktor der Standortwahl eines Unternehmens zwischen Beschaffungs- und Absatzmarkt darstellen.

Das "Standortoptimum" lag ursprünglich meist in der Nähe von Rohstofflagern, da wegen der geringen Wirkungsgrade von Maschinen bzw. Anlagen gewichtsmäßig mehr Rohstoffe als Fertigwaren transportiert werden mußten. Im Zuge des skizzierten ökonomisch-technischen Strukturwandels haben sich die Rahmenbedingungen dieser Theorieansätze jedoch stark geändert (vgl. Alonso 1975, S. 37). Nur noch

---

7   Wesentlich für das Verständnis dieser Annahmen ist die neoklassische allgemeine Gleichgewichtstheorie, deren zentrale Annahme die Konvexitätsannahme ist, die bei der Produktion zu abnehmenden Grenzerträgen der Produktionsfaktoren und in der Haushaltstheorie zu abnehmendem Grenznutzen in der Menge der konsumierten Güter führt (Lessat 1998, S. 270).

wenige Güter sind *rohstofforientiert*, statt dessen gewinnen die *marktorientierten* Güter erheblich an Bedeutung. Dort wo komparative Kostenvorteile durch niedrige Arbeitskosten erzeugt werden können, werden *arbeitsorientierte* Standortentscheidungen getroffen. Weiteren Verschiebungen in den unternehmerischen Dispositionen folgend, kommen "weiche" Standortfaktoren hinzu, etwa die Anforderungen an ein attraktives unternehmerisches Umfeld. Die räumliche Mobilität der Industrie nimmt also offensichtlich zu: "Es gibt gute Gründe dafür, daß der technische Fortschritt immer mehr Industriebetriebe unabhängig macht. Erstens tendieren die Transportsysteme dazu, langfristig billiger, schneller und effizienter zu werden, wodurch die Transportorientierung abnimmt. Zweitens tendiert der Produktionsprozeß dazu, effizienter zu werden, weniger Rohstoffe ... zu verwenden, was folglich die Transportkosten verringert und darüber hinaus die Marktorientierung erhöht. Schließlich werden die fertigen Produkte selbst immer besser, so daß pro Gewichtseinheit bessere Resultate oder größerer Nutzen erzielt werden." (Ebd., 1975, S. 38)

Es ist einleuchtend, was diese Diskussion mit Güterverkehr und räumlicher Arbeitsteilung zu tun hat: Das raumspezifische Erklärungsvermögen der traditionellen raumwirtschaftlichen Theorien nimmt in dem Umfang ab, wie sich die Ausgangsbedingungen zur Beurteilung dieser Fragen in den letzten Jahrzehnten insgesamt verändert haben. Dazu hat nicht nur die historisch möglicherweise einmalige Zunahme an Raumüberwindungsmöglichkeiten beigetragen (Abbau von Raumwiderständen, Innovationen in der Verkehrstechnik), sondern auch der starke Verfall der Energie- und Transportpreise. Hinzu kommen veränderte Ausgangsbedingungen in der Produktionsorganisation: Durch die Substitution schwerer durch leichtere Materialien und im Zuge des Bedeutungsgewinns technologieintensiver Produkte und Dienstleistungen hat sich diese Entwicklung weiter verschärft. Das abnehmende Gütergewicht trägt zum weiteren Rückgang der Transportkosten an den Gesamtkosten von Güterproduktion und -verteilung bei.

In der unternehmerischen Kalkulation gewinnen statt dessen die *Logistikkosten* an Bedeutung, unter denen neben den Transportkosten auch transportvorbereitende, -begleitende und -kontrollierende Kostenarten subsumiert werden, die mit der Raumüberwindung verbunden sind. Allerdings nimmt auch der Anteil der Logistikkosten am Wert des Endprodukts ab. Davon wiederum stellen die reinen Transportkosten nur einen Teil dar.[8] Damit wird der spezifische Vorteil der Massenguttransportmittel

---

8    Nach der Umfrage von BVL/TU Berlin rechnen 70 Prozent der Unternehmen die Kosten für Lagerung, Kommissionierung, Verpackung, Versand, logistische Leitung und Steuerung sowie außerbetriebliche Transporte zu den Logistikkosten. Von 60 Prozent der Unternehmen werden außerdem die Kosten für den innerbetrieblichen Transport, Dispositions- und DV-Kosten den Logistikkosten zugerechnet (vgl. Baumgarten 1996, S. 4).

Bahn und Binnenschiff, über ihre großen Kapazitäten Skaleneffekte und Kostenvorteile gegenüber dem Lastkraftwagen zu realisieren, stark relativiert.

Der Stellenwert der Transportkosten für unternehmerische Entscheidungen (z.B. Standortwahl, Verflechtungen) wird also tendenziell immer geringer und ist heute in keiner Weise mehr mit jener Zeit zu vergleichen, in der beispielsweise Alfred Weber seine Theorie der Standortwahl des Industriebetriebs entwarf. Entwicklungen in der jüngeren Zeit - Ausbau der Verkehrswege, verkehrstechnische Innovationen, Deregulierung der Transportmärkte - haben die Bedeutung der Transportkosten weiter reduziert. Unter der Voraussetzung weitgehender Ubiquität der Infrastrukturen relativieren sich die Möglichkeiten der Regionen weiter, Wettbewerbsvorteile durch Anbindung an Verkehrsnetze zu realisieren.[9]

Wenn die Rahmenbedingungen, unter denen die traditionellen Ansätze entwikkelt wurden, in denen Faktoren wie Entfernung, Erreichbarkeit und Transportkosten eine zentrale Rolle spielen, sich heute stark verändert darstellen, dann ist zu bezweifeln, daß diese Theorieansätze noch ausreichen, um das heutige aktionsräumliche Handeln von Wirtschaftsakteuren zu erklären. Eine Erweiterung des Theorierahmens halten wir unter diesen Bedingungen für unumgänglich. Anknüpfungspunkte dazu bieten sowohl neuere Ansätze in der Raumwirtschaftstheorie wie auch die vielfältigen Tendenzen zur Bildung ökonomischer Netzwerke und zur Re-Territorialisierung der Ökonomie (vgl. die Beiträge von Kujath, Läpple und Rehfeld in diesem Buch).

## 5.2 Economies of scale und Transportkosten

"Bedeutet zunehmende Standortunabhängigkeit, daß die industrielle Produktion zunehmend dezentralisiert wird? Wahrscheinlich nicht. Standortunabhängigkeit bedeutet nur, daß die Transportkosten relativ unbedeutend sind und nicht, daß ein Standort dem anderen äquivalent ist." (Alonso 1975, S. 38) Es sind folglich in die regionalökonomischen Theorien weitere Faktoren einzubeziehen, die über die an Bedeutung verlierenden Transportkosten hinaus Raumdifferenzierungen zu erklären vermögen.

Dieser Umstand führt zu moderneren Ansätzen der Raumwirtschaftstheorien, die auch als "Neue Regionaltheorie" bezeichnet werden. Sie bauen teilweise auf älteren Modellen auf, etwa der mit Wachstumspolen arbeitenden Polarisationstheorie

---

9  Burmeister, Colletis-Wahl (1997, S. 231) resümieren: "Transport infrastructure appears to be less and less important as a location factor for industry, in a context of decreasing transport costs, quasi-ubiquity of quality infrastructure and increased non-material flows (such as information and complex services)."

von Perroux (1964), und werden in jüngster Zeit vor allem durch Krugman (1991, 1995) vertreten. Ihr Ausgangspunkt ist ein in der formalen Modellstruktur der Neoklassik eigentlich nicht vorgesehener Effekt: die räumliche Konzentration bei einer rückläufigen Bedeutung von Transportkosten. Damit ist primär die räumliche Ballung ökonomischer Nutzungen in den urbanen Agglomerationen oder in Industriedistrikten (Marshall 1964) gemeint.

Diese Konzentration basiert zwangsläufig nicht mehr allein auf den Kosten der Raumüberwindung, sondern auf Vorteilen der räumlichen Konzentration. Wesentlicher sind unternehmerische Kostenvorteile, die gegenüber einer dezentralen Struktur durch betriebliche Größenvorteile bzw. sogenannte Skalenerträge bei der Produktion großer Mengen realisiert werden können ("Economies of scale"). Zu den auslösenden Faktoren räumlicher Konzentration zählt Krugman (1991) neben den Transportkosten den Anteil der industriellen Produktion an der Gesamtproduktion und die Skalenerträge. Diese entscheiden in Krugmans Modell über die Konzentration von in der Industrie Beschäftigten in einer von zwei Beispielregionen und damit über die Grundfrage von regionaler Konvergenz oder Divergenz. Dabei besitzen die durch räumliche Ballung ermöglichten Skalenerträge in der industriellen Produktion den größten agglomerierenden Einfluß.[10]

Die Skalenökonomie beinhaltet eine starke Ballung der Produktion bei gleichzeitiger Ausdehnung der Märkte. Insofern dürfte es sich dabei um eine relativ verkehrsaufwendige Raumorganisation handeln. Daher verwundert es auch nicht, daß die konkrete räumliche Ausformung von Agglomerationseffekten und Skalenökonomien in bezug auf den Verkehr unterschiedlich bzw. kritisch bewertet wird. Altvater und Mahnkopf (1996, S. 228) resümieren knapp und eindeutig: "'Fühlungsvorteile', 'Netzwerke' etc. haben nur einen verschwindenden physisch-räumlichen Gehalt. Im Gegenteil: In den Katalogen von Bedingungen systematischer Wettbewerbsfähigkeit wird seit Alfred Marshalls (1964) Theorie der 'external economies', der 'site effects' und der 'Agglomerationsvorteile' auf die Bedeutung der Verkehrsinfrastruktur und der Telekommunikationssysteme verwiesen, weil durch sie Transport- und Transaktionskosten bis nahe Null reduziert werden können." Dies mag für die Transportkosten noch richtig sein; ob es auch für die Transaktionskosten zutrifft, ist dagegen zu bezweifeln.

---

10 Unter den Agglomerationseffekten werden allgemein unterschieden: Lokalisationseffekte (wenn Unternehmen gleichen Typus benachbart sind) und Urbanisationseffekte (wenn komplementäre Unternehmen sich räumlich verdichten).

## 5.3 Economies of scope und Transaktionskosten

Neben den Agglomerationseffekten gibt es in der wirtschaftswissenschaftlichen Diskussion schließlich ein weiteres wichtiges Theorem, das Hinweise zur Neubewertung der räumlichen Arbeitsteilung und des Verkehrs geben kann. Ausgangspunkt dieser Diskussion, die sich in der "Neuen Institutionenökonomik" kristallisiert, ist das Phänomen der *Transaktionskosten* (vgl. Richter/Furubotn 1996). Damit sind die Such- und Informationskosten, Verhandlungskosten und Kontrollkosten gemeint, die unter den verschärften äußeren Bedingungen von Wettbewerb, Komplexität und Unsicherheit zunehmend die Unternehmenspolitik bestimmen. Aufgrund des veränderten institutionellen Umfeldes und der institutionellen Arrangements der Wirtschaft (unter anderem auch im Zuge der hier beschriebenen veränderten Produktionsorganisation) werden zunehmend die Vereinbarung von Verträgen, die Auswahl von Partnern, der Aufbau von Marktbeziehungen, der Umgang mit Vertrauen etc. notwendig. Die dabei entstehenden Kosten werden Transaktionskosten genannt und wurden vor allem von Coase (1937) und Williamson (1975) in die Diskussion eingeführt. In modernen Volkswirtschaften können sie einen Anteil von 50-60 Prozent des Nettosozialprodukts ausmachen (Richter, Furubotn 1996, S. 45).

Genau genommen stellt die Ausweisung der "Logistikkosten" als Oberbegriff für alle durch die Materialwirtschaft induzierten Kosten (Transportkosten, Personalkosten, Lagerkosten etc.) bereits eine spezifische Definition dieser Transaktionskosten dar. Diese Entwicklung hat auch eine räumliche Dimension: Wenn der Regelungsbedarf steigt, wenn die Notwendigkeit zum Abschluß und zur Kontrolle von Verträgen und zum Aufbau von Vertrauen zunimmt, dann bekommt der Faktor Raum bzw. Distanz eine neue Qualität. Nichts anderes kennzeichnet den Umstand, daß sich moderne Fertigungsnetzwerke häufig regional "clustern", daß sich Zulieferer in einem bestimmten Radius um das Montagewerk ansiedeln, um in enger Abstimmung mit dem Abnehmer produzieren und "just-in-time" anliefern zu können (vgl. Rehfeld in diesem Band). Ein anderes Beispiel geben Lokalisationseffekte, die zur räumlichen Ballung von Unternehmen oder bestimmten Funktionen in einer Region an einem Standort führen. Die kurze Distanz erlaubt hier eine Begrenzung der Transaktionskosten.[11]

Mit Blick auf die verkehrliche Dimension der Transaktionskosten betritt die Regionalwissenschaft noch weitgehend Neuland. Held (1996) hat einige Überlegungen zur Bedeutung der Transaktionskosten für die Raumentwicklung angestellt

---

11 Mit einem raumbezogenen Begriff und Konzept der Transaktionskosten arbeiten auch die sozial- und wirtschaftsgeographischen Forschungsansätze im Kontext der "flexiblen Spezialisierung" z.B. in Kalifornien (vgl. Scott 1988; Storper, Walker 1989; Scott, Soja 1996).

und dabei Transport, Kommunikation und Transaktion unterschieden. Er entwickelt ein neues Tätigkeitsbild des Raumplaners, das er mit dem Begriff des "Raumhüters" beschreibt (Held 1996, S. 17). Die zweifellos ausführlichste und explizit auf den Verkehrsbereich eingehende Darstellung stammt von Burmeister und Colletis-Wahl (1997), die, ausgehend vom Wandel von den *Transportkostenökonomien* zu den *Transaktionskostenökonomien* und aufbauend auf dem Ansatz der innovativen Netzwerke, auch einen Verständniswandel in bezug auf das Verhältnis von Infrastrukturpolitik und Verkehr einfordern. Sie stellen ihren Entwurf unter das konzeptionelle Dach des Begriffs der "proximity" (Nähe).

Ihr Beitrag versucht, diesen Gegenstand in dreierlei Hinsicht neu zu betrachten: zum einen im Hinblick auf ein systematisches, interdependentes Verständnis der zugrundeliegenden Wirkungsbeziehungen, zum anderen in bezug auf die Differenzierung zwischen "transformation" (Produktionsprozeß) und "circulation" (Material-, Informations- und Wissensströme) und schließlich im Hinblick auf die Bedeutung räumlicher Nähe für den Produktionsprozeß (Burmeister, Colletis-Wahl 1997, S. 233-234). Verkehr wird dabei, die Überlegungen von Scott und Storper aufgreifend, beschrieben als "... a set of generic techniques of transaction in the space-time-grid" (ebd., S. 235). Infrastruktur gilt in diesem Kontext als "generic resource for circulation" (ebd., S. 239). Der Wert dieser Überlegungen für unsere Fragestellung liegt in zwei Gedanken:

- Zum einen wird ein umfassendes Verständnis von Infrastruktur gefördert, das über die Verkehrswege und eine reduktionistische Messung ihrer Effekte (über Input-output-Rechnungen) weit hinausreicht.
- Zum anderen werden die regionalen Beziehungsgeflechte des Wirtschaftsraumes auch unter Berücksichtigung der Verkehrsfunktion so interpretiert, daß die Perspektive einer weniger verkehrsintensiven Entwicklung - auf Basis des Konzepts der "proximity" - zumindest theoretisch sichtbar wird.

Der Begriff der "circulation" dient als Erweiterung des klassischen Begriffs der Erreichbarkeit und umfaßt neben der räumlichen Nähe bzw. der physisch-materiellen Dimension des Produktionsprozesses auch weitere Aspekte: "Furthermore, in our framework, transport cost and geographical accessibility appear to be only some of the many factors that define this circulatory dimension. It contains, of course, a structural component through the state and performance of infrastructure. The circulatory dimension is also determined by the organization of flows of goods, information and knowledge." (Ebd. 1997, S. 237) Zu diesen Dimensionen zählen neben dem Güterfluß vor allem Information und externe, nicht-handelbare Ressourcen, die durch Kooperation und organisationales Lernen mobilisiert werden können.

179

Als bedeutendsten raumdifferenzierenden Faktor sehen sie die Kombination aus qualitativen und zeitlichen Anforderungen, wie sie vielfach an Just-in-time-Produktionssysteme gestellt werden und neben geringen Kosten folgende Aspekte beinhalten: Zuverlässigkeit, Sicherheit, Planbarkeit, Flexibilität und Steuerungsfähigkeit (ebd., S. 238). Die möglichen Schlußfolgerungen, die daraus für die Ausgestaltung der Infrastruktur resultieren können, werden von den Autoren nur sehr vage benannt. Konsequenterweise führt ein erweitertes Verständnis der Produktionsprozesse auch zu erweiterten Anforderungen an die Infrastruktur: Neben die Vorhaltung der Basis-Transportinfrastrukturen (Erschließung, regionale und überregionale Anbindung an die Verkehrsnetze) tritt das Management der materiellen Transport- und Güterströme sowie eine adäquate Infrastruktur zur Handhabung der verschiedenen "circulation modes". Wie genau diese unterschiedlichen Ebenen ausgestaltet, optimiert und reguliert werden können, um beispielsweise Beiträge zur regionalen Stabilisierung zu leisten, ist aber noch offen.

Die zentrale Lehre aus dem Transaktionskostenansatz ist, daß der Raum nicht mehr ausschließlich negativ anzusehen ist (wie in den mit Distanz und Raumüberwindungskosten argumentierenden Raumwirtschaftstheorien), sondern eine positive Qualität erhält. Der Bezug zum Thema Arbeitsteilung und Güterverkehr ist klar: Im Zuge der Reorganisation ökonomischer Beziehungen könnte es nicht nur *theoretisch*, sondern auch *materiell* einen Bedeutungsgewinn der regionalen Ebene geben. Damit wird eine Re-Dimensionierung des Wirtschaftsraumes sichtbar, die parallel zum wirtschaftlichen Strukturwandel und zur Tertiärisierung bzw. Entmaterialisierung der Ökonomie für die vorliegende Fragestellung außerordentlich interessant ist. Es könnte perspektivisch zu einer anderen Form von Arbeitsteilung und damit auch zu einer weniger raumüberwindenden, material- und entfernungsintensiven Transportstruktur kommen. Praktische Voraussetzung dafür ist, daß *organisatorische Nähe* - wie auch immer - an *räumliche Nähe* gekoppelt ist und diese im Sinne einer Verringerung des materiellen Transports praktisch nutzbar macht.[12]

---

12 Es wäre lohnenswert, mit diesem konzeptuellen Ansatz ökonomische Netzwerke auf Art und Umfang der praktizierten räumlichen Arbeitsteilung empirisch zu überprüfen. Dies ist bisher aber nur in wenigen Beispielfällen erfolgt. Im Rahmen unserer Untersuchung zu den räumlichen Auswirkungen der neuen Produktionskonzepte (Flämig, Hesse 1998) konnten wir eine Vernachlässigung des Verkehrs durch die Forschung feststellen, wie dies offenbar auch für den Globalisierungsdiskurs gilt. Es wäre daher sinnvoll, anstehende empirische Forschungen zur Struktur und Verflechtung von Unternehmensclustern um die verkehrliche Dimension zu erweitern.

Dieses neue Raumverständnis wird auch auf Möglichkeiten zur Entfaltung eines anderen theoretischen Zugangs zum Raum hin diskutiert. Läpple entwickelt in seinem "Essay über den Raum" (1991) aus der umfangreichen Kritik des neoklassischen Raumverständnisses sein "Konzept gesellschaftlicher Räume". Dabei blickt er weit zurück auf die wissenschaftshistorischen Wurzeln der von ihm kritisierten Raumauffassungen, in denen er beispielsweise eine "Suche nach exakten Gesetzen" und einen "Modell-Platonismus der Gleichgewichtsökonomie" vorfindet (ebd., S. 172). Bereits im erkenntnistheoretischen Konzept der neoklassischen Theorien ist demnach deren Raumblindheit angelegt, indem nach allgemeinen Gesetzen mit raumzeitlich uneingeschränkter Gültigkeit gesucht wurde. Ökonomisches Handeln wurde auf Tauschbeziehungen reduziert, die zentrale raumstrukturierende Variable ist die der Transportkosten, die als Vermittlungsglied zwischen geographischem und ökonomischem Raum fungieren (ebd., S. 185). Damit wird der Raum seinem gesellschaftlichen Funktions- und Entwicklungszusammenhang entzogen, die Betrachtung "gesellschaftlicher Räume" wird allein unter dem Aspekt ihrer territorialen Standortkonfiguration gesehen, was unter Bezugnahme auf Perroux (1964) auch als "banale Raumauffassung" kritisiert wird.

Läpple sieht den gesellschaftlichen Raum vielmehr als "räumlichen Kooperations- und Interaktionszusammenhang", in dem sich übergeordnete Trends auf eine jeweils *spezifische* Weise vermitteln und ausprägen (vgl. auch Läpple in diesem Band). Er differenziert dabei zwischen dem *materiellen physischen Substrat* des Raumes, den *gesellschaftlichen Interaktions- und Handlungsstrukturen* und dem *Regulationssystem* (Läpple 1991, S. 196). Heute wird versucht, diese regionale Spezifik auch mit dem Begriff des "Milieus" zu analysieren (vgl. Genosko 1997). Damit sind vergleichbare lokal- und regionalspezifische Reaktions- und Handlungsmuster auf übergeordnete, großräumige Entwicklungen gemeint. Der Raum hat in diesen Überlegungen - verglichen mit der klassischen Regionalökonomie - einen anderen, eigenständigen Stellenwert, unabhängig davon, daß parallel eine Tendenz zur Ausdehnung der Wirtschaftsräume gesehen wird.

## 6    Bewertung: Verkehr, Infrastruktur und regionale Stabilisierung

Abschließend wird nach möglichen konkreten Schlußfolgerungen für die Regionen gefragt, die zwischen den globalen und regionalen Tendenzen nach Wegen zur regionalen Stabilisierung suchen. Anhand der ökonomischen Verflechtungen und Verkehrsstrukturen ist deutlich geworden, daß derzeit beide Tendenzen einen relevanten Stellenwert besitzen. Diese Dialektik findet vor Ort auch eine wirtschaftsräumliche Entsprechung: Es gibt sowohl global integrierte als auch regional eingebundene Teilökonomien. Stadtregionen und periphere Räume sind vor diesem Hintergrund damit konfrontiert, differenzierte Strategien zu entwickeln, um diesen beiden Polen gerecht zu werden.

Mit Blick auf die Rolle des Verkehrs sind Strategien der regionalen Stabilisierung durchaus ambivalent zu beurteilen.

Zum einen lassen sich, bezogen auf den großräumigen Wettbewerb, sowohl in den Agglomerationen als auch in der Peripherie zahlreiche politisch-planerische Aktivitäten ausmachen, um den *Anschluß an die globalen Netze* sicherzustellen. Dazu gehören natürlich die Transportnetze, sowohl die transeuropäischen Netze wie auch das nationale Fernverkehrsnetz, sowohl der Hochgeschwindigkeitspersonenverkehr wie auch Investitionen in den Bereichen Güterverkehr und Logistik. Zentralität, Erreichbarkeit und Anschluß an die modernen Transportnetze gelten als wichtige Faktoren der metropolen Stadtregionsentwicklung (vgl. Hollbach-Grömig 1997). Insofern ist es nur konsequent, wenn Keeling (1996) versucht, die Bedeutung des Verkehrs im System der großen Metropolen am Beispiel ihrer Zentralität für den internationalen Luftverkehr zu beschreiben. Allerdings kommt auch er zu einem uneinheitlichen Befund. Er bündelt seinen Ausblick in zwei Szenarien, von denen das eine auf *Zentralisierung*, das andere auf *Dezentralisierung* hinausläuft. Aus Sicht der Städte steht das globale Bezugssystem neben der regionalen und lokalen Einbindung: Der Anschluß an die weltumspannenden Netze des Hochgeschwindigkeitsverkehrs und der Datenübertragung stellt einen zentralen Wettbewerbsfaktor dar, ohne daß parallel der Ausbau lokaler und regionaler "settings" vernachlässigt werden könnte (vgl. Sassen 1991).

Zum anderen sollte daher deutlich werden, daß gleichzeitig die Notwendigkeit besteht, regionale Interaktionen zu stärken und ökonomische Aktivitäten verstärkt regional zu integrieren. Ökonomisch betrachtet ist es wenig erfolgversprechend, diese Aufgabe hinter der großräumigen Sicht zu vernachlässigen (abgesehen von der ökologischen und städtebaulichen Problematik eines solchen Transportsystems, auf die hier nicht eingegangen wird). Ein mehrdimensionales Verständnis von Verkehr und Infrastruktur, wie es Burmeister und Colletis-Wahl (1997) als Konsequenz aus einem spezifischen Umgang mit Transaktionskosten in ökonomischen Netzwerken einfordern, würde Faktoren wie Information, Kommunikation, Flexibilität und Leistungsqualität auf der Basis von Fühlungsvorteilen und regionalen Netzen einen mindestens ebenso großen Stellenwert einräumen wie der "harten" Verkehrsinfrastruktur.

Mit Blick auf das Ziel der regionalen Stabilisierung wirken Verkehr und Infrastruktur aber immer ambivalent: Verkehrsinfrastruktur kann - neben anderen Faktoren - regionale Impulse auslösen. Verkehrserreichbarkeit trägt gleichzeitig auch zur räumlichen Polarisierung bei. Speziell für periphere Regionen gilt, daß ein großer Teil der Verkehrsströme dem ökonomischen Gefälle folgt und in Richtung des stärkeren Teilraums (z.b. der benachbarten Agglomeration) abfließt. Regionale Prozesse können damit sowohl stimuliert werden als auch - was aufgrund des Kräfteverhältnisses zwischen Zentrum und Peripherie wohl wahrscheinlicher ist - über neue Verkehrsverbindungen Absaug- und Entleerungseffekte unterstützen. Hinzu kommt die Durchleitung von Transitverkehren durch eine Region; in diesem Fall kann sich das Verhältnis von möglichem Nutzen und absehbaren Kosten sogar umkehren: Die Region wird belastet, ohne von den erwirtschafteten Erträgen profitieren zu können. Mit einem undifferenzierten Ausbau der Verkehrswege können außerdem örtliche Teilökonomien gefährdet werden, indem Verkehrserreichbarkeit ihre vollständige Integration in den verschärften Wettbewerb auf den Weltmärkten ermöglicht (vgl. Läpple in diesem Band).

Wir plädieren insofern für eine Neubewertung des Verhältnisses von Raumerschließung und Raumentwicklung und eine stärkere Betonung der regionalen Vernetzungen.[13] Derartige regionale Vernetzungen resultieren stärker aus Interaktionen denn aus eindimensionalen Effekten, und insofern würde man ihnen mit einem eindimensionalen Infrastrukturverständnis nicht gerecht. Die Kunst liegt vermutlich darin, regionale Impulse für Innovation, Wachstum und Beschäftigung so zur Entfaltung zu bringen, daß sie auch regional wirksam werden und sich nicht im globalen Raum verlieren. Die Differenzierung zwischen stärker großräumig und stärker regional geprägten Tendenzen kann aber auch der Produktion von Mythen im Kontext von Globalisierung und Regionalisierung vorbeugen: Auf diese Weise wird eine gegenstandsgemäßere Darstellung der zugrundeliegenden Prozesse möglich, die insbesondere mit Blick auf die Bewertung des Zusammenwirkens von Verkehr und regionaler Entwicklung sinnvoll erscheint.

---

13 Verwiesen sei exemplarisch auf Bröcker: "In my own research about determinants on regional growth ... I found only a weak correlation between the level of transport infrastructure ... and the rate of growth. Only airport accessibility seems to have had some impact on employment growth in the servicesector. Summarising this, no firm conclusion about growth effects of road investments can be drawn from the state of current research." (Bröcker 1996, S. 16) Spätestens am Beispiel der zentral gelegenen und infrastrukturell gut erschlossenen, aber *wirtschaftsräumlich peripheren* Regionen (vgl. Dybe in diesem Buch) wird das Insistieren auf dem Faktor Verkehrserreichbarkeit fragwürdig.

# Literatur

Alonso, W. (1964): Location and land use. Cambridge

Alonso, W. (1975): Standorttheorie. In: Barnbrock, J. (Hg.): Materialien zur Ökonomie der Stadtplanung. Braunschweig (Bauwelt Fundamente 45), S. 15-44

Altvater, E.; Mahnkopf, B. (1996): Grenzen der Globalisierung. Ökonomie, Ökologie und Politik in der Weltgesellschaft. Münster

Baumgarten, F. (1996): Trends und Strategien in der Logistik 2000. Analysen - Potentiale - Perspektiven. Berlin

v. Böventer, E. (1992): Raumwirtschaftstheorie. In: Woll, A. (Hg.): Wirtschaftslexikon. 6. Aufl. München, S. 583-585

Bröcker, J. (1996): An evaluation of economic effects of road investments. In: Transport and Environment (Hg.): Roads and economy. State-of-the-art report. Brussels, S. 12-18

Brösse, U. (1996): Räumliche Arbeitsteilung als Ansatzpunkt für eine nachhaltige, umweltgerechte Raumentwicklung? In: Akademie für Raumforschung und Landesplanung (ARL): Räumliche Aspekte umweltpolitischer Instrumente. Hannover (Forschungs- und Sitzungsberichte 201), S. 214-230

Bundesministerium für Verkehr (Hg.): Verkehr in Zahlen. Verschiedene Jahrgänge. Bonn

Burmeister, A.; Colletis-Wahl, K. (1997): Proximity in production networks. The circulatory dimension. In: European Urban and Regional Studies 4 (3), S. 231-241

Christaller, W. (1933): Die zentralen Orte in Süddeutschland. Eine ökonomisch-geographische Untersuchung über die Gesetzmäßigkeit der Verbreitung und Entwicklung der Siedlungen mit städtischen Funktionen. Jena (Nachdruck Darmstadt 1968)

Coase, R. H. (1937): The nature of the firm. In: Economica 4, S. 386-405

Flämig, H.; Hesse, M. (1998): Neue Produktionskonzepte und Verkehrsvermeidung. Räumliche Arbeitsteilung und Transport im Zeichen des strukturellen Wandels. Gelsenkirchen (Erscheint 1998 in der "Grauen Reihe" des Instituts Arbeit und Technik)

Genosko, J. (1997): Networks, innovative milieux and globalization: Some comments on a regional economic discussion. In: European Planning Studies 5 (3), S. 283-297

Glaser, J. (1995): Güterverkehrszentren. Konzepte zwischen Euphorie und Skepsis. In: Läpple, D. (Hg.): Güterverkehr, Logistik und Umwelt: Analysen und Konzepte zum interregionalen und städtischen Verkehr. Berlin, S. 189-236

Härtel, H.-H.; Jungnickel, R. et al. (1996): Grenzüberschreitende Produktion und Strukturwandel: Globalisierung der deutschen Wirtschaft. Baden-Baden. (Veröffentlichungen des HWWA-Institut für Wirtschaftsforschung - Hamburg)

Held, G. (1996): Transaktionskosten und Raumentwicklung. Dortmund (Arbeitspapiere des Instituts für Raumplanung der Universität Dortmund)

Hesse, M. (1996): Wirtschaftsverkehr stadtverträglich. Die Bedeutung der Logistik für die Stadtentwicklung. Basel, Boston, Berlin

Hollbach-Grömig, B. (1997): Überregionale Verkehrszentralität. In: Henckel, D. (Hg.): Entscheidungsfelder städtischer Zukunft. Stuttgart, Berlin, Köln (Schriften des Deutschen Instituts für Urbanistik 90), S. 113-144

Hübner, K. (1996): Globalisierung, Hegemonie und die Aufwertung des Regionalen. In: Bruch, M.; Krebs, H.-P. (Hg.): Unternehmen Globus. Facetten nachfordistischer Regulation. Münster, S. 40-58

Keeling, D. (1996): Transport and the world city paradigm. In: Knox, P. (Hg.): World cities in a world system. Cambridge, S. 115-131

Keim, K.-D.; Matthiesen, U. (1998): Globalocal. In: WGL-Journal 1/1998, S. 6-8

Kraft, S. (1996): Die Stadt über der Stadt? In: ARCH+ 133, S. 19

Krugman, P. (1991): Increasing returns and economic geography. In: Journal of Political Economy 99 (3), S. 483-499

Krugman, P. (1995): Development, geography, and economic theory. Cambridge (Mass.), London

Läpple, D. (1991): Essay über den Raum. In: Häußermann, H.; Ipsen, D.; Krämer-Badoni, T.; Läpple, D.; Rodenstein, M.; Siebel, W. (Hg.): Stadt und Raum. Soziologische Analysen. Pfaffenweiler, S. 157-208

Lessat, V. (1998): Anmerkungen zum Milieu- und Netzwerkbegriff aus ökonomischer Sicht. In: Matthiesen, U. (Hg.): Die Räume der Milieus. Berlin, S. 265-276

Lösch, A. (1940): Die räumliche Ordnung der Wirtschaft. Jena

van der Loo, H.; van Reijen, W. (1992): Modernisierung. Projekt und Paradox. München (niederl. Orig. 1990).

Marshall, A. (1964): Principle of economics. London (1. Aufl. 1890)

Perroux, F. (1964): L économie du XXieme siècle. 2. Aufl. Paris

Richter, R.; Furubotn, E. (1996): Neue Institutionenökonomik. Eine Einführung und kritische Würdigung. Tübingen

Sassen, S. (1991): The global city. New York, London, Tokyo

Sächsisches Staatsministerium für Wirtschaft und Arbeit (Hg.) (1996): Produktionsstrukturen in der Investitionsgüterindustrie Sachsens - ein Vergleich mit den alten und neuen Bundesländern. Dresden

Schamp, E. W. (1996): Globalisierung von Produktionsnetzen und Standortsystemen. In: Geographische Zeitschrift 84, S. 205-219

Scott, A. (1988): Metropolis. From the division of labor to urban form. Berkeley, Los Angeles, London

Scott, A.; Soja, E. (Hg.) (1996): The City. Los Angeles and urban theory at the end of the 20th century. Berkeley, Los Angeles, London

Storper, M.; Walker, R. (1989): The Capitalist imperative. Territory, technology and industrial growth. New York, Oxford

Vickerman, R. (1996): Restructuring of transport networks. In: EUREG 3/96, S. 16-26

Vickerman, R. (1997): Infrastructure and the Complexity of Economic Development. Book Reviews. In: European Planning Studies 5 (4), S. 441

Voigt, F. (1973): Verkehr. 3 Bde. Berlin

Weber, A. (1914): Industrielle Standortlehre. Allgemeine und kapitalistische Theorie des Standortes. In: Grundriß der Sozialökonomik, IV. Abt. Tübingen

Williamson, O. E. (1975): Markets and hierachies: Analysis and anti-trust implications. New York

# "regional governance" - Formen und Strategien

James Scott

# Der Wettbewerb als Ordnungsprinzip.
# Erfahrungen mit strategischer Strukturpolitik in den USA,
# Schlußfolgerungen für Westeuropa

## 1 Einleitung

Standortbezogene Strukturpolitik genießt als institutionelle Antwort auf die Heraus-forderungen der Globalisierung große Aufmerksamkeit. In Nordamerika und in Europa wird die Strukturpolitik zunehmend als Aufgabe verstanden, die von regionalen und lokalen Akteuren unter strategischen Gesichtspunkten - d.h. mit dem Ziel, eine eigen-ständige wirtschaftliche Entwicklung langfristig zu sichern - wahrzunehmen ist. Sie ist auch eine Antwort auf die massive Kritik an den traditionellen ansiedlungs-orientierten Ansätzen der lokalen Wirtschaftsförderung, die in weit bescheidenerem Maße als erwartet Beschäftigungseffekte bewirkt oder neue Investitionen angeregt haben. Damit verschiebt sich die Handlungsperspektive auf ein aktiveres und strate-gisches Vorgehen lokaler Akteure, um Städte und Regionen in die Lage zu versetzen, auf neue Nachfragestrukturen zu reagieren und eigene Wachstumspotentiale effekti-ver zu entfalten. Diese neue Perspektive findet ihren Niederschlag in der Verbreitung einer Vielzahl von "innovativen" Strategien, Programmen und Instrumenten in Nord-amerika und Europa, in denen durchweg unternehmerische Initiative, strategische Planungsprozesse, "Public-Private-Partnerships" und nachfrageorientierte Maßnah-men als Bestimmungsfaktoren der Stadt- und Regionalentwicklung betont werden.

Alle diese Ansätze charakterisieren eine Strukturpolitik "neuen Typs", die einer situationsgerechten Anpassung an neue wirtschaftliche Rahmenbedingungen und Anforderungen dienen soll. Ihre Implementierung stellt allerdings eine erhebliche politische und institutionelle Herausforderung dar. Zum einen müssen auf der ver-tikalen Ebene die Beziehungen zwischen zentralen und lokalen Instanzen zum Zweck einer besseren Programmformulierung neu definiert werden. Zum anderen entsteht auf der horizontalen Ebene ein erheblicher Koordinationsbedarf, der neue ressortübergreifende und interkommunale Kooperationsbeziehungen notwendig macht. Die Kooperation und Abstimmung zwischen den Ebenen sowie das Han-deln lokaler Akteure werden außerdem sehr stark von der gesamtstaatlichen Aus-gleichspolitik beeinflußt.

In den USA findet vor dem Hintergrund einer tiefgreifenden politischen Dezentralisierung und einer Verringerung staatlicher Förderung seit den 70er Jahren eine Schwerpunktverschiebung in der Strukturpolitik statt, in der zunehmend die Wettbewerbsfähigkeit der Regionen bzw. der hier ansässigen Firmengruppen in den Mittelpunkt rücken. Ziel dieser Politik ist es, in Gebieten mit hoher Arbeitslosigkeit die Beschäftigungsbasis zu stärken sowie ortsspezifische und branchenbezogene Wachstumspotentiale zu mobilisieren. Traditionelle ansiedlungsorientierte Maßnahmen der Bundesstaaten werden beispielsweise durch Sonderwirtschaftszonen, Technologie- und sogenannte Clusteransätze und andere Maßnahmenschwerpunkte erweitert. Die US-amerikanischen Erfahrungen zeigen aber auch, daß die Gestaltung und Implementierung innovativer Ansätze eng mit spezifischen politischen, institutionellen und strukturellen Rahmenbedingungen verknüpft sind, die das Handeln der jeweiligen Akteure beeinflussen.

Im folgenden werden anhand ausgewählter Beispiele
* US-amerikanische Erfahrungen mit neuen wettbewerbsorientierten strukturpolitischen Ansätzen im Bereich der Stadt- und Regionalentwicklung dargestellt,
* Potentiale und Probleme dieser Ansätze erläutert sowie
* Schlußfolgerungen für die europäische Praxis gezogen.

Dabei wird auf die politischen und ideologischen Rahmenbedingungen in den USA Bezug genommen, um auch die Kontextabhängigkeit der Genese der neuen strukturpolitischen Strategien zu dokumentieren. Dargestellt werden Widersprüche zwischen neuen strukturpolitischen Ansätzen und dem politisch-administrativen Rahmen für ihre Implementierung, wobei auch eine Persistenz traditioneller Formen der Strukturpolitik trotz der programmatischen Betonung innovativer Strategien auf politischer Ebene deutlich wird. Legitimations- und Handlungszwänge führen dazu, daß auf den kurzfristigen Erfolg orientiertes Handeln eine gradlinige Implementierung innovativer Maßnahmen erschwert. In diesem Zusammenhang werden Rückschlüsse auf die allgemeine Debatte zu Perspektiven der regionalen Prozeßsteuerung im Globalisierungskontext gezogen, wobei sich allerdings nicht nur die Frage der grundsätzlichen Wettbewerbs- und Handlungsfähigkeit sehr unterschiedlich strukturierter Städte und Regionen, sondern auch der praktischen Implementierung und Erfolgskontrolle dieser neuen Steuerungsinstrumentarien stellt.

## 2 Innovative Prozeßsteuerung und "Regimes"

Ein kaum bestrittenes Resultat der Globalisierung wird in der allmählichen Verschiebung der Kräfteverhältnisse zwischen Nationalstaaten und subnationalen Einheiten gesehen. Wirtschaftliche, ökologische, soziale und andere traditionell national-staatliche Politikfelder müssen zunehmend unter Berücksichtigung "externer" internationaler Prozesse definiert werden (Clement 1995). Das staatliche Institutionensystem kann angeblich seiner Funktion als soziale Ordnungsmacht und Garant von Gruppen- und Regionsinteressen nicht mehr in gewohntem Maße gerecht werden. Lokale und regionale Akteure treten tendenziell ein in die Rolle regionaler Mitverantwortung und raumbezogener Selbstregelung, sind also gezwungen, selbst erweiterte politische und wirtschaftliche Aufgaben zu übernehmen (Peterson, Lewis 1986; Scheiber 1993): Regionale "paradiplomatische Wirtschaftspolitik", neue regionale politische Formierungen, regionale soziale Bewegungen und auch der Wunsch nach einer größeren Autonomie gegenüber zentralen Instanzen werden als Ausdruck einer "Funktionsstörung" des Nationalstaates bewertet (Soldatos 1993).

Inzwischen trägt die nationalstaatliche Politik - die Globalisierungsfolgen antizipierend - selbst zu diesen Entwicklungen auf der regionalen und lokalen Ebene bei. Verallgemeinernd kann für Europa und Nordamerika festgestellt werden, daß seit den 80er Jahren zunehmend Leitbilder einer "Politik der globalen Integration" und des "Wettbewerbs der Regionen" staatliche Politik mitprägen (Harvey 1989). So gesehen, findet in Europa und Nordamerika eine Verbreitung von *Regulationsmodellen* statt, die die Bedeutung endogener Potentiale, regionaler Eigenkräfte, von Traditionen und regionaler Identität sowie des regionalen Unternehmertums für die wirtschaftliche und räumliche Entwicklung der Regionen betonen (Syrett 1993; Cappellin 1995). Bisherige Regulationsmodelle, die auf einem korporatistischen ("fordistischen") Konsens zwischen Parteien, Gewerkschaften und Interessenverbänden sowie auf einem eher zentralistisch gesteuerten keynesianischen Ausgleich beruhen, werden damit mehr und mehr ersetzt (Hirsch, Roth 1986).

Unbeantwortet bleibt allerdings, wie diese politischen Umorientierungen in konkrete Politik umgesetzt werden und ob die erwünschten Effekte damit auch erreicht werden können. Ihre Implementierung bedeutet eine erhebliche Herausforderung an die Politik und die politischen Institutionen; sie verlangt, daß gewohnte Routinen modifiziert, neue Entscheidungsstrukturen entwickelt und neue koordinierende Aufgaben zwischen Markt, Staat und Kommune wahrgenommen werden. Solche Anpassungen und Innovationen dürften folglich ganz erheblich auch von institutionellen Rahmenbedingungen bzw. von der kontextspezifischen Strategiegenese abhängen. Wir nehmen deshalb an, daß strukturpolitisches Handeln sich nicht nur von strategischer (oder gar objektiver) Rationalität, sondern auch von systemimmanenten Handlungslogiken ableitet. Von diesem Standpunkt aus betrachtet gilt es daher, die staatliche Politik, ökonomische Rahmenbedingungen und lokales Handeln aufeinander zu beziehen (Newman, Thornley 1996). Zur Annäherung an einen solchen interaktiven Ansatz wird hier in Anlehnung an Arbeiten von Mollenkopf (1983), North (1990) und Savitch (1989) die These vertreten, daß unter anderem Mechanismen des Finanzausgleichs, Traditionen der lokalen Autonomie und ideologische Vorstellungen bezüglich der Rolle staatlicher Politik die Formulierung und Implementierung strukturpolitischer Maßnahmen entscheidend beeinflussen. Es wird also die Bedeutung politisch-administrativer Institutionen als vermittelnde Instanzen zwischen ökonomischen, sozialen und räumlichen Prozessen hervorgehoben (Lewis 1996).

Mit dem theoretischen Konstrukt von "Regimes" wird ein derartiger ortsbezogener Handlungskontext beschrieben, der durch lokale Interessenkonstellationen ("local power structures"), ökonomische Ausgangssituationen von Städten und Regionen ("market positions") sowie das ausgleichspolitische Agieren staatlicher Instanzen ("intergovernmental systems") bestimmt wird (Kantor, Savitch, Haddock 1997). Im Prinzip stellen lokale (urbane) Regimes stabile Formen des politischen Handelns ("governance") dar, die öffentliche Belange und private Interessen im Sinne eines Konsenses zusammenführen. Urbane Regimes spiegeln zum einen Elemente nationaler Politiktraditionen wider und bilden zum anderen den lokalen Handlungskontext für Planungs- und Entwicklungspolitik. Neben Grundformen wie dem britischen, "napoletanischen" und "germanischen" Regime (Newman, Thornley 1996) existieren weitere lokale strukturpolitische Handlungsmuster, z.B. die dirigistischen Traditionen Frankreichs und Italiens ("planning and distributing regimes") und die stärker marktorientierten Handlungskontexte angelsächsischer Staaten ("commercial and free-enterprise regimes") (Kantor, Savitch, Haddock 1997, S. 352f.). Diese idealtypischen Kategorien schließen zwar nicht aus, daß z.B. in marktorientierten Regimes ausgleichspolitische Ziele verfolgt werden, sie betonen aber die prägenden Elemente spezifischer Handlungskontexte.

Im folgenden wird versucht, das US-amerikanische Regime der Stadt- und Regionalentwicklung idealtypisch zu charakterisieren, mit dem Ziel, die Implementierung neuer strukturpolitischer Leitbilder kontextbezogen zu interpretieren.

# 3 Strukturpolitik und Regimekontext

## 3.1 Die Bundespolitik zwischen aktiv steuernden und orientierenden Formen

Die Entwicklung US-amerikanischer auf Städte und Regionen bezogener Strukturpolitik hat sich in der Vergangenheit durch dauerhafte Spannungen zwischen unterschiedlichen Leitvorstellungen der gesamtgesellschaftlichen Rolle staatlicher Politik
ausgezeichnet. So steht die amerikanische Bundesregierung im permanenten Konflikt zwischen aktiv steuernden auf der einen Seite und "orientierenden" Formen
des Handelns auf der anderen Seite. Als durchgängige politische Linie hat sich jedoch durchgesetzt, daß ein auf den sozialen Ausgleich abzielender Wohlfahrtsstaat
nur bedingt konsensfähig war. Zwar schufen die Weltwirtschaftskrise, der Zweite
Weltkrieg und der "Kalte Krieg" Rahmenbedingungen für einen stärkeren staatlichen Interventionismus, doch die Implementierung des New Deal und seiner Nach-
folgeprogramme war ein mühsames und nur teilweise erfolgreiches Unterfan-
gen (Mollenkopf 1983). Ferner sind umfassende staatliche Programme im Bereich
regionaler Strukturpolitik nur punktuell realisiert worden, wobei die Tennessee Valley
Authority und das Appalachen-Programm als historisch bedeutsame Beispiele der
interventionistischen Entwicklungsförderung für strukturschwache Gebiete der USA
gelten (vgl. Istermann, Rephann 1995).

Das Auf und Ab des zentralstaatlichen Interventionismus hat sich bis zur heutigen Zeit fortgesetzt. Waren die sechziger Jahre durch große soziale Programme,
zahlreiche staatliche Entwicklungsmaßnahmen und nationale Rahmengesetze für
den Umwelt- und Emissionsschutz und zur Förderung der interkommunalen Planung gekennzeichnet (Cullingworth 1997), stieß das "Hineinregieren" des Bundes
in die kommunalen Belange bereits in den siebziger Jahren auf eine breite Oppo-
sition. Vorwürfe der angeblichen Arroganz und Inkompetenz nationaler Behörden und der Ineffizienz ihrer Initiativen (Pressman, Wildavsky 1973) dienten dazu,
politischen Widerstand gegen den "aktionistischen Staat" zu bündeln. Dieser
Widerstand hat sich nachhaltig auf die politische Rolle der Bundesregierung aus-
gewirkt und eine allmähliche Wende zur Dezentralisierung ("devolution") befördert, die durch eine ideologisch geprägte Betonung wettbewerbsorientierter Aspekte der Stadt- und Regionalentwicklungspolitik noch verstärkt wurde (Toft 1984;
Kaufman, Jacobs 1993). Die Hauptaufgabe der Bundesregierung wird nun zunehmend darin gesehen, wettbewerbsfördernde Rahmenbedingungen für ein nachhaltiges wirtschaftliches Wachstum zu schaffen (Peterson, Lewis 1986; President's

Commission 1980).[1] Mit diesen politischen Entwicklungen geht eine *Rücküber-tragung* der Verantwortung für das Wohlergehen der Städte und Regionen auf die einzelnen Bundesstaaten und lokalen Gebietskörperschaften einher (Cullingworth 1997).[2] Seit 1980 ist eine Reihe von Bundeszuschüssen für ärmere Regionen und Städte bzw. Stadtgebiete mit großen sozialen Problemen gestrichen worden. Statt dessen wurden Einzelmaßnahmen und -programme durch - allerdings im Gesamtumfang reduzierte - Pauschalzuweisungen (Community Development Block Grants) ersetzt. Es bleibt dabei den Bundesstaaten überlassen, wie sie über diese Mittel verfügen. Der Rückzug der Bundesregierung aus der Stadt- und Regionalentwicklungspolitik wurde in erster Linie damit begründet, daß nur die betroffenen Städte und Regionen selbst in der Lage seien, adäquate Maßnahmen zur Lösung ihrer speziellen Probleme zu ergreifen und direkte Interventionen des Bundes wegen der dadurch bewirkten Verzerrung tatsächlicher ökonomischer Verhältnisse kontraproduktiv wirken (Peterson, Lewis 1986). Für die USA kann also festgehalten werden, daß die Stärkung des Föderalismus und die Betonung des Wettbewerbsgedankens argumentativ ineinander verschränkt wurden.

Mit dem Amtsantritt Clintons 1993 hat die US-amerikanische Bundesregierung die strukturpolitische Initiative wieder aufgenommen. Eine Rückkehr zum staatlichen Interventionismus und den wohlfahrtspolitischen Grundsätzen der 60er Jahre steht jedoch nicht zur Debatte. Statt dessen gehört die Förderung der lokalen Handlungsfähigkeit (community empowerment) zur wichtigsten Grundlinie Clintonscher Politik. Die wichtigsten Maßnahmen im Programm Clintons (insbesondere Sonderwirtschaftszonen und Technologieförderung) sind als Hilfe zur Selbsthilfe konzipiert und richten sich vor allem an kleine und mittelständische Unternehmen (Ham, Mowery 1997).

---

1  Die damit verbundene Ablehnung von strukturpolitischen Ansätzen des Ausgleich erreichte ihren Höhepunkt im Rahmen der angebotsorientierten Finanzpolitik der 80er Jahre. Ihr Hauptziel war es, staatliche Zuschüsse bei gleichzeitiger Erhöhung der verfügbaren Ressourcen für Privatinvestoren (in erster Linie durch Steuererleichterungen und Darlehensgarantien) zu reduzieren (Glickman 1984). Wirtschaftliches Wachstum und die private Vermögensbildung - nicht der Abbau von räumlichen Disparitäten - wurden zu impliziten Zielen der Stadt- und Regionalentwicklungspolitik der USA.

2  Als Signal hierfür gilt die "Föderalisierung" der Sozialhilfe, die in Zukunft von den einzelnen Bundesstaaten verwaltet werden soll.

## 3.2 Lokale Autonomie und "die unternehmerische Stadt"

Die Dezentralisierung allokativer Politik entspricht in vielerlei Hinsicht US-amerikanischen Vorstellungen bezüglich der gesellschaftlichen Rolle des Marktes und Traditionen der lokalen Autonomie. Ein Blick auf die Stadt- und Regionalgeschichte zeigt, daß in den USA Traditionen einer unternehmerischen Standortentwicklung bereits in der Vergangenheit prägend waren - eine Tatsache, die in der europäischen Diskussion oft verkannt oder ignoriert wird. Standortmarketing erscheint in diesem Zusammenhang als ein Modebegriff für die alte Idee des "boosterism", das spekulative Forcieren von Städtewachstum durch öffentliche und private Akteure. So liefert etwa die in den USA sehr einflußreiche These Charles Tiebouts (1956) über die städtische "Angebotsökonomie" eine wissenschaftliche Legitimation marktorientierter Politikstrategien: Städte handeln demnach wie Unternehmen, die eine spezifische Palette von materiellen und immateriellen Gütern anbieten, um ein klares sozio-ökonomisches Standortprofil zu entwickeln. Die rechtlichen und fiskalischen Rahmenbedingungen zur Erreichung dieses Ziels - insbesondere die Übertragung partieller steuerhoheitlicher Rechte auf Bundesstaaten und Kommunen - sind durch das System der dezentralen Steuererhebung in den USA gegeben.[3]

Als weitere Besonderheit des föderalen Systems in den Vereinigten Staaten muß das Prinzip der lokalen Autonomie erwähnt werden; hier wird oft sogar von einer "Verabsolutierung" lokaler politischer Souveränität gesprochen. Laut Verfassung für kommunale Fragen zuständig, haben die Bundesstaaten fast ausnahmslos dieses Prinzip unterstützt oder zumindest respektiert. Folglich haben die Bundesstaaten der lokalen Ebene und den privaten Interessen in der Regel großen Handlungsspielraum zugestanden, um Ziele des wirtschaftlichen Wachstums zu erreichen (Thomas 1993). Kommunen genießen zum einen wegen minimaler raumordnerischer (hauptsächlich gefahrenabwehrender) Interventionen durch übergeordnete staatliche Instanzen und zum anderen dank meist sehr schwacher gemeindeübergreifender und stadtregionaler Planungsstrukturen große Entscheidungsfreiheit z.B. bei der Flächennutzungssteuerung.

Ferner beeinflussen eine für die USA typische politische Ökonomie des kommunalen Wirtschaftens und spezifische Marktstrukturen für die Produktion öffentlicher Güter und Dienstleistungen maßgeblich das Verhalten der Kommunen. Steuer-

---

3  Auf Bundesebene werden unter anderem erhoben: Einkommens-, Vermögens-, Erbschafts- und Kraftstoffsteuern, auf der Ebene der Bundesstaaten können diese Steuern bei erheblich geringeren Sätzen und Umsatzsteuer erhoben werden, wobei einige Bundesstaaten auf Einkommenssteuern verzichten. Die wichtigsten lokalen Steuereinnahmen bilden die Grundsteuer, zusätzliche Umsatzsteuern und Gewerbesteuern.

einnahmen sollen primär durch Gewerbeansiedlungen erhöht werden, damit eine hohe Qualität städtischer Infrastruktur und Dienstleistungen garantiert werden kann und die allgemeinen Steuersätze für die ortsansässige Wohnbevölkerung niedrig gehalten werden können. Diese finanzpolitischen Rahmenbedingungen begünstigen in den Kommunen eine gewinnoptimierende oder "marktwirtschaftliche" Nutzungssteuerung. Es werden finanziell attraktive und imageverbessernde Nutzungen bevorzugt und einkommensstarke Bevölkerungsgruppen angesprochen (Scott 1992).

Diese und andere lokale wachstumsorientierte Strategien bedingen zugleich einen ausgeprägten interkommunalen und interregionalen Wettbewerb, der wegen geringer Finanzausgleichsleistungen durch den Staat und der Kürzung staatlicher Förderungen zusätzlichen Auftrieb erhält. Somit bilden sich urbane strukturpolitische Regimes in den USA in erster Linie durch den *Wettbewerb um privates Kapital* und - anders als im europäischen Fall - seltener durch staatliche Investitionen oder Programme.[4] Staatliche Initiativen für ökonomisch schwache Städte, die von Kantor, Savitch und Haddock (1997) bezeichnenderweise als "dependent cities" bezeichnet werden, sind in der Regel nur kurz- bis mittelfristig angelegt und mit begrenzten finanziellen Ressourcen ausgestattet, denn ihre Funktion soll primär darin bestehen, Signaleffekte für lokale politische Initiativen und Kapitalmobilisierung zu erzeugen (Newman, Thornley 1996). Kommunale Entwicklungsstrategien sind unter derartigen Bedingungen zwangsläufig intensiv von den jeweiligen sozio-ökonomischen Ausgangsbedingungen vor Ort ("market positions") geprägt sowie von den spezifischen lokalen Interessenkonstellationen abhängig. Dies macht sich in den unterschiedlichen Prioritätensetzungen bei der Entwicklung der Flächennutzungen, der Förderung gewerblicher Aktivitäten und städtebaulicher Initiativen bemerkbar.

## 4 Neue strukturpolitische Ansätze im US-amerikanischen Kontext

### 4.1 Elemente der neuen Strukturpolitik

Regionale und städtische Strukturpolitik ist in den USA - wie in anderen föderalen Staaten auch - eine zwischen dem Bund, den Bundesstaaten und den lokalen Gebietskörperschaften (Kommunen, Zweckverbände, Kreise) aufgeteilte Aufgabe. Sie schließt ferner eine vielfältige Mischung von Programmen ein, die sowohl einen

---

4  Laut Kantor und Savitch (1993) deckt Detroit nur 9 Prozent seines Finanzbedarfs durch staatliche Zuweisungen, während im Falle Amsterdams der Anteil staatlicher Zuweisungen bei ca. 90 Prozent liegt.

direkten Raumbezug und entwicklungspolitische Zielstellungen aufweisen als auch allgemeiner sozial-, industrie-, und bildungspolitischer Natur sein können. Vor dem Hintergrund des oben umrissenen Handlungskontextes befassen wir uns mit Typologien neuer strukturpolitischer Strategien, die in den USA praktische Anwendung gefunden haben. Dabei beschränken wir uns zum Zweck einer übersichtlichen Darstellung der hier entwickelten Argumente auf Maßnahmen, die explizit die Stärkung von städtischen und stadtregionalen Ökonomien zum Ziel haben.[5] Fassen wir die Entwicklungen ab den 80er Jahren zusammen, können wir Elemente einer neuen Strukturpolitik erkennen, die in Abbildung 1 in bezug auf Inhalte, instrumentelle Ausformung und politische Verantwortlichkeiten dargestellt werden.

Drei bedeutende, miteinander verflochtene Aspekte treten dabei hervor: eine zunehmende Betonung der Marktorientierung in Kombination mit einer Unterstreichung der Relevanz unternehmerischer Initiativen, eine *langfristig-strategische Orientierung* der Strukturpolitik von Bundesregierung und Bundesstaaten sowie eine Verschiebung der Verantwortlichkeiten für die Implementierung dieser Strategien auf die lokalen Gebietskörperschaften. In diesem Zusammenhang wird mit neuen Ansätzen der Strategieformulierung und -implementierung experimentiert. Zu ihnen zählen:

- die Erarbeitung langfristiger und vorausschauender Gebietsentwicklungsstrategien,
- die Flexibilisierung und Stärkung institutioneller Kapazitäten auf allen Ebenen, insbesondere auf der kommunalen Ebene,
- die Förderung eines ressortübergreifenden und interkommunalen (regionalen) Vorgehens,
- die Konzentration auf vorhandene lokale Potentiale, inklusive eines verbesserten strategischen Einsatzes öffentlicher Mittel bei Investitionen,
- die verstärkte Kooperation mit privaten Interessenten,
- die Entwicklung strategischer, prozeßorientierter Planungsverfahren im Rahmen von staatlichen Förderinitiativen (vgl. Bellone 1998; Berger 1997).

Begründet wird die neue strategische Orientierung damit, daß die traditionellen Ansätze (niedrige Steuern und Lohnkosten, direkte Subventionen an Firmen, das Bewahren eines unternehmerfreundlichen Investitionsklimas) nicht ausreichen, um auf die tiefgreifenden strukturellen Veränderungen in der Wirtschaft zu reagieren. Ferner hat der intensive Wettbewerb zwischen Kommunen nicht nur sozio-ökonomische Polarisierungen verstärkt, sondern die Gefahr eines kostenintensiven (und

---

5    In diesem Zusammenhang wird die zweifellos wichtige Rolle der Verteidigungspolitik (der sogenannte Militärkeynesianismus) als strukturpolitisches Element ausgenommen.

Abbildung 1:
Elemente der neuen US-Strukturpolitik

| Zuständigkeit | Programme und Maßnahmen | Instrumenten-Mix |
|---|---|---|
| Bundesregierung | Globales Entwicklungsprogramm für benachteiligte Städte, Stadtgebiete und ländliche Räume (CBDG) | P |
| | Multimodales Verkehrs-entwicklungsprogramm (ISTEA) | Z, KI, StB |
| | Unternehmensentwicklung UDAG: (1977-1990) | Z, StB |
| | Technologie- und Transferzentren für KMU | Z, StB |
| | Förderung produktionsbezogener Dienstleistungen (Manufacturing Extension Partnerships) | StB, Z |
| | Städtische und ländliche Sonderzonen (Empowerment Zones und Enterprise Communities) | StB, Z (z.T: aus CDBG)) |
| Bundesstaaten | Sonderwirtschaftszonen | StS, D |
| | Technologie-Strategien für Wachtums-sektoren (u.a. "Cluster-Strategien") | StS, D, R |
| | Risikokapital-Initiativen für KMU | R, D |
| lokale Gebietskörperschaften | Strategisch-unternehmerische Entwicklungs- und Flächennutzungsplanung | Z; KI |
| | u.a. Technologie-Strategien | StK, |
| | Gebietsentwicklungsagenturen | StK, D |

Schlüssel: D = Darlehen; Z = Zweckgebundene Zuschüsse; P = Pauschalzuweisung; StB = Befreiung von Bundessteuern; StS = Befreiung von bundesstaatlichen Steuern; StK = Befreiung von kommunalen Steuern und Gebühren; R = Risikokapital als Darlehen; KI = Kapitalinvestitionen für Infrastruktur

Quellen: Bartik (1991); Dowall et al. (1994); eigene Erhebungen

damit kontraproduktiven) Nullsummenspiels um Arbeitsplätze und Investitionen verdeutlicht. Strategien dagegen, die z.B. offensiv die Bedürfnisse von kleinen und mittelständischen Unternehmen vor Ort ins Kalkül ziehen, versprechen höhere Beschäftigungseffekte und Investitionen durch den Anschluß an neue Märkte und die Stärkung lokaler Märkte für Güter und Dienstleistungen, also Effekte eines Positivsummenspiels (Bartik 1991; Eisinger 1988). Interessant ist die Auswahl der Stadt- und Regionstypen, die Nutznießer der neuen Strukturpolitik sind: Adressaten sind sowohl Gebiete mit hoher Arbeitslosigkeit als auch Städte und Regionen mit innovativem Entwicklungspotential. Diese Strategien lassen sich für die drei räumlichen Bezugsebenen Bund, Bundesstaaten und Kommune jeweils getrennt darstellen, unter Berücksichtigung eventueller Verknüpfungen der gebietskörperschaftlichen Ebenen und Maßnahmenkomplexe.[6]

*a) Strukturpolitische Schwerpunktsetzungen der Bundesebene:* Auf Bundesebene ist in den letzten zehn Jahren eine Vielzahl von Investitions- und Entwicklungsprogrammen ins Leben gerufen worden, die einen neuen Rahmen föderaler Politik für Städte und Regionen geschaffen hat, vor allem in den Bereichen Verkehr, Stadtteilentwicklung ("community development"), städtische Infrastruktur, Humanressourcen, Unternehmens-, Technologie- und Innovationsförderung sowie Wohnungswesen. Ein Beispiel hierfür ist das Programm der *wirtschaftlichen Sonderzonen*, das potentiellen Investoren besonders attraktive Abschreibungsmöglichkeiten an ausgewählten Standorten in Aussicht stellt. Das Ziel solcher Zonen ist es, in erster Linie durch die Aufhebung planungspolitischer Entwicklungsrestriktionen und das Anbieten unterschiedlicher finanzieller Anreize die gewerbliche Entwicklung in Krisenregionen und -städten zu fördern. Obwohl dieses Modell während der Amtszeit Reagans (1981-1989) weitgehend positive Resonanz gefunden hat, mußte eine gesetzliche Basis für Bundesprogramme bis 1987 auf sich warten lassen. Die Klärung der finanziellen und operationellen Rahmenbedingungen zog sich sogar bis 1993 hin. Das Empowerment Zones und Enterprise Communities Programm (EZ/EC), eines der Kernstücke Clintonscher Strukturpolitik, wurde schließlich mit einem Gesamthaushalt von 3,8 Milliarden US$ (2,5 Milliarden davon für indirekte Steuersubventionen und 1,3 Milliarden als direkte Zuschüsse) verabschiedet.[7] Laut Muniak und Auger (1995) ist dieses Programm ein neuer Hoffnungsträger für ökonomisch schwächere Städte und Stadtregionen, weil es nicht nur größere finanzielle Hilfe in Aussicht stellt, sondern auch Innovationen im Bereich des kommunalen Managements und der Wirtschaftsförderung verspricht.

Seit 1993 sind im Rahmen eines Wettbewerbsverfahrens sechs Städte als "volle" Empowerment Zones, fünf ergänzende städtische EZs sowie drei EZs in ländlichen Räumen und 105 Enterprise Communities und Rural Enterprise Areas ausgewiesen worden. Das EZ-Programm enthält Anreize und Zuschüsse für eine breite Palette städtebaulicher, investiver und unternehmensfördernder Maßnahmen im

---

6  Es ist in diesem Zusammenhang aber auch darauf hinzuweisen, daß traditionelle Verfahren und Instrumente der Entwicklungs- und Strukturpolitik in Städten und Regionen nach wie vor eine bedeutende, häufig sogar noch dominante Rolle spielen (vgl. Kapitel 4.2).

7  Die zwei Programme unterscheiden sich in erster Linie durch die Höhe der verfügbaren Förderung. Die Enterprise Zones werden als Pilotmaßnahmen einer komplexen Stadtentwicklungspolitik großzügiger gefördert und nur punktuell ausgewiesen. Enterprise Communities sind als universelle Fördermaßnahme konzipiert.

Sinne einer komplexen Gebietsentwicklung. Das EZ/EC-Programm zielt speziell auf die wirtschaftliche Entwicklung und die Schaffung von Arbeitsplätzen in Städten mit besonderen sozialen Problemen. Analog zu diesem Programm des Bundes haben mehrere Bundesstaaten Gesetze zur Einrichtung von Sonderwirtschaftszonen erlassen, die größtenteils ähnliche Ziele wie EZ/EC verfolgen.

Ferner ist die Bundesregierung im Bereich der standortbezogenen Technologieförderung aktiv. Die Hauptelemente dieser Programme bilden regionale Technologiezentren (Manufacturing Technology Centres) und sogenannte Manufacturing Extension Partnerships (MEP) für kleine und mittelständische Unternehmen. MEP bieten eine Reihe produktionsbezogener Dienstleistungen, insbesondere Datenbanken und Aus- und Weiterbildungsmaßnahmen an, um den Transfer neuer Technologien zu den kleinen und mittleren Unternehmen zu erleichtern. Zusammen mit Mitteln aus verschiedenen Forschungs- und Entwicklungsprogrammen des Bundes (unter anderem des Verteidigungsministeriums) und Initiativen der Bundesstaaten ergibt sich ein erhebliches Fördervolumen.

Die Bundesregierung agiert zwar als aktiver Partner der Bundesstaaten und Kommunen, verzichtet jedoch bewußt auf interventionistische und wohlfahrtspolitische Eingriffe. Als Handlungsleitbild gilt das (in Unternehmenskreisen gewiß nicht sehr neue) Konzept der strategischen Planung. Durch Stärken-Schwächen-Analysen, langfristige Entwicklungsleitbilder, das Setzen von Prioritäten sowie von konkreten zielorientierten Maßnahmen sollen lokale beschäftigungswirksame Initiativen und Investitionen angeregt, die lokale Wettbewerbsfähigkeit gestärkt und über sie auch die internationale Wettbewerbsposition der USA verbessert werden (siehe Wolman und Agius 1996). Diese Programme sind als Pilotprojekte der "zentral gelenkten Selbsthilfe" gedacht. Ihnen liegt ein Ansatz der kooperativen Partnerschaft zwischen allen beteiligten Ebenen zugrunde (Berger 1997). Großer Wert wird auf lokale Verantwortung und Selbstverpflichtung gelegt; kommunale Instanzen definieren Ziele und Prioritäten und setzen eigene Rahmenbedingungen. Seitens der Bundesregierung werden relativ wenige operationelle oder administrative Ansprüche erhoben. Um so mehr sind die am Programm beteiligten Kommunen angehalten, strategische Planungsmethoden zu entwickeln, mit denen sie die langfristige Tragfähigkeit von Sonderzonen oder Technologieinitiativen sichern sollen.

*b) Neue strategische Rolle der Bundesstaaten:* Anders als die Bundesregierung haben sich die Bundesstaaten relativ spät als aktive Akteure in der Stadt- und Regionalentwicklung engagiert. Richteten sich in der Vergangenheit die bundesstaatlichen Aktivitäten auf eine "Positionsverbesserung" im großen nationalen Markt, befinden sie sich heute aufgrund des zunehmenden internationalen Wettbewerbs und der Reduzierung von Transferleistungen in einer strategischen Rolle zwischen der kommunalen Ebene und den globalen Herausforderungen (Eisinger 1988; Soldatos

1993). Zu den Maßnahmenschwerpunkten mit einer auf die Weltmärkte gerichteten strategischen Ausrichtung gehört unter anderem das bereits erwähnte Konzept der Sonderwirtschaftszonen. Seit 1981 wurde es in mehr als 33 Bundesstaaten als Strategie der lokalen Marktentwicklung in Gebieten mit hoher Arbeitslosigkeit implementiert. Besonders energisch verfolgt Kalifornien einen Ansatz, der eine direkte Verknüpfung von ausgleichsorientierten Zielen mit den Zielen finanz- und wirtschaftspolitischer Effizienz versucht. In der Begründung zum entsprechenden kalifornischen Gesetz heißt es, daß "die Gesundheit, Sicherheit sowie das allgemeine Wohlergehen der Bürger Kaliforniens von der Entwicklung, Stabilität und Expansion der Industrie, des Handels und des privaten Unternehmertums abhängen und daß es in Kalifornien (gleichzeitig) Gebiete gibt, die wirtschaftlich unter großem Druck stehen".[8] Zwischen 1986 und 1992 wurden auf der Grundlage dieses Gesetzes 29 Sonderwirtschaftszonen ausgewiesen, die Mehrzahl davon in kleineren und mittleren Zentren des "ländlichen Raumes", aber auch in Problemgebieten der Großstädte Los Angeles, San Diego, San Francisco und San José. Ergänzend wurde ein weiteres Programm verabschiedet (Economic Incentive Areas Program), das sich ausschließlich an Unternehmen wendet, die unmittelbar lokale Beschäftigungseffekte in "problematischen" Städten und Stadtteilen versprechen. Die Sonderzonen-Programme der Bundesstaaten weisen Unterschiede im Aufbau und in der Instrumentierung auf. Ihr gemeinsames Merkmal ist jedoch das vorrangige Angebot steuerlicher Vorteile, d.h. Abschreibungsmöglichkeiten, während direkte staatliche Zuwendungen bescheidener ausfallen (Wilder, Rubin 1996). Beteiligte Kommunen in Kalifornien erhalten z.B. lediglich Mittel für Projektmanagement und -implementierung (!) im Rahmen von Pauschalzuweisungen des Bundes.

Während der letzten 20 Jahre haben technologiebezogene Entwicklungsstrategien auf der Ebene der Bundesstaaten ebenfalls erheblich an Bedeutung gewonnen. Diese Strategien zielen sowohl auf die Erschließung von Märkten in "zukunftsträchtigen" Branchen (z.B. Biomedizin, Informatik, Mikroelektronik, Kommunikationstechnologien, neue Fertigungsmethoden) als auch auf die Erneuerung traditioneller Industriesektoren. In diesem Zusammenhang werden Maßnahmen unter Beteiligung von Städten, Universitäten, Industrie- und Unternehmensverbänden sowie Firmen formuliert und durchgeführt. Zur Maßnahmenpalette gehören hier die Planung und Einrichtung von Technologieparks und Transferzentren sowie Programme im Bereich der Ausbildung und Qualifizierung, der *gezielten* Forschungsförderung und der Bereitstellung von Risikokapital für kleine und mittelständische Unterneh-

---

8   Enterprise Zone Act von 1984, Assembly Bill 40, Chapter 45, Economic Development: Depressed Areas, California State Assembly, Sacramento; vgl. dazu auch das Gesetz AB 514: Employment and Economic Incentive Act von 1984.

men (Gittel, Kaufman, Merenda 1996). North Carolina ist einer der ersten Bundesstaaten, der die Entwicklung von Technologieparks aktiv vorangetrieben hat. Das Technologie-Dreieck Raleigh-Chapel Hill-Durham ist einer der größten Technologieparks der USA. Er hat sich seit seiner Gründung vor fast 20 Jahren zu einem überregionalen Schwerpunkt für die Mikroelektronik, die Pharmaindustrie und die medizinische Forschung entwickelt. Inzwischen ist diese Form der Technologieförderung und Gebietsentwicklung weit verbreitet.

Aus Kritik an herkömmlichen Formen der Strukturpolitik, aber auch aus einer neuen Erkenntnis der eigenen Wirtschaftslage, unter anderem der Einsicht, daß internationale Konkurrenzfähigkeit auch durch die Entwicklung innovativer Milieus gesichert werden muß, experimentieren mehrere Bundesstaaten mit "Netzwerk"- und "Cluster-Ansätzen", wobei im Gegensatz zu traditionellen Wirtschaftspolitiken Industriebranchen als ein *regionales Geflecht* von Beziehungen verstanden werden, das außer den Kernbetrieben auch Zulieferbetriebe, branchennahe Dienstleistungen und die wissenschaftliche, technische und soziale Infrastruktur innerhalb der Region einschließt (Doeringer, Terkla 1996; Waits 1996). Als Pilotprojekt hierfür gilt New Hampshire, wo die Initiative politischer Akteure und finanzielle Unterstützung des Bundes zum erfolgreichen Aufbau eines Informationsnetzwerkes und einer Dienstleistungsinfrastruktur ("manufacturing extension services") für technologieorientierte KMU - auch unter finanzieller Beteiligung privater Unternehmen - beigetragen haben. Inzwischen hat die Mehrzahl der Bundesstaaten ähnliche Programme initiiert. Beispielhaft für clusterbezogene Strategien ist die Initiative des Bundesstaates Arizona, wo seit 1992 zehn förderungswürdige Cluster definiert worden sind, die im internationalen Vergleich erfolgreich sind bzw. erhebliche Entwicklungschancen versprechen (vgl. z.B. Arizona Board of Regents 1996; Howard, Wright 1997).[9] Weitere Bundesstaaten, die Cluster-Strategien entwickelt

---

9   Im Cluster-Konzept sind folgende Verfahrensweisen üblich: Als förderungswürdige Cluster gelten funktionale Beziehungsgeflechte zwischen Lieferanten, Käufern, Dienstleistern (Transport, Vertrieb), die eine Exportorientierung aufweisen und gute bis sehr gute wirtschaftliche Wachstumsperspektiven vermuten lassen. Strukturpolitik zugunsten von Firmenclustern bedarf einer genauen Analyse der existierenden Unternehmen und Firmen einer Region inklusive ihrer Marktsituation und Zukunftsperspektive. Es stehen aber nicht mehr die Einzelunternehmen im Vordergrund. Statt dessen werden alle Firmen und Unternehmen nach ihrer funktionalen Beziehungsstruktur bewertet. Im Mittelpunkt stehen Schlüsselindustrien einer Region, vor allem prosperierende, zukunftsorientierte Branchen (Optik, Computersoftware, Halbleiter, Tourismus, Luftfahrt). Durch die Zuordnung der Firmen zu Clustern kann z.B. festgestellt werden, welche clusterrelevanten Unternehmenszweige unterrepräsentiert bzw. nicht vorhanden sind und damit gezielt gefördert und/oder angeworben werden sollten (vgl. Howard, Wright 1997; Waits 1996).

haben, sind Massachusetts (Commonwealth of Massachusetts 1993), Michigan, Pennsylvania und Arkansas (vgl. Doeringer, Terkla 1996).

*c) Integration der lokalen Ebene als eigenständige Implementationsinstanz:* Lokale Gebietskörperschaften (Kommunen und Kreise) sind Orte konkreter struktur-politischer Umsetzung, wobei traditionelle Formen der lokalen Entwicklungs-steuerung, insbesondere die gewinnoptimierende Flächennutzungsplanung, in die Implementierung der neuen, langfristig angelegten wettbewerbsorientierten Stra-tegien integriert werden. Gebietskörperschaften bieten ähnlich wie staatliche In-stanzen steuerliche Anreize, verbilligte Darlehen und reduzierte Kapitalkosten so-wie die Bereitstellung von Infrastruktur und Dienstleistungen. Bei umfangreichen planerischen Maßnahmen, insbesondere der gewerblichen Gebietsentwicklung, werden zunehmend private Investoren einbezogen - z.B. in Form von Public-Pri-vate-Partnerships (PPP). Obwohl viele Städte relativ unerfahren im Umgang mit dem privaten Sektor sind, gewinnen PPP wegen haushaltstechnischer und strategi-scher Gründe an Bedeutung. Ferner kooperiert die kommunale Ebene mit staatlichen Instanzen sowohl bei technologieorientierten Vorhaben als auch bei allgemeinen beschäftigungswirksamen Gebietsentwicklungsmaßnahmen.

In den "dependent cities" werden Maßnahmen häufig in Verbindung mit staat-lichen Programmen, d.h. mit der finanziellen Unterstützung des Bundes und der Bundesstaaten realisiert. Darüber hinaus ist zu erwähnen, daß viele Kommunen und Kreise ohne staatliche Hilfe, aber in Kooperation mit Unternehmen und Nicht-Regierungsorganisationen mit der Einrichtung von Entwicklungsagenturen und anderen innovativen Formen der Gebietsentwicklung experimentieren. Das Atlanta Project (RAP) sowie ähnliche Initiativen in Baltimore (Maryland), Pittsburgh (Pennsylvania), Oakland (Kalifornien) und in vielen anderen Städten verfolgen Ziele der ausgewogenen Stadterneuerung und Wirtschaftsentwicklung durch die Unterstützung des Wohnungsbaus, des lokalen Unternehmertums, der Aus- und Weiterbildung und einer Reihe beschäftigungspolitischer Maßnahmen (Knack 1993; Vidal 1997).

### 4.2 Konsequenzen für Städte und Regionen

Es ist schwierig, angesichts des noch vergleichsweise kleinen Erfahrungsschatzes mit den wettbewerbsorientierten strategischen Strukturpolitiken eine verallgemei-nerbare Synthese zu bilden. Hier soll lediglich auf wichtige Erfolge und Probleme hingewiesen werden, die für die europäische Debatte relevant erscheinen:

- Wie effektiv sind diese Ansätze, gemessen an ihren programmatischen Zielen?
- Wie bedeutsam sind die neuen Strategien im Verhältnis zu traditionelleren Ansätzen?

- Sind positive organisatorische bzw. institutionelle Erfahrungen mit der strategisch orientierten Strukturpolitik gesammelt worden?
- Bestehen Zusammenhänge zwischen der vertikalen Koordination und den Ergebnissen der Maßnahmen?

*a) Begrenzte Beschäftigungs- und Wachstumseffekte:* Gemessen an den programmatischen Zielen ist zu konstatieren, daß die bisherigen Ergebnisse der neuen Strukturpolitik relativ enttäuschend ausfallen. Die angestrebten Erfolge sowohl staatlicher als auch lokaler wachstumspolitischer Maßnahmen werden durch zahlreiche Analysen in Frage gestellt, die einen regionalen Nettogewinn an Arbeitsplätzen und Investitionen oft nicht feststellen konnten (Logan, Whaley, Crowder 1997). Ferner sind nachweisbare Erfolge stark von Rahmenbedingungen abhängig, die nur in geringem Maße von den politischen Akteuren gesteuert werden können. Zahlreiche Untersuchungen (z.B. Ferguson, Ladd 1992) belegen, daß die beschäftigungs- und investitionswirksamen Effekte von Technologiestrategien meist räumlich sehr begrenzt sind, und zwar auf jene Gebiete, in denen ohnehin die besten Standortbedingungen (z.B. eine gut funktionierende Verwaltung, eine günstige fiskalische Ausgangsbasis und gute Infrastruktur) existieren. Als generelle Strategie einer ausgewogenen regionalen Entwicklung seien sie daher ungeeignet. Einige Stadtregionen wie San Diego, Portland, Seattle, Denver, Boston und San Francisco haben die Chancen des Wettbewerbs zu ihren Gunsten nutzen können. Geschicklichkeit, vorhandene Standortvorteile, aber auch Zufälle haben hier eine große Rolle gespielt. Mehr noch: Diese Stadtregionen können sogar wegen ihrer günstigen Position im nationalen und internationalen Markt "Bedingungen an die Entwicklung stellen" bzw. ihre eigenen mikroökonomischen Spielregeln definieren (Lucy, Phillips 1995).

Was die Sonderzonenprogramme des Bundes und der Bundesstaaten betrifft, blieben nach bisherigen Erkenntnissen die Ergebnisse ebenfalls eher enttäuschend: Offiziellen Erfolgsmeldungen zum Trotz sind bisher weit weniger *neue* Arbeitsplätze geschaffen worden als erhofft. Häufig haben die angebotenen Steuererleichterungen lediglich Firmenabwerbungen und eine regionale Verschiebung von Arbeitsplätzen - im Sinne eines Nullsummenspiels - bewirkt (Berger 1997; Wilder, Rubin 1996). Dowall, Beyeler, Wong (1994) haben für das Programm Kaliforniens eine weitgehend beschäftigungsneutrale Bilanz gezogen. Lediglich in einigen *ländlichen* Sonderzonen sind positive Beschäftigungseffekte erzielt worden.

*b) Persistenz alter Praktiken:* Das Gesamtergebnis wirft einige generelle Fragen zum strukturpolitischen Handeln auf, denn in den Untersuchungen der neuen Strukturpolitik in den USA wurden erhebliche Umsetzungsprobleme deutlich. Zahlreiche Programme des Bundes und der Bundesstaaten sowie die rege Diskussion um die Einführung strategischer Handlungsmodelle auf der kommunalen Ebene suggerieren einen allgemeinen und tiefgreifenden Wandel in der Konzeption und Organisation der Strukturpolitik. Es muß jedoch zwischen politischer Rhetorik und der tatsächlichen Bedeutung wettbewerbsorientierter und strategisch angelegter Strukturpolitik unterschieden werden. In der Tat finden die oben dargestellten Ansätze zunehmend Eingang in die kommunalen Planungs- und Wirtschaftsförderungsämter. An absoluten Fördersummen gemessen zeigt sich jedoch, daß die Orientierung an traditionellen Praktiken - insbesondere an Investorenanwerbung durch steuerpolitische Instrumente und "Ansiedlungsprämien" - in den politischen Überlegungen kommunaler Entscheidungsträger nach wie vor überwiegt. Spindler und Forrester (1993) begründen das Festhalten an alten Praktiken mit politischen Zwängen, denen politische Eliten auf bundesstaatlicher und kommunaler Ebene ausgesetzt sind. Häufig auftretende finanzielle Engpässe der öffentlichen Hand sowie das Fehlen eines entsprechenden Finanzausgleichs begünstigen risikominimierendes Verhalten, zumal handfeste Effektivitätsbeweise strategischer Ansätze nicht vorhanden sind (Anton 1989). Darüber hinaus können Klientelismus und politische Interessenkonflikte ein langfristiges Vorgehen erheblich erschweren. Auch wenn die Notwendigkeit einer strategisch angelegten Politik unter Berücksichtigung unterschiedlicher Zeithorizonte für politisch-planerische Entscheidungen erkannt wird, können sich staatliche und lokale politische Akteure gezwungen sehen, in erster Linie partikulare und tagespolitische Bedürfnisse zu befriedigen und "Experimente" mit ungewissen oder nur langfristig greifenden Ergebnissen zu vermeiden (Walker 1989).

Ferner zeigt sich, daß die bevorzugt eingesetzten Instrumentarien häufig den Anforderungen einer langfristig angelegten und innovativen Strukturpolitik nicht genügen. Dabei ist auffallend, daß indirekte - d.h. steuerliche - Anreize trotz offensichtlich beschränkter Wirkung nach wie vor favorisiert werden. Steuerpolitische Instrumente sind zweifellos populär, weil sie - im Gegensatz zu direkten, maßnahmenbezogenen Investitionen - öffentliche Haushalte zunächst nicht belasten. Durch die Reduzierung der Steuereinnahmen kann es jedoch mittel- und langfristig zu erheblichen Engpässen in den bundesstaatlichen und kommunalen Haushalten kommen. Auch sind die konkreten Wirkungen solcher Instrumente oft weit geringer, als allgemein angenommen wird. Dowall et al. (1994) dokumentieren die Mängel steuerpolitischer Strategien am Beispiel der Sonderwirtschaftszonen Kaliforniens. Hier werden nur geringe Beschäftigungseffekte erreicht, gerade wegen mangelnder, *direkt einsetzbarer finanzieller Ressourcen* und unzureichender Unterstützung seitens der kalifornischen Staatsregierung. Ein weiteres Problem ergibt sich aus der Tatsache, daß flankierende entwicklungspolitische Maßnahmen über den Steuermechanismus nicht finanziert werden können. Im Gegenteil: Hierfür müssen die kommunalen Gebietskörperschaften (Kreise und Städte) entweder Mittel aus laufenden Haushalten mobilisieren bzw. umschichten oder sich an die Kreditmärkte

wenden (z.B. durch die Emission von Anleihen). Es ist schließlich unwahrscheinlich, daß "Steuergeschenke" und ähnliche Maßnahmen tatsächlich für die Standortwahl von prosperierenden High-Tech-Unternehmen von ausschlaggebender Bedeutung sind. Die Gefahr, daß solche Anreize lediglich Mitnahmeeffekte für Firmen
mit Umsatzproblemen erzeugen, ist groß (Spindler, Forrester 1993).

Die Verknappung öffentlicher finanzieller Ressourcen bedeutet, daß die Städte
und Regionen der USA oft ein großes und nicht abzuschätzendes Risiko auf sich
nehmen müssen, wenn sie im Sinne der oben erwähnten Strategien regionalpolitisch
tätig sein wollen. Zum einen besteht nach wie vor die Versuchung, langfristige Ziele zugunsten kurzfristiger Wachstumsaussichten zu opfern. Zum anderen werden
häufig strukturelle Probleme auf städtischer und regionaler Ebene - ein Produkt
chronischen Investitionsmangels im Bereich "Humanressourcen" (z.B. Bildungs-
infrastruktur, Aus- und Weiterbildung sowie Forschung) - und sektorenübergreifende
Zusammenhänge vernachlässigt. Damit bleiben die Maßnahmen in ihrer Wirkung
begrenzt und lassen viele standortbezogene Aspekte wie Verkehr, Siedlungsentwicklung, Wohnungsbau, kulturelle Einrichtungen außer acht (Luger 1984). Diese Kritik gilt auch den sogenannten "Musterknaben" wie dem Research Triangle in North
Carolina. Trotz innovativer Ansätze sind diese nach wie vor auf die Ansiedlung
externer Firmen fixiert und nicht auf die Förderung lokaler Unternehmen. Es kann
auch eine Aufgaben- und Rollenkonkurrenz der planenden Kommunen auftreten:
Bei einer starken Wachstumsorientierung in den Städten können oft kurzfristige
wirtschaftliche Interessen zu Lasten von Aufgaben, die sich direkt mit sozialen und
anderen komplexen Problemen der ökonomischen Entwicklung befassen, dominieren (ebd., S. 184).

Im US-amerikanischen Kontext wird häufig auf die Gefahr einer kontraproduktiven Einseitigkeit in der Strukturpolitik hingewiesen. So wird befürchtet, daß sich
unter anderem wegen der Föderalisierung der Strukturpolitik Bundesstaaten und
Kommunen gezwungen sehen, von sozialen bzw. sozialpolitischen Zielsetzungen
der Stadt- und Regionalentwicklung Abstand zu nehmen und als Dienstleistungs-
anbieter und Standortentwickler direkt in das marktwirtschaftliche Geschehen ein-
zusteigen.

Ferner verlangen die hier diskutierten innovativen Ansätze weitreichende Kenntnisse über Zusammenhänge zwischen Märkten, Produktionsfaktoren, Standortfaktoren und Produktionsmilieus. "Clustering" bietet sich als Mittel an, Akteure in
strategische Planungen einzubeziehen und neue Organisationsformen der regionalen Strukturpolitik zu bilden (vgl. Arizona Board of Regents 1996). Doeringer und
Terkla (1996) weisen jedoch auf die Komplexität des Cluster-Ansatzes und dessen
Umsetzung hin. Zwar bieten Cluster eine Möglichkeit, auf der Basis *endogener*
Potentiale Beschäftigungseffekte zu erzielen und langfristige Alternativen zur Sub-

ventionierung von Unternehmen mit Ansiedlungs- und Investitionsabsichten zu entwickeln. Doch dazu ist es erforderlich, die Logik von Industrieclustern zu verstehen und die *regionale Fähigkeit zur Clusterbildung* in den Mittelpunkt der Politik zu stellen. In bezug auf den Clusteransatz betonen Scott und Bergmann (1996), daß eine aussichtsreiche Förderung von Industrieclustern ein ressortübergreifendes, umfassendes und langfristiges Vorgehen voraussetzt, das verschiedene politische und ökonomische Akteure um clusterfähige Industriesektoren im Sinne eines Netzwerks organisiert.

*4.3 Ansätze einer strategischen Zusammenarbeit zwischen den Ebenen*

Die sich im Rahmen der strategisch ausgerichteten Strukturpolitik stellende Frage einer vertikalen Kooperation zwischen den Kommunen, Bundesstaaten und der Bundesregierung rückt die zukünftige Rolle der Bundesstaaten in den Mittelpunkt der Überlegungen. Wenn auch die Bundesregierung an der Formulierung von strukturpolitischen Maßnahmen weiter beteiligt bleibt, steht jedoch außer Zweifel, daß den Bundesstaaten in dieser Hinsicht eine potentielle Schlüsselrolle zukommen wird. Angesichts des sukzessiven Abbaus von Transferleistungen und der Dezentralisierung politischer Verantwortlichkeiten haben die Bundesstaaten ihre eigene politische Präsenz in bezug auf die Sozial- und Strukturpolitik (zum Teil widerwillig) gestärkt. Dies könnte eine Übernahme von orientierenden und steuernden Funktionen und damit einer neuen Verantwortung der Bundesstaaten gegenüber ihren Gebietskörperschaften implizieren. Da die Bundesstaaten sich bislang gescheut haben, diese Rolle zu übernehmen, bleiben jedoch die Perspektiven einer partnerschaftlichen Kooperation zwischen Bund, Bundesstaaten und Kommunen bis jetzt unklar (Muniak und Auger 1995).

Ein positives Beispiel für die erweiterte Aufgabenwahrnehmung liefert der Bundesstaat Virginia, wo im Rahmen eines strategischen Planungsprozesses (unter anderem mit Stärken-Schwächen-Analysen und der Entwicklung von Leitbildern) eine Reihe von Maßnahmen in den Bereichen Weiterbildung und Qualifizierung, Infrastruktur, produktionsnahe Informationsdienste usw. bereits in den achtziger Jahren durchgeführt worden ist. Dabei war die vertikale Kooperation zwischen den verschiedenen verantwortlichen politischen Instanzen für den Erfolg strategischer (nachfrageorientierter) Ansätze unabkömmlich. Der Kooperationserfolg war aber auch hier zum einen von Kooperationsanreizen und drohenden Sanktionen bei nicht kooperativem Verhalten der Städte und Regionen abhängig und zum anderen von der Rolle des Bundesstaates, der als "Spielmacher" den Prozeß mit Energie und Elan vorangetrieben hat. Angestoßen von den Bundesstaaten, entwickelten sich auf diese Weise vermehrt Partnerschaften zwischen Bundesstaaten und Städten um die

Bereiche Technologieförderung und Industriepolitik (NC Research Triangle; Chicagoer Biomedical Research Park).[10]

Eine Bereitschaft zur horizontalen interkommunalen Kooperation in der Standortentwicklung ist eine weitere Erfolgsbedingung für die strategisch angelegte Strukturpolitik. Oft werden dabei Firmen und organisierte Interessen in die interkommunale Kooperation mit einbezogen (Knack 1993). Solche übergemeindlichen Projekte stellen jedoch noch eine Ausnahme dar. Kurzfristiger politischer Erfolgszwang und Finanznöte fördern das Konkurrenzdenken und den Alleingang (Scheiber 1993). Mit dem Wegfall von Bundesmitteln für beschäftigungswirksame Maßnahmen sowie mit der Streichung von finanziellen Anreizen für die kommunale Zusammenarbeit kommt es meist nur zu losen, freiwilligen Koalitionen, um Probleme der Regionalentwicklung anzugehen. Waren hingegen Bundesmittel als Anreiz- und Ausgleichsinstrument, z.B. zur Unterstützung produktionsbezogener Dienstleistungen, vorhanden, sind interkommunale und zentral-lokale Partnerschaften gut vorangekommen. Gittel et al. (1996) dokumentieren Erfolge der Bundesstaaten in der Entwicklung von Technologiepartnerschaften zwischen Unternehmen, Universitäten und lokalen politischen Akteuren. Hier waren Bundeszuschüsse von entscheidender Bedeutung, um die kritische Aufbauphase unabhängig von lokalen finanzpolitischen Zwängen realisieren zu können.

## 5    Schlußfolgerungen für die europäische Praxis

Inwiefern können die hier geschilderten US-amerikanischen Erfahrungen der europäischen Debatte zur Erweiterung der Steuerungs- und Entwicklungsmöglichkeiten von Regionen innovative Impulse geben?

Die Erfahrungen in den USA mit der dort praktizierten Form eines "Multi-level-governance"-Modells zeigen, daß politische Dezentralisierungen und ein verstärkter Einsatz regionaler Eigenmittel allein nicht ausreichen, um langfristig angelegte wettbewerbsorientierte Entwicklungsstrategien zur Steigerung regionaler Leistungsfähigkeit effektiv zu implementieren. Wichtig ist aber auch die Erkenntnis, daß Strukturpolitik und die mit ihr verbundenen Planungsprozesse - vor allem auf kom-

---

10  Eine derartige aktive Rolle der Bundesstaaten gerät jedoch auch leicht in politische Konfliktfelder, insbesondere wenn unterschiedliche parteipolitische Konstellationen auf der Ebene der Bundesstaaten und Städte aufeinandertreffen (Berger 1997). Die Stadt Atlanta mußte z.B. zu ihrem Leidwesen erfahren, wie die Regierung des Bundesstaats Georgia Zuweisungen vom Bund im Rahmen des EC-Programms einfror, um die Stadt unter Druck zu setzen und ihre eigenen Ziele durchzusetzen.

munaler Ebene - als vielfältige Entwicklungsaufgabe verstanden werden müssen. Dies schließt ein "unternehmerisches" und "wettbewerbsorientiertes" Selbstverständnis der politischen Akteure ein, das zumindest in Europa bisher nicht unbedingt für das politische Handeln prägend war.

Derartig angelegte Politikansätze beinhalten sowohl die Nutzung der lokalen Ressourcen einer Region als auch das Bemühen um vertikale und horizontale Kooperation. Eine so definierte wettbewerbsorientierte Strukturpolitik wäre das Gegenteil eines kurzsichtigen Nullsummenspiels. Die Analyse der Entwicklungsregimes in den USA hat aber gezeigt, daß die Durchsetzung des Ansatzes einer kooperativen Zusammenarbeit zwischen den Politikebenen ebenso wie eine strategische Ausrichtung der regionalen Politik nur punktuell gelingt und aus unterschiedlichen Gründen auf erhebliche Hindernisse stößt: Zum einen dürfte die Anwendung allgemein akzeptierter und konsensfähiger, aber konventioneller Routinen einem innovativen Vorgehen im Wege stehen, zum anderen dürfte das historisch gewachsene Regimeelement der extrem ausgedehnten lokalen Autonomie und der dadurch ausgelöste Wettbewerb um privates Kapital sowie der Wettbewerb der Gemeinden untereinander einer langfristig orientierten Strukturpolitik entgegenstehen. Die Folge ist, daß die Opportunitätskosten dieses kurzfristigen strukturpolitischen Wettbewerbs in den USA dramatische Ausmaße angenommen haben (Spindler, Forrester 1993).

In der Europäischen Union wird in den nächsten Jahren im Zuge der beabsichtigten Stärkung der regionalen Ebene der Wettbewerbsgedanke - wie in den USA - in die Strukturpolitik Einzug halten. Dieses zeigt sich bereits heute zum Beispiel in der geplanten Straffung von Förderprogrammen und in der geplanten Begrenzung der Zahl der Fördergebiete. Aber auch Forderungen an die deutsche Politik aus dem Umfeld von Landes- und Regionalplanung deuten in diese Richtung, wenn es heißt, daß "...die Möglichkeiten der 'regionalen Strukturpolitik' vom Staat *(Bund und Länder)* zur Zeit noch behindert (werden), indem er den interkommunalen Finanzausgleich vernachlässigt, falsche Preise für die Boden- und Umweltpolitik setzt und das unternehmerische Verhalten von Gemeinden eher restringiert." (ARL 1995, S. 112)

Die Frage ist jedoch, ob die EU-Strukturpolitik eher einem langfristig-strategischen oder einem kurzfristig-konventionellen Wettbewerbsgedanken folgen wird. Nach Einschätzung von Budd besteht die Gefahr, daß die Europäische Union sich erweitern wird, ohne ihre Strukturpolitik so zu vertiefen, daß es ihr gelingt, den sich in Europa verschärfenden interregionalen Wettbewerb mit kompensatorischen Strategien zu verbinden und dadurch Desintegrationstendenzen umzukehren (Budd 1997). Innovative regionalpolitische Strategien, wie sie punktuell in den USA z.B. mit der Förderung von regionalen Wirtschaftsclustern verfolgt werden, zeigen dagegen mögliche Richtungen für eine Weiterentwicklung der Europäischen Strukturpolitik an, die mit ihrer Strukturfondsförderung bisher ebenfalls schon partiell den Aufbau "regionaler Innovationsnetze" in strukturschwachen Regionen unterstützt hat. Derartige Strategien müßten nicht im Widerspruch zu anderen gesellschaftspolitischen Funktionen der zentralen, regionalen und lokalen Ebene stehen, wenn auch innovative Formen des Ausgleichs (in bezug auf Flexibilisierungen des Steuerrechts, des kommunalen Haushaltsrechts und des Arbeitsrechts) entwickelt werden. Um die Regionen in die Lage zu versetzen, selbsttragende Entwicklungen zu initiieren, sollten die positiven US-amerikanischen Erfahrungen mit der Gewährung von Pauschalzuweisungen für schwache Regionen in die Gestaltung einer zukünftigen europäischen Strukturpolitik mit einfließen. Es zeigt sich, daß das Vorhandensein derartiger staatlicher Anreize nicht notwendigerweise ein Hindernis für innovatives lokales Handeln darstellt, wenn damit die Eigenverantwortung der lokalen Akteure gestärkt wird.

Aufbauend auf jüngsten Reformen der europäischen Strukturpolitik, kann die Förderung lokaler strategischer Initiativen - vornehmlich auf der Grundlage von Interessengemeinschaften, Allianzen, interkommunalen Verbänden, Netzwerken und anderen Kooperationsformen - mit Zielen des sozio-ökonomischen Ausgleichs verbunden werden. Gleichzeitig darf die Rolle der "staatlichen Ebene", dieses belegen die nordamerikanischen Erfahrungen, nicht unterschätzt werden. Die staatlichen Akteure definieren ihre Rolle als Vermittler zwischen lokalen, nationalen und globalen Prozessen nicht im Sinne eines paternalistischen "Hineinregierens" oder eines minimalistischen "laisser-faire". Das Experimentieren mit neuen Formen des lokalen strukturpolitischen Handelns in Zusammenhang mit Initiativen nationaler und subnationaler Instanzen kann die Entwicklung neuer partnerschaftlicher, kooperativer Beziehungen in der Strukturpolitik fördern. Die staatliche Ebene versetzt also die Regionen in die Lage, einen langfristig-strategischen Wettbewerb zu betreiben. Gleichzeitig verhindert sie interregionale Nullsummenspiele. Hier haben die US-Bundesregierung und einige US-Bundesstaaten durch ihr politisches Handeln einige Zeichen gesetzt.

Zum Schluß wird deshalb von einer zu engen Definition von Erfolgskriterien innovativer Ansätze abgeraten. Positive Beschäftigungseffekte und neue Investitionen können zum einen oft Ergebnisse eines langen Prozesses sein. Zum anderen aber sind einige der wichtigsten Entwicklungseffekte dieser neueren Maßnahmen weniger materieller als institutioneller Natur. Wenn die traditionelle europäische Ausgleichsorientierung mit langfristig-strategischen Wettbewerbsleitbildern US-amerikanischer Herkunft kombiniert wird, besteht die Chance, auch unter den sich verändernden Bedingungen einer zunehmenden regionalen Eigenverantwortlichkeit die Gratwanderung zwischen Wachstum, Gleichheit und Selbstbestimmung erfolgreich zu bestehen.

# Literatur

Akademie für Raumforschung und Landesplanung (Hg.) (1995): Zukunftsaufgabe Regionalplanung: Anforderungen - Analysen - Empfehlungen. Hannover (Forschungs- und Sitzungsberichte der Akademie für Raumforschung und Landesplanung 200)

Anton, T. J. (1989): Exploring the politics of state economic development. In: Economic Development Quarterly 3 (4), S. 339-346

Arizona Board of Regents (1996): Transportation and distribution as an economic cluster in the Arizona-Sonora region. Current status and recommendations for growth. Tucson: The University of Arizona

Bartik, T. (1991): Who benefits from state and local economic development policies? Kalamazoo, Michigan (USA)

Bellone, C. J. (1998): Public entrepreneurship: New role expectations for local government. In: The Journal of Urban Analysis and Public Management 9 (1), S. 71-86

Berger, R. (1997): People, power, politics. An assessment of the federal empowerment zones. In: Planning 63 (2), S. 4-9

Budd, L. (1997): Regional integration and convergence and the problems of fiscal and monetary systems: some lessons for Eastern Europe. In: Regional Studies 31 (6), S. 559-570

Cappellin, R. (1995): Regional development, federalism and interregional co-operation. In: Eskelinen, H.; Snickars, F. (Hg.): Competitive European peripheries. Berlin, S. 41-57

Clement, N. (1995): Local responses to globalization and regional economic integration. In: Kresl, P. K.; Gappert, G. (Hg.): North American cities and the global economy: challenges and opportunities. Thousand Oaks, London, New Delhi, S. 133-149

Commonwealth of Massachusetts (1993): Choosing to compete: A statewide strategy for job creation and economic growth. Springfield

Cullingworth, J. B. (1997): Planning in the USA. Policies, issues and processes. London, New York

Doeringer, P. B.; Terkla, D. G. (1996): Why do industries cluster. In: Staber, U. H.; Schaefer, N. V.; Sharma, B. (Hg.): Business networks. Prospects for regional development. Berlin, New York, S. 175-189

Dowall, D. E.; Beyeler, M.; Wong, S. (1994): Evaluation of California's enterprise zone and employment incentive programs. University of California (Institute of Urban and Regional Development), Working Paper No. 614

Eisinger, P. K. (1988): The rise of the entrepreneurial state: state and local economic development policy in the United States. Madison

Ferguson, R.; Ladd, H. S. (1992): Massachusetts. In: Fosler, R. S. (Hg.): The new economic role of American States. New York

Gittel, R.; Kaufman, A.; Merenda, M. (1996): Rationalizing economic development. In: Staber, U. H.; Schaefer, N. V.; Sharma, B. (Hg.): Business networks. Prospects for regional development. Berlin, New York, S. 65-81

Glickman, N. J. (1984): Economic policy and the cities. In: Journal of the American Planning Association 50 (4), S. 471-478

Ham, R.-M.; Mowery, D. C. (1997): The United States of America. In: Dunning, J. H. (Hg.): Governments, globalization, and international business. Oxford, S. 283-312

Harvey, D. (1989): The condition of postmodernity. Oxford

Hirsch, J.; Roth, R. (1986): Das neue Gesicht des Kapitalismus. Vom Fordismus zum Postfordismus. Hamburg

Howard, G.; Wright, B. (1997): The cluster concept in Arizona-Sonoran regional development. Tagungsbeitrag zur "Cross-Border Conference II: Regionalentwicklung durch grenzübergreifende Netzwerke". Frankfurt/O.

Istermann, A.; Rephann, T. (1995): The economic effects of the Appalachian regional commission. An empirical assessment of 26 years of regional development planning. In: Journal of the American Planning Association 61 (3), S. 345-364

Kantor, P.; Savitch, H. V. (1993): Can politicians bargain with business. In: Urban Affairs Quarterly 29 (2), S. 230-255

Kantor, P.; Savitch, H. V.; Haddock, S. V. (1997): The political economy of urban regimes. In: Urban Affairs Review 32 (3), S. 348-377

Kaufman, J. L.; Jacobs, H. M. (1993): A public planning perspective on strategic planning. In: Kemp, R. L. (Hg.): Strategic planning for local government. A handbook for officials and citizens. Jefferson, London, S. 9-28

Knack, R. E. (1993): Empowerment to the people. In: Planning 59 (2), S. 21-28

Lewis, P. G. (1996): Shaping suburbia. How political institutions organize urban development. Pittsburgh (USA)

Logan, J. R.; Whaley, R. B.; Crowder. K. (1997): The character and consequences of growth regimes. An assessment of 20 years of research. In: Urban Affairs Quarterly 32 (5), S. 603-630

Lucy, W.; Phillips, D. (1995): Why some suburbs thrive. In: Planning 61 (6), S. 20-22

Luger, M. J. (1984): Does North Carolina's high-tech development program work? In: Journal of the American Planning Association 50 (3), S. 280-289

Malecki, E. J. (1984): High technology and local economic development. In: Journal of the American Planning Association 50 (3), S. 262-269

Mollenkopf, J. (1983): The contested city. Princeton

Muniak, D. C.; Auger, D. A. (1995): The national government and US cities in the post-Reagan/Bush era. In: Regional Studies 29 (8), S. 737-744

Newman, P.; Thornley, A. (1996): Urban planning in Europe. International competition, national systems and planning projects. London, New York

North, D. C. (1990): Institutions, institutional change and economic performance. New York

Peterson, G. E.; Lewis, C. (Hg.) (1986): Reagan and the cities. Washington D.C.

President's Commission on a National Agenda for the Eighties (1980): Urban America. Washington D.C.

Pressman, J.; Wildavsky, A. (1973): Implementation. How great expectations in Washington are dashed in Oakland. Berkeley, London

Savitch, H. V. (1989): Postindustrial cities: Politics and planning in New York, Paris and London. Princeton (USA)

Scheiber, H. N. (1993): International economic policies and the state role in U.S. federalism: A process revolution? In: Brown, D. M.; Fry, E. H. (Hg.): States and provinces in the international economy. Berkeley, S. 65-91

Scott, A. J.; Bergman, D. (1996): The industrial resurgence of Southern California? In: Staber, U. H.; Schaefer, N. V.; Sharma. B. (Hg.): Business networks. Prospects for regional development. Berlin, New York, S. 97-131

Scott, J. (1992): The challenge of the regional City. Abhandlungen der Anthropogeographie des Instituts für Geographische Wissenschaften der Freien Universität Berlin, Heft 50. Berlin

Soldatos, P. (1993): Cascading subnational paradiplomacy in an interdependent and transnational world. In: Brown, D. M.; Fry, E. H. (Hg.): States and provinces in the international economy. Berkeley, S. 45-64

Spindler, C. J.; Forrester, J. P. (1993): Economic development policy. Explaining policy preferences among competing models. In: Urban Affairs Quarterly 29 (19), S. 28-53

Syrett, S. (1993): Local economic initiatives in Portugal: Reality and rhetoric. In: International Journal of Urban and Regional Research 17 (4), S. 526-546

Thomas, R. D. (1993): Urban growth decision making in the Houston area. In: Rothblatt, D. N.; Sancton, A. (Hg.): Metropolitan governance American/ Canadian intergovernmental perspectives. Berkeley

Tiebout, C. (1956): A pure economy of local expenditures. In: Journal of Political Economy 64, S. 416-424

Toft, G. S. (1984): Strategic planning for economic and municipal development. In: Resources in Review 6 (6), S. 6-11

United States Department of Housing and Urban Development (1984): The President's national urban policy report. Washington D.C.

Vidal, A. C. (1997): Can community development re-invent itself. The challenges of strengthening neighborhoods in the 21st century. In: Journal of the American Planning Association 63 (4), S. 429-438

Waits, M. J: (1996): The planning process and industrial clusters in Arizona's strategic development vision. Beitrag im Rahmen der Konferenz "Regionalentwicklung durch grenzübergreifende Netzwerke, Oktober 1996 in Tucson, Arizona

Walker, L. (1989): The changing arena: state strategic economic development. Lexington (USA)

Wilder, M. G.; Rubin, B. M. (1996): Rhetoric versus reality: A review of studies of state enterprise zone programs. In: Journal of the American Planning Association 62 (4), S. 473-491

Wolman, H.; Agius, E. (Hg.) (1996): National urban policy. Problems and prospects. Detroit

Helmut Voelzkow

# "Inszenierter Korporatismus".
# Neue Formen strukturpolitischer Steuerung auf regionaler Ebene

## 1 Vorbemerkung

Mittlerweile ist es ein Gemeinplatz: Zu den neueren Strategien regionaler Stabilisierung und Wirtschaftsförderung gehört die Aktivierung von sogenannten "endogenen Potentialen". Häufig wird mit dieser Begrifflichkeit ein prozeduraler Aspekt verknüpft. Die regionalen und lokalen Akteure sollen mobilisiert und in die Formulierung und Umsetzung von jenen regionalen Entwicklungsvorhaben eingebunden werden, die von übergeordneten Instanzen (Land, Bund, Europäische Union) finanziert werden. Dabei sei dahingestellt, ob die anvisierten regionalen Akteursnetzwerke selbst als ein "endogenes Potential" anzusehen sind oder ob sie wegen ihrer höheren Kenntnis regionaler Besonderheiten "nur" für die Identifizierung der endogenen Potentiale genutzt werden sollen, um im Dienste der übergeordneten Entscheidungsebenen geeignete Entwicklungsvorhaben zu spezifizieren und abzuwickeln.

Auffällig ist jedenfalls, daß sich die übergeordneten Instanzen, insbesondere die Bundesländer, in den letzten Jahren verstärkt darum bemühen, die Etablierung von Akteursnetzwerken auf der regionalen Ebene voranzubringen, sei es, um eine geeignete Implementationsstruktur für die eigenen Förderprogramme (verschiedener Ressorts) vorzufinden oder um den Eigenbeitrag der Regionen zur weiteren Entwicklung zu erhöhen. Nach den Vorgaben der übergeordneten Instanzen sollen in solche Akteursnetzwerke der Regionen auch gesellschaftliche Organisationen (neben den politisch-administrativen Organisationseinheiten) einbezogen und an der Formulierung und Umsetzung regionaler Entwicklungsvorhaben beteiligt werden. Deshalb ist es auch gerechtfertigt, bei den neueren Strategien regionaler Stabilisierung von einem "inszenierten Korporatismus" zu sprechen.

Im folgenden nähere ich mich dieser These, wonach bei den neuen Strategien regionaler Stabilisierung ein "inszenierter Korporatismus" zu beobachten ist, anhand von vier Fragen:

(1) Was ist Korporatismus?
(2) Was ist ein "inszenierter Korporatismus"?

(3) Wie sieht der "inszenierte Korporatismus" in der regionalen Strukturpolitik aus?
(4) Was kann der "inszenierte Korporatismus" zur Entwicklung von Regionen beitragen?


## 2   Was ist Korporatismus?

Mit dem Begriff Neokorporatismus wird die Einbindung ("Inkorporierung") von organisierten Interessen in Politik und ihre Teilhabe an der Formulierung und Ausführung von politischen Entscheidungen bezeichnet. Der Neokorporatismusbegriff knüpft an den älteren Begriff des "Korporativismus" an, der sich auf eine nach Ständen gegliederte Gesellschaft bzw. eine ständestaatliche Ordnung der Gesellschaft bezog und die Übertragung öffentlicher Gewalt auf gesellschaftliche Organisationen ("Korporationen") bezeichnete. In der Bundesrepublik wurde der Begriff in den 70er Jahren in Anlehnung an den angelsächsischen Begriff "corporatism" als Neokorporatismus wieder aufgegriffen. Die begriffliche Anbindung wird damit begründet, daß ungeachtet der vielfältigen Unterschiede in der Gesellschaftsordnung den vorstaatlichen Organisationen bzw. den organisierten Interessen in der vorbürgerlichen Gesellschaft ebenso wie in den entwickelten demokratischen Wohlfahrtsstaaten eine "intermediäre" Stellung zwischen Individuum und Staat zukommt, in der sie einerseits die Interessen ihrer Mitglieder gegenüber dem Staat repräsentieren, andererseits aber auch politische Vereinbarungen und Zugeständnisse gegenüber ihren Mitgliedern zu vertreten und durchzusetzen haben (vgl. Überblick bei Voelzkow 1996a).

Zunächst wurde der Korporatismusbegriff vor allem für die Bezeichnung einer "tripartistischen" Kooperation von Staat, Unternehmerorganisationen und Gewerkschaften verwendet. Die ersten empirischen Untersuchungen bezogen sich dabei vorwiegend auf den nationalen Kontext. Im Mittelpunkt standen dabei korporatistische Arrangements der gesamtwirtschaftlichen Steuerung (vgl. Beiträge in Schmitter, Lehmbruch 1979 oder in Lehmbruch, Schmitter 1982). Die "Wachstums- und Stabilisierungspolitik" erfordert, so beispielsweise Lehmbruch (1979, S. 51), "eine Koordination nicht nur zwischen den verschiedenen staatlichen Akteuren (etwa des Bundes mit den Ländern und Gemeinden oder der Fachressorts miteinander), sondern auch mit den 'privaten' Großorganisationen, die auf die Einhaltung 'gesamtwirtschaftlich' orientierter Zielvorgaben verpflichtet werden sollen." In der ersten Phase der Korporatismusforschung stand damit vor allem die "tendenzielle Instrumentalisierung der Großorganisationen für staatliche Steuerungsleistungen" (ebd.) im Mittelpunkt.

Damit beschränkte sich die Korporatismusforschung in den 70er Jahren bis auf wenige Ausnahmen sowohl in politisch-administrativer als auch in ökonomischsozialer Hinsicht auf die Makroebene. In den 80er Jahren folgte eine Reihe von Untersuchungen, die ihre Gegenstandsbereiche weiter differenzierten. Mit dieser Ausfächerung war auch eine Hinwendung zur Mesoebene oder sogar zur Mikroebene verbunden. In Anlehnung an Wassenberg (1982) lassen sich korporatistische Muster der Politikformulierung und -implementation vertikal spezifizieren und jeweils einer Makro-, Meso- oder Mikroebene zuordnen. In aller Regel wird diese Dreiteilung entweder im Hinblick auf das politisch-administrative oder im Hinblick auf das ökonomische System vorgenommen (vgl. dazu auch Williamson 1989).

Wird die politisch-administrative Struktur als Bezugspunkt gewählt, erfolgt zumeist eine Differenzierung nach der nationalen (Makro-), der regionalen (Meso-) und der lokalen (Mikro-) Ebene. Die Struktur des Systems organisierter Interessen entspricht in aller Regel der Struktur des politisch-administrativen Systems. Organisierte Interessen formieren sich so, weil sie Einfluß auf jene Instanzen gewinnen wollen, die über sie betreffende Fragen entscheiden (vgl. dazu Mayntz 1990). Sind die politisch-administrativen Entscheidungsinstanzen wie im deutschen Föderalismus mehrstufig aufgebaut (Kommune, Land und Bund), ist davon auszugehen, daß auch das System organisierter Interessen eine solche Mehrebenenstruktur entwikkelt. Damit sind gleichzeitig die verbandsstrukturellen Voraussetzungen dafür gegeben, auch auf der regionalen oder lokalen Ebene organisierte Interessen in die Formulierung und Umsetzung von Politik einzubeziehen.

Die analoge Unterscheidung aus ökonomischer Sicht ergibt als Makroebene die Volkswirtschaft, als Mesoebene die einzelnen Wirtschaftssektoren und als Mikroebene das einzelne Unternehmen. Belege für die Teilhabe von organisierten Interessen an der Produktion und Implementation bindender Entscheidungen auch in der wohlfahrtsstaatlichen Demokratie und detaillierte Beschreibungen korporatistischer "Verbundsysteme" (Offe 1975, S. 264f.), der gemeinsamen Problembearbeitung von Staat und Verbänden liegen mittlerweile, nachdem die Korporatismusforschung in den 80er Jahren zu einer "Wachstumsindustrie" (Panitch 1980) geworden war, wie Sand am Meer vor.

Diese Ausweitung dessen, was in der wissenschaftlichen Diskussion als Korporatismus bezeichnet wird, ist verschiedentlich kritisiert worden. Folgt man beispielsweise der Argumentation und dem Begriffsverständnis von Klaus von Beyme, dann macht es wenig Sinn, alle Verflechtungsformen von staatlichen Instanzen und organisierten Interessen unter dem Korporatismusbegriff zu subsumieren. "Die Fülle der Kooperationsebenen zwischen Staat und Verbänden, die sich aufzeigen lassen, machen ... noch keinen Korporatismus aus." (Beyme 1991, S. 134) Nach seiner Einschätzung ist der "Korporatismus als deus ex machina zur Erklärung fast aller

Prozesse in westlichen Demokratien strapaziert" (ebd., S. 132) bzw. überstrapaziert worden. Er plädiert demgegenüber für eine restriktive Verwendung des Begriffs und schlägt vor, von Korporatismus nur dort zu sprechen, "wo Interessengruppen untereinander in einen andauernden Konflikt geraten, so daß der Staat vermittelnd eingreift." (Ebd., S. 135) "Das Dreiecksverhältnis von Staat und zwei konfliktorisch zueinander stehenden mächtigen Interessengruppen" wird bei ihm zum zentralen Definitionskriterium ("Tripartismus").

Diese Beschränkung des Korporatismusbegriffs auf den "Versuch, mit staatlicher Hilfe konfliktorisch einander gegenüberstehende Interessen zu versöhnen" (ebd., S. 135), wird jedoch der Begriffsgeschichte, dem Stand der Diskussion und den vorliegenden Forschungsbefunden nicht (mehr) gerecht. Ungeachtet der Frage, ob sich im Einzelfall ein "Dreiecksverhältnis" von Staat und zwei "Konfliktpartnern" nachweisen läßt oder ob nur eine Interessenorganisation (oder mehr als zwei) mit staatlichen Stellen kooperieren (oder sogar an Stelle des Staates "Politik machen"), findet der Korporatismusbegriff Anwendung, sofern organisierte Interessen an der Formulierung und Ausführung von politischen, also bindenden Entscheidungen teilhaben. Diese Teilhabe kann das Ergebnis einer staatlichen Politik der Einbeziehung organisierter Interessen ("Inkorporierung") oder das Ergebnis einer (staatlich zumindest geduldeten, wenn nicht gar - beispielsweise mit Verweis auf das Subsidiaritätsprinzip - als "äquifunktional" zur staatlichen Intervention ausgewiesenen) Selbstregulierung organisierter Interessen "am Staat vorbei" sein (vgl. dazu die Beiträge in Ronge 1980).


## 3    Was ist ein "inszenierter Korporatismus"?

Vor dem Hintergrund der Befunde der Korporatismusforschung wird in verschiedenen Teildisziplinen der Sozialwissenschaften seit einigen Jahren eine Variante staatlicher bzw. rechtlicher Problemlösung diskutiert, die den Begrenztheiten und Pathologien üblicher Formen einer staatlichen Steuerung nicht erliegen soll; ausgehend von dem vielfach bestätigten Befund, daß sich der Staat in der Bewältigung zahlreicher Probleme als überfordert erweist, und Bezug nehmend auf die Forschungsergebnisse, die das problemlösende Potential der (verbandlichen) Selbstregulierung als eine (bereits in der Praxis vorfindbare oder zumindest denkbare) Alternative zur staatlichen Regulierung herausstellen, soll der Staat nach dieser Argumentationsfigur tunlichst nicht versuchen, den in gesellschaftlichen Teilbereichen bestehenden Problemstand umfassend durch Intervention und Regulierung, also im "etatistischen Alleingang", abzutragen, sondern sich als "kooperativer Staat" (Ritter 1979) darauf beschränken, die vorfindbaren (oder erzeugbaren) Selbststeuerungskapazitäten vorstaatlicher Sozialsysteme zu nutzen und durch entsprechende Strukturvorgaben in die Lage zu versetzen, gesellschaftlich angemessene, adäquate Lösungen für den Problemstand zu finden.

Ein Ausweg aus dem Dilemma des Zusammentreffens von Marktversagen und Staatsversagen könne - so die nunmehr sich verbreitende Argumentationsfigur - nur durch "eine staatliche Politik der Staatsentlastung" (Offe 1987, S. 317) gefunden werden. Dahinter steht eine Abkehr von einem "substantiven" Steuerungsmodus und die Hinwendung zu neuen Formen "prozeduraler Steuerung" (Mayntz 1983). Ein "assoziatives Modell" gesellschaftlicher Ordnung (Streeck, Schmitter 1985) solle (durch den Staat) ausgebaut und optimiert werden. Dabei werden öffentliche Aufgaben Organen der regulierten Selbstregulierung sozialer Gruppen mit besonderen Interessen übertragen, wobei deren Partikularinteressen mittels eigens dafür geschaffener Institutionen dem Allgemeininteresse untergeordnet werden (ebd., S. 144).

In der rechtssoziologischen Diskussion wurde dieser Vorschlag unter den Stichworten "prozedurales" bzw. "reflexives Recht" oder "dezentrale Kontextsteuerung" thematisiert. Das Recht soll sich nach dieser Argumentation darauf konzentrieren, "strukturelle Voraussetzungen für selbstregulatorische Prozesse in anderen Sozialzusammenhängen zu schaffen" (Teubner 1982, S. 49). "Reflexives Recht zielt auf 'regulierte Autonomie', es fördert aktiv selbst-regulierende 'lernende' Sozialsysteme und versucht zugleich, deren Defizite mit kompensatorischen Korrekturen abzubauen." (Ebd., S. 26f.) Das Recht wird damit "von unmittelbarer Regulierung der Sozialbereiche entlastet, dafür aber mit der aktiven Steuerung selbstregulatorischer Prozesse belastet." (Teubner 1985, S. 334) Ansatzpunkte für ein derartiges "reflexives Recht" sind Interventionsformen, die sich unter den Begriff der "Prozeduralisierung" subsumieren lassen: "Statt soziales Verhalten direkt zu normieren, beschränkt sich Recht auf die Regulierung von Organisationen, Verfahren und Neuverteilung von Steuerungsrechten." (Ebd., S. 335)

Häufig verbirgt sich hinter solchen theoretischen Vorstellungen ein Modell der politischen Praxis, das sich als staatlich "inszenierter Korporatismus" bezeichnen läßt. Den Begriff des "inszenierten Korporatismus" haben Heinze und Voelzkow (1991) zwar durchaus auf solche theoretischen Diskussionen bezogen, aber in erster Linie in analytisch-deskriptiver (und nicht in politisch-normativer) Absicht in die Diskussion gebracht. Ausgangspunkt waren neue Formen der strukturpolitischen Steuerung. Der Begriff wurde zunächst für die korporatistischen Arrangements (Regionalkonferenzen unter gesellschaftlicher Beteiligung) verwendet, die von der nordrhein-westfälischen Landesregierung eingeführt wurden. Mit der Begrifflichkeit sollte deutlich gemacht werden, daß sich die vorgefundenen Gremien funktionaler Repräsentation den prozeduralen Vorgaben der Landesregierung verdanken. Später wurde diese Begrifflichkeit auch bei der Analyse der Implementation der Europäischen Strukturpolitik genutzt, weil die prozeduralen Vorgaben der Europäischen Kommission ebenfalls eine aktive Einbindung gesellschaftlicher Organisationen vorsehen (vgl. Voelzkow, Hoppe 1996; Voelzkow 1998).

## 4  Wie sieht der "inszenierte Korporatismus" in der regionalen Strukturpolitik aus?

Fast alle Bundesländer experimentieren seit Mitte der 80er Jahre mit neuen institutionellen Varianten einer Regionalisierung der Strukturpolitik. Ziel der prozeduralen Steuerung ist der Aufbau von regionalen Politiknetzwerken. Die Regionen sollen über staatliche Strukturvorgaben und Organisationshilfen angeregt werden, angepaßte Lösungen zur Bewältigung des Strukturwandels zu entwickeln. Die Kommunikation, Kooperation und Koordination zwischen den Kommunen und Kreisen der Regionen sollen intensiviert werden, um Selbsthilfekräfte der Regionen zu aktivieren. Zumeist geht es um die mehr oder minder formalisierte Institutionalisierung von neuen Verfahren, die jenseits von klassischen Verwaltungshierarchien und Ressortgrenzen auf der dezentralen Ebene zur Überwindung regionaler Entwicklungsengpässe beitragen sollen (Voelzkow 1990).

Im Hinblick auf die "Schnittstellen" zwischen privater und öffentlicher Leistungserbringung spielt der Begriff der "Externen Dezentralisierung", also die Verlagerung staatlicher Leistungsproduktion auf andere Träger, eine entscheidende Rolle. Externe Dezentralisierung bedeutet aber nicht unbedingt Privatisierung. Externe Dezentralisierung umfaßt auch die Einbindung von organisierten Interessen in die Formulierung und Umsetzung öffentlicher Politik.

Für die Formulierung und Umsetzung strukturpolitischer Maßnahmen werden in verschiedenen Bundesländern neue Gremien gebildet, die häufig als "Regionalkonferenzen" bezeichnet werden (Ziegler 1995). Diese Einrichtungen sollen einerseits der Abstimmung zwischen den föderalen Ebenen (Kommunen und Land) und andererseits der Einbeziehung und Einbindung von Verbänden in die regionale Strukturpolitik dienen. An den Fördermaßnahmen sollen damit auch die relevanten gesellschaftlichen Organisationen, also vor allem die Industrie- und Handelskammern, Handwerkskammern und Wirtschaftsverbände, aber auch die Gewerkschaften, Umweltschutzverbände und andere organisierte Interessen beteiligt werden. Diese Öffnung gegenüber den gesellschaftlichen Organisationen wird damit begründet, daß sich die sachliche Qualität der regionalen Strukturpolitik verbessert, sofern durch die Beteiligung zusätzlicher Sachverstand und weiterführende Eigeninitiative gewonnen werden. Die Politik der regionalen Eigenentwicklung will neue Kooperationsformen erzeugen, die letztlich wiederum auf die Bildung von Gremien funktionaler Repräsentation, ganz im Sinne einer "konzertierten Aktion" für die Regionen, hinauslaufen (vgl. auch die Beiträge in Fürst, Kilper 1993).

Um diese noch sehr abstrakt formulierten Modernisierungsstrategien empirisch zu unterfüttern, gehe ich kurz auf auf die Regionalisierung der Strukturpolitik in Nordrhein-Westfalen (vgl. Voelzkow 1994 und die Beiträge in Heinze, Voelzkow 1997) und in Brandenburg (vgl. Heinze, Voelzkow 1998) ein.

*Regionalisierung der Strukturpolitik in Nordrhein-Westfalen*

Anfang 1987 zeichnete sich eine dramatische Beschäftigungskrise in den Montanregionen ab. Die Stahlindustrie hatte bekanntgegeben, daß eine neue Entlassungswelle anstünde. Die beabsichtigte Schließung der Hütte in Rheinhausen und die damit verbundenen Streiks und Demonstrationen erzeugten einen erheblichen Handlungsdruck. Gleichzeitig spitzten sich die wirtschaftlichen Probleme im Steinkohlenbergbau zu. Angesichts dieser regionalwirtschaftlichen Einbrüche hatte der nordrhein-westfälische Landtag im März 1987 in einer "Gemeinsamen Entschließung" aller drei im Landtag vertretenen Fraktionen unter anderem die Einsetzung einer Expertenkommission beschlossen, die Empfehlungen für die Ausgestaltung eines neuen Programms, der "Zukunftsinitiative Montanregionen" (ZIM), formulieren sollte. Die Kommission war aber freilich nicht in der Lage, aus dem Stand heraus Anregungen für ein differenziertes Förderprogramm zu formulieren. Da mit der "Zukunftsinitiative Montanregionen" nicht gewartet werden konnte, bis die Ergebnisse der Expertenkommission vorlagen, wurde auf eine detaillierte Festlegung von Fördertatbeständen verzichtet und statt dessen erstmals ein dezentrales Verfahren erprobt.

Das entscheidende Novum in der Strukturpolitik des Landes war die aktive Einbindung der Regionen in die inhaltliche Ausgestaltung des Programms. Das Konzept der ZIM eröffnete den Regionen einen bewußt weit gefaßten strukturpolitischen Handlungsrahmen, der entsprechend den regionalen Gegebenheiten von den Regionen selbst ausgefüllt werden sollte. Ein wichtiges Ziel bestand dabei in der Verbesserung der Abstimmung und Zusammenarbeit zwischen den diversen Entscheidungsträgern. Vor allem sollten in den Regionen das staatliche und das private Engagement zusammengeführt und zu einer engen Zusammenarbeit verdichtet werden. Die verschiedenen Entscheidungsträger der Montanregionen wurden mit der ZIM aufgerufen, einen regionalen Konsens über Fördermaßnahmen in den strukturrelevanten Handlungsfeldern anzustreben, der sodann die Grundlage der Förderentscheidungen des Landes bilden sollte. Mit dem neuen Verfahren sollte erreicht werden, regionale Kenntnisse und Zielsetzungen besser als bisher in den Förderprozeß einzubinden, die Wirksamkeit der Maßnahmen durch die Bildung eines breiten gesellschaftlichen Konsenses vor Ort zu erhöhen und die verschiedenen Förderinstrumente zur Finanzierung eines regionalen Programmkonzeptes zusammenzuführen. In der Abgrenzung einzelner Teilregionen orientierte sich die ZIM noch an den Arbeitsmarktregionen der Gemeinschaftsaufgabe "Verbesserung der regionalen Wirtschaftsstruktur". Während der Laufzeit der ZIM wurden rund 290 Projekte gefördert.

Aufgrund der positiven Resonanz wurde der Regionalisierungsansatz durch einen Beschluß der Landesregierung im Mai 1989 mit der "Zukunftsinitiative für die Regionen Nordrhein-Westfalens" (ZIN) auf das gesamte Land ausgeweitet. Zunächst stand dabei die Zusammenstellung von Prioritätenlisten für strukturbedeutsame Förderprojekte im Vordergrund. In dem Beschluß der Landesregierung über die "weitere Regionalisierung der Strukturpolitik des Landes" wurden "alle verantwortlichen Kräfte" in den Regionen des Landes aufgerufen, bis August 1989 beim zuständigen Regierungspräsidenten Projektvorschläge mit besonderer strukturwirksamer Relevanz einzureichen. Diese "ZIN-Runde" ist mit der Bekanntgabe und Bewilligung von Projekten in der ersten Jahreshälfte 1990 abgeschlossen worden. Im Rahmen der Zukunftsinitiative sind 15 Regionen ("ZIN-Regionen") abgegrenzt worden, die sich mehr oder minder selbst als Handlungseinheiten formiert haben. In den 15 Regionen wurden sogenannte "Regionalkonferenzen" veranstaltet, die für die Erstellung von Projektvorschlägen und die Festsetzung einer Prioritätenliste zuständig waren.

In einer Regierungserklärung im August 1990 hat die Landesregierung ihren eingeschlagenen Kurs im Grundsatz bestätigt und die Regionen aufgerufen, weitere Regionalkonferenzen zu organisieren, um "regionale Entwicklungskonzepte" zu formulieren. Die Abgrenzungen der ZIN-Regionen wurden dazu beibehalten. In den "Handlungsempfehlungen regionale Entwicklungskonzepte" des Ministeriums für Wirtschaft, Mittelstand und Technologie (MWMT) ist u.a. die Aussage enthalten, daß es "bei der Erstellung der regionalen Entwicklungskonzepte auf den selbstverantwortlichen Prozeß der Kooperation der relevanten Kräfte in den Regionen an(kommt)" (MWMT 1990, S. 1f.). Der Begriff der "relevanten Kräfte" wurde dabei bewußt offen gehalten. Es wurde in den Handlungsempfehlungen aber wiederum deutlich, daß mit den "relevanten Kräften" nicht nur die für politische Entscheidungen zuständigen, aus freien Wahlen hervorgegangenen und solchermaßen demokratisch legitimierten Gemeinde- und Stadträte, die Kreistage oder die Bezirksplanungsräte und die diesen Gremien jeweils zugeordneten Verwaltungseinheiten gemeint waren, sondern auch solche Kräfte, die nicht dem staatlichen oder kommunalen Politik- und Verwaltungsgefüge im engeren Sinne zuzurechnen sind.

*Regionalisierung der Strukturpolitik in Brandenburg*

Im Land Brandenburg orientieren sich alle relevanten Ressorts der Landesregierung an dem Leitbild einer "dezentralen Konzentration" zur räumlichen Entwicklung, das einen fachübergreifenden Orientierungsrahmen bieten soll. Im Kern geht es dabei um eine ausgleichsorientierte Politik, die auch die berlinfernen und überwiegend ländlichen Räume stärken soll. Das Leitbild setzt dabei auf einen Städtekranz. Es greift einige zentrale Annahmen der Theorie der Wachstumspole auf und erhofft sich "Spill-over-Effekte" der städtischen Regionalzentren, die auch den kleineren Städten und Dörfern im Umland zugute kommen sollen. Die regionalen Entwicklungszentren des Städtekranzes sind gleichsam die Schwerpunkte der Strukturpolitik des Landes. Diese vom Ansatz her hochgradig integriert erscheinende Landespolitik zergliedert sich jedoch faktisch in ein "Drei-Linien-Konzept", das den ministeriellen Organisationsstrukturen folgt: Das Ministerium für Wirtschaft, Mittelstand und Technologie konzentriert sich in seiner regionalen Strukturpolitik auf die "Entwicklung industrieller Standorte". Das Ministerium für Arbeit, Soziales, Gesundheit und Frauen trägt mit seinen Strukturförderungsprogrammen zu einem beschäftigungs- und strukturwirksamen Einsatz der arbeitsmarktpolitischen Instrumente[1] bei. Das Ministerium für Ernährung, Landwirtschaft und Forsten bemüht sich um eine "integrierte ländliche Entwicklung".

Was die regionale Strukturpolitik des Wirtschaftsministeriums betrifft, hat die Landesregierung mit dem raumordnerischen Leitbild der "dezentralen Konzentration" und der Konzeption zur "Entwicklung der industriellen Standorte" keinen betriebsbezogenen, sondern einen standortbezogenen Ansatz gewählt, der über eine Verbesserung der regionalen Rahmenbedingungen die industriellen Standorte stabilisieren und entwickeln will. Das Brandenburger Konzept setzt seine Instrumente nicht alleine bei der Einzelförderung vorhandener oder ansiedlungswilliger Industriebetriebe an, sondern will die Region als eine Einheit von Arbeitsplatz-, Flächen- und Infrastrukturpotentialen fördern. Die regionale Wirtschaftsförderung soll nach Möglichkeit in eine umfassende Standortkonzeption (einschließlich der Bereiche Verkehr, Wohnen, Ver- und Entsorgung, Kultur etc.) eingebunden und in enger Kooperation mit den dezentralen Akteuren der Regionen durchgeführt werden.

---

1    Von besonderer Relevanz sind dabei die Maßnahmen nach § 249h Arbeitsförderungsgesetz, die zu großen Teilen über die Beschäftigungsgesellschaften des Landes abgewickelt werden. Allerdings zeigen sich bei näherer Analyse erhebliche Probleme, die Maßnahmen der Beschäftigungsgesellschaften mit der Strukturpolitik zu verknüpfen (vgl. Voelzkow, Heinze 1996).

Auf der Landesebene wurden dazu einem industriepolitischen Gesprächskreis wichtige Steuerungsfunktionen zur praktischen Umsetzung dieses Ansatzes übertragen. Diesem Gesprächskreis gehören Vertreter der Landesregierung (alle strukturrelevanten Ressorts), der Unternehmer- bzw. der Arbeitgeberverbände, der Gewerkschaften und der Treuhandanstalt, bzw. ihrer Nachfolgegesellschaft, an. Die Beteiligten haben sich auf sechs Schwerpunktstandorte mit einem gewissen industriellen (Rest-)Potential verständigt: Die Region Uckermark-Barnim um die Zentren Eberswalde-Finow und Britz, die Region Prignitz um das Zentrum Wittenberge, das Berliner Umland um die Zentren Oranienburg, Velten und Henningsdorf, das Westhavelland um die Zentren Rathenow, Premnitz und Brandenburg, die Region Oder-Spree um die Zentren Eisenhüttenstadt und Guben sowie die Region Lausitz um die Zentren Finsterwalde, Tröbitz, Lauchhammer und Elsterwerda.

Für diese sechs Regionen wurden regionale Standortarbeitskreise gebildet, die umfassende Konzepte erarbeiteten. Diese Konzepte enthalten eine Analyse der Stärken (Entwicklungspotentiale) und Schwächen (Defizite) der Regionen, ausformulierte Zielbeschreibungen der regionalen Entwicklung, konkrete Lösungs- bzw. Projektvorschläge und Aussagen zur administrativen Umsetzung dieser Vorhaben. In den Konzepten werden auch verschiedene Infrastrukturmaßnahmen (beispielsweise in den Bereichen Wohnen, Verkehr, Versorgung) behandelt. An den regionalen Standortarbeitskreisen wirken neben den Vertretern verschiedener Fachressorts und den Vertretern der Kommunen und Kreise auch die Wirtschafts- und Sozialpartner sowie die Nachfolgeorganisationen der Treuhand mit. Auch die Arbeitsämter sind involviert, um die Instrumente der aktiven Arbeitsmarktpolitik für regionale Vorhaben zu öffnen. Alle beteiligten Ressorts haben dafür Sorge zu tragen, daß die nachgeordneten Behörden nach Maßgabe der konkreten Probleme und Aufgaben einbezogen werden. Ein wichtiges Charakteristikum der Regionalisierung von Strukturpolitik in Brandenburg ist wiederum die Einbeziehung von Organisationen, die als relevante gesellschaftliche Kräfte an der Formulierung der regionalen Entwicklungskonzepte beteiligt werden. Die Abgrenzung der Regionen, für die industrielle Standortarbeitskreise gebildet wurden, lag in der Hand des Wirtschaftsministeriums. Vom Wirtschaftsministerium wurde für jeden regionalen Standortarbeitskreis ein Regionalbeauftragter eingesetzt, der für die Koordination zwischen der Landesebene und dem Standortarbeitskreis zuständig ist.

## 5 Was kann der "inszenierte Korporatismus" zur Entwicklung von Regionen beitragen?

Die Beispiele der Regionalisierung der Strukturpolitik in Nordrhein-Westfalen und in Brandenburg zeigen zwei parallel laufende Modernisierungsstrategien[2]: Zum einen werden innerhalb des Politik- und Verwaltungsgefüges die dezentralen Körperschaften (insbesondere die Kommunen und Kreise) aufgewertet und zur Mitarbeit aktiviert. Zum anderen werden die gesellschaftlich relevanten Organisationen in die Formulierung und Umsetzung regionalpolitischer Maßnahmen einbezogen. Die Kammern, Gewerkschaften und anderen Verbände wirken in den Verhandlungssystemen, die von der staatlichen Seite speziell für die Strukturpolitik eingerichtet wurden, an der konkreten Ausgestaltung der Politik mit und gewinnen dadurch gewissermaßen die Funktion einer "privaten Regierung"; zumindest sind sie als zusätzliche Akteure in "gemischten Handlungsformen" einer "Public-Private-Partnership" zur Wahrung öffentlicher Interessen verpflichtet.

Die Diskussion über eine Modernisierung des Staates sollte daran anknüpfen und anhand solcher Beispiele über eine gezielte Förderung leistungsfähiger Alternativen zur planungsstaatlichen und hierarchischen Steuerung nachdenken. Interne wie externe Dezentralisierung stärken die "Region" als Handlungsebene der regionalen Strukturpolitik. Nimmt man nun interne und externe Dezentralisierung zusammen, dann bilden die beobachtbaren Regionalisierungsprozesse gewissermaßen einen gemeinsamen Schnittpunkt. Die Regionen sollen handlungsfähiger werden. Dieses ambitionierte Vorhaben führt zu der Anschlußfrage, ob es überhaupt vorstellbar ist, daß Regionen als Handlungseinheiten im Prozeß der Modernisierung eigenständig agieren.

Faßt man den Begriff der "Region" als eine räumliche Bezugsgröße, die aufgrund von sozio-ökonomischen Interdependenzen bzw. aufgrund funktions-

---

2 Die Ähnlichkeiten der strukturpolitischen Ansätze der beiden Länder ergeben sich sicherlich auch aus dem Sachverhalt, daß das Land Nordrhein-Westfalen beim Aufbau der Landesverwaltung in Brandenburg eine führende Rolle gespielt hat. Aber die anderen ostdeutschen Landesregierungen experimentieren ebenfalls mit einer Regionalisierung ihrer Strukturpolitik, wenn auch nicht mit einer derart starken Orientierung an den nordrhein-westfälischen Erfahrungen. Sofern unterstellt wird, daß auch der "inszenierte Korporatismus" zu den Bestandteilen des Institutionentransfers von West nach Ost gehört, stellt sich natürlich die Anschlußfrage, ob der ostdeutsche Korporatismus in seinen Strukturen und Funktionen tatsächlich eine Kopie der westdeutschen Praxis darstellt oder ob infolge der Sondersituation in Ostdeutschland heute spezifische Unterschiede zwischen West und Ost festzustellen sind. Aber dieser Frage kann hier nicht weiter nachgegangen werden (vgl. Schmid, Voelzkow 1996; Heinze, Schmid, Voelzkow 1997).

räumlicher Zusammenhänge irgendwo zwischen den Kommunen und Kreisen einerseits und den Bundesländern andererseits anzusiedeln ist, dann scheint die Antwort, zumindest unter Anwendung des methodologischen Individualismus, klar zu sein: Regionen sind kein Subjekt, und sie haben kein Subjekt, das statt ihrer handeln könnte. Regionen wären demnach keine Handlungseinheit, und folglich könnten sie auch nicht handeln. Nun ist es aber in den eher handlungstheoretisch orientierten Sozialwissenschaften gängige Praxis, neben den Individuen auch korporative Akteure als Handlungseinheiten zu betrachten. Neben den "natürlichen Personen" gibt es "juristische Personen" (also Organisationen), die als korporative Akteure durchaus eigenständig handlungsfähig sind (vgl. Coleman 1979). Unternehmen, Kirchen, Verbände, Städte und andere Organisationsformen bis hin zum modernen Staat lassen sich in diesem Sinne als korporative Akteure fassen. Individuen treten an die korporativen Akteure gewisse Rechte, Ressourcen oder Macht ab, die nach dieser Übertragung einer gemeinsamen, mehr oder minder zentralisierten Disposition unterliegen. Sofern die Bevölkerung einer Raumeinheit durch solche korporativen Akteure (z.B. die Stadt oder die Gemeinde, das Bundesland oder der Bund) repräsentiert wird, kann auch von einer gewissen Handlungsfähigkeit gesprochen werden. Zumindest sind Kommunen, Kreise, Bundesländer oder "der Staat" im engeren Sinne selbst in der Umgangssprache handlungsfähige Akteure.

Im Hinblick auf den Begriff der "Region", der Raumeinheiten im diffusen Bereich zwischen den föderalstaatlichen Politikebenen bezeichnen soll, hilft dieser Umweg über die korporativen Akteure indes, zumindest auf den ersten Blick, nicht viel weiter. Solche Regionen verfügen über keine politisch-administrative Instanz, die ihre Handlungsfähigkeit sicherstellen könnte, es sei denn, ein solcher korporativer Akteur der Region, beispielsweise ein Verein, ein kommunaler Zweckverband oder eine vergleichbare Einrichtung, wird von den Individuen der Region oder anderen korporativen Akteuren in der Absicht gegründet, der Region eine eigenständige Handlungsfähigkeit zu verleihen. Sofern dies geschieht, wäre allenfalls noch zu fragen, ob die Handlungsfähigkeit ausreicht (oder übergroß geworden ist), um dem regionalen Bedarf an politischer Handlungsfähigkeit problemangemessen zu entsprechen. Sofern aber keine regional-korporativen Akteure mit definierten Aufgaben und Handlungsrechten bzw. mit eigenständigen Ressourcen und Machtpotentialen bestehen, müßte die Handlungsfähigkeit der Regionen immer noch in Zweifel gezogen werden.

Andererseits wissen wir aus der jüngeren politikwissenschaftlichen Forschung, insbesondere der Policy-Analyse, daß die Handlungsfähigkeit des Staates (und entsprechend der Länder und Kommunen) nicht aus der Kompetenz der politisch-administrativen Instanzen im engeren Sinne erwächst, sondern aus dem Zusammenspiel von staatlich-administrativen Instanzen und gesellschaftlichen Organisationen, die gemeinsam ein Netzwerk korporativer Akteure bilden (vgl. Héritier 1993). Ein solches Netzwerk kann sich auch im regionalen Kontext bilden. Die Region wird gewissermaßen zur Referenz für verschiedene korporative Akteure, die ihr Handeln nach regionalen Kriterien aufeinander abstimmen. Diese regionalen Netzwerke werden dann zu Steuerungssubjekten regionaler Entwicklung. Der Bezug zur Region erlaubt eine Thematisierung der Chancen und Risiken von Modernisierungsprozessen und ihren regionalen Folgen. Der Bezug zur Region erlaubt auch die Vereinbarung von konkreten Maßnahmen, die auf eine erfolgreiche Bewältigung des Strukturwandels oder eine Bewältigung der Folgen des Strukturwandels abzielen. Sofern dabei "problem solving" überwiegt, dürfte die Effektivität und Effizienz der strukturpolitischen Interventionen im Verhältnis zu den traditionellen planungsstaatlichen Maßnahmen erhöht werden. Die nutzenmaximierenden oder zumindest kompetitiven Eigeninteressen der korporativen Akteure lassen sich über den regionalen Bezug relativieren; eine "konzertierte Aktion" zugunsten der regionalen Entwicklung erscheint ungeachtet aller sonstigen Konfliktlinien für alle involvierten Organisationseinheiten attraktiv. In diesem Sinne können die Regionen auch dann handeln, wenn sie über keine eigene politisch-administrative Instanz oder ein verbandlich-korporatives Äquivalent verfügen, sondern "nur" über ein Netzwerk von primär anders orientierten Organisationen, die sich mit Referenz auf die regionalen Bezüge zur Kommunikation, Kooperation und Koordination verpflichten und solchermaßen die gewünschte regionale Handlungsfähigkeit herstellen.

An diese Überlegungen zur Handlungsfähigkeit von Regionen läßt sich nun die These anschließen, daß sich die unterschiedliche ökonomische Entwicklung von Regionen zumindest teilweise mit Verweis auf die jeweiligen regionalen Politiknetzwerke rekonstruieren läßt. Es gäbe demnach nicht nur unterschiedliche "institutionelle Settings" oder "Governance-Strukturen" in verschiedenen kapitalistischen Ländern, die aufgrund ihrer jeweiligen Innovationspotentiale und -blockaden als erklärende Variablen für die unterschiedliche "performance" der konkurrierenden Industrieländer herangezogen werden können. Dieser Zusammenhang ist ja mehrfach empirisch nachgezeichnet worden. Es gäbe vielmehr auch innerhalb eines Industrielandes, bezogen auf Deutschland auch innerhalb eines größeren Bundeslandes, so etwas wie "regionale Governance-Strukturen", die als Erklärungsvariable für die unterschiedliche regionale Entwicklung herangezogen werden können.

Dazu sei in Erinnerung gerufen, daß die soziale Organisation wirtschaftlicher Aktivität nach den Befunden der neueren institutionalistischen Wirtschaftssoziologie eine erklärende Variable für den Aufstieg oder Niedergang einer Volkswirtschaft (nationale Dimension) bzw. eines Wirtschaftszweiges innerhalb eines Landes (sektorale Dimension) darstellt (vgl. Streeck 1994 oder die Beiträge in Lange, Voelzkow 1996). In den 80er Jahren konzentrierte sich die Diskussion zunächst auf die empirisch mehrfach unterfütterte These, daß jene Volkswirtschaften, die sich nicht-marktlicher Koordinationsmechanismen im Strukturwandel bedienen, in der Konkurrenz zu den Laisser-faire-Ökonomien des angelsächsischen Typs erfolgreich behaupten konnten. Die nicht-marktlichen Koordinationsmechanismen dürfen dabei allerdings nicht mit etatistischen Eingriffen in das Marktgeschehen verwechselt werden. Im Vordergrund der Analysen standen vielmehr verschiedene Kombinationsformen einer staatlichen, verbandlichen und gemeinschaftlichen Koordination wirtschaftlicher Aktivität, die den einzelwirtschaftlichen Entscheidungen der Marktakteure (Unternehmen) einen Rahmen und eine Richtung boten. In dieser vornehmlich nationalstaatlichen Vergleichsperspektive zeigten sich empirisch nationalspezifische Varianten des Verhältnisses von Staat, Verbänden und Wirtschaft, wobei die Bedeutung dieser "Governance-Strukturen" für die unterschiedliche ökonomische Leistungsfähigkeit der Länder herausgestellt wurde. Im Anschluß an solche Ländervergleiche rückte die sektorale Perspektive in den Vordergrund, wobei aber wiederum der Stellenwert der sozialen Organisation wirtschaftlichen Handelns jenseits der unterkomplexen Differenzierung von Markt und Staat, diesmal von einzelnen Wirtschaftssektoren, im Mittelpunkt stand. In der Fachwissenschaft fanden insbesondere die Analysen Beachtung, die die institutionelle Infrastruktur einzelner Wirtschaftssektoren über Ländergrenzen hinweg einem Vergleich unterzogen und dabei empirisch belegen konnten, daß unterschiedliche "Governance-Arrangements" vorzufinden sind, die ebenfalls als erklärende Variablen für die unterschiedliche Leistungs- und Wettbewerbsfähigkeit der untersuchten Wirtschaftssektoren herangezogen werden können (Hollingsworth, Schmitter, Streek 1994).

In jüngerer Zeit mehren sich nun die Befunde, die deutlich machen, daß die soziale Organisation wirtschaftlicher Aktivität auch im Hinblick auf die regionale Wirtschaftsentwicklung von entscheidender Bedeutung ist (vgl. Piore, Sabel 1985; Sabel 1989; Literaturüberblick bei Voelzkow 1996b). Räumliche Entwicklungsdisparitäten lassen sich folglich nicht allein mit Verweis auf die jeweiligen ökonomischen Ausgangslagen erklären, sondern auch mit der jeweils unterschiedlichen "Handlungsfähigkeit" der Regionen. Verschiedene Regionen liegen aufgrund der internen Machtstrukturen und Kommunikationsblockaden in ihrer Entwicklung hinten, während andere Regionen über Kooperation und Koordination eine günstigere Bilanz vorweisen können. Deshalb nimmt es nicht wunder, daß die Akteursnetzwerke der Regionen selbst Gegenstand staatlicher Politik werden.

# Literatur

v. Beyme, K. (1991): Theorie der Politik im 20. Jahrhundert. Von der Moderne zur Postmoderne. Frankfurt/M.

Coleman, J. S. (1979): Macht und Gesellschaftsstruktur. Tübingen

Fürst, D.; Kilper, H. (Hg.) (1993): Effektivität intermediärer Organisationen für den regionalen Strukturwandel. Wissenschaftszentrum Nordrhein-Westfalen/Institut Arbeit und Technik. Gelsenkirchen

Heinze, R. G.; Schmid, J.; Voelzkow, H. (1997): Wirtschaftliche Transformation und Governance. Der Beitrag der Verbände zum industriestrukturellen Wandel in Ostdeutschland. In: Corsten, M.; Voelzkow, H. (Hg.): Transformation zwischen Markt, Staat und Drittem Sektor. Marburg, S. 211-236

Heinze, R. G.; Voelzkow, H. (1991): Kommunalpolitik und Verbände. Inszenierter Korporatismus auf lokaler und regionaler Ebene? In: Heinelt, H.; Wollmann, H. (Hg.): Brennpunkt Stadt. Stadtpolitik und lokale Politikforschung in den 80er und 90er Jahren. Berlin, S. 187-206

Heinze, R. G.; Voelzkow, H. (1994): Verbände und Neokorporatismus. In: Wollmann, H.; Roth, R. (Hg.): Kommunalpolitik. Politisches Handeln in den Gemeinden. Opladen, S. 245-255

Heinze, R. G.; Voelzkow, H. (1996): Regionalisierte Strukturpolitik. Ein neues Politikmodell. In: Hein, P. U.; Reese H. (Hg.): Kultur und Gesellschaft der Bundesrepublik Deutschland. Eine Festschrift zum 65. Geburtstag von Arno Klönne. Frankfurt/M., S. 171-186

Heinze, R. G.; Voelzkow, H. (Hg.) (1997): Regionalisierung der Strukturpolitik in Nordrhein-Westfalen. Opladen

Heinze, R. G.; Voelzkow, H. (1998): Koordination von Arbeitsmarktpolitik und regionaler Strukturpolitik in Ostdeutschland. Eine empirische Analyse in zwei Untersuchungsregionen (Stadt Brandenburg und Kreis Schönebeck). Beiträge aus der Arbeitsmarkt- und Berufsforschung. Nürnberg

Héritier, A. (Hg.) (1993): Policy-Analyse. Kritik und Neuorientierung. Opladen (Politische Vierteljahresschrift, Sonderheft 24)

Hollingsworth, J. R.; Schmitter, P. C.; Streeck, W. (Hg.) (1994): Governing capitalist economies. New York, Oxford

Lange, E.; Voelzkow, H. (Hg.) (1996): Räumliche Arbeitsteilung im Wandel. Marburg

Lehmbruch, G. (1979): Wandlungen der Interessenpolitik im liberalen Korporatismus. In: v. Alemann, U.; Heinze, R. G. (Hg.): Verbände und Staat. Vom Pluralismus zum Korporatismus. Analysen, Positionen, Dokumente. Opladen

Lehmbruch, G.; Schmitter, P. C. (Hg.) (1982): Patterns of corporatist policy-making. Beverly Hills, London

Mayntz, R. (1983): The conditions of effective public policy. A new challenge for policy analysis. In: Policy and Politics 11, S. 123-143

Mayntz, R. (1990): Organisierte Interessenvertretung und Föderalismus: zur Verbändestruktur in der Bundesrepublik Deutschland. In: Jahrbuch zur Staats- und Verwaltungswissenschaft, Band 4. Baden-Baden, S. 145-156

Ministerium für Wirtschaft, Mittelstand und Technologie des Landes Nordrhein-Westfalen (1990): Handlungsempfehlungen regionale Entwicklungskonzepte. Düsseldorf

Offe, C. (1975): Berufsbildungsreform. Eine Fallstudie über Reformpolitik. Frankfurt/M.

Offe, C. (1987): Die Staatstheorie auf der Suche nach ihrem Gegenstand. Beobachtungen zur aktuellen Diskussion. In: Ellwein, T.; Hesse, J. J.; Mayntz, R.; Scharpf, F. W. (Hg.): Jahrbuch zur Staats- und Verwaltungswissenschaft. Band 1. Baden-Baden, S. 309-320

Panitch, L. (1980): Recent theorizations of corporatism: Reflections on a growth industry. In: British Journal of Sociology, XXXI, S. 159ff.

Piore, M. J.; Sabel, C. F. (1985): Das Ende der Massenproduktion. Studie über die Requalifizierung der Arbeit und die Rückkehr der Ökonomie in die Gesellschaft. Berlin

Ritter, E.-H. (1979): Der kooperative Staat. Bemerkungen zum Verhältnis von Staat und Wirtschaft. In: Archiv des Öffentlichen Rechts 104, S. 389-413

Ronge, V. (Hg.) (1980): Am Staat vorbei. Politik der Selbstregulierung von Kapital und Arbeit. Frankfurt/M., New York

Sabel, C. F. (1989): Flexible specialisation and the re-emergence of regional economics. In: Hirst, P.; Zeitlin, J. (Hg.): Reversing industrial decline? Industrial structure and policy in Britain and her competitors. Oxford, New York, Hamburg, S. 17-70

Schmid, J.; Voelzkow, H. (1996): Funktionsprobleme des westdeutschen Korporatismus in Ostdeutschland. In: Niedermayer, O. (Hg.): Intermediäre Strukturen in Ostdeutschland. Opladen, S. 421-440

Schmitter, P. C.; Lehmbruch, G. (Hg.) (1979): Trends toward corporatist intermediation. Beverly Hills

Streeck, W. (1994): Staat und Verbände: Neue Fragen. Neue Antworten? In: Ders. (Hg.): Staat und Verbände. Opladen (Politische Vierteljahresschrift, Sonderheft 25), S. 7-34

Streeck, W.; Schmitter, P. C. (1985): Gemeinschaft, Markt und Staat - und die Verbände? Der mögliche Beitrag von Interessenregierungen zur sozialen Ordnung. In: Journal für Sozialforschung 25 (2), S. 133-158

Teubner, G. (1982): Reflexives Recht. Entwicklungsmodelle des Rechts in vergleichender Perspektive. In: Archiv für Rechts- und Sozialphilosophie 68, S. 13-59

Teubner, G. (1985): Verrechtlichung - Begriffe, Merkmale, Grenzen, Auswege. In: Kübler, F. (Hg.): Verrechtlichung von Wirtschaft, Arbeit und sozialer Solidarität. Vergleichende Analysen. Baden-Baden, S. 289-344

Voelzkow, H. (1990): Mehr Technik in die Region. Eine politisch-soziologische Untersuchung der Infrastrukturen zur regionalen Technikförderung in Nordrhein-Westfalen. Wiesbaden

Voelzkow, H. (1994): Die Regionalisierung der Strukturpolitik und neue Formen einer intermediären Interessenvermittlung. In: Kilper, H. (Hg.): Steuerungseffekte und Legitimation regionaler Netzwerke. Discussion-Paper des Instituts Arbeit und Technik des Wissenschaftszentrums Nordrhein-Westfalen. Gelsenkirchen, S. 7-39

Voelzkow, H. (1996a): Private Regierungen in der Techniksteuerung. Eine sozialwissenschaftliche Analyse der technischen Normung. Frankfurt/M., New York

Voelzkow, H. (1996b): Der Zug in die Regionen. Politische Regionalisierung als Antwort auf die Globalisierung der Ökonomie. In: Berliner Debatte INITIAL. Zeitschrift für sozialwissenschaftlichen Diskurs 5, S. 68-78

Voelzkow, H. (1997): Können Räume handeln? Die Steuerung regionaler Modernisierung. In: Weber, H.; Streich, B. (Hg.): City-Management. Städteplanung zwischen Globalisierung und Virtualität. Opladen, S. 177-189

Voelzkow, H. (1998): Intergouvernementale Abstimmungsprobleme bei der Implementation europäischer Strukturpolitik. In: Hilpert, U.; Holtmann, E. (Hg.): Intergouvernementale Arbeitsteilung. Opladen

Voelzkow, H.; Heinze, R. G. (1996): Die ostdeutschen Beschäftigungsgesellschaften als Koordinationsinstanzen zwischen Arbeitsmarktpolitik und regionaler Strukturpolitik - Eine wegweisende Innovation oder nur eine temporäre Übergangslösung im Transformationsprozeß? In: WSI-Mitteilungen 49 (12), S. 736-744

Voelzkow, H.; Hoppe, A. (1996): Druck von oben und von unten: Zu Reformansätzen der deutschen Regionalpolitik als Reaktion auf Implementationsprobleme des Europäischen Regionalfonds in den neuen Bundesländern. In: Heinelt, H. (Hg.): Politiknetzwerke und Europäische Strukturfondsförderung. Ein Vergleich zwischen EU-Mitgliedstaaten. Opladen, S. 108-130

Wassenberg, A. (1982): Neo-corporatism and the quest for control: The Cockoo game. In: Lehmbruch, G.; Schmitter, P. C. (Hg.): Patterns of corporatist policy making. London, Beverly Hills, S. 83ff.

Williamson, P. J. (1989): Corporatism in perspective. An introductory guide to corporatist theory. London, Newbury Park, New Delhi

Ziegler, A. (1995): Regionalisierungsprozesse in den deutschen Bundesländern (hrsg. vom Ministerium für Wirtschaft, Mittelstand und Technologie des Landes Nordrhein-Westfalen). Düsseldorf

Dietrich Fürst

# Regionalmanagement als neues Instrument regionalisierter Strukturpolitik

## 1 Regionalmanagement im Kontext der deutschen Raumplanung

Regionalmanagement ist im deutschsprachigen Raum in den letzten Jahren als Begriff "in Mode" gekommen, um die Regionalplanung funktionsfähiger zu machen (vgl. Puchinger 1983; Elsasser, Wachter 1988). Um was geht es? Regionalmanagement ist ein strategisches Konzept, das auf die veränderten Bedingungen regionaler Entwicklung reagieren soll. In ihm soll Berücksichtigung finden, daß

* die Entwicklung in einer arbeitsteiligen Welt im Strukturwandel primär davon bestimmt wird, daß Akteure problembezogen zusammenarbeiten, weil sich der Staat - Folge seiner sinkenden wirtschaftspolitischen Steuerungskraft - aus der regionalen Strukturpolitik zurückzieht, aber auch zunehmend erkannt wird, daß aus Kooperation "Synergieeffekte" entspringen können, und zwar bezogen auf Innovation, Risikobegrenzung und Zukunftsorientierung (vgl. van den Berg, Braun, van der Meer 1997; Keating 1997, S. 386f.). Im einzelnen zeigt sich freilich, daß Kooperation eine notwendige, aber keine hinreichende Bedingung der "Synergieeffekte" ist, sondern von kognitiven-paradigmatischen Harmonien, der Kooperationsoffenheit (Vertrauen) und dem eingesetzten Kooperationsaufwand der Kooperanden abhängt und in der Regel selektiv sein muß, wenn sie effektiv ist (Hilbert 1997, S. 72f.);

* Regionen durch die interregionale und globale Einbindung einerseits, die problembezogene Vernetzung der Akteure andererseits immer weniger klar definierte Handlungsräume sind. Vielmehr wird der Raum durch Handeln der Akteure "konstruiert", während der Raumbezug als Ressource an Bedeutung verliert und Handeln immer stärker strategisch (an Zielen ausgerichtet) und problemorientiert (mit klarer Handlungsaufforderung) koordiniert wird, wozu von Netzwerken Gebrauch gemacht wird. Dazu gehört auch, daß Regionen durch Vernetzung von Akteuren "Identität" gewinnen können und daß der Prozeß der Entwicklung gemeinsamer Leitbilder unter bestimmten Bedingungen auch dazu führen kann, daß Regionen sich stärker organisieren (vgl. Keating 1997, S. 390f.; Heinze, Voelzkow 1997). Das gilt um so mehr, als regionale Aktoren erkennen,

daß sie Einfluß auf überlokale Politikformulierung (insbesondere der EU), aber auch auf unternehmerische Entscheidungen nur nehmen können, wenn sie Macht und Einfluß kumulieren, was wiederum ohne ein Mindestmaß an formaler Organisation nicht möglich ist (Fürst 1997a);

- die Vernetzung der Akteure in der Wirtschaft heute bereits einen hohen Grad erreicht hat und als Folge der "flexiblen Spezialisierung" eher noch zunehmen wird. Allerdings zeigen empirische Untersuchungen, daß die Vernetzung in die Region hinein vergleichsweise niedrig bleibt und eher dort hoch ist, wo es sich um größere Unternehmen handelt, die "outsourcing" betreiben und Innovationen durch Kooperation mit anderen Betrieben entwickeln wollen (Backhaus, Seidel 1997; Bruch-Krumbein, Hellmer, Krumbein 1997). In jedem Falle aber läßt sich beobachten, daß dem wachsenden Vernetzungsbedarf der Wirtschaft noch immer ein primär auf lokal und institutionell begrenzte Konzepte ausgerichtetes Handeln in der Politik gegenübersteht.

Daß es diesen erhöhten Managementbedarf auf regionaler Ebene gibt, ist weitgehend unbestritten (van den Berg, Braun, van der Meer 1997). Die Regionalplanung könnte - durch Weiterentwicklung in Richtung Regionalmanagement - diesen Bedarf aufgreifen und dadurch auch Bedeutungsgewinn erzielen:

(1) Die Weiterentwicklung der Regionalplanung in Richtung Regionalmanagement ist sicherlich zunächst ein spezifisch "deutsches" Problem. Denn die deutsche Raumplanung und besonders die Regionalplanung ist - anders als beispielsweise die französische - als Ordnungsplanung konzipiert: Sie gibt Regeln vor, wie die knappe Fläche verwendet werden soll. Daraus folgen drei Schwächen: Erstens kann Regionalplanung zwar Ressourcen sichern, jedoch ist sie schlecht vorbereitet, um regionale Entwicklungsprozesse zu beeinflussen. Denn Regionalplanung kann damit räumlich koordinieren, nicht aber die vielen - zeitlich und sachlich wenig koordinierten - Fachpolitiken, die kommunalen Entwicklungsmaßnahmen und die Entscheidungen von Unternehmen beeinflussen. Zweitens ist Raumplanung in Deutschland lediglich Planung - die Umsetzung obliegt anderen Trägern. Drittens fehlt der Raumplanung die erforderliche politische Unterstützung - sie wirkt restriktiv und löst damit primär Widerstand der Adressaten aus. Insbesondere Regionalplanung droht damit irrelevant zu werden. Die französische Raumplanung hat diese Probleme in viel geringerem Maße: Sie ist handlungsorientierter, ähnelt stärker dem Modell des "Regionalmanagements" und ist auf regionale Entwicklung ausgerichtet.

(2) Eine Herausforderung für die Regionalplanung ist der durch den EG-Binnenmarkt härter gewordene Wettbewerb der Regionen. Denn er hat den Bedarf nach regionalen Akteuren verstärkt. Die Investoren wollen wissen: Wer repräsentiert die Region, wer koordiniert die Akteure in der Region, wer gestaltet die Entwicklung

der Region? Aber was wir in Deutschland gemeinhin als Region verstehen, liegt auf einer Ebene zwischen Gemeinden und Land und ist wenig institutionalisiert. Am ausgeprägtesten findet sich eine Form der institutionalisierten Region in der Regionalplanung, und dann vor allem in Verdichtungsräumen (vgl. Fürst, Klinger, Knieling, Mönnecke, Zeck 1990). Deshalb bietet sich die Regionalplanung als "Regionalmanagerin" an. Und da sie politisch schwach legitimiert ist, gibt es in einigen Ländern Bestrebungen, die Region neu zu organisieren und handlungsfähiger zu machen. Wir finden solche Bemühungen vor allem in den Verdichtungsräumen. Dazu liegen inzwischen zahlreiche Übersichten vor (Ziegler 1994; Butzin, Helbrecht, Miosga, Rehle 1993; Fürst et al. 1990). So hat das Land Baden-Württemberg für den Raum Stuttgart ein neues Modell regionaler Kooperation institutionalisiert,[1] und entsprechende Überlegungen gibt es in der Region Karlsruhe, während die Region Hannover sogar die Organisation eines Regionalkreises anstrebt (Priebs 1997).

(3) Eine neue Herausforderung für die Regionalplanung, sich weiterzuentwikkeln und in Richtung Regionalmanagement zu gehen, folgt schließlich aus der Neuorientierung der staatlichen regionalen Wirtschaftsstrukturpolitik. Die Globalisierung der Wirtschaft einerseits, die Individualisierung und Flexiblisierung von gesellschaftlichen Prozessen der Problembearbeitung andererseits haben - wie schon gesagt - die geringe Steuerungskraft staatlicher Wirtschaftspolitik zum Problem gemacht. Die deutschen Länder haben daraus die Konsequenz gezogen, Aufgaben der wirtschaftlichen Strukturpolitik auf die Regionen abzuwälzen. Deshalb erwärmte sich der Staat immer mehr für Konzepte wie "endogene Regionalentwicklung", "Regionalisierung der Strukturpolitik", Förderung der regionalen Entwicklung über "Regionale Entwicklungskonzepte (REK)". Diese Tendenzen werden durch die EG-Politik verstärkt. Die Europäische Kommission vergibt die Fördermittel ihrer Strukturfonds nach den Prinzipien von Programmplanung ("Operationelle Programme" der Region) und Partnerschaft (von EU-Kommission, Land und Region).[2] Nach diesem Konzept sollen regionale Akteure, die einen Beitrag zur regionalen Entwicklung leisten können, regional kooperieren, um für ihre Region einen mittelfristigen Orientierungsrahmen für Handlungen zu entwerfen, der über konkrete

---

1   Es besitzt ein direkt gewähltes Regionalparlament, eine umfangreichere Aufgabenfülle als der bisherige Regionalverband, insbesondere umfangreichere räumliche Steuerungsfunktion über die gebietsscharfe Ausweisung regionalbedeutsamer Nutzungsarten im Regionalplan (Ges. v. 7.2.1994 über die Stärkung der Zusammenarbeit in der Region Stuttgart, GBl. S. 92; vgl. Baden-Württembergische Verwaltungspraxis, 21 (1994), H. 6).

2   Verordnung (EWG) Nr. 2091/93, Art. 4 sowie Verordnung (EWG) Nr. 2082/93, Art. 5

Projekte umgesetzt wird. Auch die deutsche Regionalpolitik hat diesen Ansatz übernommen.[3]

## 2 Bisherige Ansätze eines Regionalmanagements

In Reaktion auf diese neuen Herausforderungen wird in Deutschland seit einiger
Zeit mit Ansätzen experimentiert, die bereits in Richtung eines Regionalmanagements gehen. Die wichtigsten sind folgende:

(a) die Institutionalisierung von Regionalkonferenzen: Das sind netzwerkartige
Kooperationsformen von regionalen Akteuren mit dem Ziel, "Regionale Entwicklungskonzepte" (REK) zu entwerfen, die für die Entwicklung der Region Orientierung und Koordinationsgrundlage bieten. Bezugsraum ist also eine vorgegebene
Regionsabgrenzung. Die Kooperation soll aus dem Gefühl der regionalen Gemeinsamkeit entwickelt werden. Dieses Konzept, am weitesten in Nordrhein-Westfalen
vorangetrieben, findet zunehmend Resonanz und Nachahmer. Inzwischen sind Brandenburg, Hessen, Niedersachsen, Rheinland-Pfalz und Sachsen[4] sowie der Bund
gefolgt[5]. Regionalkonferenzen sind in Deutschland fast so etwas wie eine "soziale
Bewegung" geworden. Man erhofft sich Wunder von der neuen Kooperationswelle,
sogar in Richtung Umstellung der regionalen Wirtschaft auf "sustainable development"[6], aber die empirischen Beobachtungen zur Wirksamkeit sind noch eher er-
nüchternd (Hilbert 1997; Heinze, Voelzkow 1997): Der Aufwand der Kooperation
steht häufig in ungünstiger Relation zum Ergebnis, weil die Kooperation häufig zur

---

3    Bekanntmachung des Planungsausschusses der Gemeinschaftsaufgabe "Verbesserung der
     regionalen Wirtschaftsstruktur" vom 9. März 1995. In: Bundesanzeiger 47(1995), S. 2725f.
4    Hessen: "Programm zur ländlichen Regionalentwicklung" (Staatsanzeiger für das Land
     Hessen vom 7. Juni 1993, S. 525ff.); Nordrhein-Westfalen: Regionalkonferenzen (Fürst
     1994), Brandenburg: Konzept der "Integrierten Ländlichen Entwicklung (ILE)" (Kaether
     1994, S. 44f.); Rheinland-Pfalz: (Fischer 1995); Sachsen: Richtlinie des Sächsischen Staats-
     ministeriums für Umwelt und Landesentwicklung für die Förderung der Erstellung und
     Umsetzung von Regionalen Entwicklungs- und Handlungskonzepten sowie von Modellvor-
     haben der Raumordnung (FR-Regio) vom 9. Juni 1997 (Sächs. Amtsblatt Nr. 30/1997,
     S. 764f.)
5    Planungsbeschluß der Gemeinschaftsaufgabe "Verbesserung der regionalen Wirtschaftsstruk-
     tur" vom 9. März 1995. In: Bundesanzeiger 47 (1995), S. 2725f.; Raumordnungspolitischer
     Orientierungsrahmen 1993, Kap. 5.3; Raumordnungspolitischer Handlungsrahmen der
     MKRO vom 8. März 1995
6    *Region Trier* (Peters, Sauerborn, Spehl, Tischler, Witzel 1996); *Ruhrgebiet* (Lehner, Schmidt-
     Bleek, Kilper 1995); *Schweizer Regionen* (Heer, Ringli 1998); *Region "Bergische Großstädte"*
     (Hesse, Lucas 1992)

Absicherung von Einfluß auf den Staat, zur "Kartellierung" von Interessen und zu selektiver Problembearbeitung auf dem Niveau des kleinsten gemeinsamen Nenners genutzt wird.

(b) Regionale Entwicklungsagenturen: Bezug genommen wird hier auf konkrete Projekte. Die Kooperation wird durch einen von mehreren Akteuren gemeinsam empfundenen Problemdruck oder durch die Vorteile eines gemeinsam zu betreibenden Projektes motiviert. Dazu wird ein regionaler Promotor der Entwicklung, die Entwicklungsagentur, institutionalisiert. Dieser hat die Aufgabe, Initiativ-, Moderations- und Organisationsfunktion für Projekte der eigenständigen Regionalentwicklung wahrzunehmen. Der Ansatz wurde im Ruhrgebiet (Internationale Bauausstellung Emscher Park) zu hoher methodischer Perfektion gebracht (Überblick bei Kilper 1992; kritisch: Heinze 1994), findet sich aber in kleinerer Dimension und mit weniger anspruchsvoller Methodik auch in anderen Regionen.[7] Das Konzept enthält im Kern einen institutionalisierten Handlungsträger (die Entwicklungsagentur), dem die regionalen Akteure über Vereinsmitgliedschaft oder in anderer geeigneter Form der Mitwirkung zugeordnet sind. Um zu verhindern, daß die vielen Einzelprojekte unverbundene "Inseln" bleiben, bemühen sich die Agenturen meist, integrierende Leitlinien mit den regionalen Akteuren zu vereinbaren. Solche Leitlinien können festlegen, welchen Typ von Projekten man für die Regionalentwicklung als geeignet ansieht oder welche Kriterien die Projekte erfüllen sollen, um in ein integriertes Entwicklungskonzept zu passen, oder welche "Projektfamilien" man für die Entwicklung einer Region haben will. Mindestens sollen die Projekte regional bedeutsam sein, eine nachhaltige Wirkung haben und möglichst weitere Projekte anstoßen.

(c) Regionalforen: Bezug genommen wird hier auf regionale Probleme. Die Kooperation wird durch die Chance der Mitwirkung an der Problemdefinition und Suche nach Lösungen motiviert. Institutionell sind das sehr offene Gesprächsforen. Sie haben die Aufgabe, Aktivitäten relevanter Akteure der Region über Diskurse mit Experten zu reflektieren und möglicherweise in eine Richtung zu lenken, die den Interessen der Region besser dient. Der Ansatz wird auf kommunaler Ebene schon seit langem verfolgt (z.B. Münchener Forum), hat aber in neuerer Zeit auch auf regionaler Ebene Bedeutung bekommen.[8] Solche Diskurs-Foren enthalten Elemente der "Zukunftswerkstatt" oder der "Planungszelle" (Dienel 1991) und gewin-

---

7  Ältere Ansätze wie die Sponsoren-Ringe Pro Ruhrgebiet oder Pro Brandenburg; neuere Ansätze wie die Regionale Entwicklungsagentur Südost-Niedersachsen (RESON e.V., Braunschweig)

8  Ein relativ weitgehendes Konzept wurde über das Stadt-Forum Berlin populär und fand Nachahmer (z.B. Hannover-Region).

nen immer mehr Bedeutung (Becker, Deimer, Pfaff 1993). Das Problem der Foren ist die Umsetzung der Diskussionsergebnisse in Handlungen der relevanten Akteure. Denn es fehlen die erforderlichen Umsetzungsanreize für die Akteure, teilweise aber auch Hilfen, um den abstrakten Diskussions-Entwurf in detaillierte Programmplanung umzusetzen. Häufig bedarf es zusätzlicher Konfliktvermittlung (Mediation), weil im Detail Reibungen zwischen Fachressorts, Gemeinden oder Gemeinde und Staat zu bewältigen sind, die im Forum nicht zur Sprache kommen.

Wie sind die bisherigen Erfahrungen mit solchen Kooperationsmodellen einzuschätzen? Auch wenn unverkennbar ist, daß die regionale Kooperationsbereitschaft zunimmt, ist das Ergebnis noch relativ bescheiden. Zum einen beeinträchtigen die traditionellen Konfliktlinien zwischen den Kommunen die Kooperation. Dazu gehören:

- die Autonomieängste der Gemeinden gegenüber einer befürchteten neuen Ebene;
- die Verteilungskonflikte bei der Prioritätensetzung über regionale Projekte und bei der Kofinanzierung regional bedeutsamer Maßnahmen;
- die "Free-rider-Haltung" gegenüber regionalen Gemeinschaftsaufgaben: Jede Kommune ist zwar daran interessiert, daß ihre Region attraktiv wird, ist aber nicht bereit, dafür erhebliche Ressourcen einzusetzen.

Zum anderen erweisen sich die meisten der Kooperationsansätze in ihrer Öffnung zur Wirtschaft als zu schwach. In Regionalkonferenzen sind beispielsweise nur die Verbände und Kammern vertreten, selten die Unternehmen, die eigentlichen regionalen Akteure. Unternehmen haben ihre eigenen Netzwerke, die nicht an die kommunalen und regionalen Grenzen gebunden sind. Ihr Kooperationsbedarf mit politischen Entscheidungsträgern ist meist relativ niedrig.

Entwicklungsagenturen sind für Unternehmer schon attraktiver. Mit geeigneten Projekten, die auch unternehmerische Belange treffen, können sie die Mitarbeit der Unternehmen gewinnen. Das Beispiel "Regionale Entwicklungsagentur Südost-Niedersachsen (RESON, Braunschweig) läßt das erkennen.[9]

*Fazit dieser ersten Überlegungen*: Kooperationsansätze bedürfen der Motivation von der Sache her, sollten aber möglichst wenig durch Institutionen-Konflikte gestört werden. Das in Deutschland gegenwärtig stark favorisierte Modell der Regionalkonferenzen mit dem Ziel, "Regionale Entwicklungskonzepte" (REK) zu erarbeiten, geht von der Fiktion der "Regionalidentität" aus: Die Zugehörigkeit zu einer gemeinsamen Region motiviere zur Kooperation. Faktisch kommen aber meist

---

9    RESON arbeitet gezielt mit Projekten, die wirtschaftliche Interessen mobilisieren können. Man will bewußt die politischen Verteilungs-Konflikte über Standortentscheidungen und Vorteilsverteilungen herausnehmen.

Akteure zusammen, die zunächst wenig Gemeinsamkeiten haben. Infolgedessen unterliegen die daraus zu entwickelnden Konzepte einem Dilemma:

- Sie sind entweder sehr pragmatisch entstanden, indem die Akteure Projekte benannten und diese zu einem REK zusammengegossen wurden (bottom up approach). Hier fehlt meist die übergeordnete Leitlinien-Diskussion, die Bestimmung eines gewählten Entwicklungspfades, aus dem sich die Projekte ableiten lassen.

- Oder die REK werden relativ akademisch-abstrakt formuliert, so daß sie zwar Entwicklungslinien aufzeigen, aber noch in so allgemeiner Weise, daß die Konflikte und Probleme der Umsetzung ausgeklammert bleiben (top down approach).

Gesucht wird folglich ein Ansatz, der dieses Dilemma reduzieren hilft. Das könnte das Regionalmanagement sein.


## 3   Regionalmanagement als Konzept

Regionalmanagement versucht, die Schwächen der bisherigen Ansätze zu reduzieren:

- Es motiviert über Projekte und nicht über die Regionszugehörigkeit;
- es ist auf Entwicklung ausgerichtet und integriert zunächst nur die Akteure, die vom Projekt betroffen sind oder an seiner Entstehung mitwirken müssen;
- es ist nicht auf Planung, sondern auf Umsetzung konkreter Projektvorschläge ausgerichtet.

Folgende wesentliche Elemente des Regionalmanagements lassen sich nennen:

(a) *Es setzt an "Kernproblemen" der Region an.*[10] Das sind solche Probleme, die wesentliche Schwachpunkte oder Entwicklungsdefizite der Region benennen und deren Bewältigung der Beseitigung von Blockaden gleichkommt, die bisher die Entwicklung behinderten. Kernprobleme haben eine *intersektorale* und *aktorenübergreifende* Reichweite. Das bedeutet: Sie stehen "quer" zu den fragmentierten Entscheidungsstrukturen, weil sie die Betroffenheit mehrerer Entscheider oder Entscheidersysteme ansprechen.

Beispiele: Nicht "Straßenbau", sondern "Bewältigung der Verkehrsnachfrage" ist das Projekt. Daran sind beteiligt: Straßenbau, Betreiber von ÖPNV-Einrich-

---

10  Beispiele für Kernprobleme: Arbeitsplatzverluste; Übernutzung der natürlichen Ressourcen; Verkehrsgestaltung im Zusammenhang mit Bahnreform; Zukunft der Landwirtschaft.

tungen, Unternehmen (Flexiblisierung der Stoßzeiten des Berufsverkehrs), Bauleitplanung etc. Oder: Nicht Umschulung von Arbeitskräften ist das Problem, sondern der "funktionsfähige regionale Arbeitsmarkt", an dem die Unternehmer als Nachfrager, die Ausbildungsstätten als Anbieter, die Arbeitsverwaltung als Steuerungs- und Finanzierungsinstitution sowie die Kommunen als Infrastrukturanbieter zu beteiligen sind.

Die Identifikation von Kernproblemen sollte von den Akteuren der Region/Teilregion selbst vorgenommen werden. Sie sollte zudem mit einer Betroffenheitsanalyse verbunden werden, um die von den Kernproblemen primär betroffenen (oder von deren Lösung profitierenden) Akteure zu identifizieren und - sofern noch nicht geschehen - zur Mitwirkung zu motivieren.

(b) *Es entwickelt Problemlösungen aus "Entwicklungspfaden" der Region*: Kernprobleme haben die Eigenschaft, daß sie dann, wenn sie auf die politische Tagesordnung gekommen sind, die Akteure in Befürworter und Gegner von Problemlösungen polarisieren. Kernprobleme werden folglich vorschnell als Verteilungsprobleme wahrgenommen, meist sogar in der bösartigen Form von Nullsummenspielen. Sie führen mithin in gewisser Weise zur regionalen Selbstblockade. Diese ist am leichtesten zu überwinden, wenn der Raum für mögliche Lösungen deutlich erweitert wird. Das gelingt, wenn andere "Zukünfte" gedacht werden können. Diese hängen mit den möglichen Entwicklungspfaden zusammen, die - auf Basis der bewerteten Stärken und Schwächen einer Region oder Teilregion - prinzipiell möglich sind. Jede Region nutzt praktisch immer mehrere Entwicklungspfade parallel, weil nicht alle Akteure der Region so eng miteinander verflochten sind, daß es für sie zusammen nur einen Pfad gäbe. Vielmehr bilden sich - mit wachsender Ausdifferenzierung um so mehr - in der Region "Cluster von Akteuren", die einem gemeinsamen Entwicklungspfad folgen können. Die Bearbeitung von Kernproblemen kann dabei Einfluß auf die Entwicklungspfade insofern nehmen, als sie mitwirkt, Prioritäten zu setzen, welchen Pfad eine Region einschlagen will.

Beispiel: Der in einer Region zu bewältigende Verkehr hängt entscheidend auch davon ab, welche Entwicklung die Region (oder "Cluster von Akteuren" der Region) einschlagen will. Der Entwicklungspfad oder die Entwicklungspfade sind für den Problemlösungsraum mit-ursächlich.

(c) *Ausrichtung auf Leitprojekte*: Projektorientierung kann zu einer Reihe von Insellösungen führen, die nicht mehr miteinander verbunden sind. Regionalmanagement integriert deshalb die Projekte in übergeordnete Zusammenhänge. Solche projektbezogenen Zusammenhänge sind "Leitprojekte". Diese sind dadurch gekennzeichnet, daß sie eine problem- und projektbezogene Handlungsorientierung vorgeben, deren Konkretisierung über einzelne, aufeinander bezogene Projekte erfolgt.

(d) *Differenzierung in "Promotoren" und "Experten"*: "Promotoren" sind Entscheidungsträger der Region; "Experten" sind Fachleute aus Institutionen der Region, die das erforderliche Fachwissen zur Problembearbeitung beherrschen. Die Trennung in beide Funktionsgruppen bietet sich aus folgenden Gründen an:

- Intersektorale und überinstitutionelle Kooperation erfolgt zwar problemorientiert. Aber dabei ist häufig kaum auszuschließen, daß die Akteure institutionelle Eigeninteressen in den Vordergrund rücken. Das gilt vor allem für Promotoren: Entscheidungsträger werden in Führungspositionen (der öffentlichen Verwaltung, der Verbände, der Unternehmen) gewählt, damit sie die Interessen der Institution wahrnehmen und sich nicht zu altruistisch gebärden. Experten können sich von diesen institutionellen Eigeninteressen leichter lösen und kooperieren.
- Kernprobleme müssen von den Akteuren der Region identifiziert werden. Dafür müssen alle relevanten Akteure zusammengebracht werden. Hier kommt es auf Repräsentativität der Akteure an. Deshalb müssen Promotoren aus der Gruppe der relevanten regionalen Entscheidungsträger repräsentativ gewählt werden. Der Kreis der Beteiligten kann folglich sehr groß und für Problembearbeitungsprozesse zu groß werden. Deshalb bietet es sich an, die Expertengruppe klein und "handverlesen" zu halten, d.h. solche Akteure einzubeziehen, die hohes Fachwissen mit überinstitutioneller Kooperationsbereitschaft und kreativem Umgang mit Problemen verbinden. Experten müssen nicht repräsentativ ausgewählt werden.
- Zudem ist das Problemlösungsverhalten von Politikern und Fachexperten unterschiedlich. In der Politik geht es primär um die Verteilung von Kosten und Vorteilen aus bindenden Entscheidungen. Folglich werden Politiker konditioniert, pragmatische, schnelle Lösungen zu erzeugen, die primär Verteilungsfragen berücksichtigen. Problemlösungsverhalten endet dann häufig in Nullsummenspielen, und Lösungen bleiben hart in der Nähe der bestehenden Verteilungsstrukturen. Fachexperten sind davon weniger belastet. Sie können die fachlich "gute" Lösung entwickeln, den Problemlösungsraum weiter als Politiker spannen und in Positivsummenspielen denken. Regionalmanagement braucht diese konstruktive Kooperation.

(e) *Kompromißstrategien*: Ein wesentliches Element des Regionalmanagements sind Kompromißstrategien in Form von Tauschgeschäften, wobei "package deals" oder Kompensationsstrategien zum Tragen kommen und die Gegenleistung sofort oder als Hypothek auf die Zukunft geleistet wird. Kompromißstrategien gelten zwar im politischen Geschäft als normal - Politik lebt vom Aushandeln und Kompromißbilden. Aber in der deutschen Raumplanung ist das nicht immer der Fall. Vielmehr werden Konflikte nicht selten durch Weltanschauungskonflikte verhärtet. Es wird dann schon als innovativ gewertet, wenn die Naturschutzbehörden kompromißbereit gemacht werden können, indem ihr Widerstand gegen ein Projekt mit einer Ausgleichsleistung an anderer Stelle aufgehoben werden kann.[11]

(f) *Prozeßmanagement*: Regionalmanagement macht schon im Begriff deutlich, daß es um die Gestaltung des Planungs- und Umsetzungsprozesses geht. Prozeßgestaltung heißt: den Prozeß zu initiieren, zu organisieren und inhaltlich zu orientieren. Eine wichtige Komponente des Regionalmanagements ist die projektorientierte Moderation der Problemlösungsprozesse. Dafür ist ein Moderator erforderlich. Dabei ist sicherlich noch von Nachteil, daß gut ausgebildete Moderatoren in Deutschland selten sind. Hier ist ein Ausbildungsangebot, insbesondere der Planer ausbildenden Hochschulen, anzumahnen.

## 4  Verbindung von Regionalmanagement und Regionalplanung

Regionalplanung ist zwar formal prädestiniert, Regionalmanagement zu übernehmen. Das gilt noch mehr, wenn sie sich die Ansätze des "regional sustainable development" zu eigen macht. Denn die "nachhaltige Regionalentwicklung" ist von Kompromissen zwischen ökologischen, sozialen und ökonomischen Belangen der Regionalentwicklung abhängig. Aber solche Kompromisse sind weniger Folge von formalen Aushandelungsprozessen als von dynamischen Lernprozessen, in denen der mögliche Problemlösungsraum entwickelt und ausgelotet wird. Aber materiell wird es der Regionalplanung durch eine Reihe von Restriktionen heute noch erschwert, Regionalmanagementfunktionen in nennenswertem Maße zu übernehmen:

- Regionalplanung ist in Deutschland primär Ordnungspolitik. Ihr Schwerpunkt liegt auf der Sicherung und Entwicklung knapper ökologischer Ressourcen.[12] Planung steht im Vordergrund, so daß Regionalmanagement eher eine "Restkategorie" ist, die Planer wahrnehmen können, wenn sie ihre Hauptaufgabe erledigt haben. Meist sind die den Planern zur Verfügung stehenden Ressourcen so knapp, daß eine freie Kapazität für Regionalmanagement kaum zur Verfügung steht.

---

11  Beispiele: Die Zustimmung der Umweltschutzverbände zur Daimler-Teststrecke im Emsland oder zur Ems-Vertiefung (Meyer-Werft/Papenburg) wurde über Geldzahlungen für Naturschutzbelange gewonnen.

12  Primär: Fläche, Böden, Wasser, Rohstoffe; indirekt auch: Emissionsminderung über Förderung von regionalen Abfallwirtschafts-, Energie- und Verkehrskonzepten

- Regionalmanagement ist Führungssurrogat und konfligiert folglich mit anderen Akteuren, die diese Führungskompetenz für sich requirieren. Das gilt besonders für die niedersächsischen Regionalplaner, die in den Landkreisen angesiedelt sind und mit Regionalmanagement in Konkurrenz zum Oberkreisdirektor treten können. Aber auch bei anderen Regionalplanern sind solche Konkurrenzbeziehungen möglich (z.B. bei der kommunalverfaßten Regionalplanung mit Kreisen und kreisfreien Städten; bei der Regionalplanung in der Mittelinstanz mit Funktionen des Regierungspräsidenten).

Gleichwohl sind Regionalplanung und Regionalmanagement komplementär zu sehen. Denn Regionalmanagement dient letztlich der Umsetzung raumplanerischer Ziele. Regionalplanung definiert einen (räumlichen) Handlungskorridor. Regionalmanagement mobilisiert Akteure über Projekte, innerhalb dieser Korridore konstruktive Entwicklungsprozesse in Gang zu setzen. Sie muß dann allerdings ein weitergefaßtes Selbstverständnis entwickeln, als es in der traditionellen deutschen Regionalplanung üblich ist.

Regionalmanagement ist aber auch gegenüber dem Staat denkbar, indem die Regionalplaner die verschiedenen sektoralen Fördertöpfe des Staates wirksamer von der Region aus zu bündeln versuchen. So können Mittel für landwirtschaftliche Extensivierungs- und Flächenstillegungsprogramme mit Mitteln des Naturschutzes und der Wasserwirtschaft zu einem Freiraumentwicklungskonzept verbunden werden; oder Bodenabbaumaßnahmen können zusammen mit wasserwirtschaftlichen Planungen und landschaftsplanerischen Konzepten in ein langfristiges Freiraumentwicklungskonzept integriert werden.

Die Verbindung von Regionalmanagement und Regionalplanung könnte sich für das Land Niedersachsen unter dem Vorzeichen des "sustainable development" in besonderer Weise anbieten. Denn die Kreise sind vollzugsorientierte Behörde, die in weitem Umfang auf Umweltpolitik ausgerichtet sind. Sie sind Untere Abfallbehörde, Untere Wasserbehörde und Untere Naturschutzbehörde, sie sind zudem zuständig für ein umweltverträgliches Verkehrskonzept und für die (querschnittbezogene) Landschaftsplanung. Der Kreis ist auf der anderen Seite jedoch auch verantwortlich für die wirtschaftliche Entwicklung seines Gebietes, so daß die *umweltbezogenen* Politikfelder einen konstruktiven Kompromiß mit den *ökonomischen* Belangen der Kreisentwicklung eingehen müssen: Der Kreis ist als Einheitsbehörde in besonderem Maße gezwungen, diesen Kompromiß zu finden, will er nicht Konflikte zwischen Ressorts zu widersprüchlichen Entscheidungen des Kreises geraten lassen. Die Praxis zeigt allerdings, daß die Kreise in Niedersachsen noch außerordentlich zurückhaltend sind, sich in der Nachhaltigkeitsdebatte, etwa in

"Lokale Agenda 21-Prozessen", zu engagieren. Die Gründe liegen im wesentlichen darin, daß die Kreise

- nur begrenzte Ressourcen haben, was um so mehr gilt, je enger der fiskalische Handlungsspielraum wird - Regionalplaner können dann über die eigentlichen Pflichtaufgaben hinaus kaum zusätzliche Aktivitäten aufnehmen, d.h. sich primär als Vollzugsverwaltung verstehen,
- die Nachhaltigkeitsdebatte noch immer primär unter ökologischen Vorzeichen sehen und dabei die Konflikte mit Landwirtschaft und Gemeinden scheuen, die bei stärkerer ökologischer Orientierung des Kreis-Handelns auftreten können,
- nicht zuletzt unter den gegenwärtigen Bedingungen wirtschaftspolitische Prioritäten verfolgen müssen.


## 5   Regionalmanagement - ein Ausblick

Gleichwohl werden Aufgaben eines ökologisch orientierten Regionalmanagements auf die kommunalen Gebietskörperschaften verstärkt zukommen. Die Diskussion zu "sustainable development" ist aus dem Stadium einer "Modebewegung" herausgewachsen und genießt breitere politische Unterstützung. Das Konzept des Regionalmanagements kann dazu wichtige Beiträge leisten - das Beispiel der IBA Emscher Park zeigt das. Die Organisation IBA Emscher Park experimentiert seit mehreren Jahren mit einem sehr ähnlichen Ansatz und hat ihn inzwischen unter den Schlagworten "Planung durch Projekte" und "perspektivischer Inkrementalismus" zu erheblicher "Reife" gebracht (Sieverts, Ganser 1993).[13] "Perspektivischer Inkrementalismus" oder die ältere Version Amitai Etzionis (1968, S. 282ff.) "mixed scanning"[14] drückt aus, daß der Ansatz nicht auf Insellösungen zielt, sondern in übergeordnete Steuerungskonzepte eingebunden werden muß. Für das Regionalmanagement

---

13  Dabei geht es erstens um Leitorientierungen, die einen generellen Grundkonsens zu einem Problemfeld markieren, aber flexibel genug sind, um konkrete Handlungspielräume offenzuhalten; zweitens sollen konkrete Projekte im Vordergrund stehen, nicht allgemeine Programme, die häufig zu anspruchsvoll, politisch überlastet und in der Wirkung zu langfristig sind; drittens müssen Ergebnisse in überschaubaren Etappen erzeugt werden - die Motivationsspannung muß bei allen Beteiligten erhalten und ständig erneuert werden; viertens soll der Politisierungsgrad dadurch reduziert werden, daß die Vorbereitung einem "Netzwerk" von Experten übertragen wird.

14  "Mixed scanning" war eine Antwort auf die Kritik am Inkrementalismus Lindbloms (Insellösungen): Einzelentscheidungen sollen im Kontext von "fundamentalen Entscheidungen" ("Kernentscheidungen", wie die Holländer sagen würden oder Leitlinien-Setzungen) getroffen werden. "Scanning" steht dabei für das Finden "fundamentaler Entscheidungen".

wären die übergeordneten "Fluchtlinien" aus Leitprojekten und aus der Regional-planung zu gewinnen.

Regionalmanagement kämpft allerdings - wie der IBA-Ansatz - gegen das alte Problem der "Organisation von Innovation in einem nichtinnovativen Milieu" (Häu-ßermann, Siebel 1994, S. 52ff.). "Innovationen" im Wege des Regionalmanagements sind nur über konkrete Projekte zu erzielen, weil nur diese die erforderliche Moti-vation zum innovativen Verhalten erzeugen. Aber ob die Bereitschaft besteht, sich auf innovative Projekte einzulassen, hängt von Kontextbedingungen ab, auf welche die Regionalmanager nur beschränkt Einfluß haben. Deshalb ist Regionalmanage-ment voraussetzungsvoll, nämlich abhängig von einer Reihe von Rahmenbedingun-gen, ähnlich denjenigen, die für die IBA Emscher Park mehrfach diskutiert wurden (unter anderem Kilper 1992; Häußermann, Siebel 1994; Heinze 1994). So besteht bei Regionalmanagement immer die Gefahr des Rosinenpickens: Nur die Projekte werden vorangetrieben, die relativ problemlos zu gestalten sind, aber nicht unbe-dingt diejenigen, die für die Region fundamentale Bedeutung haben. Oder es werden Innovationen in der Hardware geschaffen (z.B. innovative Baulichkeiten, Einsatz neuer Technologien), während die Software, d.h. die Art und Weise, wie man mit den Hardware-Innovationen umgeht, nicht oder nur verzögert erfolgt.

Gleichwohl wird sich Regionalmanagement durchsetzen, wenn sich die regio-nalen Akteure bewußt sind, daß regionale Entwicklungsprozesse stärker als bisher von der Region her gesteuert werden müssen und daß trotz des Geredes über "Glo-balisierung", supra-regionaler Vernetzung von Betrieben, Kapital- und Arbeits-mobilität die Region als Handlungs- und Steuerungsebene wachsendes Gewicht bekommt (Keating 1997; Hilbert 1997, S. 70f.):

(a) Die handlungsfähige Region wird im EU-Maßstab immer wichtiger: Un-ternehmen denken global, aber handeln regional; die Milieu- oder Systemabhän-gigkeit der Akteure zwingt zu regionalen Netzwerken, und immer mehr kommu-nale Aufgaben lassen sich nur noch als regionale Kollektivaufgaben bewältigen - das gilt für Verkehr, Wasser- und Energieversorgung, Abfallbeseitigung, Kultur-angebote, Freizeitangebote, Landschaftsgestaltung. Auch andere EU-Mitgliedstaaten verstärken inzwischen ihre regionalen Handlungspotentiale und werten tendenziell die Regionalplanung dabei auf.

(b) Die Finanznot zwingt den Staat, die Fähigkeit der Gesellschaft zur Problem-bearbeitung dadurch zu verbessern, daß er die Selbsthilfe der Betroffenen nutzt. Der Staat braucht die Kooperation von Unternehmen und Bevölkerung und muß dafür geeignete Organisationsstrukturen schaffen. Dafür reichen aber die klassischen Gebietskörperschaften nicht mehr aus, sondern es müssen neue Formen der "Public-Private-Partnerships" geschaffen werden, zu denen Regionalmanagement als Variante gehört.

(c) Die Verwaltungsreform in Deutschland geht auf Modelle des "kooperativen Staates" zu, die flexible Formen der Kooperation begünstigen sollen. Denn der Staat soll nicht nur bürgernäher, dezentralisierter, flexibler und problemgenauer arbeiten (Reichard 1994). Er soll vor allem auch vernetzter arbeiten, um der zunehmenden Verflechtung von Akteuren gerecht zu werden. Denn diese Verflechtung wird in unseren sektoralisierten und fragmentierten Entscheidungsstrukturen immer schlechter abgebildet.

Bei der zunehmenden Fragmentierung der Gesellschaft ist es vor allem die Lokal- und Regionalebene, die ein wachsendes Gewicht im Prozeß der "reflexiven Modernisierung"[15] gewinnt und Voraussetzungen für die Fortentwicklung des Humanvermögens[16] bietet (Fürst 1997b; Hilbert 1997, S. 79). Allerdings wird diese Aufgabe noch zu wenig wahrgenommen, weil die relevanten wirtschaftspolitischen Akteure in ihrem paradigmatischen Denken noch immer primär an der Industriegesellschaft ausgerichtet sind, zu wenig an der Wissens- und Informationsgesellschaft, die stärker auf Vernetzung, Kooperation und Risikoabsicherung durch solidarische "Milieus" setzt.

Unklar ist allerdings, ob Regionalmanagement primär von der Regionalplanung betrieben wird. Das hängt wahrscheinlich zum einen davon ab, wie Regionalplanung gegenwärtig institutionalisiert ist und wie leicht sie die Aufgaben des Regionalmanagements mit übernehmen kann. Zum anderen hängt es von konkurrierenden "Regionalmanagern" ab, wie gut und wie schnell sie die neue Aufgabe an sich ziehen. Konkurrenten sind - von der Seite der Disziplinen gesehen - einmal die Wirtschaftspolitik, zum anderen aber auch die Umweltpolitik ("sustainable development"). Von der Seite der institutionellen Einbindung können Konkurrenten zunehmend die Mittelinstanzen sein (Fürst 1996), die sich - wie in NRW - bereits jetzt verstärkt um Regionalmanagement im Rahmen der regionalisierten Strukturpolitik kümmern und dabei den Vorteil haben, daß sie gleichzeitig Träger der Regionalplanung sind.

---

15  Damit ist gemeint, daß der Modernisierungsprozeß immer stärker auf "intrinsische" Steuerung setzt und Gesellschaften immer weniger durch hierarchische Interventionen gesteuert werden können; reflexive Modernisierung setzt auf ein entwickeltes "Humanvermögen", das den Prozeß der Individualisierung einbindet in notwendige Solidarbindungen (vgl. Lash 1996).

16  "Humanvermögen" ist die Produktivkraft, die aus dem durch Normen, Regeln und paradigmatische Orientierungen entwickelten kooperativen Zusammenspiel einzelner Akteure in einem sozialen System hervorgeht (Fürst 1997b, S. 188).

# Literatur

Backhaus, A.; Seidel, O. (1997): Innovationen und Kooperationsbeziehungen von Industriebetrieben, Forschungseinrichtungen und unternehmerischen Dienstleistern: Die Region Hannover-Braunschweig-Göttingen im interregionalen Vergleich. Hannover (Hannoversche Geographische Arbeitsmaterialien 19)

Becker, W.; Deimer, K.; Pfaff, M. (1993): Die Zukunftswerkstatt - neue Impulse für die Stadtentwicklungspolitik in Augsburg. In: Schaffer, F. (Hg.): Innovative Regionalentwicklung. Von der Planungsphilosophie zur Umsetzung. Festschrift für K. Goppel. Augsburg (Beiträge Angewandte Sozialgeographie 28), S. 352-358

Bruch-Krumbein, W.; Hellmer, F.; Krumbein, W. (1997): Neues in Sachen Industriepolitik? Mythen und empirische Realitäten. Göttingen

Butzin, B.; Helbrecht, I.; Miosga, M.; Rehle, N. (1993): Neue Strategien der Regionalentwicklung. Vergleich ausgewählter Fallstudien der Bundesrepublik. Bochum, München

Dienel, P. (1991): Die Planungszelle. Der Bürger plant seine Umwelt. Eine Alternative zur Establishment-Demokratie, 2. Aufl. Opladen, Wiesbaden

Elsasser, H.; Wachter, D. (1988): Regionalmanagement in der Schweiz. In: Akademie für Raumforschung und Landesplanung (ARL) (Hg.): Teilraumgutachten in der Raumplanung. Hannover

Etzioni, A. (1968): The active society. New York

Fischer, K. (1995): Planen und Handeln im Parallelverfahren. Strukturentwicklungsprogramm Pfalz als Beispiel. In: Der Landkreis 1995, S. 112-119

Fürst, D.; Klinger, W.; Knieling, J.; Mönnecke, M.; Zeck, H. (1990): Regionalverbände im Vergleich. Baden-Baden

Fürst, D. (1996): The regional district in search of a new role. In: Benz, A.; Goetz, K. (Hg.): A new German public sector? Reform, adaptation and stability. Dartmouth, S. 119-136

Fürst, D. (1997a): "Weiche" versus "harte" Kommunalverbände: Gibt es Gründe für eine "härtere" Institutionalisierung der regionalen Kooperation? In: Seiler, G. (Hg.): Gelebte Demokratie. Festschrift für Manfred Rommel. Stuttgart, S. 131-158

Fürst, D. (1997b): Humanvermögen und regionale Steuerungsstile - Bedeutung für das Regionalmanagement? In: Staatswissenschaften und Staatspraxis 8, S. 187-204

Häußermann, H.; Siebel, W. (1994): Wie organisiert man Innovation in nichtinnovativen Milieus? In: Kreibich, R.; Schmid, A. S.; Siebel, W.; Sieverts, T.; Zlonicky, P. (Hg.): Bauplatz Zukunft. Dispute über die Entwicklung von Industrieregionen. Essen, S. 52-64

Heer, E.; Ringli, H. (1998): Fragen zur Raumentwicklung in der Schweiz. Künftige Aufgaben der Raumplanung. Zürich (Berichte zur Orts-, Regional- und Landesplanung 105)

Heinze, R. G. (1994): Innovation ohne Modernisierer? Die IBA muß den Schritt über die Schwelle wagen. In: Kreibich, R.; Schmid, A. S.; Siebel, W.; Sieverts, T.; Zlonicky, P. (Hg.): Bauplatz Zukunft. Dispute über die Entwicklung von Industrieregionen. Essen, S. 68-72

Heinze, R. G.; Voelzkow, H. (Hg.) (1997): Regionalisierung der Strukturpolitik in Nordrhein-Westfalen. Opladen

Henckel, H.; Knieling, J. (1994): Neue Akteure regionaler Selbstorganisation in ländlichen Räumen am Beispiel des Verdener Vereins für Eigenständige Regionalentwicklung. Hannover (Beiträge zum ländlichen Bau- und Siedlungswesen 35)

Hesse, M.; Lucas. R. (1992): Umweltpotentiale und Umweltbelastungen in der Region "Bergische Großstädte". Stärken und Schwächen aus der Sicht einer ökologischen Regionalentwicklung. Berlin (Schriften des IÖW 49)

Hilbert, J. (1997): Vom "runden Tisch" zur innovativen Allianz? Stand und Perspektiven des Zusammenspiels von Regionalen Innovationssystemen und Qualifizierung. In: Dobischat, R.; Husemann, R. (Hg): Berufliche Bildung in der Region: Zur Neubewertung einer bildungspolitischen Gestaltungsdimension. Berlin, S. 65-86

Kaether, J. (1994): Großschutzgebiete als Instrumente der Regionalentwicklung. Hannover

Keating, M. (1997): The invention of regions: political restructuring and territorial government in Western Europe. In: Environment and Planning C: Gouvernement and Policy 15, S. 383-98

Kilper, H. (1992): Das Politikmodell IBA Emscher Park. Erfahrungen bei der Implementation der "Arbeit im Park" Projekte. Gelsenkirchen

Lash, S. (1996): Reflexivität und ihre Doppelungen: Struktur, Ästhetik und Gemeinschaft. In: Beck, U; Giddens, A.; Lash, S.: Reflexive Modernisierung. Eine Kontroverse. Frankfurt/M., S. 95-288

Lehner, F.; Schmidt-Bleek, F.; Kilper, H. (Hg.) (1995): Regiovision. Neue Strategien für alte Industrieregionen. München, Mering

Mayntz, R. (1993): Policy-Netzwerke und die Logik von Verhandlungssystemen. In: Héritier, A. (Hg.): Policy-Analyse. Kritik und Neuorientierung. Opladen (Politische Vierteljahresschrift, Sonderheft 24), S. 39-50

Peters, U.; Sauerborn, K.; Spehl, H.; Tischer, M.; Witzel, A. (Hg.) (1996): Nachhaltige Regionalentwicklung - ein neues Leitbild für eine veränderte Struktur- und Regionalpolitik. Eine exemplarische Untersuchung an zwei Handlungsfeldern der Region Trier. Trier

Priebs, A. (1997): Der Reformvorschlag "Region Hannover" im Vergleich mit anderen Organisationsmodellen für Verdichtungsräume. In: Kommunalverband Großraum Hannover (Hg.): Hannover Region 2001. Hannover (Beiträge zur regionalen Entwicklung 59), S. 90-103

Puchinger, K. (1983): Regionalmanagement. In: Wirtschafts- und regionalpolitische Beiträge 4, S. 18-24

Reichard, C. (1994): Umdenken im Rathaus. Neue Steuerungsmodelle in der deutschen Kommunalverwaltung. Modernisierung des öffentlichen Sektors, Bd. 3. Berlin

Sieverts, T.; Ganser, K. (1993): Vom Aufbaustab Speer bis zur Internationalen Bauausstellung Emscher Park und darüber hinaus. In: DISP 115, S. 31-37

van den Berg, I.; Braun, E.; van der Meer, J. (1997): The organising capacity of metropolitan regions. In: Environment and Planning C: Gouvernment and Policy 15, S. 253-72

Ziegler, A. (1994): Regionalisierungsprozesse in den deutschen Bundesländern. Eine Bestandaufnahme der bundesweiten Konzepte sowie Ansatzpunkte, Beteiligungen und Handlungsmöglichkeiten der regionalen Akteure. Düsseldorf (Manuskript)

Nicole Hoffmann, Henning Nuissl

# Zwischen Halbgott und Handlanger.
# Zum Akteursverständnis in Konzepten der eigenständigen Regionalentwicklung

## 1 Einleitung

In der Diskussion um Strategien regionaler Entwicklung hat in den vergangenen rund zwanzig Jahren eine grundlegende Neuorientierung stattgefunden. Sie hatte zur Folge, daß von verschiedensten Seiten immer wieder die große Bedeutung der sogenannten regionalen Akteure[1] betont wird. Ausgehend von der These, daß der proklamierte Bedeutungszuwachs dieser regionalen Akteure vielfach oberflächlich bleibt und häufig einer analytischen Unterfütterung ebenso bedarf wie einer konzeptionellen Konkretisierung, wird im folgenden das Verhältnis zwischen Theorie und Praxis der "eigenständigen Regionalentwicklung" im Hinblick auf die Rolle regionaler Akteure problematisiert. Dazu wird in einem ersten Teil nachgezeichnet, worin die regionalentwicklungspolitische Aufwertung der Akteure in den Konzepten eigenständiger Regionalentwicklung besteht. Dann werden in drei Schritten die im wissenschaftlichen und politischen Diskurs formulierten Kriterien für die Identifikation regionaler Akteure, für ihr Verhältnis zueinander und für ihre Kompetenz zur Bewältigung regionalentwicklungspolitischer Aufgaben diskutiert und empirischen Befunden gegenübergestellt, die im Rahmen einer Befragung von regionalen Akteuren gewonnen wurden.

---

1 Wenn Personenbeziehungen unpersönlich oder als Termini technici verwendet werden, wie im Fall des "regionalen Akteurs", wird im folgenden auf die gesonderte Nennung der weiblichen Form verzichtet.

## 2 Die Aufwertung der regionalen Akteure in Konzepten der eigenständigen Regionalentwicklung

### 2.1 Traditionelle und eigenständige Regionalentwicklung

In einem sehr allgemeinen Sinne kann Regionalentwicklung als die Gesamtheit der Versuche bezeichnet werden, die Entwicklung staatlicher Teilräume positiv zu beeinflussen. Konkreter wird mit ihr ein Aufgaben- und Politikbereich beschrieben, der dieses Ziel systematisch verfolgt.[2] Die Etablierung von Regionalentwicklung als eigenständiger Aufgaben- und Politikbereich steht in engem Zusammenhang mit den weitreichenden Hoffnungen, die sich in den sechziger und siebziger Jahren auf die Versuche richteten, gesellschaftliche Entwicklungen zu planen und zu steuern. Diese Hoffnungen gründeten in der Überzeugung, daß die räumliche Entwicklung im wesentlichen eine Funktion bestimmter Parameter (etwa der Infrastruktur, der Gesetze, der Kapitalausstattung) ist. Über eine Beeinflussung dieser Parameter erschien daher auch eine Rationalisierung räumlicher Entwicklungen möglich. Wenn nur für die erforderlichen Bedingungen gesorgt würde, so der Gedanke, müßte auch die gewünschte Entwicklung ablaufen. Es war dann zunächst die Regionalisierung von Wirtschaftspolitik und Planung, die der Regionalentwicklung instrumentelle und organisatorische Eigenständigkeit verlieh und die es erlaubte, von ihr als institutionalisiertem staatlichem Funktionsbereich zu sprechen. So unterscheidet Fürst (1996) innerhalb der Regionalentwicklung regionalpolitische und regionalplanerische Maßnahmen, je nachdem, ob primär wirtschaftliche Ziele verfolgt werden oder ob eine Optimierung der räumlichen Strukturen im Mittelpunkt des Interesses steht.

Eine kontrollierte Entwicklung von Räumen erfordert es, auch über raumplanerische und wirtschaftspolitische Maßnahmen hinaus auf Funktions- und Da-

---

2   Der Terminus der *Regionalentwicklung* hat sehr verschiedene Bedeutungsebenen, die in der Literatur meist nicht klar voneinander geschieden werden. Rein semantisch legt er 1.) ein rein deskriptives Verständnis als einen im Einzelfall näher zu beschreibenden *Prozeß* nahe. Üblicherweise wird *Regionalentwicklung* aber 2.) als in der Regel staatliches Handeln verstanden, das ein bestimmtes *Ziel*, nämlich die *regionale Entwicklung*, verfolgt. Indem dieses Handeln einer bestimmten Strategie folgt, verfügt dieser zweite Begriff von Regionalentwicklung selbst wiederum über verschiedene Bedeutungsebenen: zum einen kann er sich auf die Umsetzung dieser Strategie beziehen, zum anderen auf die konzeptionellen Überlegungen, die eine solche Strategie der Regionalentwicklung konstituieren und die als normativ aufgeladenes Wissen der Praxis zur Verfügung gestellt werden. Programmatik und Praxis der Regionalentwicklung sind also nur analytisch zu trennen. Dementsprechend fließen auch in den Konzepten der Regionalentwicklung analytisch-beschreibende und normative Elemente nicht selten ineinander.

seinsbereiche innerhalb einer Region Einfluß zu nehmen. Deshalb wurde Regionalentwicklung bzw. wurden Strukturpolitik und regionale Planung immer auch als Querschnittsaufgabe verstanden, die darin besteht, Maßnahmen in anderen Sektoren oder Politikfeldern - etwa in der nationalen Wirtschaftspolitik, der Arbeitsmarkt-, Infrastruktur- und Bildungspolitik oder der Finanzpolitik (z.B. Länderfinanzausgleich) - auf teilräumlich formulierte Entwicklungsziele zu verpflichten. Regionalentwicklung erschöpft sich also nicht in der Regionalisierung des staatlichen Engagements für Wirtschaft und Planung, sondern will unterschiedliche Politikfelder und Maßnahmenbereiche zusammenführen, deren integratives Element im gemeinsamen Raumbezug liegt und von denen sie im einzelnen nicht trennscharf unterschieden werden kann.

Ohne grundsätzlich ihren Querschnittscharakter zu leugnen, konzentrierte sich die im Zuge ihrer Institutionalisierung betriebene, traditionelle Regionalentwicklung auf ihren planerischen und wirtschaftspolitischen Kernbereich. Demgemäß waren ihre Strategien und Instrumente ausschließlich strukturorientiert: Die regionale Wirtschaftspolitik wies eine große Affinität zum Potentialfaktoransatz der Volkswirtschaftslehre auf, und die regionale Planung operationalisierte das Ziel, eine optimale Raumstruktur herzustellen, in erster Linie über die Ermittlung einer Soll-Ist-Wert-Differenz zwischen bestimmten Strukturdaten bzw. einem bestimmten Ausstattungsniveau und normativen Zielvorgaben bzw. einem gesamtstaatlichen Durchschnitt bezüglich bestimmter Parameter. Maßnahmen regionaler Entwicklung waren vor allem der Import von Sachkapital, insbesondere auch von wirtschaftsnahen, materiellen Infrastrukturen, sowie finanzielle Transferleistungen, verbunden mit fiskalischen Anreizen und anderen direkten Subventionen für eine Ansiedlung von Wirtschaftsunternehmen.

Spätestens seit Mitte der siebziger Jahre sah sich die traditionelle Art und Weise, Regionalentwicklung zu betreiben, nicht zuletzt aufgrund ihrer Strukturorientierung zunehmender Kritik ausgesetzt, die auf mehreren Ebenen und aus ganz unterschiedlichen Richtungen formuliert wurde.[3] In der kritischen Auseinandersetzung mit der traditionellen Regionalentwicklung veränderte sich auch das Verständnis regionaler

---

3   Der traditionellen Regionalentwicklung wurde auf einer theoretisch-ideologiekritischen Diskursebene von der einen - liberalen - Seite Etatismus und Planungsgläubigkeit, von der anderen - emanzipatorischen - Ökonomismus bzw. Wachstumsorientierung, ein autoritärer Gestus und Ignoranz gegenüber regionalen Eigeninteressen unterstellt (Naschold 1978). Die eher pragmatisch orientierte Kritik monierte zum einen - vor allem im politischen Diskurs - die hohen Kosten der Regionalpolitik; zum anderen wurde etwa in der Feststellung, daß sich über Investitionen in traditionelle Infrastrukturen kaum noch regionale Entwicklungsimpulse initiieren ließen, ihr faktisches Scheitern konstatiert (Winkel 1990, S. 208).

Entwicklung. Sie wird zunehmend weniger als Summe des Fortschritts in verschiedenen Gegenstandsfeldern betrachtet, sondern eher als komplexer Gesamtprozeß, der auf vielen miteinander verflochtenen Ebenen wahrnehmbar ist, sich aber kaum auf eindimensionale Entwicklungslinien zurückführen oder gar reduzieren läßt. Stärker betont wird also der integrative Charakter regionaler Entwicklung. Damit ist ein gegenüber ihrer Konstitutionsphase als staatlicher Aufgabenbereich verändertes, weniger umsetzungsorientiertes und finales Verständnis von Regionalentwicklung verbunden. Sie gilt nicht mehr primär als Ergebnis des anonymen Vollzugs von staatlichen Planungen und Allokationsentscheidungen. Regionalentwicklung wird heute "in erster Linie als eine bestimmte (räumlich-integrierte) Sichtweise von Problemen und staatlichen Aufgaben, ... nicht so sehr ... als spezifischer Maßnahmenbereich ..., sondern als Ergebnis einer Vielzahl von Entscheidungen" gesehen (Huber 1993, S. 16). Damit wird der aktiven Gestaltung von Regionalentwicklung nun ein hoher Stellenwert zugemessen, nachdem sie als wenig bedeutsam erschienen war, solange regionale Entwicklung vor allem als unweigerliche Konsequenz einer bestimmten Konstellation von unabhängigen und abhängigen Variablen bzw. deren jeweiliger regionsspezifischer Ausprägungen verstanden wurde. Dabei stehen als regionale Akteure vielfach "weniger ... hierarchisch organisierte Institutionen als ... lebendige Personen, die sich mit ihrer Arbeit identifizieren" im Vordergrund (Sieverts, Ganser 1994, S. 253). Der auch als "Paradigmenwechsel" (Hahne 1989) bezeichnete Wandel des Verständnisses von Regionalentwicklung besteht also nicht zuletzt darin, daß Regionalentwicklung nun als ein von Menschen betriebener Prozeß verstanden wird. Fürst etwa definiert die "Gestaltung der wirtschaftlichen, ökologischen und sozio-kulturellen Entwicklung eines Raumes durch Akteure" (Fürst 1996, S. 91) als konsensfähiges Grundverständnis von Regionalentwicklung.

Auch die konkreten Strategien und Instrumente zur Planung, Initiierung und Steuerung regionaler Entwicklung erfuhren durch das stärker handlungsorientierte Verständnis von Regionalentwicklung einschneidende Veränderungen. Sie konzentrieren sich nicht mehr allein auf die äußere Kontrolle bestimmter Entwicklungs- und Wachstumsfaktoren. So treten die klassischen Instrumentarien regionaler (Wirtschafts-) Strukturpolitik und regionaler Planung zugunsten der Suche nach sektorenübergreifenden Möglichkeiten, die Entwicklung von Regionen in möglichst allen entwicklungsrelevanten Bereichen - etwa Politik, Ökonomie, Bildung, Kultur - zu befördern, in den Hintergrund. Allerdings sind die strategischen und instrumentellen Überlegungen zur räumlichen Entwicklung mindestens ebenso vielfältig wie die Diskurslinien, entlang derer Kritik an der traditionellen Regionalentwicklung geübt wurde. Kennzeichnend für den gesamten regionalwissenschaftlichen und regionalpolitischen Diskurs ist jedoch, daß die in der Region vorhandenen Potentiale und/oder Gestaltungsmöglichkeiten - "also regionseigene Fähigkeiten, Ressourcen und Qualitäten" (Lompscher 1995, S. 2) - als prägende Kraft der regionalen Entwicklung einen hohen Stellenwert genießen. Dem tragen auch die diesen Diskurs dominierenden konzeptionellen Überlegungen Rechnung, die sich etwa einer regional angepaßten Entwicklung oder einer regionalisierten Regionalpolitik verpflichtet sehen, um nur zwei in der Bundesrepublik populäre Begriffe zu nennen. Auch wenn sie sich auf verschiedene Problemebenen der regionalen Entwicklung beziehen und Reichweite sowie Umsetzungsnähe dieser Überlegungen dementsprechend unterschiedlich sind, können sie daher im folgenden als Konzepte eigenständiger Regionalentwicklung[4] gemeinsam diskutiert werden. Dabei sollen aber keinesfalls die systematischen Differenzen, die etwa hinsichtlich ihres Anspruchs, ihres Abstraktionsgrads, aber auch ihrer Zielrichtung zwischen diesen Konzepten bestehen, verwischt werden. Im folgenden steht jedoch nicht die jeweilige Spezifik der verschiedenen Konzepte, sondern die Frage nach der faktischen Bedeutung der diesen Konzepten gemeinsamen Aufwertung der regionalen Akteure im Mittelpunkt. An dieser Stelle wird daher darauf verzichtet, die grundlegenderen Theoriestränge und die steuerungs-, system- und handlungstheoretischen Prämissen der eigenständigen Regionalentwicklung rückzuverfolgen, die sich in den verschiedenen Konzepten eigenständiger Regionalentwicklung manifestieren. Als Hinführung zum Thema der "Aufwertung der regionalen Akteure" sollen aber die wichtigsten Diskussionsstränge, aus denen Konzepte eigenständiger Regionalentwicklung hervorgingen und -gehen, in vier Gruppen gegliedert und im Hinblick auf die jeweilige Stellung der regionalen Akteure kurz umrissen werden:

1. Eine eigenständige Regionalentwicklung wird zum Teil dadurch angestrebt, daß klassische, wachstumsorientierte regionale Entwicklungspolitiken durch die Einbeziehung autochthoner Potentialfaktoren - etwa auch der besonderen Kompetenz lokaler Akteurinnen und Akteure in Wirtschaft und Verwaltung - erweitert, modifiziert und regionalisiert werden.

---

4   Im folgenden wird mit dem Begriff des "Konzeptes der eigenständigen Regionalentwicklung" das weite Spektrum handlungs- und umsetzungsorientierter Überlegungen zur regionalen Entwicklung bezeichnet, die sich durch die Fokussierung auf eine Entwicklung "von innen heraus" auszeichnen und die als Substrat von Strategien und Instrumenten "endogener" regionaler Entwicklung gelten können. Solche Überlegungen sind natürlich in unterschiedlichem Maße konzeptionalisierungsfähig. So haben im regionalwissenschaftlichen Diskurs auch solche Ansätze einen großen Einfluß, aus denen noch keine implementationsfähigen Konzepte hervorgegangen sind. Der Konzeptbegriff umfaßt hier also sowohl direkte Verfahrensvorschläge als auch allgemeinere "konzeptfähige" bzw. das regionalentwicklungspolitische Handeln mit prägende Überlegungen.

2. Hinsichtlich des Anspruchs, die Gesamtentwicklung eines Raumes zu thematisieren, erscheinen insbesondere die in emanzipatorischer Absicht erarbeiteten Konzepte der eigenständigen Entwicklung erwähnenswert. Sie wurzeln in der Suche nach Alternativen zur sogenannten Wachstumspoltheorie und fordern, regionale Entwicklungsziele "innerhalb" von Regionen zu formulieren, um die regionale Entwicklung von den Interessen externer Machtzentren ebenso wie von (mit diesen verbundenen) örtlichen Eliten zu emanzipieren. Auch in ihrer moderateren industriestaatlichen Variante stellen diese Ansätze damit die politische Rolle regionaler Akteure in den Mittelpunkt.

3. Eher auf eine einzelne Dimension bezogene bzw. sektorale Konzepte eigenständiger Regionalentwicklung zielen ab auf bestimmte regionsspezifische und zumindest teilweise auch regional beeinflußbare Größen, die jeweils als besonders wichtig für die künftige Gesamtentwicklung erachtet werden. Prominenteste Vertreter solcher Konzepte sind die innovationsorientierte und die ökologisch orientierte Regionalpolitik: Spezifische Defizite der traditionellen Entwicklungspolitiken wollen sie beheben, indem Verkrustungen der ökonomischen Struktur z.b. durch die Stärkung von Klein- und Mittelbetrieben aufgebrochen werden (Grabher 1993) bzw. indem naturräumliche Ressourcen geschont und als Potential erkannt werden. Dabei spielt die organisatorische und prozessuale Vernetzung zwischen den regionalen Akteuren in den jeweils relevanten Funktionsbereichen eine zentrale Rolle (IRPUD 1993).

4. Von großer Bedeutung für den regionalwissenschaftlichen Diskurs sind nach wie vor auch ausdrücklich der ökonomischen Entwicklung verpflichtete Ansätze; insbesondere solche, die sich auf die Konzepte der "Regionalen Produktionsmilieus" beziehen. Einer ihrer zentralen Gedanken besteht in der Übertragung des Verflechtungs- und Netzwerkgedankens auf regionalökonomische Strukturen. Sie zielen darauf ab, die Eigenlogik, die Resistenzfähigkeit und die Entwickungspotentiale der sich unterhalb einer immer weiter globalisierenden "großen" Wirtschaft abspielenden ökonomischen Prozesse für die regionale Entwicklung zu nutzen. Regionalen und lokalen Trägerstrukturen und Handlungsarenen wird in diesem Zusammenhang eine entscheidende Bedeutung für den Erfolg von Arbeitsmarkt- und Beschäftigungspolitik eingeräumt (Jaedicke, Weißert 1993, S. 173ff.). Das Konzept der "Regionalen Produktionsmilieus" bezieht außerdem noch die Verflechtung mit anderen Gesellschaftsbereichen und milieutypischen subjektiven Dispositionen - etwa Identitäten, spezifischen Raumvorstellungen - in die Analyse regionalökonomischer Zusammenhänge mit ein (Läpple 1994).

Festzuhalten ist, daß in allen Konzepten eigenständiger Regionalentwicklung die regionalen Akteure als Subjekte, die bereits zur Region "gehören", von zentraler Bedeutung für die Regionalentwicklung sind; sie werden entweder "passiv" als Potentialfaktoren der regionalen Entwicklung oder "aktiv" als deren Agenten thematisiert. Die regionalen Akteure werden jedenfalls nicht mehr lediglich als "Adressaten oder Vollzugsträger der Landesprogramme" (Heinze, Voelzkow 1991, S. 47) gesehen. Dabei ist die ihnen zugemessene Bedeutung tendenziell um so höher, je radikaler die Abkehr von der traditionellen Regionalpolitik formuliert wird. Die Strukturorientierung der traditionellen Regionalentwicklung ist damit in der eigenständigen Regionalentwicklung auch konzeptionell einer Akteursorientierung - und zumindest in den meisten Fällen auch einer Prozeßorientierung - gewichen.

## 2.2 Problemstellung und methodisches Vorgehen

Die "(Wieder-) Entdeckung" der regionalen Akteure als Ressource und Träger der Regionalentwicklung müßte mit einem ausgeprägten regionalwissenschaftlichen Interesse an diesen Akteuren verbunden sein. Jedoch bleibt - so unsere Ausgangsthese - die Akteursorientierung in den Konzepten der eigenständigen Regionalentwicklung vielfach oberflächlich. Theoretische und strategische Überlegungen zu den regionalen Akteuren, die für deren Umsetzung erforderlich wären, werden nicht in ausreichendem Maße angestellt. So bleibt oft unklar, welche konkreten Personen und Personengruppen regionale Akteure sein sollen bzw. sein können. Damit diese den Erwartungen gewachsen sind, die mit ihrer konzeptionellen Aufwertung einhergehen, muß darüber hinaus von bestimmten Kompetenzen der regionalen Akteure - wie Kooperations- und Kommunikationsfähigkeit - ausgegangen werden. In der gesteigerten Erwartung an die regionalen Akteure liegt aber die Kehrseite des unverkennbaren Demokratisierungseffektes, der mit der "Endogenisierung" der Regionalentwicklung verbunden ist.[5] Dieser Zusammenhang wird jedoch bei dem häufig sehr hohen Abstraktionsgrad, in dem über die Einbeziehung lokaler Ressourcen und lokaler Kompetenz diskutiert wird, meist ebensowenig thematisiert wie

---

5 Die "Endogenisierung" der Regionalentwicklung steht immer auch ein wenig im Verdacht, letztlich nichts anderes zu sein als eine Top-down-Delegation der Verantwortung und nicht zuletzt der finanziellen Lasten für das vielerorts problematisch gewordene Programm von Raumordnung und regionaler Strukturpolitik: "Es könnte auch sein, daß die Politik der Regionalisierung nur einer geschickten Entlastungsstrategie der zentralen Ebenen gleichkommt, die dort nicht lösbare Konflikte auf die lokale oder regionale Ebene verschiebt, obwohl damit Regelungsmaterien auf Schultern aufgebürdet werden, die diesem Druck (ebenfalls) nicht hinreichend gewachsen sind." (Heinze, Voelzkow 1991, S. 51)

die konkreten Handlungsbedingungen der regionalen Akteure und ihre Möglichkeiten, den an sie gerichteten Erwartungen zu entsprechen. Unter der Oberfläche einer "handlungstheoretischen Wendung" des regionalwissenschaftlichen Diskurses regiert offenbar nach wie vor die Hoffnung auf die Wirksamkeit struktureller Zusammenhänge, die dafür sorgen sollen, daß ein Entwicklungsprozeß in Gang kommt, sobald den regionalen Akteuren die richtigen Anstöße gegeben und die erforderlichen Handlungsbedingungen für sie geschaffen werden.

Dort wo die regionalen Akteure ausdrücklich Gegenstand regionalwissenschaftlicher Analysen sind, wird zwar darauf aufmerksam gemacht, wie voraussetzungsvoll die einschlägigen Konzepte auf der Seite der Akteurinnen und Akteure sind (z.B. Kleger 1996). In besonderem Maße gilt dies für die Diskussion bestimmter Bewußtseinsgehalte (Regionalbewußtsein) als kulturellem Potential, an dem eigenständige Entwicklung ansetzen könne:[6] Insgesamt besteht jedoch hinsichtlich des Verhältnisses zwischen den Anforderungen an die regionalen Akteure in der eigenständigen Regionalentwicklung und dem Ausmaß, in dem sie diesen Erwartungen gerecht werden (können), noch großer Klärungsbedarf. Vor allem gilt es, eine Diskussion zu führen über die Vielzahl und Vielgestaltigkeit der an der regionalen Entwicklung beteiligten Akteurinnen und Akteure, über Kommunikationsmöglichkeiten und -hindernisse, mit denen sie konfrontiert sind, über ihre Fähigkeiten und Handicaps sowie nicht zuletzt über ihre Identifikation mit der Rolle als Agenten der regionalen Entwicklung.

Als ein Beitrag zu dieser Diskussion soll im folgenden möglichen Konfliktpunkten zwischen Theorie und Praxis der eigenständigen Regionalentwicklung nachgegangen werden: Anhand von drei Themenkreisen wird herausgearbeitet, wo Diskrepanzen zwischen dem konzeptionellen Anspruch an die regionalen Akteure und deren eigenen Einschätzungen bestehen. Dazu werden Aussagen, die sich in der einschlägigen konzeptionellen Literatur finden, empirischen Befunden gegenübergestellt, die in einer kleinen Befragung regionaler Akteure gewonnen wurden. Der Stellenwert des herangezogenen empirischen Materials bemißt sich demnach nicht an Kriterien der Repräsentativität oder Objektivität. Die Befragungsergebnisse dienen auch nicht der Falsifikation regionalwissenschaftlicher Thesen, sondern vielmehr einer Sensibilisierung für bestimmte Problempunkte, die sich insbesondere aus den spezifischen Gegebenheiten des ostdeutschen Transformationsprozesses ergeben können.

---

6  Derenbach (1982) hat schon vor längerer Zeit mit seinem Begriff des "Regionalen Entwicklungsbewußtseins" die Bedeutung der kollektiv geteilten Raumvorstellungen und räumlicher Entwicklungsziele als hoch wirksame Determinante regionaler Entwicklung thematisiert und zugleich die Aufmerksamkeit auf die Komplexität dieser Phänomene gelenkt.

Das empirische Material, auf das im folgenden zurückgegriffen wird, stammt aus einer explorativ angelegten empirischen Untersuchung, die 1994 in einer brandenburgischen Region durchgeführt wurde: Die Befragung setzte sich aus einer Interviewphase und einer zweiten Erhebung in Form eines gering standardisierten, teilstrukturierten Fragebogens zusammen. In der Interviewphase wurden Gespräche mit Vertreterinnen und Vertretern aus verschiedensten Ressortbereichen und Institutionen einer Region geführt, die im Rahmen von Regionalgesprächen zusammentrafen. In der erweiterten zweiten Runde wurden Vertreterinnen und Vertreter von Projekten und Einrichtungen in der Region befragt, die in den Interviews im Sinne eines Schneeballprinzips als Kooperationspartnerinnen und -partner genannt wurden. Es wurde nicht die Prüfung eines bestimmten Wissens- oder Kenntnisstandes der insgesamt über 30 Befragten angestrebt, sondern die Wahrnehmung und Bewertung der eigenen Rolle und das Verhältnis zu anderen Akteurinnen und Akteuren standen im Vordergrund.

Der Untersuchungsraum, in dem die Befragung erfolgte, ein städtisches Zentrum und sein Umland im dünn besiedelten Norden Brandenburgs, eignet sich in mehrerer Hinsicht als Beispiel eines potentiellen Anwendungsfalls von Strategien eigenständiger Entwicklung: Die untersuchte Stadt verfügt als Kreissitz und regionales Entwicklungszentrum im Rahmen der Landesentwicklungsplanung über eine bedeutende Zentrumsfunktion; ihr kommt die Funktion des wichtigsten Impulsgebers für die Entwicklung ihrer gesamten Umgebung zu. Dann gehört der Norden des Landes Brandenburg zu den strukturschwächsten Regionen in ganz Deutschland und ist als Teil Ostdeutschlands überdies von besonderen wirtschaftlichen und sozialen Strukturbrüchen gekennzeichnet; exogene Entwicklungseffekte sind hier nur in geringem Maße zu erwarten. Schließlich bestehen im Land Brandenburg günstige politisch-programmatische Voraussetzungen für die Implementation endogener Entwicklungsstrategien, denn stärker als andere neue Bundesländer setzt Brandenburg mit dem Leitbild der "dezentralen Konzentration" auf die Eigenentwicklung seiner Teilregionen (Arndt, Gawron, Jähnke, Triller 1997).

## 3 Neue und auch alte Bekannte: Wer agiert in der eigenständigen Regionalentwicklung?

### 3.1 Akteursgruppen in den Konzepten eigenständiger Regionalentwicklung

Bereits der einleitende, knappe Überblick über die unterschiedlichen Diskussionslinien und Konzepte eigenständiger Regionalentwicklung zeigt, daß ein einheitliches Verständnis der die regionale Entwicklung tragenden regionalen Akteure nicht existiert. Unterschiedliche Gruppen stehen jeweils im Mittelpunkt; zum Teil solche, die aus der traditionellen Regionalentwicklung bereits bekannt sind (auch wenn ihre Bedeutung dort nicht hervorgehoben wurde), zum Teil "neue" Gruppen. Und zum Teil richtet sich das Interesse auch weniger auf konkrete Personen. Als Parameter der räumlichen Entwicklung gelten auch nicht-individualisierbare soziale Phänomene wie Identitätsformen, Weltbilder und Deutungsmuster der regionalen Akteure oder deren kooperative Vernetzung. Dies ist um so eher der Fall, je weniger die Kategorien, in denen Entwicklungsziele definiert werden, ökonomisch dominiert sind und je deutlicher die Orientierung an den Ausstattungskriterien der Volkswirtschaftslehre von einer Ausrichtung an kulturellen, ökologischen oder politischen Kriterien abgelöst und Region etwa als "Identitäts-, Lebens- und Entscheidungsraum" (Brugger 1984, S. 6) verstanden wird. Im folgenden wird nun quer zu den einzelnen Diskussionslinien und Konzepten der eigenständigen Regionalentwicklung zusammengestellt, wer oder was als regionaler Akteur identifiziert wird.

a)  Die Konzepte eigenständiger Regionalentwicklung begegnen einer bereits existierenden Praxis mit rahmensetzenden und kompetenzverteilenden rechtlichen Vorgaben. Auch in ihnen spielen daher etablierte, gesetzlich institutionalisierte, staatliche Planungsträger als Protagonisten regionaler Entwicklungspolitiken eine wichtige Rolle. Es gelte, "zunächst von den gegebenen Institutionen auszugehen und nach ihren Möglichkeiten zur Koordinierung im Rahmen regional angepaßter Entwicklungsstrategien zu fragen." (Hartke 1984, S. 147) Die Rolle der institutionellen Akteure wird aber auch in besonderem Maße problematisiert: "Unter dem Motto 'Bringing the State Back in' wird gefragt, ob nicht das Eigenleben staatlich-politischer Institutionen auf die anderen gesellschaftlichen Subsysteme ausstrahle und auf deren Funktionsweise präformierende oder zumindest verzerrende Wirkungen habe." (WZB 1992a, S. 55) Diese Wirkungen gelte es dann zu identifizieren und gegebenenfalls zu mildern. Darüber hinaus zielt aber die Mehrzahl der Konzepte eigenständiger Regionalentwicklung darauf ab, die Aufgaben staatlich institutionalisierter Träger umzuverteilen: Angestrebt wird eine Dezentralisierung, die Stärkung der Kompetenzen und Verantwortlichkeiten der lokalen und regionalen Ebene staatlicher Verwaltung. So wird eine "Regionalisierung der Strukturpolitik" angestrebt, indem "die kommunalen Gebietskörperschaften auf der Kreisstufe ... ein Konzept zur besseren strukturellen Entwicklung ihres Raumes erarbeiten. ... Mit anderen Worten: Der kommunalen Seite wird die Möglichkeit eröffnet, die Strukturpolitik des Landes - gewissermaßen im Gegenstromprinzip - zu begleiten und zu beeinflussen." (Schlebusch 1991, S. 51) Eine große Bedeutung kommt damit den Vertreterinnen und Vertretern der staatlichen Verwaltung auf kleinräumiger Ebene zu;

sie gelte es stärker in die Regionalentwicklung zu integrieren oder sogar zu deren treibender Kraft werden zu lassen. Den Kern dieser Akteursgruppe bilden die (Vertreterinnen und Vertreter der) Träger öffentlicher Belange auf Kreisebene. Sie sind auch deshalb von zentraler Bedeutung, weil "derzeit weder finanziell noch politisch eine realistische Chance besteht, ... regionale Koordinations- und Entwicklungsinstitutionen (wie neugegründete Entwicklungs-GmbHs oder Kommunalverbände, A.d.V.) neu etablieren zu können." (Hartke 1984, S. 147)[7]

b) Die zweite "etablierte" Gruppe regionaler Akteure, denen sich die Aufmerksamkeit der Konzepte eigenständiger Regionalentwicklung - vor allem in transformationstheoretischer Perspektive - zuwendet, sind die Vertreterinnen und Vertreter der Privatwirtschaft. So standen etwa bei einer Konferenz unter dem Thema "Sozialer Wandel und Akteure in (Ost-) Deutschland" im Dezember 1994 Referate zu "neuen Unternehmertypen" oder zu "ArbeitnehmerInnen im betrieblichen Umstrukturierungsprozeß" auf der Tagesordnung. Und die Ansätze des regionalen Produktionsmilieus, die in der Debatte um eine eigenständige Regionalentwicklung eine zunehmende Rolle spielen, identifizieren ohnehin die in einer Region ansässigen Betriebe und deren lokale Partner - im Sinne von regionsspezifischen Produktions- und Wertschöpfungsstrukturen, von Zuliefer-, Absatz- und Innovationsnetzwerken - als entscheidende Träger der regionalen Entwicklung (vgl. Läpple et al. 1994).

c) Ein Spezifikum vieler Konzepte der eigenständigen Regionalentwicklung ist, daß außer auf die beiden genannten, etablierten Akteursgruppen großes Gewicht auch auf andere, tendenziell informelle Gruppen oder Gremien mit Ad-hoc-Charakter gelegt wird. Solche Akteure haben sich als "intermediäre Organisationen" (Selle 1991) inzwischen vielfach auch praktisch bewährt, z.B. als Entwicklungsagenturen und Fördergesellschaften, als "Regionalbüros", "-konferenzen", "-sekre-

---

7    In den neuen Bundesländern sind die Friktionen, die mit der strukturellen Verwaltungsreform nach Maßgabe westlicher Rechts- und Verwaltungsmodelle einschließlich der Neueinrichtung oder Umorganisation von Institutionen, mit dem Transfer von Verwaltungsfachkräften und Know-how aus den westlichen Bundesländern sowie mit der Notwendigkeit der persönlichen Erlangung spezifischer Amtsführungs- und Fachkompetenz ostdeutscher Stelleninhaberinnen und -inhaber verbunden waren, noch immer nicht vollständig abgeklungen. Mit der Reinstitutionalisierung der kommunalen Selbstverwaltung standen und stehen die Mitarbeiterinnen und Mitarbeiter der Verwaltung vor enormen Strukturierungs- und Konzipierungsleistungen - nicht zuletzt hinsichtlich der Erarbeitung und Durchsetzung räumlicher bzw. regionaler Planungen.

tariate", "-gespräche", "-vereine" oder als regionale Koordinierungsstellen.[8] Der für die Besetzung solcher Gremien in Betracht gezogene Personenkreis kann variieren. Teils umfaßt er die gesamte regionale Bevölkerung (resp. alle Planungsbetroffenen), teils wichtige Multiplikatoren wie die Vertreterinnen und Vertreter von Medien, Wissenschaft, Fachpolitiken und Verbänden sowie Personen des öffentlichen Lebens, selten bleibt er beschränkt auf die qua Amt Planungsverantwortlichen. Die Etablierung "intermediärer Strukturen" soll zum einen kompensieren, daß institutionelle Differenzierung und funktionale oder territoriale Spezialisierung im öffentlichen Sektor die Etablierung einer einzigen Instanz, die alle Instrumente einer wirksamen Raumsteuerung in der Hand hält, nicht zulassen (Scharpf, Schnabel 1980, S. 34). Zum anderen ist mit ihr typischerweise eine Öffnung gegenüber bisher bei der Steuerung von Entwicklungsprozessen kaum gezielt integrierten Gruppen verbunden. "It means that a space for participation must be found for a whole new set of actors in addition to the nation state and capital". (Friedman 1993, S. 482) Insbesondere soll auch der Bevölkerung einer Region die Möglichkeit eröffnet werden, als Einzelpersonen oder "Initiativen ... die wirtschaftliche, soziale und ökologische Entwicklung selbst in die Hand nehmen" zu können (IRPUD 1993, S. 36).

d) Schließlich wird in den Konzepten eigenständiger Regionalentwicklung auch solchen Organisationen und Personengruppen Bedeutung als regionalen Akteuren zugemessen, die weder zu den etablierten Trägern regionaler Entwicklung gehören noch als intermediäre Organisationen mit dem Ziel einer Teilnahme am regionalen Entwicklungsprozeß sich konstituiert haben, sondern die zunächst kaum einen genuinen Zusammenhang zur regionalen Entwicklung erkennen lassen. Dies betrifft vor allem ökonomisch orientierte Konzepte, in denen die Entscheidungskriterien der Standortwahl von Unternehmen eine zentrale Rolle spielen. Nach einer Umfrage des Deutschen Instituts für Urbanistik sind "subjektive Einschätzungen über die Lebens- und Arbeitsbedingungen am Standort, ... über Landschafts- und Stadtqualitäten, Wohnsituation, Bildungsmöglich-

---

8  "Wenngleich die Existenz von solchen sozio-politischen Regelungskompetenzen jenseits von Markt und Staat heute empirisch außer Frage steht, werden sie in politisch-normativer Hinsicht jedoch nicht nur als neue 'Hoffnungsträger' öffentlicher Aufgaben begrüßt, sondern auch mit gewissem Argwohn betrachtet, denn sie stellen nebenparlamentarische Formen der politischen Entscheidungsfindung dar und stehen damit in einem verfassungstheoretisch unklaren Konkurrenzverhältnis zu der eigentlich vorgesehenen Form der territorialen Interessenrepräsentation." (Heinze, Voelzkow 1991, S. 44) Dieser Argwohn betrifft sowohl neu hinzukommende intermediäre Organisationen als auch die direkte Beteiligung von Bürgerinnen und Bürgern.

keiten und das Kulturangebot" für die unternehmerische Standortwahl "ähnlich wichtig ... wie manche harte Faktoren" (difu 1994, S. 2f.). Als Element eigenständiger Regionalentwicklung konzeptionalisiert, "adelt" die hier sich dokumentierende Wertschätzung, die sogenannte weiche Standortfaktoren inzwischen genießen, letztlich alle Träger des sozialen Sektors, Naturschutzinitiativen und -organisationen oder Kultur- und Tourismus-Veranstalter - zumindest im Hinblick auf die wirtschaftlichen Perspektiven eines Teilraums - zu regionalen Akteuren.

e) Zuletzt muß der Diskussion der Akteurskonzepte noch ein Aspekt hinzugefügt werden, der sich nicht auf individuelle oder institutionelle Subjekte beziehen läßt. In den Konzepten eigenständiger Regionalentwicklung wird vielfach die Bedeutung von - mehr oder weniger stark organisierten - Kommunikationsprozessen betont, "die eine intensivere persönliche Beteiligung ermöglichen und dabei aber weder von der familiären noch von der beruflichen Lebenssphäre her bestimmt sind, jedoch gleichwohl 'lokalen' Charakter haben" (Dunckelmann 1975, S. 28): "Angemessen erscheint ein multilateraler Diskussionsprozeß aller beteiligten Akteure mit dem Bemühen um Kommunikation und Konsens." (Pohlmann 1993, S. 94) Kommunikationsprozesse können - nicht institutions-, aber kommunikationstheoretisch - als "lokale Öffentlichkeit" gefaßt werden und spielen für die politische Willens- und Meinungsbildung eine ebenso bedeutende Rolle wie für die individuelle Identitätsstiftung; nicht zuletzt sind sie hinsichtlich der Möglichkeiten, an regionalen Entwicklungsprozessen teilzuhaben, von maßgeblicher Bedeutung (vgl. Derenbach 1988). Solche Kommunikationsprozesse finden etwa in Vereinen, Nachbarschaften, Bürgerinitiativen oder Selbsthilfegruppen statt. Die für die regionale Entwicklung potentiell relevante Kommunikation zwischen allen Individuen einer Region läßt sich jedoch nicht systematisch auf einzelne Institutionen verteilen; sie ist gewissermaßen selbst aktiver Faktor der Regionalentwicklung (siehe auch Teil 4).

## 3.2 *Zum Selbstverständnis regionaler Akteure - empirische Aspekte*

Der Erfolg einer auf die regionalen Akteure ausgerichteten regionalen Entwicklungsstrategie wird nicht zuletzt davon abhängen, inwieweit sich die ins Auge gefaßten Akteure selbst als solche wahrnehmen und worin sie ihren Beitrag zur regionalen Entwicklung sehen. Denn diese Selbsteinschätzung entscheidet mit z.B. über das jeweilige Engagement für das unmittelbare Eigeninteresse überschreitende regionale Belange, über die jeweilige Kooperationsbereitschaft, über Realisierungschancen intermediärer Organisationen und über die Dichte der Kommunikation zu regionalentwicklungspolitischen Themen.

In unserer empirischen Untersuchung erbrachte die Auswertung der Antworten auf die Frage danach, was die Befragten[9] für sich als möglichen Beitrag zur regionalen Entwicklung definieren, einen ambivalenten Befund. Zum einen war ein deutliches Bewußtsein dafür verbreitet, daß zumindest ein Teil der eigenen Arbeit als Beitrag zur Regionalentwicklung zu verstehen ist. Nur sehr wenige Befragte gaben an, keinen Zusammenhang zwischen ihren Aufgaben oder Aktivitäten und der Zielstellung einer allgemeinen Förderung der regionalen Entwicklung zu sehen. Zum anderen fiel das Spektrum der als Beitrag zur Regionalentwicklung genannten Tätigkeiten sehr breit aus und reichte von konkreten, als beispielhaft empfundenen Maßnahmen bis hin zur Wiedergabe allgemeiner, formal festgelegter Aufgabenstellungen. Auffällig war, daß der individuelle Beitrag zur regionalen Entwicklung meist innerhalb der engen Grenzen des eigenen beruflichen Aufgabengebiets angesiedelt wurde. Nur selten war ein Bemühen zu erkennen, zur Integration der verschiedenen Dimensionen regionaler Entwicklung beizutragen, indem über den Horizont des eigenen Aufgabengebietes hinweg auf Themen der Regionalentwicklung zugegriffen wurde. Immerhin wurde von einigen Befragten die Teilnahme am öffentlichen, politischen Diskurs als funktionsbereichsübergreifender Beitrag zur regionalen Entwicklung genannt, sei es um die "Stimme" der von ihnen vertretenen Zielgruppen einzubringen, "Verantwortliche zu bewegen", alternativen Modellen Gehör zu verschaffen, "Kanäle zu bauen" oder als "verbindendes Glied ohne Parteilichkeit die Kommunikation zu verbessern". Insgesamt dominierte allerdings eine eher funktionale, an der eigenen Tätigkeit orientierte, weniger eine integrativ-räum-

---

9    Die Gruppe der im Rahmen unserer Erhebung Befragten wurde sehr heterogen zusammengesetzt, um der Diffusität und Breite des Akteursbegriffs in den Konzepten eigenständiger Regionalentwicklung möglichst gerecht zu werden. Ihr gehörten Vertreterinnen und Vertreter von Unternehmens- und Wohlfahrtsverbänden, von Vereinen, von Kirchen, von Einrichtungen des sozialen, des kulturellen und des Freizeit-Sektors, von Kammern, von Bildungseinrichtungen sowie der Stadt- und Kreisverwaltung an. Die Auswahl der Befragten orientierte sich am Begriff des "regionalen politischen Akteurs", wobei der Begriff des "Politischen" in diesem Zusammenhang auf ein Handeln verweisen soll, "das im unvollständig regulierten Zwischenfeld zwischen Subsystemen einer Gesellschaft stattfindet, die in heterogener Weise institutionalisiert sind. Politisches Handeln versucht, das Verhältnis der Subsysteme zueinander zu beeinflussen." (Bahrdt 1987, S. 173) Als regionale Akteure kamen demnach sämtliche Personen in Betracht, die sich relativ kontinuierlich, in Vertretung verschiedenster (in gewissem Umfang institutionalisierter) Interessen an den Prozessen regionaler Entwicklung beteiligen oder beteiligen könnten.

liche Sichtweise regionaler Entwicklung.[10] Innerhalb ihres jeweiligen Aufgaben-
und Tätigkeitsbereiches entfalteten die Befragten aber ein recht reichhaltiges Spektrum von ihrer Einschätzung nach regionalentwicklungspolitisch bedeutsamen
Aktivitäten. Dazu gehören Beiträge

- zum Auf- bzw. Ausbau der sozialen Infrastruktur im allgemeinen (z.b. individuelle Seelsorge, Beratung und Veranstaltungen zu Gesundheitsfragen, Entwicklung und Einrichtung einer bürgerfreundlichen und bürgernahen Sozialstation
  mit einem Leistungsangebot vielfältiger sozialer Hilfsdienste),
- im Bildungsbereich (Nachwuchsförderung im Handwerk, Bildungsangebote für
  technische und umweltrelevante Berufe, musikalische Ausbildung der Einheimischen, Bildung und Qualifizierung für Arbeitslose, in Handwerk und Dienstleistung Tätige und Unternehmer),
- zur Wirtschaftsentwicklung, auch unter der Perspektive "Tourismus als Wirt-
  schaftsfaktor" (Berücksichtigung aus der Region stammender Betriebe bei der
  Vergabe von Aufträgen, Organisation von Arbeitskreisen z.B. mit dem Einzel-
  handelsverband, dem Hotel- und Gaststättenverband, der Mittelstandsvereini-
  gung etc., Industrie-Stammtisch, Erstellung von Materialien zur Außendar-
  stellung wie Image-Mappen, Adreßbücher),
- im Rahmen des Kultur- und Freizeitangebotes (Angebot von Veranstaltungs-
  räumen, Identitätsstiftung durch die Veröffentlichung kulturgeschichtlicher
  Beiträge, Heimatverbundenheit schaffen),
- zum Wohnungsangebot und zur Wohnungsqualität (Wohnungsneubau und Sa-
  nierung, preiswertes Wohnen in modernen Wohnungen),
- zu ökologischen Belangen (Tier- und Artenschutz).

Die Befragten nahmen damit ihre eigene Funktion nur teilweise so wahr, wie dies
in den Konzepten einer eigenständigen Regionalentwicklung intendiert bzw. vorausgesetzt wird. Nicht so sehr ein fehlendes Bewußtsein der eigenen Bedeutung
für die regionale Entwicklung erscheint damit als Engpaß für die Verwirklichung
regionaler Entwicklungskonzepte, sondern die Einschätzung der regionalen Akteure,
allein innerhalb ihrer beruflichen Aufgaben zur regionalen Entwicklung beitragen
zu können. Die regionalen Akteure beschränken sich damit von vornherein auf
Tätigkeitsfelder, die nur geringe Überschneidungen bzw. kaum integrative Zugangs-
weisen zur Gesamtaufgabe regionaler Entwicklung erkennen lassen.

---

10  Auffällig war auch, daß eine Aktivierung der Regionsbevölkerung als Träger der regionalen
    Entwicklung kaum in Betracht gezogen wurde. Zum Teil wurde die Einstellung der ortsansäs-
    sigen Menschen eher als hinderlich beschrieben und als "zögerliche Mentalität" oder "Gleich-
    gültigkeit der Bevölkerung" gegenüber dem kulturellen und historischen Erbe charakterisiert.

# 4 Kooperation und Vernetzung: In welchem Verhältnis stehen die regionalen Akteure zueinander?

## 4.1 Vertikale und horizontale Kooperation bzw. Vernetzung in den Konzepten eigenständiger Regionalentwicklung

Unter dem Motto *"Wir in Osnabrück"* bzw. *"Siegen schafft heute Raum für Ideen von morgen"* werben zwei Stadtregionen in überregionalen Zeitungen (FAZ 16.06.1994; Die Zeit 20.05.1994) für ihren Standort. Beide Anzeigen heben nicht nur die wirtschaftliche Innovationsfähigkeit der jeweiligen Region hervor, sondern auch deren landschaftliche, historische und soziokulturelle Qualitäten, und beide beschwören in Text und Überschrift Kooperation und Kommunikation als integratives Element der regionalen Entwicklung: *"Neue Märkte brauchen Kooperation - Kooperation braucht Kompetenz - Und alle brauchen Kommunikation"* bzw. *"In Zukunft wollen wir gemeinsam daran arbeiten, unsere Chancen optimal zu nutzen"*. Die beiden Anzeigen veranschaulichen damit den Umschwung in der Regionalentwicklung, der sich als Resultat "ihres höheren Differenziertheitsgrades und Informationsbedarfs, der notwendigen fachlich-übergreifenden regionalen Querschnittsorientierung, der Einbindung in vertikale Fachplanungsvorhaben und der Anpassungspflichten der kommunalen Gebietskörperschaften" beschreiben läßt (Hartke 1984, S. 151). Eigenständige Regionalentwicklung ist demnach auf intraregionale Kommunikation und Kooperation sowohl zwischen hierarchisch oder funktional auf unterschiedlichen Ebenen angesiedelten als auch zwischen gleichrangigen regionalen Akteuren und Akteursgruppen angewiesen. Somit können vertikale und horizontale Beziehungen zwischen regionalen Akteuren unterschieden werden, die neben den Akteurssubjekten eine unabhängige Bedeutung in der eigenständigen Regionalentwicklung haben.

Der Stellenwert, der vertikalen Akteursbeziehungen zugemessen wird, ist abhängig von der jeweiligen Stoßrichtung der Konzepte eigenständiger Regionalentwicklung auf der vertikalen Achse der Entwicklungssteuerung, die sich zwischen "Selbstorganisation und Entwicklung 'von unten'" und "Entwicklungspolitik 'für' Regionen" (Hartke 1984, S. 154) - also den Grundmustern des top-down und des bottom-up - bewegen kann. In den top-down-orientierten Ansätzen werden die Eigenarten und Interessenlagen der regionalen Akteure im Sinne einer stimmigen Anpassung universaler Konzepte und Instrumente an die spezifischen Verhältnisse der jeweiligen Region berücksichtigt. Dieser Anpassungsprozeß soll nicht zuletzt darauf beruhen, daß die regionalen Akteure die ihnen eingeräumte Gelegenheit zur Mitsprache nutzen. Den bottom-up-orientierten Gegenpol dazu bildet der Versuch, Konzepte der regionalen Entwicklung dezentral zu formulieren und von "unten" her politisch durchzusetzen. Das setzt voraus, daß die Intensität vertikaler Beziehungen und die in ihrem Rahmen kommunizierten Inhalte auf niedriger bzw. kleinräumiger Hierarchiebene definiert werden können. Auch solche Konzepte unterliegen aber staatlichen Vorgaben. Die regionalen Akteure bewegen sich daher in der vertikalen Ebene faktisch auf einem Kontinuum zwischen Zentralisierungs- und Dezentralisierungstendenzen. Die Bedeutung kooperativer Strukturen für die regionale Entwicklung läßt sich demnach nicht nur aus der Stoßrichtung eines jeweiligen Entwicklungskonzeptes, sondern auch aus der Art und der Qualität der jeweiligen Beziehungen selbst ableiten.

Der für die eigenständige Regionalentwicklung zentrale Gedanke der Notwendigkeit von Kooperation erfährt seine spezifische Ausgestaltung unter Bezeichnungen wie "Vernetzung" bzw. "Netzwerken". Der Begriff des Netzes bezeichnet dabei nicht allein ein zielbezogenes, meist bilaterales Zusammenwirken, das im Zentrum des Kooperationsbegriffs steht, sondern die Einbindung von Akteurinnen und Akteuren in eine soziale bzw. kommunikative Struktur, die in dauerhaften und mehr oder weniger belastbaren Beziehungen verankert ist.[11] Auf der Basis dieses begrifflichen Konsenses wird der Netzwerkbegriff - als "dürres Konzept mit der Last großer Hoffnungen" (Keupp, Röhrle 1987, S. 11) - jedoch sehr vielfältig verwendet. So ist von zwischenbetrieblichen, grenzüberschreitenden, sozialen, familialen oder Policy-Netzwerken die Rede (vgl. Läpple, Deecke, Krüger 1994; Gabbe 1992; Bertram, Marbach, Tölke 1989; Marin, Mayntz 1991). Ihnen allen wird auch im regionalwissenschaftlichen Diskurs Impulskraft zugeschrieben. So überrascht es nicht, daß auch die horizontale Verflechtung der regionalen Akteure anhand des Begriffs der Vernetzung diskutiert wird - etwa im Zusammenhang mit den sogenannten Regionalkonferenzen (Fürst o.J.). Auf dem Phänomen der Vernetzung beruhen aber auch zahlreiche konzeptionelle Überlegungen, die sich unmittelbar auf die Regionalentwicklung beziehen. Es ist handlungsleitend für viele bereits realisierte Projekte, in denen sogenannte neue Planungsverfahren erprobt wurden (Fürst, Kilper 1995).

Strategien der regionalen Entwicklung, die auf den Netzwerkbegriff rekurrieren, wollen sich die zahllosen Kontakte zunutze machen, die mit der Mannigfaltigkeit von Interaktionen innerhalb einer Region bestehen. Dies gilt insbesondere für die

---

11 Der formale Charakter des Netzwerkbegriffs ermöglicht es, vielfältige Gesellungs- und Kooperationsformen, die - vor dem Hintergrund ihrer Pluralisierung - mit den herkömmlichen Kategorien nicht mehr zu fassen sind, unter der Perspektive der interaktiven Verknüpfung gemeinsam zu diskutieren (vgl. Heinze, Voelzkow 1991, S. 43).

"weichen" Kooperationsformen jenseits von Staat und Markt.[12] Der Rekurs auf Netzwerke soll schließlich auch ein Denken in Einbahnstraßen überwinden helfen, wie es etwa solche Überlegungen kennzeichnet, die das Problem der vertikalen Verflechtung ausschließlich auf die Frage des "bottom-up" oder des "top-down" reduzieren. Mit ihm verbindet sich die Hoffnung, sowohl vertikale als auch horizontale Beziehungen zwischen regionalen Akteuren quer zu den formalisierten Politik- und Entscheidungsstrukturen konzeptionell zu fassen und praktisch erfolgreich zu organisieren und zu gestalten.

*4.2 Kooperation und Vernetzung - empirische Aspekte*

Da Kooperationen und auf Kooperationen aufbauende Vernetzungen in den Konzepten eigenständiger Regionalentwicklung eine zentrale Rolle spielen, ist deren Erfolg sowohl von der Qualität der faktisch vorhandenen als auch der potentiellen Kommunikations- und Kooperationsbeziehungen abhängig. In unserer Brandenburger Untersuchung haben wir versucht, vorhandene Kooperationsbeziehungen zu erheben und nach bestimmten Kriterien zu klassifizieren, die über die Wirksamkeit von Kooperationsbeziehungen für die regionale Entwicklung und über deren Netzwerkfähigkeit Aufschluß geben. Diese Klassifikationskriterien wurden anhand der zentralen Eigenschaften ermittelt, die Netzwerke gemäß den unterschiedlichen Konzepten eigenständiger Regionalentwicklung auszeichnen bzw. auszeichnen sollten, um die erwünschten Synergieeffekte zu ermöglichen und um die Demokratisierung von Verfahren und deren spezifische Anpassungsfähigkeit an unterschiedliche Ausgangssituationen zu gewährleisten. Quer durch die regionalwissenschaftliche Literatur erweisen sich diese Eigenschaften als relativ konsistent - wenn sie auch unterschiedlich gewichtet werden. Nachstehende Eigenschaften (bzw. Variablenausprägungen) von Kooperationsbeziehungen standen also im Mittelpunkt unserer Untersuchung:

a)   geringer Institutionalisierungsgrad (meist ohne förmliche Regelung oder Differenzierung),

b)   Uniplexität bezüglich der ausgetauschten Inhalte bzw. deren Ziel- und Problemorientierung (unter Umständen verbunden mit einer zeitlichen Begrenzung),

---

12  Vor dem Hintergrund eines eher synoptischen - an die Bedingung der Möglichkeit von prognostischen Aussagen geknüpften - Planungsverständnisses wird sogar die Hoffnung geäußert, daß die Merkmale der zwischen einem Set von Personen vorzufindenden Beziehungen dazu genutzt werden können, deren Verhalten durch die Verbindung individueller mit strukturellen Einflußgrößen vorherzusagen (Mitchell 1969).

c) Labilität (Anfälligkeit gegenüber atmosphärischen oder externen Störungen),
d) relative Ungebundenheit hinsichtlich möglicher Kommunikations- und Interaktionsformen,
e) relative Offenheit bezüglich des Teilnehmerkreises,
f) relative Autonomie der Beteiligten (inklusive Austrittsoption) sowie
g) spezifische, durch die Heterogenität der Beteiligten entstehende Interdependenzen (z.b. Asymmetrien aufgrund von Macht- oder Informationsgefälle).

Die Auswertung unseres empirischen Materials erbrachte hinsichtlich der vorhandenen und möglichen Kooperationen und Vernetzungen in der untersuchten Region unterschiedlich zu bewertende Befunde, die teilweise auch Aussagen darüber erlauben, inwieweit die Hoffnung auf eine netzwerkgestützte Regionalentwicklung realistisch ist.

a) Hinsichtlich des *Institutionalisierungsgrades* der befragten regionalen Akteure ist zunächst zwischen Akteuren aus dem politisch-administrativen Sektor und sonstigen Akteuren (bzw. Befragten) zu unterscheiden, denn innerhalb einer Stadt- oder Kreisverwaltung ist etwa auf der Grundlage von Dienstwegen oder Stellenbeschreibungen eine Formalisierung von Beziehungen und damit eine andere Kooperationslogik anzunehmen als außerhalb. Beide Gruppen nannten vor allem Kooperationsbeziehungen zu Personen oder Gruppen, die mit ähnlichen Gegenständen befaßt sind wie sie selbst. Das entspricht auch der bereits hervorgehobenen, eher sektoralen Wahrnehmung der regionalen Entwicklung im allgemeinen und der eigenen Aufgaben im besonderen. Dabei beschrieben die nicht im politisch-administrativen Sektor tätigen Akteurinnen und Akteure vor allem Kontakte zu Partnerinnen und Partnern anderer Einrichtungen innerhalb der Region, also horizontale Kooperationen. Bei den genannten Kontakten zu einzelnen Personen in verschiedenen, in der Landeshauptstadt ansässigen Landeseinrichtungen oder bundesdeutschen Dachverbänden sowie zu westdeutschen Partnereinrichtungen handelte es sich um Ausnahmen. Akteurinnen und Akteure im politisch-administrativen Sektor verfügten hingegen sowohl über horizontale als auch über zahlreiche vertikale Kooperationsbeziehungen, die allerdings ganz überwiegend aufgrund formaler Verfahrensvorschriften, zum Teil auch aufgrund gesetzlicher Regelungen vorgegeben waren. Diese Kooperationsbeziehungen wurden dann im Einzelfall ganz unterschiedlich ausgestaltet und enthielten vielfach auch informelle Elemente. Zumindest die Grundlagen der Kooperation waren also meist institutionalisiert, ohne daß dadurch allerdings der gesamte Prozeß der Zusammenarbeit notwendig hochverregelt und unflexibel gewesen wäre. Von den Betroffenen wurde eine starke, rahmensetzende Struktur für Kooperationsprozesse sogar begrüßt und häufig auch als erforderliche Voraussetzung für eine Zusammenarbeit erachtet.

b) Verschiedene *Ziele und Inhalte* von Kooperationsbeziehungen zwischen regionalen Akteuren wurden genannt. Sie lassen sich folgenden Kategorien subsumieren:

- Informationsgewinnung bzw. Informationsweitergabe und/oder inhaltliche und organisatorische Abstimmung,
- Erbringen von Dienstleistungen,
- Organisation gemeinsamer Aktionen,
- Erfüllung formal vorgegebener Abstimmungsaufgaben (wie die Übernahme von Kontrollaufgaben),
- problembezogene, stellvertretende Interessenregelung, Interessenvertretung und Konfliktbearbeitung,
- Erlangung materieller und/oder immaterieller Unterstützung (Mittelakquise),
- Anregung politischer Initiativen.

Im Einklang mit den Konzepten der eigenständigen Regionalentwicklung zeigte sich, daß meist nur eine dieser Ziel-Inhalt-Kategorien die Zusammenarbeit bestimmte. Es dominierten also sogenannte uniplexe Beziehungen, die stabile Rollenkonstellationen konstituieren. Die konkreten Kooperationsthemen waren in der Regel sektoral formuliert; in ihnen schlug sich nieder, daß eine Zusammenarbeit vorzugsweise mit solchen Einrichtungen stattfand, deren Aufgabenstellung derjenigen der eigenen Institution benachbart war. Kontakte zwischen "Wirtschaft", "Kultur", "sozialem Sektor" und Verwaltung waren größtenteils erst im Aufbau begriffen (auch wenn bei den Befragten durchaus ein Bewußtsein für das Integrationsproblem verbreitet war).

c) Eine ausgesprochene *Labilität* bestehender Kooperationsstrukturen gegenüber exogenen Störungen konnte nicht festgestellt werden. Erkennbar waren jedoch spezifische Kooperationsengpässe, aber auch -begünstigungen, die die Intensität der Zusammenarbeit regionaler Akteure steuerten. So schien die Kooperation von Akteuren innerhalb und außerhalb der Verwaltung strukturelle Schwierigkeiten aufzuwerfen: "Schwarze Löcher", d.h. ein Wissensvorsprung der politisch-administrativen Akteurinnen und Akteure gegenüber den Bürgerinnen und Bürgern wurden vermutet, eine Vertiefung des Verständnisses für nicht-administrative Belange bei der Stadt- und Kreisverwaltung wurde gefordert. Besondere Kooperationsschwierigkeiten ergaben sich für die Kreisverwaltung. So wurde bei der Frage nach Problemen und Hindernissen der Arbeit das "schwierige Verhältnis von Stadt und Kreis" betont, deren Zusammenarbeit, so die vorsichtige Formulierung einer Interviewpartnerin, "noch zu optimieren sei". Die Vertreterinnen und Vertreter aus der Kreisverwaltung selbst thematisierten im

Zusammenhang mit der Frage nach bestehenden Kooperationen die als problematisch empfundene "Zwitterrolle" der Kreise; ihre Beiträge zur regionalen Entwicklung gerieten allzu schnell zu einer "Gratwanderung", da sie sowohl den Bürgerinnen und Bürgern als auch der Kommunal- und (!) der Landesverwaltung gerecht werden müßten. Die Aktivitäten des Landkreises erweckten daher auf kommunaler Ebene leicht den "Eindruck einer Bevormundung", der in einem Fall sogar im Vorwurf der "Verhinderungsbehörde" kulminierte. So wurde - neben der Übernahme eher formaler Aufgaben, wie der "Beratung bei der Ämterneubildung" und der "Stellungnahme zu Anträgen" - ein zentraler Beitrag der Kreise in der "Ermöglichung und Unterstützung der Zusammenarbeit von Land und Kommune" gesehen.

Von besonderer Bedeutung in unserem ostdeutschen Untersuchungsraum war, auch wenn es selten explizit angesprochen wurde, das Kriterium "Bekanntschaft von früher". Nicht selten schufen "alte" Kontakte offenbar zum Teil überraschende Verbindungsmöglichkeiten (z.B. als nach der Liquidation des ehemals größten Unternehmens am Ort viele Angestellte von der Kreisverwaltung und vom Arbeitsamt übernommen wurden). Insgesamt waren die Äußerungen zu Kontinuitäten, aber auch zu Brüchen im Zuge der Vereinigung Deutschlands jedoch sehr zurückhaltend.[13] Eine Tendenz, die "alten" Kontakte als stabil, die "neuen" als eher labil, distanziert und weniger belastbar wahrzunehmen, ließ sich jedoch unzweifelhaft feststellen - auch von "Konkurrenzangst" war in diesem Zusammenhang die Rede. Angesichts der relativ kurzen Dauer des bisherigen Umstrukturierungsprozesses in Ostdeutschland erscheint die gegenüber "neuen" Partnerinnen und Partnern empfundene Unsicherheit nachvollziehbar; zunächst galt es die Fronten zu klären, Kompetenzen zu verteilen, Bündnispartnerinnen und -partner zu suchen sowie sich bewährende Beziehungen herauszufinden und von weniger tragfähigen zu unterscheiden. Im Lichte der Konzepte einer eigenständigen Regionalentwicklung läßt sich die (vermeintlich) geringe Intensität der "neuen" Verbindungen sogar als Potential interpretieren, da Netzwerkstrukturen ihre Kraft vor allem aus schwachen Bindungen schöpfen (WZB 1992b) und starke Beziehungen sich gerade im Hinblick auf regionale Entwicklungsprozesse langfristig häufig als dysfunktional erweisen. Ein grundsätzlich fehlendes Vertrauen in "neue" Kooperationsbeziehungen aller-

---

13 Zur Gewinnung weitergehender empirischer Aufschlüsse zur Wirkung, die Kontinuitäten und Diskontinuitäten von Beziehungen über die "Wendezeit" hinweg für die regionale Entwicklung zu entfalten vermögen, fehlten uns die notwendigen Ressourcen. Sie wären aber im hier behandelten Zusammenhang von großem Interesse.

dings kann als schwerwiegendes Hindernis für die Nutzung dieses Potentials interpretiert werden.

d) und e) Unter den erfragten *Kommunikations- und Interaktionsformen* kam dem "telephonischen Kontakt" die größte Bedeutung zu. Es folgten "offizielle Sitzungen", "briefliche Kommunikation", "zufällige Treffen" und "persönliche Besuche". "Private Kontakte" hingegen spielten als Grundlage zielorientierter Zusammenarbeit kaum eine Rolle, obwohl einzelne Befragte darauf hinwiesen, daß das Vorhandensein von privaten Kontakten die Zusammenarbeit erheblich erleichtere. Weiterhin wurde der räumlichen Nähe von Kooperationspartnerinnen und -partnern bzw. deren schneller Erreichbarkeit große Bedeutung beigemessen; als Gründe dafür, daß Kooperationen reibungslos verliefen, wurde etwa angegeben, daß man "im gleichen Gebäude untergebracht" war oder daß "man sich auf dem Weg zur Kantine" begegnete. Insgesamt bestand durchaus ein breites Spektrum möglicher Kontaktformen. Ebenso war die Bereitschaft erkennbar, auch informelle oder auf ungewöhnlichem Wege zustandegekommene Kontakte als potentiellen Ausgangspunkt fruchtbarer Beiträge zur regionalen Entwicklung wahrzunehmen. Damit schienen die vorhandenen Kooperationsbeziehungen auch eine *relative Offenheit* für neue Teilnehmerinnen und Teilnehmer aufzuweisen.

f) und g) Die beiden letztgenannten zentralen Bedingungen für die entwicklungspolitische Wirksamkeit und Netzwerkfähigkeit regionaler Kooperationen - *Autonomie* der Partnerinnen und Partner sowie zwischen ihnen wirksame *Interdependenzen* - wurden im Rahmen der Untersuchung nicht gezielt erfragt. Im Zusammenhang mit der Frage nach den Bedingungsfaktoren erfolgreicher Zusammenarbeit kamen sie jedoch zur Sprache. So deutete die Tatsache, daß ein "geringes Machtgefälle innerhalb der Gruppe" und eine "niedrige Anzahl an Beteiligten" insgesamt als weniger wichtig für eine gelingende Kooperation eingeschätzt wurden, auf die Netzwerkfähigkeit der beschriebenen Kooperationsbeziehungen hin. Auf der anderen Seite wurde drei Aspekten großer Wert beigemessen, die nicht typisch für Netzwerkstrukturen sein müssen: der Existenz "fest institutionalisierter Gremien/Arbeitsgruppen", der "Gemeinsamkeit der Interessenlagen der Beteiligten" und der "Bekanntheit der Beteiligten auch im Privaten". Offenbar bedarf es einer berechenbaren Grundlage, auf der regionale Kooperationsbeziehungen entstehen können. Eine Eigenorganisation des Vernetzungsprozesses, gewissermaßen aus dem Nichts heraus, erscheint somit illusorisch. Gestützt wird diese Annahme durch die große Bedeutung, die einer stringenten Organisation von nicht oder nur schwach institutionalisierten Kooperationsbeziehungen zugemessen wurde; so wurden die Notwendigkeit einer "ausführlichen Vor- und Nachbereitung", einer "guten Moderation der

Sitzungen" und einer "klaren Tagesordnung mit Protokollerstellung" hervorgehoben. Auch informelle Kooperationsbeziehungen ergeben sich also keinesfalls naturwüchsig, sondern Vernetzung bedarf initialer Anstöße, und zumindest teilweise stellt sie sich auch als Organisationsproblem dar (vgl. Fürst o.J., S. 7).

Insgesamt zeigen die Vielzahl und die Differenziertheit der Aspekte, die auf die Frage, was im Hinblick auf die regionale Kooperation zu verbessern sei, genannt wurden, daß zum einen die Vernetzung der regionalen Akteure als Ziel zwar präsent war und hohe Aufmerksamkeit genoß, daß zum anderen aber die tatsächliche Zusammenarbeit noch zahlreiche Hindernisse zu überwinden hatte, die erst beim näheren Hinsehen deutlich werden. Als Desiderate galten etwa: die "Klärung von Verantwortlichkeiten", die "Stärkung von Eigeninitiative", der "Ausbau von Kommunikationswegen", die "Schaffung eines stärkeren Bewußtseins des Erreichten", eine "Vertiefung der Zusammenarbeit mit Betroffenengruppen", die verstärkte "Einbindung des ländlichen Raumes", eine bessere "maßnahmenbezogene Kopplung verschiedenster AkteurInnen", eine stärkere "Vernetzung der sozial-kulturellen Projekte".

Als Ergebnis der empirischen Untersuchung kann festgehalten werden, daß Formen intraregionaler Kooperation auch bei den regionalen Akteuren einen hohen Stellenwert genießen und als maßgeblich für die künftige Entwicklung der Region eingeschätzt werden. Andererseits werden aber die vorhandenen Kooperationen nicht allen in der regionalwissenschaftlichen Literatur diskutierten Kriterien für netzwerkfähige Beziehungen gerecht. Die "Politikfähigkeit" von Regionen (Heinze, Voelzkow 1991, S. 51), die eine Netzwerkfähigkeit ihrer inneren Kommunikations- und Entscheidungsstrukturen beinhaltet, ist damit nur teilweise gewährleistet, und es ist nicht davon auszugehen, daß sich in näherer Zukunft ohne zusätzliche Impulse umfangreiche Vernetzungen ergeben.

## 5 Kompetenz und Regionsbezug: Welche Anforderungen richten sich an die regionalen Akteure?

### 5.1 Aspekte der Kompetenz regionaler Akteure

Der Erfolg einer akteursorientierten eigenständigen Regionalentwicklung steht und fällt mit der individuellen "Kompetenz" regionaler Akteure, in ihrer Region zu agieren. Abschließend soll nun erörtert werden, welche Anforderungen an Eigenschaften bzw. Fähigkeiten der individuellen regionalen Akteure in Konzepten eigenständiger Regionalentwicklung formuliert werden und in welchem Verhältnis diese Anforderungen zur Selbstwahrnehmung der regionalen Akteure stehen.

Für die meisten Konzepte eigenständiger Regionalentwicklung ist eine ambivalente Einschätzung der Akteurskompetenzen charakteristisch, die auf eine Diskrepanz zwischen Programmatik und Realität hindeutet. Sie entwerfen, soweit sie normativ angelegt sind, ein Leitbild von kompetent, engagiert und mündig in der Region Agierenden. Inspiriert von sozialpsychologischen Erkenntnissen, wird die Bedeutung von am konkreten regionalen Akteur operationalisierbaren Faktoren wie Informiertheit, Problemwahrnehmung, Entwicklungsbewußtsein oder Handlungsbereitschaft hervorgehoben und betont, daß die Fundierung der eigenständigen Regionalentwicklung (auch) über den Anschluß an "Perzeptions-, Präferenz-, Kommunikations-, Verhaltens- und Entscheidungstheorien" (Brugger 1984, S. 6) erfolgen muß. Auf der anderen Seite geraten dort, wo eigenständige Regionalentwicklung eher analytisch-beschreibend diskutiert wird, gerade die individualisierbaren Eigenschaften regionaler Akteure häufig als retardierende Elemente in den Blick und werden etwa "mit dem Karrierestreben und der Jobwahrnehmung von Verwaltungsangehörigen, mit der Persönlichkeit, dem planerischen Weltbild und den Managementfähigkeiten der kommunalen Hauptverwaltungsbeamten, der Bürgermeister und der Landräte" (Hartke 1984, S. 148) in Verbindung gebracht. Damit entsteht tendenziell ein Zirkel: Kompetente, engagierte, mündige regionale Akteure gelten zugleich als Voraussetzung für und als Ergebnis von eigenständiger Regionalentwicklung. Folgerichtig zielen fast alle Konzepte eigenständiger Regionalentwicklung darauf ab, diesen Teufelskreis zu durchbrechen, indem die Kompetenz der regionalen Akteure gesteigert wird. Der zugrundegelegte Kompetenzbegriff muß dabei neben der Dimension der faktischen Einflußmöglichkeiten auf Prozesse regionaler Entwicklung - d.h. der individuellen und kollektiven Handlungsspielräume von regionalen Akteuren - auch die Dimension persönlicher Eigenschaften, Fähigkeiten, Motivationen und Neigungen umfassen. Beide Elemente von Kompetenz können jedoch nicht unabhängig voneinander analysiert werden; Kompetenz beinhaltet also sowohl die strukturelle Gelegenheit zum regionalen Agieren als auch die individuellen Voraussetzungen dafür, aktiv zu werden, die sich nicht zuletzt über die Erfahrung der individuellen Beeinflußbarkeit von Prozessen erst konstituieren können.

Im folgenden werden erstens das Wissen der regionalen Akteure und zweitens deren Möglichkeit und deren Bereitschaft, die Geschicke der Region selbst in die Hand zu nehmen, als zentrale Elemente einer breit verstandenen Kompetenz regionaler Akteure behandelt, auf die zu rekurrieren eigenständige Regionalentwicklung gezwungen ist. Drittens soll am Beispiel des Regionsbegriffs nochmals skizziert werden, wie eng die individuelle und die strukturelle Ebene der Kompetenz regionaler Akteure miteinander verbunden sind und wie voraussetzungsvoll daher eine

274

Orientierung der Konzepte eigenständiger Regionalentwicklung an den regionalen Akteuren eigentlich ist.[14]

## 5.2 Wissen

Eine Erhöhung des Einflusses regionaler Akteure verspricht der regionalen Entwicklung nur dann Impulse zu geben, wenn diese Akteure nicht nur in der Lage sind, Vorstellungen zur Zukunft ihrer Region zu entwickeln sowie eigene Entwicklungsziele zu formulieren, die sich qualitativ von den typischerweise exogen vorgegebenen unterscheiden, sondern auch über ein bestimmtes Wissen über die jeweilige Ausgangslage und über mögliche Mittel und Wege der Zielerreichung verfügen. Derenbach (1988, S. 262) unterscheidet in diesem Zusammenhang:

a) "ein geschärftes Wissen um die Dynamik der wirtschaftlichen, demographischen und sozialkulturellen Verhältnisse in der Region",

b) "ein strukturiertes Wissen über Stärken und Schwächen der Region" und

c) "das Wissen darum, wer Entwicklungsagent ist" und welche "Möglichkeiten der Kooperation und Vernetzung" bestehen.

Auch ein Großteil der in unserer Untersuchung Befragten teilte explizit die Einschätzung, daß Wissen und Informationen große Bedeutung für die im Kontext regionaler Entwicklung Agierenden hätten und daß eine gute Öffentlichkeitsarbeit bzw. eine gezielte Information und Einbeziehung der Bürgerinnen und Bürger für die Bewältigung des notwendigen Strukturwandels sehr wichtig seien. Informations- und Integrationsaufgaben hätten vor allem Verwaltung, Kirchen, Gewerkschaften, Parteien und Verbände zu übernehmen, aber auch der Signalcharakter von ressortübergreifenden Modellprojekten sei nicht zu unterschätzen: "Die Leute glauben erst, wenn sie sehen."

Mit dem Ziel, den für die eigenständige Regionalentwicklung als zentral betrachteten Informationsstand regionaler Akteure zu Potentialen und Problemen, zu Stärken und Schwächen einer Region einzuschätzen, wurden die Befragungsergebnisse aus der Untersuchung kontrastiert mit den Befunden einer systematischen Regionalanalyse unseres Untersuchungsraums - dem Stärke-Schwäche-Profil aus wissen-

---

14 Die theoretische (anhand der regionalwissenschaftlichen Literatur erfolgende) Diskussion der drei Aspekte von Kompetenz regionaler Akteure und die empirische (anhand unserer Untersuchungsergebnisse) erfolgt in den Abschnitten von Teil 5 jeweils gemeinsam, themenbezogen. Die folgenden Überlegungen wollen dabei eher als Anregung zu weiterer Forschung verstanden werden, da differenzierte und verallgemeinerbare Einsichten zu Wissen, Performanz und Regionsbezug regionaler Akteure noch eingehenderer Untersuchungen bedürfen.

schaftlicher Perspektive also (vgl. Prüfer et al. 1993). Die Gegenüberstellung (vgl. Tabellen 1 und 2 im Anhang) zeigt zum einen, daß sich fast alle Befunde der Regionalanalyse in den Äußerungen der Befragten wiederfinden. Das gilt allerdings nicht für alle Befragten in gleichem Maße. Wissensumfang und Selektionskriterien für die Wahrnehmung von Umgebungsbedingungen stehen vielmehr wiederum in Zusammenhang mit dem beruflichen Tätigkeitsfeld und vermutlich auch mit persönlichen Alltagserfahrungen. Außerdem wurden von den Befragten zusätzliche Stärken und Schwächen ihrer Region wahrgenommen, die das Kriterienraster der Regionalanalyse nicht vorsah. Insgesamt sprechen unsere - allerdings nicht repräsentativen - Beobachtungen für die Existenz des geforderten Informationsstandes in der "Breite" des vorzufindenden Kooperationsnetzes. Gemäß den Konzepten eigenständiger Regionalentwicklung ist jedoch insbesondere im Hinblick auf die angestrebte Zusammenarbeit auch ein von einer großen Mehrzahl regionaler Akteure geteilter Wissenshorizont erforderlich. Hier dürfte die in der "Tiefe" ungleichmäßige Verteilung des Wissens an den Knotenpunkten des Netzes, d.h. bei den einzelnen regionalen Akteuren, zu Problemen führen.[15]

Als Indikatoren für einen gemeinsamen Zielhorizont regionaler Akteure können aus unserer Untersuchung die Antworten auf die Frage nach einer "Vision" zur zukünftigen Entwicklung der Region herangezogen werden. Die Befragten gingen hier, mit unterschiedlichem Konkretionsgrad, auf verschiedenste Zielvorstellungen ein. Einige der Befragten hoben die Bedeutung der wirtschaftlichen Basis regionaler Entwicklung hervor, indem sie Visionen "eines ausgebauten Mittelstandes bei attraktivem Lohnniveau und der Nutzung des osteuropäischen Marktes" oder einer "Ansiedlung neuer Industrien und Technologien" entwickelten oder indem sie forderten, "Standbeine sollten das mittelständische Gewerbe und der Tourismus sein." Auch der Anknüpfung an geschichtliche Prozesse wurde von den meisten ein hoher

---

15 Stiens verweist auf die wechselseitige Abhängigkeit "eines ... politischen Willens und gesellschaftlichen Engagements der Bürger" und einer "regionalen Identität" (1984, S. 183). Dies bedeute, daß neben die eher technische Information der politisch-administrativen und wirtschaftlichen Bereiche noch andere zu treten haben: "Es sind Informationen, die es auch der Arbeitnehmerschaft und den Organisationen sonstiger gesellschaftlicher Gruppen ermöglichen, eigene und möglichst gemeinsam getragene Vorstellungen über die Zukunft ihrer Region sowie über Konzeptionen künftiger Regionalpolitik zu entwickeln. Information, die solches bewirkt, trägt implizit zu einer stärkeren Identifikation der Bevölkerung mit der Region, zu mehr - auch kritischem - Regionalbewußtsein bei." (Stiens 1984, S. 184) In Ostdeutschland dürfte der Konstituierung von Werthaltungen und Handlungsneigungen, die ein "Regionalbewußtsein" begründen, angesichts der Bewältigung historischer Diskontinuitätserfahrungen besondere Bedeutung zukommen.

Stellenwert zugemessen - bis hin zu der These: "Die Zukunft liegt in der Vergangenheit." Daneben wurde etwa im Zusammenhang mit der Hoffnung auf eine Profilierung der Region als "ökologisches Zentrum einschließlich neuer Technologien" auch landschaftlichen Qualitäten Beachtung geschenkt. Visionäre Vorstellungen wie die einer Konsolidierung der Stadtregion als "Oberzentrum mit starker Ausstrahlung ins gesamte Umland", einer "Entwicklung im Rahmen des Leitbildes für das gesamte Land" oder einer "Entwicklung in bezug auf den zukünftigen Regierungssitz in Berlin" schließlich betonten die Einbindung in Strategien der großräumigen Planung und der Landesentwicklung. Nur wenigen erschienen sektoral formulierte Visionen allein als unzulänglich; sie formulierten als Zielsetzung etwa eine "ausgewogene Entwicklung" in "einer Region für Jeden".

Insgesamt kam in der Untersuchung deutlich zum Ausdruck, daß auch das Wissen der regionalen Akteure von deren jeweiliger beruflicher Aufgabe bzw. von den Aufgaben der von ihnen vertretenen Einrichtung bestimmt wird. So war eine eher ganzheitliche Sicht erwartungsgemäß vor allem bei nicht ressortgebunden tätigen Personen anzutreffen. Im Zusammenhang damit zeigte sich auch, daß keine Vision existierte, die von einer deutlichen Mehrheit der Befragten favorisiert wurde. Dies muß zwar nicht verhindern, daß ein eigenständiger Entwicklungspfad eingeschlagen wird, doch es ist nicht unwahrscheinlich, daß zuvor ein oft langwieriger Prozeß der Explikation von bzw. der Verständigung über Zielvorstellungen notwendig wird.

## 5.3 Performanz

Die Untersuchung der Handlungsbereitschaft und -fähigkeit regionaler Akteure, ihrer Performanz also, die in den Konzepten eigenständiger Regionalentwicklung einen zentralen Stellenwert einnimmt, geht über die bisherige Diskussion des Wissens regionaler Akteure hinaus. Unter dem Stichwort "Selbsthilfefähigkeit" wird in diesem Zusammenhang häufig auf die Anschlußfähigkeit DDR-typischer Alltagserfahrungen verwiesen.[16] Allerdings kann aufgrund von Vorerfahrungen mit eigener Selbsthilfefähigkeit im Osten Deutschlands keineswegs umgehend auf die anhaltende Existenz und die Aktivierbarkeit dieser Selbsthilfefähigkeit als endogenes Potential geschlossen werden. Wieweit eine Selbsthilfefähigkeit regionaler Akteure

---

16 Der Eigenheimbau in der DDR oder die dort immer wieder erforderliche Kompensation von Versorgungsengpässen etwa werden als über den Tausch von Naturalien, Baumaterialien und informeller Arbeit konstituierter zweiter Markt und als perfekt organisiertes Logistiknetz der Selbsthilfe beschrieben (vgl. IRPUD 1993, S. 39).

in Ostdeutschland besteht und in welcher Weise sie sich verändert hat, hängt nicht zuletzt ab von der früheren und der heutigen gesellschaftlichen Position, der Generationszugehörigkeit, der materiellen Versorgungssicherheit, den Beschäftigungsperspektiven und den Vorerfahrungen bei der effektiven Nutzung von "social support" der einzelnen Akteurinnen und Akteure sowie davon, inwieweit ein Verlust bzw. eine Verlagerung der Bedeutung von Vernetzung unter den veränderten Bedingungen wahrgenommen werden (vgl. IRPUD 1993; Gutberger, Neef 1994).[17]

Allgemein werden regionalen Akteuren als Träger von Planung folgende Handlungsfunktionen im Rahmen eigenständiger Regionalentwicklung zugewiesen (vgl. IRPUD 1993, S. 42):

- die "Initiierungsfunktion", die Beteiligungsbereitschaft aller zu fördern,
- die "Demokratisierungs- bzw. Machtausgleichsfunktion", Partizipation und Interessenausgleich zu ermöglichen, sowie
- die "Prozeßsteuerungsfunktion", innovativ und integrativ Entwicklungen auch zu moderieren.

Dabei wird davon ausgegangen, daß Wissen und Handlungsfähigkeit der Akteurinnen und Akteure Grundlagen für die engagierte Beteiligung an Entwicklungsprozessen sind. Eine wichtige Rolle spielt auch deren Selbstverständnis: "Positive Identifikationen des Ich als 'Mitspieler' (im Gegensatz zu negativen Einstufungen - als 'Opfer', 'Gegenspieler' oder 'Zuschauer') zum Beispiel schwächen Entfremdungsgefühle in Gemeinde oder Region am deutlichsten ab." (Meier-Dallach, Hohermuth, Nef 1987, S. 384)

Diesem Anspruch stehen nun unsere Befragungsergebnisse zur Einschätzung des eigenen Einflusses im Rahmen der Entwicklungssteuerung und zur Fähigkeit verschiedener Akteurskreise, wirksame Entwicklungsimpulse zu setzen, zumindest teilweise entgegen. Auf die Frage, wer denn ihrer Einschätzung nach vor allem in der Lage sei, die künftige Entwicklung der Region zu beeinflussen, verwiesen die Befragten nicht auf andere politische Ebenen wie Land oder Bund; vielmehr thematisierten sie das Verhältnis von öffentlichem und privatem Sektor sowie die Bedingungen eines erfolgreichen Handelns verschiedener Akteursgruppen. Abge-

---

17  Im Gegensatz zu einer - wie auch immer gearteten - Selbsthilfefähigkeit spricht Grabher mit Blick auf die Krise traditioneller Industrieregionen, insbesondere hinsichtlich der "single-factory-towns", pointiert sogar von einer "Kultur der Abhängigkeit": "Das Werk bestimmt nicht nur den Lebensbereich 'Arbeit', sondern dominiert als integrativer Bezugspunkt das gesamte soziale Leben ... Mit zunehmender Dauer der Werkszugehörigkeit verliert die Beziehung des Arbeiters zum Werk ihren instrumentellen Gehalt - Arbeit um des Lohnes willen - und erhält eine bürokratische Orientierung: Für Disziplin, Zuverlässigkeit und Gewissenhaftigkeit wird wohlwollende patriarchalische Fürsorge erwartet." (Grabher 1988, S. 133)

sehen von der Tourismusförderung galt dabei auch der Handlungsspielraum des öffentlichen Sektors als eher schmal. Verbreitet war hingegen die Auffassung, daß "kommunale Förderung ... höchstens ermutigend" wirke und daß es ein "Trugschluß" sei, "daß die Politik hier führend ist", daß sie vielmehr "eher ausführende Funktion" habe. Auch die Fähigkeit, Krisen zu bewältigen, wurde dem öffentlichen Sektor kaum zugeschrieben: "Normalerweise müßte es die Verwaltung sein, aber im Krisenfall kann die Wirtschaftsförderung von Stadt und Kreis höchstens flankierend wirken."

Mehr Impulskraft erwartete man hingegen von überregional agierenden Unternehmen. Investoren traten "als Motor der gesamten Entwicklung" ins Bewußtsein, und Modellfällen geglückter wirtschaftlicher Stabilisierung von Unternehmen einschließlich des mit ihr verbundenen Erhalts von Arbeitsplätzen wurde "ein Ausstrahlungseffekt" beigemessen. Fast alle Befragten betonten jedoch auch die Notwendigkeit, das Handeln der vor allem ökonomisch motivierten Träger regionaler Entwicklung aufeinander abzustimmen und aneinander zu orientieren. Ganz im Gegensatz zu den Einflußmöglichkeiten, die den Vertreterinnen und Vertretern der "überregionalen Wirtschaft" zugemessen wurden, steht die geringe den Repräsentantinnen und Repräsentanten der regionalen Privatwirtschaft zugebilligte Impulskraft. Letztere fanden sich bei den in der Fragebogen-Untersuchung sektorenspezifisch zum Thema "Einfluß auf regionale Entwicklung" angebotenen Akteursgruppen nirgends an erster Stelle wieder: Im Verkehrsbereich wurde vor allem "PolitikerInnen in Stadt und Landkreis", "PolitikerInnen von Bund und Land" und "überregionalen WirtschaftsvertreterInnen" zugetraut, Entwicklungsimpulse zu geben. Bezüglich der "Kultur" wurden wiederum "PolitikerInnen in Stadt und Landkreis", aber auch "Bürgergruppen und Projektinitiativen" als einflußreichste Gruppen angesehen. Und sogar hinsichtlich des Stichpunkts "Wirtschaft" spielte die regionale Wirtschaft in der Einschätzung der Befragten keine entscheidende Rolle; Impulse wurden hier an erster Stelle von "PolitikerInnen aus Stadt und Landkreis" und an zweiter Stelle von "überregionalen WirtschaftsvertreterInnen" sowie von "PolitikerInnen der Bund- und Länderebene" erwartet. Im Ergebnis schätzten die regionalen Akteure ihre eigenen sowie die Handlungsspielräume anderer regionaler Akteure offenbar nicht so breit ein, wie dies von den Konzepten eigenständiger Regionalentwicklung zumindest implizit vorausgesetzt wird. Noch unabhängig von deren faktischer Bedeutung für die regionale Entwicklung ist damit auf seiten der regionalen Akteure ein ernstzunehmendes Hindernis für die Umsetzbarkeit dieser Konzepte identifiziert. Dieses Problem wird aber auch schon länger thematisiert: Die aktive Einbeziehung der regionalen Akteure in die regionale Entwicklung setze, so wird betont, das Vorhandensein und (!) die Erfahrbarkeit eigener Einflußmöglichkeiten voraus (vgl. auch Brugger 1984).

## 5.4 Zum Verständnis der Region als Bezugsfeld des Handelns

Die Frage nach der Abgrenzung einer Region - oder allgemeiner nach dem Regionsverständnis regionaler Akteure - ist regionalwissenschaftlich im Hinblick auf die Hoffnungen hoch relevant, die viele Konzepte der eigenständigen Regionalentwicklung in die Identifikation mit der "eigenen" Region und, davon ausgehend, in die Bereitschaft zum Einsatz für diese Region setzen. Dabei bietet die regionalwissenschaftliche Literatur wenig konkrete Anhaltspunkte dafür, wie die räumlichen Einheiten, d.h. die Regionen, zugeschnitten sind, auf die sich Strategien der regionalen Entwicklung beziehen. Das Spektrum spannt sich auf zwischen den Raumordnungsregionen des Bundes, den Planungsregionen der Länder, den Kreisen, den Gemeinden, landschaftlich-kulturell oder durch wirtschaftliche Bedingungen und Aktivitäten definierten Räumen und fachplanerisch relevanten Regionen, zum Beispiel Einzugsgebieten oder Naturschutzgebieten.

Auch auf seiten der befragten regionalen Akteure erwies sich das Verständnis bzw. die Abgrenzung der eigenen Region als höchst variabel. Zumeist wurde die Region räumlich mit dem jeweiligen eigenen Tätigkeitsfeld bzw. Zuständigkeitsraum gleichgesetzt und etwa von den Beschäftigten bei Stadt- und Landkreisverwaltung als administrative Einheit, von den Vertreterinnen und Vertretern der Religionsgemeinschaften als Kirchsprengel, von denen des Tourismus-Bereiches als landschaftlicher Raum verstanden. Die gesonderte Rückfrage nach der individuellen Sicht von Regionalentwicklung zeigte, daß die Mehrzahl der Befragten (zum Zeitpunkt der Untersuchung) weder die Kategorie der Planungsregion in Erwägung zog noch offenbar eine Abgrenzung der eigenen Region als Entwicklungsraum überhaupt für besonders relevant hielt. Unter den Befragten existierte also nicht nur kein konsistenter Begriff der eigenen Region, sondern es wurde auch der Frage nach deren materieller Grundlage selbst kaum Bedeutung zugemessen. Dieser Befund ist in zweierlei Hinsicht äußerst bedeutsam für die Erfolgsaussichten eigenständiger Regionalentwicklung.

Grundsätzlich stellt sich erstens das Problem der Passung zwischen der Kategorie der Region in den Konzepten eigenständiger Regionalentwicklung und der subjektiven Wahrnehmung von "Abgrenzung, Größe und ... Struktur einer Region" durch die regionalen Akteure (Hartke 1984, S. 144): Im Umkehrschluß ist davon auszugehen, daß - auch wenn die praktische Operationalisierung des Regionsbegriffs, den die verschiedenen Konzepte vertreten, häufig einen zunächst eher artifiziellen Gegenstand konstituiert - sich der Bezugsraum der Regionalentwicklung mit der Raumwahrnehmung und dem Zugehörigkeitsgefühl der ins Auge gefaßten regionalen Akteure decken sollte. Eine nachvollziehbare und möglichst konsensfähige Abgrenzung von Regionen erfordert damit mehr als die formale Zerlegung des physikalischen Raums. Daß im Hinblick auf das jeweilige Regionsverständnis eine gewisse Diskrepanz zwischen konzeptionellem Anspruch und empirischer Wirklichkeit existiert, ist andererseits nicht allzu überraschend. Das, was über die Wahrnehmung von Räumen bereits bekannt ist, läßt kein einheitliches Raumverständnis innerhalb einer Region erwarten. So vermutet Brugger, daß vor dem Hintergrund einer "Dialektik zwischen territorialer und funktionaler Sichtweise" "ökonomisches und ökologisches Raumbewußtsein größerräumig" und "kulturelle und politische Orientierung jedoch kleinerräumig" zu sein scheinen (1984, S. 7). Hinzu kommt noch die Unterscheidung zwischen Bewußtseins- und Handlungsbereich, wie sie etwa in der Formulierung "think global, act local" zum Ausdruck kommt. Solange jedoch das eigene Handeln auch als raumrelevant interpretiert wird, scheint es prinzipiell möglich zu sein, die verschiedenen regionalen Akteure hinter einem gemeinsamen Entwicklungsziel zu versammeln, unabhängig davon, wie sie "ihre" Region im einzelnen abgrenzen würden.

Aus den empirischen Befunden zum Regionsverständnis der Befragten kann vor dem Hintergrund der festgestellten funktional orientierten Sichtweise der regionalen Akteure zweitens die viel grundlegendere These aufgestellt werden, daß der eigentliche Engpaß für eine eigenständige Regionalentwicklung weniger im Vorhandensein verschiedener Bezugsräume liegt, sondern im fehlenden Bewußtsein für diese Tatsache und damit im fehlenden Raumbewußtsein überhaupt. Hier ist eine entscheidende Ursache dafür zu vermuten, daß die von uns befragten regionalen Akteure den eigenen Aktivitätsraum eher funktional, weniger räumlich-integrativ auffassen. Denn ebenso wie die Konzepte der Regionalentwicklung ihren integrativen Anspruch und ihre argumentative Kraft aus ihrem Raumbezug schöpfen - der es ihnen ermöglicht, mit dem Anspruch aufzutreten, quer zu einzelnen gesellschaftlichen Funktionsbereichen die Gesamtentwicklung zu fördern oder zu steuern -, müssen sich auch die regionalen Akteure zunächst überhaupt als Akteure im Raum - als integrative Kategorie sozusagen - verstehen, bevor sie sich als Protagonistinnen und Protagonisten einer integrierten Entwicklung begreifen können.

## 6 Fazit

"Wir sind auf dem Wege" - dieses Zitat aus einem der Interviews mag als Fazit am Ende unserer Überlegungen zum Akteursverständnis in der eigenständigen Regionalentwicklung stehen. Es spiegelt die ambivalenten Einschätzungen und Erfahrungen vieler der von uns Befragten wider. Es beschreibt sowohl die positive Wahrnehmung eines in Gang gekommenen Prozesses als auch die negative Aussicht einer langwierigen Reise. Zugleich läßt das Zitat offen, wer welchen Teil der Wegstrecke zurückzulegen hat - die Region, ihre Akteurinnen und Akteure, die Politik, die Wissenschaft oder andere? 

Zentraler Ertrag der vorausgegangenen Überlegungen ist der Aufruf, das Sensorium für diese Frage zu schärfen und zu einem voraussetzungsbezogeneren, differenzierenderen und deren faktische Situation stärker berücksichtigenden regionalwissenschaftlichen Umgang mit regionalen Akteuren zu gelangen. Darüber hinaus sind - so hoffen wir - verschiedene Anregungen und Ansatzpunkte sichtbar geworden, wie und in welcher Weise gerade die Regionalwissenschaft zur Bewältigung des "noch zurückzulegenden Weges" beitragen kann:

Im Hinblick auf das Akteursverständnis sollte zunächst vertiefend untersucht werden, wie der integrative Anspruch regionalen Denkens bzw. Handelns mit einer arbeitsteilig organisierten Akteursstruktur zu vereinbaren ist. Widerspricht das durchaus auf die Region bezogene, aber sektoral orientierte Selbstverständnis der regionalen Akteure dem Querschnittscharakter der Regionalentwicklung? Wie können gemeinsam Formen aufeinander abgestimmten Handelns gefunden werden, die eine sinnvolle Kombination der verschiedenen Akteursgruppen, ihrer Zugänge zur Region und ihrer heterogenen Entwicklungsbeiträge ermöglichen? Wenn sich solche Handlungsformen bestimmen lassen, wäre des weiteren danach zu fragen, ob die Hoffnung auf Kooperation und Vernetzung in der Praxis bereits mit tragfähigen Strukturen korrespondiert. Beispielsweise könnten in den vorliegenden Konzepten "regionaler Milieus" oder "innovativer Netzwerke" Eigenschaften und Beziehungen der Akteure stärker in den Fokus einer empirischen Fundierung gerückt werden (vgl. Camagni 1991; Colletis 1995).

Diese eher instrumentell orientierten Fragestellungen müssen dann aber rückbezogen werden auf die programmatischen Grundlagen regionaler Entwicklung. So könnte die konzeptionelle Aufwertung der interaktiven Komponente auch zu einer Vertiefung von Disparitäten führen, denn "nicht alle Regionen sind gleichermaßen dialog- und konsensfähig" (Heinze, Voelzkow 1991, S. 52). Andererseits können jedoch weder Kooperationsbeziehungen selbst noch die für ihre Entstehung notwendigen Bedingungen einfach vorausgesetzt werden. Da die Herausbildung von Kooperation und Verflechtung auf regionaler Ebene allein nur sehr bedingt beeinflußbar ist, können auch Zweifel angemeldet werden, ob eine allzu starke planerischstrategische Orientierung auf diese endogenen Potentiale überhaupt sinnvoll ist.

Für alle diese Aspekte scheint Kompetenz ein Schlüsselbegriff hinsichtlich der Anforderungen an regionale Akteure und deren Selbstverständnis zu sein. In seiner Doppelbedeutung von "Autorisiert-Sein" und "Die-Fähigkeit-Besitzen" ist jedoch die "gefährliche" Tendenz bereits angelegt, verschiedene Dimensionen der Kompetenz regionaler Akteure als Voraussetzungen wechselseitig aufeinander zu beziehen. Eine große Bedeutung scheint daher zukünftig der Aufgabe zuzukommen, einen Ausgleich zu finden zwischen dem Gefühl des "Handlangers" auf seiten mancher regionaler Akteure und dem zugeschriebenen Status eines "Halbgottes" in den verschiedenen Konzepten eigenständiger Regionalentwicklung.

## Anhang

Tabelle 1:
Vergleich der Einschätzungen regionsspezifischer Stärken

| Regionalanalyse | Einschätzung der Befragten |
|---|---|
| **I. Stärken des Raumes** | |
| 1. hochwertiges Naturraumpotential | wurde von fast der Hälfte der Befragten als Potential genannt |
| 2. gute Umweltqualität | wurde teilweise mit 1. gleichgesetzt, jedoch nicht gesondert erwähnt |
| 3. hoher Freizeitwert | wurde selten explizit erwähnt |
| 4. Potential hochqualifizierter Arbeitskräfte | wurde mehrfach als Qualität erachtet |
| 5. Potential qualifizierten Personals im Landwirtschaftsbereich | wurde nicht explizit erwähnt, könnte u. U. in allgemeinen Aussagen zu hohem Qualifikationsniveau enthalten sein |
| 6. Wohnortverbundenheit der Menschen | könnte in Aussagen zum "Stolz der Bürger" oder zum "Traditionsbewußtsein" enthalten sein |
| 7. relativ junge Gesamtbevölkerung | wurde nicht genannt |
| 8. hohe Motivation und berufliche Anpassungsbereitschaft der Menschen | könnte im konstatierten "Ideenpotential" oder der Feststellung, daß "Freiräume erkannt" werden, enthalten sein |
| 9. umfangreiche Bauland- und Bauflächenreserven unterschiedlicher Struktur (militärische Liegenschaften, potentielles Bauland, Gewerbegebiete) | militärische Liegenschaften wurden mehrfach (z.T. aber auch als Belastung) genannt; Baulandreserven und Gewerbegebietsflächen wurden ebenfalls punktuell erwähnt |
| 10. Nähe zu Berlin sowie zu anderen Ballungsräumen | Nähe zu Berlin wurde vielfach als Qualität erachtet; Nähe zu anderen Ballungsräumen wurde nicht thematisiert |
| 11. ausbaufähige Verkehrslage | wurde in Verbindung mit 10. und als "logistische Möglichkeit" erwähnt, insgesamt wurde die Verkehrsanbindung jedoch eher negativ eingeschätzt. |
| **Zusätzlich in den Befragungen genannte Qualitäten** | |
| | ideelle kultur-historische Traditionen |
| | bauliche Qualität der Innenstadt |
| | noch niedriges Lohnniveau |
| | Nähe zum osteuropäischen Markt |
| | Funktionszuweisung im Rahmen der Landesplanung |

Quelle: Prüfer, Lompscher, Aßmann 1993; eigene Erhebung

284

Tabelle 2:
Vergleich der Einschätzungen regionsspezifischer Schwächen

| Regionalanalyse | Einschätzung der Befragten |
|---|---|
| **II. Schwächen des Raumes** | |
| 1. unzureichende Einbindung in das überregionale Eisenbahnnetz | wurde von der Mehrheit der Befragten als Mangel konstatiert |
| 2. Qualitätsmängel in der infrastrukturellen Ausstattung | mehrfach wurde die unzureichende Ausstattung von verkehrs- und touristischer Infrastruktur genannt |
| 3. Qualitätsmängel bei baulicher Substanz | wurde selten erwähnt |
| 4. Fehlen zukunftsorientierter Wirtschaftsbereiche | es wurde eher die gesamte Wirtschaftsstruktur als negative Entwicklungsvoraussetzung bewertet |
| 5. umfangreicher Bestand an Konversionsflächen | sanierungsbedürftige GUS-Liegenschaften wurden mehrfach als Belastung genannt |
| 6. Fehlen höherwertiger Bildungs- und Forschungseinrichtungen | wurde von einigen im Hinblick auf den Wunsch der Ansiedlung einer Fachhochschule thematisiert |
| **zusätzlich in den Befragungen genannte Schwächen** | |
| | Trägheit der Verwaltung |
| | fehlende Kooperation |
| | ungeklärte Besitzansprüche |
| | Existenz des Bombenabwurfplatzes |
| | träge Mentalität der Bevölkerung |

Quelle: Prüfer, Lompscher, Aßmann 1993; eigene Erhebung

# Literatur

Arndt, M.; Gawron, T.; Jähnke, P.; Triller, M. (1997): Neue Steuerungsformen durch Städtekooperationen. Erkner b. Berlin: Institut für Regionalentwicklung und Strukturplanung (Manuskript)

Bahrdt, H. P. (1987): Schlüsselbegriffe der Soziologie. München

Bertram, H.; Marbach, J.; Tölke, A. (1989): Soziale Netzwerke, Zeit und Raum als Methodenprobleme in der Familienforschung. DJI Arbeitspapier 0-006. München

Birkhölzer, K. (1993): Lokale Strategien zur Beschäftigungs- und Strukturpolitik in Krisenregionen. In: Kaiser, M.; Koller, M.; Plath, H.-E. (Hg.): Regionale Arbeitsmärkte und Arbeitsmarktpolitik in den neuen Bundesländern. Nürnberg (Beiträge zur Arbeitsmarkt- und Berufsforschung 168), S. 155-167

Brugger, E. A. (1984): "Endogene Entwicklung": Ein Konzept zwischen Utopie und Realität. In: Informationen zur Raumentwicklung 1/2, S. 1-20

Camagni, R. (Hg.) (1991): Innovation networks. Spatial perspectives. London, New York

Colletis, G. (1995): Von der Allokation zur Produktion von Ressourcen - Die zentrale Rolle regionaler Innovationsnetzwerke. In: Lehner, F.; Schmidt-Bleek, F.; Kilper, H. (Hg.): Regiovision. Neue Strategien für alte Industrieregionen. München, S. 213-220

Derenbach, R. (1982): Qualifikation und Innovation als Strategie der regionalen Entwicklung. In: Informationen zur Raumentwicklung 6/7, S. 449-462

Derenbach, R. (1988): Regionales Entwicklungsbewußtsein und Handlungsbereitschaft. Modelle, Konzepte und instrumentelle Konsequenzen. In: Raumforschung und Raumordnung 5/6, S. 258-264

difu - Deutsches Institut für Urbanistik (1994): Umfrage: Bedeutung weicher Standortfaktoren. In: difu berichte 1/94, S. 2-6

Dunckelmann, H. (1975): Lokale Öffentlichkeit. Stuttgart

Friedman, J. (1993): Toward a non-euclidian mode of planning. In: American Planning Association Journal/Chicago, S. 482-485

Fürst, D. (o.J.): Regionalkonferenzen zwischen offenen Netzwerken und fester Institutionalisierung. Eine Veröffentlichung im Rahmen des WZN-Verbundprojekts "Neue Strategien für alte Industrieregionen". Wissenschaftszentrum Nordrhein-Westfalen, Institut für Arbeit und Technik. Gelsenkirchen

Fürst, D.; Kilper, H. (1995): The innovative power of regional policy networks: A comparison of two approaches to political modernization in North Rhine-Westphalia. In: European Planning Studies 3, S. 287-304

Fürst, D. (1996): Regionalentwicklung: von staatlicher Intervention zu regionaler Selbststeuerung. In: Selle, K. (Hg.): Planung und Kommunikation: Gestaltung von Planungsprozessen in Quartier, Stadt und Landschaft: Grundlagen, Methoden, Praxiserfahrungen. Wiesbaden, Berlin, S. 91-107

Gabbe, J. (1992): Grenzüberschreitende Netzwerke. In: Stadt und Gemeinde 3, S. 92-98

Grabher, G. (1988): Flexible Spezialisierung - Weg aus der Krise traditioneller Industrieregionen? In: ÖAR (Hg.): Peripherie im Aufbruch. Wien, S. 131-146

Grabher, G. (1993): Wachstums-Koalitionen und Verhinderungsallianzen. Entwicklungsimpulse und -blockierungen durch regionale Netzwerke. In: Informationen zur Raumentwicklung 11, S. 749-758.

Guindo, S.; Bassand, M. (1982): Regionale Identität und Entwicklungsmentalität. In: Informationen zur Raumentwicklung 6/7, S. 485-493

Gutberger, J.; Neef, R. (1994): Versorgungsstrategien in einem ehemaligen DDR-Grenzgebiet. Einsichten aus einer Vorstudie zu Lebensunterhalt und gegenseitiger Hilfe seit der Wende. In: Hoffmann, R.; Kluge, N.; Linne, G.; Mezger, E. (Hg.): Problemstart: Politischer und sozialer Wandel in den neuen Bundesländern. Köln, S. 79-113

Hahne, U. (1989): Endogene und eigenständige Entwicklung - Ein Paradigmenwechsel regionaler Entwicklungspolitik? In: Pro Regio Zeitschrift für Provinzarbeit und Eigenständige Regionalentwicklung 1/2, S. 10-12

Hartke, S. (1984): Regional angepaßte Entwicklungsstrategien und Voraussetzungen in der "vertikalen" und "horizontalen" Koordination. In: Informationen zur Raumentwicklung 1/2, S. 143-156

Heinze, R. G.; Voelzkow, H. (1991): Neue Politikmuster in der nordrhein-westfälischen Strukturpolitik: Regionalisierung und Korporatismus. In: ILS - Institut für Landes- und Stadtentwicklungsforschung des Landes Nordrhein-Westfalen (Hg.): Regionale Politik und regionales Handeln: Beiträge zur Analyse und Ausgestaltung der regionalen Strukturpolitik in Nordrhein-Westfalen. Dortmund, S. 43-54

Huber, W. (1993): Paradigmenwechsel in Raumordnung und Regionalpolitik? - Veränderungen in den Sichtweisen der räumlichen Dimension staatlichen Handelns. In: Der öffentliche Sektor 4, S. 1-30

IRPUD - Institut für Raumplanung Universität Dortmund (Hg.) (1993): Endogene Regionalentwicklung - ein Konzept für die Sächsische Schweiz. Dortmund

Jaedicke, W.; Weißert, D. (1993): Wirtschafts- und Beschäftigungsförderung durch die Kommunen. In: Kaiser, M.; Koller, M.; Plath, H.-E. (Hg.): Regionale Arbeitsmärkte und Arbeitsmarktpolitik in den neuen Bundesländern. Nürnberg (Beiträge zur Arbeitsmarkt- und Berufsforschung 168), S. 168-181

Keupp, H.; Röhrle, B. (Hg.) (1987): Soziale Netzwerke. Frankfurt/M., New York

Kleger, H. (1996): Metropolitane Transformation durch urbane Regime. Berlin-Brandenburg auf dem Weg zu regionaler Handlungsfähigkeit. Amsterdam

Läpple, D. (1994): Zwischen Gestern und Übermorgen. Das Ruhrgebiet - eine Industrieregion im Umbruch. In: Kreibich, R.; Schmid, A. S.; Siebel, W.; Sieverts, T.; Zlonicky, P. (Hg.): Bauplatz Zukunft. Dispute über die Entwicklung von Industrieregionen. Essen, S. 37-51

Läpple, D.; Deecke, H.; Krüger, T. (1994): Strukturentwicklung und Zukunftsperspektiven der Hamburger Wirtschaft unter räumlichen Gesichtspunkten. Hamburg: Technische Universität Hamburg-Harburg (unveröffentlichte Arbeitsfassung)

Lompscher, K. (1995): Möglichkeiten der Nutzung endogener Potentiale für eine regionalwirtschaftliche Stabilisierung. Erkner b. Berlin: Institut für Regionalentwicklung und Strukturplanung (unveröffentlichtes Manuskript)

Marin, B.; Mayntz, R. (Hg.) (1991): Policy networks. Empirical evidence and theoretical considerations. Frankfurt/M.

Meier-Dallach, H.-P.; Hohermuth, S.; Nef, R. (1987): Regionalbewußtsein, soziale Schichtung und politische Kultur. In: Informationen zur Raumentwicklung 7/8, S. 377-393

Mitchell, C. J. (Hg.) (1969): Social networks in urban situations. Manchester

Naschold, F. (1978): Alternative Raumpolitik. Ein Beitrag zur Verbesserung der Arbeits- und Lebensverhältnisse. Kronberg/Ts.

Pohlmann, H.-J. (1993): Kommunikationsplanung. Planungstheoretische Perspektive für die Zukunft. In: RaumPlanung 61, S. 93-96

Prüfer, A.; Lompscher, K.; Aßmann, B. (1993): Regionalanalyse. Berlin: Institut für Regionalentwicklung und Strukturplanung (unveröffentlichtes Arbeitspapier)

Scharpf, F. W.; Schnabel, F. (1980): Steuerungsprobleme der Raumplanung. In: Bruder, W.; Ellwein, M. (Hg.): Raumordnung und staatliche Steuerungsfähigkeit. Opladen, S. 12-57

Schenk, M. (1983): Das Konzept des sozialen Netzwerkes. In: Neidhardt, F. (Hg.): Gruppensoziologie. Perspektiven und Materialien. Opladen (Kölner Zeitschrift für Soziologie und Sozialpsychologie, Sonderheft), S. 88-104

Schlebusch, G. (1991): Perspektiven der kommunalen Zusammenarbeit in Niedersachsen - Neue Wege der Regionalpolitik. In: Akademie für Raumforschung und Landesplanung (Hg.): Perspektiven der kommunalen Zusammenarbeit in Niedersachsen. Hannover, S. 44-61

Selle, K. (1991): Planung im Wandel: Vermittlungsaufgaben und kooperative Problemlösungen. In: DISP 106, S. 34-45

Sieverts, T.; Ganser, K. (1994): Vom Aufbaustab Speer bis zur Internationalen Bauausstellung Emscher Park und darüber hinaus. Planungskulturen in der Bundesrepublik Deutschland. In: Kreibich, R.; Schmid, A. S.; Siebel, W.; Sieverts, T.; Zlonicky, P. (Hg.): Bauplatz Zukunft. Dispute über die Entwicklung von Industrieregionen. Essen, S. 247-258

Stiens, G. (1984): Information als "Ressource" im Rahmen regional angepaßter und eigenständiger Raumentwicklung. In: Informationen zur Raumentwicklung 1/2, S. 175-186

Vester, M. (1993): Die Akteure regionaler Entwicklung als Forschungsthema. In: Ders. (Hg.): Unterentwicklung und Selbsthilfe in europäischen Regionen. Genossenschaften, Schattenwirtschaft, Regionalinitiativen und EG-Politik: Alentejo - Andalusien - Aveiro - Asturien - Emilia Romagna - Mezzogiorno - Ostdeutschland - Polen. Hannover, S. 7-20

Winkel, R. (1990): Infrastruktur in der Stadt- und Regionalplanung. Eine Untersuchung der Einflußfaktoren und Rahmenbedingungen. Frankfurt/M., New York

WZB - Wissenschaftszentrum Berlin (1992a): Politische Logik wirtschaftlichen Handelns. In: WZB-Mitteilungen März '92, S. 31-32

WZB - Wissenschaftszentrum Berlin (1992b): Entwicklung von Regionen. Netzwerke: Die Stärke schwacher Beziehungen. In: WZB-Mitteilungen Dezember '92, S. 11-16

Karl-Dieter Keim

# Nicht-Kooperation oder Zukunftsgestaltung durch neue Formen regionalen (Ver)Handelns

## 1 Vorbemerkung

Was machen zwei Bundesländer, deren Regierungen und Parlamente eine Fusion zu einem neuen gemeinsamen Staat wünschen, die dafür jedoch nicht die notwendige Legitimation durch ihre Bürger erhalten? Wie definieren sie die Aufgaben ihrer Politik und ihrer räumlichen Entwicklung neu? In einer Volksabstimmung am 5. Mai 1996 lehnte eine Mehrheit der wahlberechtigten Bevölkerung in Brandenburg sowie im Ostteil Berlins die Fusion ab; das neue Bundesland Berlin-Brandenburg kam nicht zustande. Alle vorbereiteten gemeinsamen Handlungsprogramme, alle reorganisatorischen Maßnahmen wurden Makulatur. Die längst eingeübten neuen Orientierungen brachen weg. Alternativen waren ernsthaft nicht entwickelt worden. Auch nach einer längeren Zeit, die beide Seiten sich gewährten, um die Enttäuschung zu verarbeiten, schien es an einem neuen Elan für gemeinsames Handeln zu mangeln. Tiefsitzende Vorbehalte und egoistische Haltungen drängten in den Vordergrund. Die "andere Seite", mit der man sich gerade noch verschmelzen wollte, geriet rasch wieder zum Gegner und Konkurrenten. War das nicht der "Auftrag" aus der Volksabstimmung, sich speziell um die eigenen Interessen zu kümmern und nicht länger irgendwelchen Wunschträumen nachzuhängen?

Seit dem Fehlschlag im Mai 1996 läßt sich - zumindest auf der Ebene der Länder-Kooperation - häufig nur Negatives vermelden. Ab und zu tagen die Berlin-Brandenburg-Ausschüsse der beiden Parlamente gemeinsam - ohne spürbare Wirkung. Die beiden Regierungen treffen sich zweimal jährlich zu gemeinsamen Kabinettssitzungen, sind aber bisher den wirklich strittigen Themen - einer gemeinsamen Wirtschaftspolitik oder Wohnungsbaupolitik - ausgewichen. Sie setzten zusätzlich einen Koordinierungsrat ein, der auch Arbeitsgruppen bilden kann, doch scheinen diese Bemühungen überwiegend im administrativen Gestrüpp hängen zu bleiben. Keine Rede kann mehr davon sein, die vielen grenzüberschreitenden Fragen in zahlreichen Staatsverträgen zu regeln. Immerhin sind inzwischen zwei seit Jahren vorbereitete Pläne zur Landesentwicklung gemeinsam (von beiden Parlamenten) beschlossen worden. Und schließlich gelangen zwei Vereinbarungen über die Ausgleichszahlungen für Gastschüler und für den Regionalbahnverkehr. Einen Pluspunkt bildet zudem die noch vor der Fusionsabstimmung gebildete Gemeinsame Landesplanungsabteilung, die seitdem ihre Arbeit - wenn auch gewiß mit steigenden internen Entscheidungsproblemen - unbeirrt fortsetzt.

Vieles verläuft offensichtlich schleppend, durchsetzt von Interessenkonflikten und mit nur schwacher Wirksamkeit. Obwohl es an anderslautenden Beteuerungen oder gar Warnungen nicht fehlt. So betonte Ministerpräsident Stolpe vor kurzem, ein Klima der Konfrontation liege nicht im Interesse Brandenburgs, es könne aber auch nicht das Ziel Berlins sein; die Bemühungen um ein vernünftiges und abgestimmtes Vorgehen müßten verstärkt werden. Berlins Regierender Bürgermeister Diepgen hätte das ähnlich formulieren können. Doch wie soll das geschehen - und: wäre ein abgestimmtes Vorgehen ausreichend?

Bekanntlich können Interessenkonflikte dann relativ leicht gelöst werden, wenn es Ressourcen gibt, die zugunsten beider Seiten neu verteilt werden können. Dies ist in den Augen der politischen Akteure zwischen Brandenburg und Berlin derzeit nicht der Fall. Weiter schwierig wird die Aufgabe einer politischen Zusammenarbeit durch zusätzliche Wertedifferenzen. Zum einen bestehen deutliche Unterschiede in den Mentalitätsstrukturen zwischen den Ostdeutschen und den West-Berlinern bzw. den zugezogenen Westdeutschen. Zum zweiten differieren die (partei)politischen und gesellschaftlichen Ideologien zwischen dem "roten" Brandenburg und dem bürgerlich-gemischten Berlin erheblich. Diese Konstellation erklärt, warum derzeit auf typische Formen der Vermeidung von Wertkonflikten zurückgegriffen wird, die auf eine Trennung zwischen den Beteiligten hinführen: Rückzug auf das "Eigene", Verankerung des Handelns in traditionalen Schemata, regulative Politik zugunsten der eigenen Klientel etc., kurz: das Organisieren "länderegoistischer Strategien" (Benz, Scharpf, Zintl 1992).

Gerade eine regionalwissenschaftliche Betrachtung zeigt, daß das Hinnehmen solcher Rückzugspfade und Blockierungen mit problematischen, unter Umständen auch schädlichen Folgen für die weitere Entwicklung einer Gesamtregion verbunden ist. Zu viele rahmensetzende, koordinierende und politisch-praktische Schritte im gemeinsamen übergreifenden Interesse bleiben auf der Strecke. Die Handlungsfähigkeit gegenüber den hierarchisch höher liegenden Politikarenen ist zersplittert. Wenn Wertedifferenzen und Interessenkonflikte dominieren, kennen wir für Situationen wie zwischen Berlin und Brandenburg nur eine Alternative, die gleichzeitig die Chance zur Überwindung der Hemmnisse in sich birgt: entscheidungsorientierte Diskursführung, Verhandlungssysteme, Kooperationen (Hesse 1990; Scharpf, Benz 1991; Scharpf 1993; Benz 1994). Wovon hängt es ab, ob solche Formen an die Stelle der separaten Pflichterfüllung treten, daß also eine Art von institutionalisierter Reziprozität und Reflexivität entstehen kann, die eine wünschenswerte Dynamik auslöst? Was muß geschehen, damit trotz vieler Egoismen und Ressentiments auf der Ebene der Politik und der Fachverwaltungen wirksame Kooperationen etabliert werden können? Darüber wissen wir wenig, und diese Frage soll im Zentrum der folgenden Überlegungen stehen.

## 2 Theoretische Zugangsweisen

Üblicherweise wird ein Zugang zur Frage übergreifender Kooperation mit Hilfe steuerungstheoretischer Überlegungen versucht. Innerhalb des politischen Systems müssen Strategien, Programme und Maßnahmen formuliert, entschieden und umgesetzt werden. Dafür gibt es bestimmte Instrumente, und ein Instrumentarium umfaßt die über Verhandlungs- und Kooperationsformen zu betreibenden Steuerungsleistungen. Hierzu sind in den letzten Jahren vor allem aus verwaltungswissenschaftlicher Sicht zahlreiche theoretische Ausarbeitungen vorgelegt worden (zusammenfassend Benz 1994; Mayntz, Scharpf 1995). Sie profitierten teilweise von komplexen empirischen Fallstudien, wie etwa zur möglichen Kooperation zwischen Hamburg und Schleswig-Holstein (Scharpf, Benz 1991), deren Aussagen allerdings immer wieder in einer administrativen Binnensicht hängen bleiben. Eine Öffnung des theoretischen Bezugsrahmens wurde durch die Analyse staatsnaher Sektoren (z.B. Gesundheitspolitik, Forschungspolitik, aber auch Raumpolitik) erzielt. Danach wird für deren Funktionsweise als charakteristisch angesehen, daß die politische Steuerung mit Ansätzen zur gesellschaftlichen Selbstregelung durch korporatistische Organisationen verknüpft wird. Eine zusätzliche Erweiterung ist zu sehen in den angelsächsischen Beiträgen zur Konzeptualisierung von "Urban governance"-Beziehungen (Healey et al. 1995). Sie wurden in Deutschland aufgenommen mit dem Konzept der "urbanen Regimes" (Weck 1995; Kleger 1996). In ihnen werden vor allem neue kooperative Arrangements zwischen öffentlichen und privaten Akteuren hervorgehoben. Die Akteure binden ihre Vorhaben nur soweit unbedingt nötig in die Hierarchie ein und bemühen sich ansonsten um das informelle Aushandeln gemeinsamer Strategien und Projekte. Diese Beiträge führen im Grunde genommen zu einer Neubestimmung der rahmensetzenden Staatsfunktionen sowie des Verhältnisses zwischen Staat und Gesellschaft in neu strukturierten Handlungsfeldern, die tendenziell einen Weg zur Enthierarchisierung einschließen.

Obwohl dadurch eine erfreuliche Dynamisierung der Konzeptualisierung von Steuerungsfunktionen erreicht worden ist, lassen sich auf einer weiteren Theorieebene ergänzende Überlegungen anschließen. Aus einer offenen institutionentheoretischen Sicht werden für das kooperative Handeln insbesondere Regeln, Standards oder die lockere Bildung von Agenturen und öffentlichen Diskursen als akteursbezogener Kontext betont (DiMaggio, Powell 1991). Sie bilden gewissermaßen einen günstigen kommunikativen Raum, bilden "enabling structures" für die verbindlicheren, formal organisierten Aktivitäten, beeinflussen die Präferenzen und die Wahl einzelner Instrumente. Indem dabei zahlreiche weitere gesellschaftliche Gruppen, Organisationen und Institute beteiligt sind, entsteht ein verändertes aktives Klima, durch das neue Akteursgruppen hervorgebracht werden - und die vorhandenen bekannten Akteure (Fachverwaltungen, Politiksektoren, Wirtschaftsverbände etc.) werden gleichzeitig eingebunden, eingebettet in einen breiteren Arbeitszusammenhang. Durch Absprachen entstehen auf Zeit "institutionelle Arrangements" aus Akteursgruppen unterschiedlichster Art, die sich auf gewisse Regeln und Standards verständigen können. Daraus gehen Interessenartikulationen, zahlreiche "commitments" (Selbstbindungen) und Projekt-Verabredungen hervor. Dies wiederum führt zur Senkung der Transaktionskosten, die ohne verläßliche Erwartungen und ohne eingespielte Praktiken den Nutzen der Zusammenarbeit spürbar schmälern würden. Soziale Beziehungen untereinander und politisches Handeln werden so gesehen als selbstverständliche Qualität eines "Kooperationsraumes" erfahren; sie sind nicht geplant, sondern stabilisieren sich durch geregelte Konvention.

Die institutionentheoretischen Überlegungen müssen zur steuerungstheoretischen Sicht notwendigerweise hinzutreten. Denn diese vermag zwar auf Motivations- oder andere Ressourcenprobleme bei der Entstehung von Steuerungsleistungen aufmerksam zu machen, kann aber nicht erklären, warum trotz partieller Interessenkonvergenz konkrete Verhandlungs- und Kooperationsschritte unterbleiben. Das aber kann, so die These, aus dem Kontext der institutionellen Arrangements heraus, in die die Akteure mit ihren Handlungsinstrumenten eingebettet sind, rekonstruiert werden. Wir finden auf diese Weise auch eine Anschlußmöglichkeit zu den jüngeren Versuchen, im Dialog von Planungs- und Sozialwissenschaften neue Milieu-Konzepte zu formulieren (Keim 1997; Matthiesen 1998). Milieus verkörpern institutionelle Arrangements ohne Finalisierbarkeit, die sowohl traditionale als auch posttraditionale und innovative Elemente aufweisen können. Die Handlungen der Akteure, die solchen Milieus zugerechnet werden können, werden getragen von einem stillschweigenden Wissen um die sozio-kulturellen Grundlagen der Region, die von den anderen milieuzugehörigen Akteuren geteilt werden. Solche geteilten Bedeutungen und Sinnhorizonte sind es, die Emergenzchancen für Kooperationen - trotz individueller Differenzen - in sich bergen und entsprechend aktualisiert werden können.

# 3 Das Motivationsproblem und seine Überwindung

Auf diese Weise haben wir einen Bezugsrahmen für die nähere Prüfung der Kooperationschancen zwischen den beiden Ländern Berlin und Brandenburg gewonnen. Dieser Bezugsrahmen aus administrativen, regimebildenden und offenen institutionellen Arrangements stellt die eigentliche Voraussetzung dafür dar, um weiter prüfen zu können, auf welche Weise in sich spannungsreiche, von Egoismen und Ressentiments geprägte Regionen dennoch handlungsfähig werden können. Es ist daher hinsichtlich des Verhältnisses zwischen Berlin und Brandenburg danach zu fragen, inwieweit die beteiligten formalen Organisationen - also insbesondere die planende Verwaltung - auf solche kooperativen Ressourcen zurückgreifen bzw. deren Entstehung befördern.

Ohne daß hier eine systematische Auswertung der wechselseitigen Beziehungen zwischen den beiden Ländern seit Mai 1996 erfolgen kann, bleibt doch evident, daß die wesentlichen staatlichen (und kommunalen) Akteure im Bereich der regionalen Entwicklung - darauf konzentrieren sich die folgenden Analyseschritte - die kooperativen Ressourcen seither viel zu wenig aktiviert haben. Dabei liegt vor allem ein Motivationsproblem vor; es wiegt schwer. Das Motivationsproblem resultiert aus dem bekannten Verhandlungsdilemma (Scharpf 1993, S. 65ff.). Die beiden Seiten befinden sich demnach in einem (nicht-hierarchischen) Koordinationsspiel. Optimale Ergebnisse hängen davon ab, daß die konkret Handelnden kreativ, offen und vertrauensvoll zusammenarbeiten. Sie sind aber ständig durch die eigennützigen Spielzüge gefährdet, mit denen dieselben Akteure um kleinere individuelle Nutzenvorteile streiten. Hierzu besitzen wir empirisch gut abgesicherte spieltheoretische Erklärungen (Axelrod 1984; Lax, Sebenius 1986). In analoger Anwendung der durch Computersimulation erreichten umfangreichen Testläufe von Kooperationsmodellen läßt sich zeigen, daß sich Akteure, wenn Verhandlungsdilemmata vorliegen, immer in der Weise rational verhalten, daß sie die Nicht-Kooperation wählen (vgl. Abbildung 1). Dadurch verfehlen sie allerdings einen höheren erreichbaren Gesamtnutzen. Sie geraten abwechselnd in die Rolle eines Übertölpelten oder eines rücksichtslosen Opportunisten und begnügen sich im übrigen - wenn sie sich nicht gar ignorieren - mit recht bescheidenen Teilergebnissen. In der Konsequenz bedeutet dies, daß das egoistische, kompetitive Verhalten sich mit dem übergreifenden, kooperativen Verhalten nicht in Einklang bringen läßt. Offenbar muß es dazu gelingen, das Denken in Nullsummenspielen zu überwinden, das bei den relevanten Akteuren tief verwurzelt zu sein scheint. Es beleuchtet eben nur *eine* Variante des Umgangs miteinander, wenn angenommen wird, daß jede Veränderung zugunsten der einen Seite automatisch zu Lasten der anderen Seite geht (Nullsummenspiel). Vielmehr läßt sich zeigen, daß trotz konkurrierender Inter-

Abbildung 1:
Verhandlungsdilemma

| | | Land I | |
|---|---|---|---|
| | | **Kooperation** | **Nicht-Kooperation** |
| **Land II** | **Kooperation** | G = 3; G = 3 | O = ∅ ; A = 5 |
| | **Nicht-Kooperation** | A = 5; O = ∅ | S = 1; S = 1 |

G = Gratifikation    O = Auszahlung des gutgläubigen Opfers
S = Strafe               A = Auszahlung des die Situation Ausnutzenden
Ziffern = (abstrakte) Auszahlungswerte

Ergebnis: Es lohnt sich, <u>nicht</u> zu kooperieren, wenn Land I annimmt, daß
Land II kooperiert (Auszahlung A!) oder daß Land II nicht kooperiert
(Auszahlung S > ∅!).

unter Verwendung eines Diagramms von Axelrod, R. (1984)

Abbildung 2:
Entscheidungskriterien

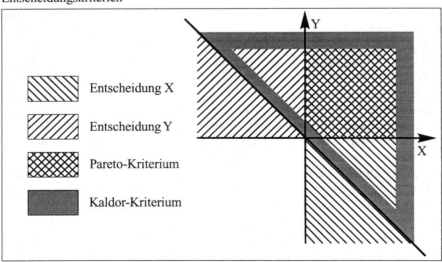

Quelle: Benz, A. ; Scharpf, F. W. ; Zintl, R. (1992): Horizontale Politikverflechtung. Frankfurt/M., S. 58

essen ein gemeinsamer Verstehens- und Begründungszusammenhang ausgebildet werden kann, der die Akteure auch zu anderen Formen rationalen Handelns ermutigt. Die übliche institutionelle Lösung hierfür wird in der Hierarchie gesehen: Eine übergeordnete Instanz kann auf die in Nullsummenspielen befangenen Akteure nach übergreifenden Gesichtspunkten so einwirken, daß sie auch Lösungen nach Positivsummenspielen suchen. In der Zusammenarbeit zwischen Berlin und Brandenburg kann die Hierarchie jedoch unmittelbar wenig helfen. Vielmehr müssen sich die beiden Länder selbst dazu aufraffen, die notwendigen Arbeitsformen zu etablieren und also auch die vorher erwähnten institutionellen Arrangements mitzugestalten. Die Positivsummenspiele sind so geartet, daß sie - vom seltenen Fall der Verteilung von Vorteilen für alle Beteiligten abgesehen - wenigstens in der Summe einen Gesamtvorteil erbringen, auch wenn punktuell Nachteile in Kauf zu nehmen sind (vgl. Abbildung 2). Ein hierarchischer Koordinator würde Projekte eines der beiden Akteure verhindern, wenn sie unterhalb der Nordwest-Südost-Diagonalen liegen. Er würde jedoch Projekte billigen, die von einer Seite präferiert werden, auch wenn dadurch die Interessen der zweiten Seite in mäßigem Umfang verletzt werden - denn in der Gesamtbilanz stellt sich ein positiver Gesamtnutzen ein. Es gibt zahlreiche Vorschläge dafür, wie denjenigen Partnern, die punktuell Nachteile in Kauf nehmen müssen, über geeignete Kompensationen ein Ausgleich geschaffen werden kann (z.B. Koppelgeschäfte, Paketlösungen, finanzieller Lastenausgleich).

Das Motivationsproblem und das oft damit einhergehende opportunistische Verhalten der Akteure scheint daher insgesamt dann überwindbar zu sein, wenn (im institutionentheoretischen Sinne) das eigene Handeln als Teil eines beide Seiten umfassenden, also regionalen Deutungszusammenhangs gesehen wird. Je mehr die planende Verwaltung und die anderen öffentlichen Akteure über ein stillschweigendes Wissen über ihre Gemeinsamkeiten, über gemeinsame Wurzeln und Wertvorstellungen, über gemeinsame Standards und Spielregeln, über gemeinsame Visionen und Orientierungen verfügen, desto eher werden sie bereit sein, sich in Verhandlungen und Kooperationen aufeinander zu zu bewegen. Denn ihre Chancen, einander zu verstehen, sind größer, und auf dieser Basis steigt die Bereitschaft, dem anderen Vertrauen entgegenzubringen und sich (zusammen) auf das eine oder andere Wagnis einzulassen. Das ist der Beginn einer Haltung, die einschließt, situativ auf einen unmittelbaren Vorteil zugunsten der "gemeinsamen Sache" zu verzichten und so Positivsummenspiele in Gang zu setzen.

Dazu sind insgesamt Koordinations- und Verhandlungsformen erforderlich, die über den Zustand einer "Negativ-Koordination" (Scharpf) hinausgelangen. Negativ-Koordinationen sind immer nötig, wenn eine zu große Anzahl von Beteiligten an einer Entscheidung mitwirken müßte. Mit ihnen wird versucht, diese Komplexität dadurch zu reduzieren, daß nur einfachere Praktiken angewandt werden, so daß sie üblicherweise ein relativ begrenztes Anspruchsniveau repräsentieren. Im Verwaltungshandeln kennen wir viele derartige Koordinationsformen. Die eine Seite verfolgt separate Lösungsschritte, die an den eigenen Zielen orientiert sind; durch formale Minimalbeteiligungen sollen dabei jedoch zur Konfliktdämpfung solche Störungen vermieden werden, die wegen der eigenen Zielverfolgung auf der anderen Seite auftreten könnten. Typisch hierfür sind Anhörungen oder die im Planungsrecht üblichen "Abstimmungen" zwischen benachbarten Gebietskörperschaften. Die Negativ-Koordination führt für sich genommen noch nicht zu einem kooperativ zu gewinnenden Gesamtvorteil. Erst die Positiv-Koordination vermag dies, wenn es denn gelingt, sie herbeizuführen. Praktiken einer Positiv-Koordination bedeuten eine "Maximierung aggregierter Wohlfahrtseffekte" durch die Modelle geeigneter Verhandlungs- und Kooperationsformen.

## 4    Zur Entwicklung erfolgreicher Kooperationsstrategien

In einem ersten Schritt versuche ich, einige Hinweise für erfolgreiche Kooperationsstrategien zu geben, die sich an die Rationalität der einzelnen Akteure wenden. Sie knüpfen an die Resultate zahlreicher spieltheoretischer Studien an, wie sie seit den 70er Jahren durchgeführt worden sind (insbesondere Axelrod 1984). Selbstverständlich ist es nicht so, daß deren modellimmanente Grundannahmen einfach beibehalten werden können. Insbesondere kann man real keineswegs von einer ständigen Wiederholbarkeit *derselben* Interaktionen zwischen den Partnern ausgehen. Dennoch läßt sich aus dem Forschungsstand ableiten, daß auch bei komplexen und variierenden Themen die beiden Akteure eine Art "Grundspiel" beibehalten, das den vier möglichen Kombinationen zwischen Kooperation und Nicht-Kooperation entspricht. Das heißt, es geht auch bei wechselnden Optionen immer wieder um die gleiche Frage, welcher Typ von "Spieler" der jeweilige Akteur sein will und als welchen er seinen "Mitspieler" einschätzt.

Zunächst läßt sich aus den Computer-Modellen eine allgemeine Lehre ableiten. Die erfolgreichste Strategie lautet, beim ersten Zug eines "Spiels" zu kooperieren und danach das zu wählen, was der andere Spieler im vorangegangenen Zug gemacht hat. Diese Strategie erwies sich gegenüber allen denkbaren strategischen Alternativen des Gegenspielers als besonders robust.

Für das individuelle Entscheidungsverhalten können sodann vier Vorschläge gewonnen werden:
a)   Seien Sie nicht neidisch, denn es macht nichts, wenn jeder so gut oder ein bißchen besser ist als Sie, solange Sie selbst gut abschneiden. Es hat keinen Zweck, auf den Erfolg des anderen neidisch zu sein, denn in einem Verhandlungs-

dilemma von langer Dauer ist der Erfolg des Partners praktisch die Voraussetzung für Ihren eigenen.

b) Beginnen Sie nicht als erster mit der Nicht-Kooperation, denn sonst werden Sie möglicherweise überhaupt keinen Weg aus dem Dilemma finden.

c) Erwidern Sie sowohl Kooperation als auch Nicht-Kooperation, d.h. pflegen Sie das Prinzip der Gegenseitigkeit.

d) Seien Sie nicht zu raffiniert, denn in der folgenden Zeit wird Ihr raffiniertes Verhalten auf Sie zurückfallen.

Die Regeln besagen im Grunde genommen, daß den Akteuren der einen Seite insgesamt beim immer wieder auftretenden Verhandlungsdilemma auf Dauer die Kooperation des anderen Partners zugute kommt. Der Trick besteht darin, ihn zu dieser Kooperation zu ermutigen. Ein gutes Mittel hierfür ist es, klar zu machen, daß man das Verhalten des anderen erwidern wird. Handlungen sprechen dabei, wie wir wissen, eine deutlichere Sprache als Worte, vor allem wenn sie klar und effektiv sind.

Weiter kann man versuchen, die gegebenen Bedingungen einer möglichen Kooperation zu ändern. Als günstig für Positiv-Koordination erweist es sich, wenn sich *dieselben* Personen zu Verhandlungen und Gesprächen immer wieder treffen. Auf diese Weise kann ein Gedächtnis für gemeinsame Kommunikation entstehen. Sich immer wieder im gleichen Kreise zu begegnen - und zwar gilt dies für jede der stabil besetzten Arbeitsgruppen - ist eine wesentliche Voraussetzung dafür, daß nach und nach der Umfang der konsensfähigen Kooperationsergebnisse erweitert werden kann.

Dies wird durch einige zusätzliche Einflußfaktoren erleichtert. Aus den Verwaltungsstudien stammt das Ergebnis, daß egoistische Akteure um so eher zu positiver Koordination bewegt werden können, je deutlicher ihre Handlungen "im Schatten der Hierarchie" (Scharpf) angesiedelt sind. Trotz der relativen Autonomie der Länderkompetenzen lassen sich solche Einflüsse aktivieren, einmal von seiten des Bundes (wie im Bereich der Verkehrspolitik, z.B. Flughafenstandort, oder in Sachen Bundeshauptstadt), zum anderen von seiten der Europäischen Union (wie im Bereich der Regionalförderung). Solche Einflüsse begünstigen die freiwillige Kooperation, denn ihr Ausbleiben könnte unter übergeordneten Gesichtspunkten zu negativen Sanktionen führen. Zu ergänzen ist ein zweiter Einfluß-Schatten: Kontinuierliche Verhandlungskoordination wird dadurch erleichtert, daß die Zukunft einen "ausreichend großen Schatten" (Axelrod) auf die Gegenwart wirft. Je bedeutsamer der Blick auf die Zukunft für die beiden Länder ist (und der damit verbundenen Gestaltungsaufgaben), desto stabiler kann die Kooperationsstrategie werden. Es wirkt sich demnach kooperationshemmend aus, wenn beide Seiten allzu sehr auf die Gegenwartsfragen der alltäglichen Politik (oder gar auf die Bewältigung vergangener Dissonanzen zwischen ihnen) fixiert sind. Das wünschenswerte zukunftsoffene Handlungsfeld muß allerdings durch die Kooperationsteilnehmer "definitorisch geschlossen" werden, die an einer Problembearbeitung wirklich interessiert sind (Fürst 1994). Kooperationen können schließlich weitere Unterstützung durch Imitation der Kooperationserfahrungen in ähnlich strukturierten metropolitanen Räumen (z.B. Wien) gewinnen. Zugegeben: die administrativen Arbeitsgruppen als Teil der Hierarchie haben ebenfalls eine kooperative Funktion, aber ihr Erfolg bei der Überwindung des Verhandlungsdilemmas bleibt doch sehr begrenzt; zudem - darauf weist besonders Fürst hin - wächst mit ihnen die Gefahr von "Fachbruderschaften" zwischen Verwaltung und Wissenschaft. Wirksamer ist es, wenn im politischen Raum die Bildung breiter zivilgesellschaftlicher und kritisch-öffentlicher Arbeitsformen unterstützt wird.

Zur Entwicklung einer Kooperationsstrategie zählt daher auch die Mitgestaltung solcher "institutioneller Arrangements", die gemeinsame Arbeitsformen mit nicht-staatlichen Akteuren ermöglichen sowie die Basis und das Klima für Verhandlungen und Zusammenschlüsse stärken. Wenn innerhalb einzelner Staaten bzw. Bundesländer ein wachsender Trend zum "kooperativen Staat" (Ritter 1979) zu registrieren ist, also zur Bereitschaft, im regionalen Interesse neue Kooperationsformen mit der Wirtschaft, mit den Kommunen, mit gesellschaftlichen Gruppen einzugehen, so sollte dieser radikale Wandel auch auf den Bereich der zwischenstaatlichen Kooperationen ausgedehnt werden. Hierbei geht es um organisatorische Erfindungen und Erprobungen mit unterschiedlichen Institutionalisierungsgraden, um die Neukonstituierung von "Spielregeln" und Standards, um geeignete Ressourcen und um neue Legitimationen. Da die Hinwendung zur Kooperation auch unter Kriterien der individuellen Rationalität zumindest mittelfristig Erfolg verspricht (also der Nutzen die Kosten überwiegt), kann das Zutrauen in faire Verhandlungen wachsen und können sich so neue Entscheidungs- und Verantwortungsgemeinschaften herausbilden (Kestermann 1996). Die Idee dabei ist, auch in der Region Berlin-Brandenburg so etwas wie einen gemeinsamen *Beziehungs- und Kooperationsraum* unter Einschluß aller interessierten Akteursgruppen aufzubauen.

Einige Beispiele sollen dies verdeutlichen. Neue Aktionsformen haben sich im Zusammenhang mit der dynamisierten, dezentralen Raumordnungspolitik entwickelt. Über Regionalkonferenzen werden gemeinsame Grundsätze der regionalen Entwicklung formuliert und dann über Arbeitsgruppen und "Schlüsselprojekte" konkretisiert. Auch zwischen Berlin und Brandenburg arbeiten bereits solche teilregionalen Netzwerke, z.B. im Nordwestraum und im Nordostraum. Die Verkehrsplanung und die Landschaftsplanung erweisen sich als wichtiges Bindeglied; Berlin beginnt - freilich zögernd - sich auch für die berlinfernen Teilräume auf Projektebene verantwortlich zu fühlen; Unternehmen und Industrie- und Handelskammer sind ebenso beteiligt wie die betreffenden Kommunen. Die Bildung von (teil-regionalen) Entwicklungsagenturen zeigt eine andere Variante. Ähnlich wie in Nordrhein-Westfalen mit der Internationalen Bauausstellung Emscher-Park lassen sich komplexe teilräumliche Konzepte entwickeln, für die - gemeinsam von den Akteuren in der Agentur vereinbart - leitende Kriterien, Mindeststandards und ein Fonds für Planungs- bzw. Anschubkosten aufgestellt werden müssen. Weiter gibt es andernorts gute Erfahrungen mit öffentlichen Regionalgesprächen und Regionalforen. Hier wird die These vertreten, daß die Bemühungen um verbesserte Kooperationen erfolgreicher (und legitimierter) betrieben werden können, wenn die wesentlichen Fragen regelmäßig öffentlich verhandelt und kritisch reflektiert werden.

Durch solche sozialexperimentellen Formen läßt sich die Chance wirksamer Kooperationsstrategien nicht nur öffnen, sondern auch vervielfachen. Die Beschränkung auf inneradministrative Arbeitsgruppen wird der Aufgabe insgesamt nicht gerecht.


## 5    Zur praktischen Relevanz für die Regionalentwicklung

Wie im Rhein-Main-Gebiet, im Raum Stuttgart und im Großraum Hannover sind die größeren Stadtregionen in der Bundesrepublik dabei, sich neu zu ordnen. In der Stadtregion Berlin ist davon nichts zu spüren. Gewiß: man soll nicht den zweiten Schritt vor dem ersten tun, aber die hier referierten Bedingungen für gelingende Kooperationsstrategien sprechen dafür, diesen ersten Schritt jetzt offen und entschlossen zu wagen! Worin besteht er?

In den Blick zu nehmen ist die Konstituierung einer "regional governance" im Sinne der Aktivierung einer Vielzahl von untereinander verflochtenen Akteurs-gruppen. Das Ziel lautet, durch deren intelligente Mobilisierung und Koordinierung eine institutionelle Kapazität zu schaffen, durch welche die erkennbaren Kräfte und Potentiale auf die Region gelenkt, stabilisiert und mitgestaltet werden können. Diese institutionelle Kapazität bildet sich als Beziehungsmuster und als Kooperationsraum. Die einzelnen Akteure oder Akteursgruppen der Region bleiben eigenständig; sie lösen sich nicht auf in einem fiktiven "regionalen Akteur". Aber sie erklären ihre aktive Bereitschaft, in Kooperation mit anderen an gemeinsam definierten Aufgaben zu arbeiten, Netzwerke zu bilden und die dabei notwendigen Aufwendungen zu tragen.

Die beiden Länder Berlin und Brandenburg sollten da mit weiteren (nicht-hierarchischen) positiven Koordinationen ansetzen, wo es bereits gemeinsame Kooperationen gibt. Das sind insbesondere als "Dach" der Koordinierungsrat, dann die Gemeinsame Landesplanungsabteilung und die vielen kleineren Arbeitskreise der sektoralen bzw. interkommunalen Zusammenarbeit. Ich plädiere hier dafür, daß der Koordinierungsrat mehr als bisher Anstöße für die erweiterte Organisation von gemeinsamen Kooperationen gibt. Über ihn sollten zahlreiche regionale Aufgaben in Form von Arbeitsgruppen oder Regionalagenturen neu und effizient organisiert werden. Zu diesen Aufgaben, deren Wahrnehmung intra- und intersektoral vernetzt zu organisieren ist, gehören vor allem: Wirtschaftspolitik, Verkehrspolitik, Arbeitsmarktpolitik, aber auch: Wissenschafts- und Forschungspolitik, regionale Innovationspolitik, Wohnungsbaupolitik, Wasserversorgung und Abfallwirtschaft bis hin zur Krankenversorgung (womit zum Teil auch kommunale Interessen berührt werden). Eine Steigerung der innovativen institutionellen Kapazität ist besonders durch ein nachhaltiges Zusammenwirken zwischen den relevanten Akteursgruppen der Wirtschafts-, Wissenschafts- und Arbeitsmarktpolitik zu erreichen, vor allem wenn sie gleichzeitig um nichtstaatliche Akteure (die gerade in diesen Sektoren ein hohes Maß an Selbständigkeit besitzen) erweitert werden.

Sodann sollte, da Arbeitsgruppen nicht dauerhaft Aufgabenträger werden können, zusätzlich (als formaler Basisträger) eine leistungsfähige, "schlanke" Regionaleinrichtung gebildet werden, die Rahmensetzungen und grundsätzliche Koordinationen erbringt und dafür sorgt, daß kooperativ zu treffende Regelungen für die einzelnen Teilbereiche zustande kommen. Sie handelt im Auftrag der beiden Landesparlamente und des Koordinierungsrats. In ihr arbeitet ein Stab aus hochqualifizierten Fachleuten, die aus Politik, Wirtschaft und Gesellschaft rekrutiert werden. Sie veranstaltet regelmäßig Zukunftsforen. Die auf der Ebene der planenden Verwaltung eingerichtete und bisher recht erfolgreich arbeitende Gemeinsame Landesplanungsabteilung erhielte auf diese Weise ein Pendant auf der Ebene der übergreifenden Regionalpolitik (anknüpfend an die Erfahrungen mit den Regionalkonferenzen).

Zum hier skizzierten Modell gehören weiter die größeren Städte und ihre Vernetzungen. Sie sind auf doppelte Weise aktive Träger einer erweiterten institutionellen Handlungsfähigkeit. Zum einen fühlen sich die Menschen nach wie vor an ihre lokalen Erfahrungsräume und Orte gebunden und beziehen daraus Antriebe für ihr Handeln. Zum anderen bestehen gerade Städte (das ist für mich konstitutiv für den Begriff "Stadt") aus einer Vielzahl sich überlagernder komplexer Raumstrukturen politischer, ökonomischer, kultureller, ökologischer und sozialer Art. Daraus erwachsen die Ansprüche und die Möglichkeiten für positiv-koordiniertes öffentliches Handeln. Berlin selbst (in sich reich gegliedert) und die Städte in Brandenburg, die als Regionale Entwicklungszentren seit längerem über Netzwerk-Erfahrungen verfügen, werden lernen, daß sie - über ihren örtlichen Verantwortungsbereich hinaus - wesentliche Träger und Unterstützer für die regionale Entwicklung sind.

Die Erfahrung lehrt, daß Kooperationen dann, wenn sie wirksam begonnen werden, auch eine positive Eigendynamik entfalten können. Eine (weit verstandene) metropolitane Stadtregion Berlin wird so zum Fokus der Aufmerksamkeit und der Governance-Beziehungen, durch die diese Region im europäischen Maßstab erst konstituiert wird. Diese verflochtene institutionelle Kapazität zu schaffen ist eine der vorrangigen Aufgaben. Und die daraus entstehenden regionalen Beziehungen und Kooperationsformen müssen (müssen!) als ein von vielen Akteursgruppen getragener und als öffentlicher Zusammenhang organisiert werden. Ein deutlicher Bedarf besteht hierzu vor allem im "engeren Verflechtungsraum" von Berlin und Brandenburg.

Durch ein Ja zu erweiterten Kooperationen zwischen beiden Ländern kann es gelingen, die im Gesamtinteresse der Region notwendigen Entwicklungsaufgaben auf eine breitere Grundlage zu stellen und effizienter wahrzunehmen. Werden diese Kooperationen auch im hier vorgeschlagenen Sinne geöffnet, wird endlich ein öffentlicher Streit darüber geführt, warum Berlin für Brandenburg ein notwendiger räumlicher und normativer Bezugspunkt sein muß und warum umgekehrt Brandenburg für Berlin eine unverzichtbare Ergänzungsfunktion, mit einer eigenständigen regionalen Geschichte und Kultur, darstellt. Dann wird es auch wieder gelingen, die Kluft zwischen Regierenden und Bürgerschaft zu schließen. Aus Milieuanalysen wissen wir, daß politische Resignation, aber auch politische Mobilisierung (in Richtungen, die von den herrschenden Parteien nicht favorisiert werden) unter anderem dadurch ausgelöst werden können, daß die in Milieustrukturen verankerten Sinnhorizonte und Bedeutungen durch die politische Praxis verletzt werden. Viel Hinwendung, viel Vermittlung ist erforderlich, um nach und nach die Distanz zu den Mentalitäten und zu den Ressentiments in der Bevölkerung abzubauen. Und dies wiederum ist die Bedingung dafür, daß ein engeres Zusammenwachsen der beiden Teilregionen überhaupt wieder ins Visier genommen werden kann.

# Literatur

Axelrod, R. (1984): The evolution of cooperation. New York

Benz, A. (1994): Kooperative Verwaltung. Funktionen, Voraussetzungen und Folgen. Baden-Baden

Benz, A.; Scharpf, F.; Zintl, R. (1992): Horizontale Politikverflechtung. Zur Theorie von Verhandlungssystemen. Frankfurt/M., New York

DiMaggio, P.; Powell, W. (Hg.) (1991): The new institutionalism in organizational analysis. Chicago

Fürst, D. (1994): Politikberatung, Moderation, Mediation, Diskurs - Formen der Kooperation von Wissenschaft und Politik (unveröff. Arbeitspapier)

Healey, P. et al. (Hg.) (1995): Managing Cities. The New Urban Context. Chichester

Hesse, J. J. (1990): Verhandlungslösungen und kooperativer Staat. In: Hoffmann-Riem, W.; Schmidt-Aßmann, E. (Hg.): Konfliktbewältigung durch Verhandlungen, Bd. I. Baden-Baden

Keim, K.-D. (1997): Milieu und Moderne. In: Berliner Journal für Soziologie 7, S. 387-399

Kestermann, R. (1996): Neue, kooperative Verfahren in der Raumplanung (unveröff. Arbeitspapier)

Kleger, H. (1996): Metropolitane Transformation durch urbane Regime. Berlin-Brandenburg auf dem Weg zu regionaler Handlungsfähigkeit. Amsterdam

Lax, D.; Sebenius, J. (1986): The Manager as negotiator. Bargaining for cooperation and competitive gain. New York

Matthiesen, U. (1998): Milieus in Transformationen. Positionen und Anschlüsse. In: Ders. (Hg.): Die Milieus und ihre Räume. Berlin, S. 17-79

Mayntz, R.; Scharpf, F. (Hg.) (1995): Gesellschaftliche Selbstregelung und politische Steuerung. Frankfurt/M., New York

Ritter, E.-H. (1979): Der kooperative Staat. Bemerkungen zum Verhältnis von Staat und Wirtschaft. In: Archiv des öffentlichen Rechts 104, S. 389-413

Scharpf, F.; Benz, A. (1991): Kooperation als Alternative zur Neugliederung? Zusammenarbeit zwischen den norddeutschen Ländern. Baden-Baden

Scharpf, F. (1993): Positive und negative Koordination in Verhandlungssystemen. In: Héritier, A. (Hg.): Policy-Analyse. Kritik und Neuorientierung. Opladen (Politische Vierteljahresschrift, Sonderheft 24), S. 57-83

Weck, S. (1995): Neue Kooperationsformen in Stadtregionen - eine regulationstheoretische Einordnung. Dortmund

# Die Autoren

Arndt, Michael
Geb. 1951; Dr. rer. pol., Dipl.-Volkswirt; Ausbildungsdisz.: Volkswirtschaft; wiss. Mitarbeiter am Institut für Regionalentwicklung und Strukturplanung (IRS), Erkner; Arbeitsschwerpunkte: Regionale Strukturpolitik, Stadtentwicklung, Wertschöpfungsstrategien, Wohnungspolitik

Dybe, Georg
Geb. 1971; Dipl.-Volkswirt; Ausbildungsdisz.: Volkswirtschaft; wiss. Mitarbeiter am Institut für Regionalentwicklung und Strukturplanung (IRS), Erkner; Arbeitsschwerpunkte: Regionalökonomie, Netzwerkanalyse

Flämig, Heike
Geb. 1965; Dipl.-Ing.; Ausbildungsdisz.: Wirtschaftsingenieurwesen, Industriekauffrau; wiss. Mitarbeiterin am Institut für ökologische Wirtschaftsforschung gGmbH (IÖW), Berlin; Arbeitsschwerpunkte: Logistik, Produktionskonzepte, Raumentwicklung und Verkehr

Fürst, Dietrich
Geb. 1940; Prof. Dr. rer. pol., Dipl.-Volkswirt; Ausbildungsdisz.: Volkswirtschaftslehre mit Schwerpunkt Finanzwissenschaft; ord. Prof. f. Landesplanung und Regionalforschung an der Universität Hannover, Geschäftsführender Leiter des Instituts für Landesplanung und Raumforschung; Arbeitsschwerpunkte: Planungstheorie, Landes- und Regionalplanung, Verwaltungswissenschaft

Hesse, Markus
Geb. 1960; Dr. rer. pol.; Ausbildungsdisz.: Geographie; wiss. Mitarbeiter am Institut für Regionalentwicklung und Strukturplanung (IRS), Erkner; Arbeitsschwerpunkte: räumliche Aspekte des Strukturwandels, insbesondere mit Blick auf Verkehr, Wirtschaftsverkehr und Logistik, Siedlungsentwicklung, Raumentwicklung und Planung in den USA

Hoffmann, Nicole
Geb. 1966; Dipl.-Päd.; Ausbildungsdisz.: Sozialwissenschaften; wiss. Mitarbeiterin am Institut für Regionalentwicklung und Strukturplanung (IRS), Erkner; Arbeitsschwerpunkte: Wissenschaftsmanagement, Weiterbildung, Frauenförderung, Moderationsmethodik

Keim, Karl-Dieter
Geb. 1939; Prof. Dr. phil.; Ausbildungsdisz.: Soziologie, Politische Wissenschaft, Öffentliches Recht; Direktor des Instituts für Regionalentwicklung und Strukturplanung (IRS), Erkner; Professor für Stadt- und Regionalentwicklung an der BTU Cottbus; Arbeitsschwerpunkte: Stadt- und Regionalentwicklung, Planungssoziologie, Kommunalpolitik, Metropolenforschung

Kujath, Hans Joachim
Geb. 1942; Dr. phil., Dipl.-Ing.; Ausbildungsdisz.: Stadt- und Regionalsoziologie/ Regionalökonomie, Raumplanung; stellv. Direktor und Abteilungsleiter des Instituts für Regionalentwicklung und Strukturplanung (IRS), Erkner; Arbeitsschwerpunkte: Stadtplanung, Stadtsoziologie, Raumwirtschaft, Raumordnung, Ressourcenmanagement

Läpple, Dieter
Geb. 1941; Prof. Dr. rer. pol., Dipl.-Volkswirt; Ausbildungsdisz.: Wirtschafts- und Sozialwissenschaften; Professor und Leiter des Arbeitsbereichs für Stadt- und Regionalökonomie an der Technischen Universität Hamburg-Harburg; Arbeitsschwerpunkte: Stadt- und Regionalforschung, Transport- und Logistik, Probleme staatlicher Planung und Regulation

Nuissl, Henning
Geb. 1965; Dipl.-Ing., Dipl.-Soz.; Ausbildungsdisz.: Städtebau/Stadtplanung, Soziologie; wiss. Mitarbeiter am Institut für Regionalentwicklung und Strukturplanung (IRS), Erkner; Arbeitsschwerpunkte: Stadtsoziologie, Milieuforschung, Verwendungsforschung

Rehfeld, Dieter
Geb. 1951; Dr. rer. pol., M.A.; Ausbildungsdisz.: Politikwissenschaft; wiss. Mitarbeiter am Institut Arbeit und Technik (IAT), Gelsenkirchen, Abteilung Industrieentwicklung; Arbeitsschwerpunkte: Unternehmensstrategien, Regionalisierung und Globalisierung

306

Scott, James
Geb. 1956; Dr. rer. nat.; Ausbildungsdisz.: Geographie, Politische Wissenschaften, Stadt- und Regionalplanung; wiss. Mitarbeiter am Institut für Regionalentwicklung und Strukturplanung (IRS), Erkner; Arbeitsschwerpunkte: Regionale Strukturpolitik, Grenzregionen, Stadtregionen, Osteuropa

Voelzkow, Helmut
Geb. 1957, PD Dr. phil.; Ausbildungsdisz.: Soziologie; wiss. Mitarbeiter am Max-Planck-Institut für Gesellschaftsforschung, Köln; Arbeitsschwerpunkte: Wirtschaftspolitik, Regionalpolitik, technische Regulation (Arbeits-, Verbraucher- und Umweltschutz)

# Ebenfalls bei edition sigma – eine Auswahl